"大视野"视觉文化论丛

跨界的观看
没有文字的历史

CROSS-DISCLIPLINARY

VIEWING

A History Without Text

邓启耀◎主编

科学出版社

北 京

内 容 简 介

面对纷纭世间万象，人如何观看？不同学科、不同角度有不同的观看。本书汇集国内外艺术学、人类学、社会学等在跨界观看和跨媒介实践与传播方面学养深厚的学者专家，针对当代艺术学、视觉文化与人类学、影视民族志等跨学科交叉领域的理论与实践问题进行深入研讨，旨在提供跨界观看的新视野。本书内容涉及人类学家通过观看多重视觉文化现象所挖掘的隐藏其背后的视觉语义认知，影视民族志导演和传播学者反思文化承载者的主观性及镜头背后的学术伦理，建筑学者探讨空间装置如何使意识具象化，艺术家阐释如何在虚拟现实中进行图像建构，新媒体专家尝试通过高科技手段进行文化遗产保护，医生解析"内景反观"的附象与误读，警官直入死亡现场感受视觉阈限，等等。

本书可供不同学科领域的专家学者，尤其是研究跨界观看的专家学者，以及对视觉现象感兴趣的读者阅读使用。

图书在版编目（CIP）数据

跨界的观看：没有文字的历史/邓启耀主编. —北京：科学出版社，2024.3

ISBN 978-7-03-074827-0

Ⅰ. ①跨… Ⅱ. ①邓… Ⅲ. ①视觉–文化人类学–研究 Ⅳ. ①C912.4

中国国家版本馆 CIP 数据核字（2023）第 032415 号

责任编辑：李春伶　张春贺 / 责任校对：张亚丹
责任印制：赵　博 / 封面设计：润一文化

科 学 出 版 社 出版

北京东黄城根北街 16 号
邮政编码：100717
http://www.sciencep.com

北京市金木堂数码科技有限公司印刷
科学出版社发行　各地新华书店经销

*

2024 年 3 月第 一 版　开本：720×1000　1/16
2024 年 11 月第二次印刷　印张：25 1/2
字数：356 000

定价：128.00 元

（如有印装质量问题，我社负责调换）

广州美术学院
"'大视野'视觉文化论丛"项目资助

广东省高校人文社科重点研究基地广州美术学院视觉文化研究中心　编

本辑编辑

主编
邓启耀

副主编
牛加明　熊迅

编委
陈丹　邓圆也　付常青　谭佳英　张鹏　朱靖江

编务
杜红梅

前　言

“跨界”是推陈出新的变革力量

朋友们，同事们，同学们：

大家上午好！在广州最舒适的季节里，我很高兴代表广州美术学院，欢迎大家的到来！广州美术学院作为“'大视野'视觉文化国际论坛2019”的主要主办方，真诚祝福参加盛会的各国学者朋友们！也期盼以这场论坛活动为契机，碰撞出引领世界视觉文化研究的耀眼思想火花，并将这种光芒传播出去，让更多的人感受到思想的真、善、美。

“跨界的观看”是这次论坛的中心议题。前来参会的学者是来自国内外艺术学、人类学、社会学、传播学、文化遗产学、博物馆学、图书馆学等多个学科领域的专家。朋友们、同事们、同学们，在这里，我也分享一下我对这一主题的认识。

“跨界”，已经成为知识生产的大势所趋。技术变革不断重新定义着“知识”，也重新塑造着人类的文化样貌。“界”是人类认知在时间和空间中建构的边界。而“跨界”正是推陈出新的变革力量。全球化的脚步，倒逼着人类不断经历思想的革新，并在多变的世界环境中，不断寻找自身的文化定位，这是一把双刃剑。经济一体化并不意味着文化一元化，我们越来越清醒地认识到，文化多样性的重要性。我们应该以什么样的文化自信和文化价值观，推动人类命运共同体的发展？中华传统文化、中国特色社会主义先进文化能为世界人民贡献怎样的扎根于中国大地的实践智慧？边界的消除和超越，需要心怀人文精神的探索者上下求索。

信息传播媒介的变革，使当代人类文化的“观看”嵌入得越来越深。作为大学校长，每天接触"95 后""00 后"等"Z 世代"的年轻人，看到"观看"媒介对孩子们的深远影响，我也在反思面向未来的艺术教育该往何处发展的问题。在座的诸位既是学者也是老师，希望大家能带领孩子们跨越界限，使其快速成长。视觉既是我们认识世界的首要感知渠道，也是一种文化话语体系。我们的研究、实践反思需要具有不同知识、视野、背景的同仁们的"大视野"、新"观察"。

朋友们，我在这里抛砖引玉，期待大家在这场思想盛宴中贡献火花。在这个 21 世纪 10 年代最后的冬天里，期待通过我们的思想碰撞，开启 21 世纪 20 年代视觉文化认识新境界的春天！

感谢论坛的共同主办方——中国（广州）国际纪录片节组委会常务办公室！感谢为论坛活动辛勤付出的承办单位们！感谢中国人类学民族学研究会民族影视与影视人类学专委会和广州图书馆！跨界视野，让我们的学术研究和视觉文化产业创新实践有了新的可能。

谢谢大家！

广州美术学院副院长　范勃

2019 年 12 月 8 日

目　录

i　前言　　"跨界"是推陈出新的变革力量 / 范　勃

1　视觉语义认知与视觉人类学的关系简论 / 王海龙

19　摄影与人类学——民族志摄影新议 / 雅克·德费尔（Jacques Defert）

32　多重观看的意义 / 王海飞　邓启耀

49　从观看到被看——录像艺术中的观众参与研究 / 秦　龙　陈　洁

56　被观看的"饥饿"——食物符号中的身体媒介化问题 / 冯丹蕾

64　视觉文化的图像转型与影像艺术的当代嬗变 / 黄丹麾

73　"文化转向"与视觉方法论研究 / 肖伟胜

86　中欧非物质文化遗产影音记录比较研究初探 / 田　苗　张　宇

95　"非遗后时代"传统民俗的生存语境与整合传播——基于泰山东岳庙会的
考察 / 牛光夏

110　"物"之趣——论《明闵齐伋绘刻西厢记彩图》创作线索 / 陈　绘

127　从非物质层面探讨文化遗产的活态化保护——以布达拉宫为例 / 斯朗曲珍

138　"囚室"之记忆空间叙事在动画纪录片与虚拟现实中的建构 / 郭春宁
富晓星

151　面向文化遗产保护与传播的数字媒体叙事设计分析 / 叶　风

160　新形态与新探索："民族志动画"中的虚构影像、意义呈现与文化抒写 /
李　刚

173　阐释、描述与呈现：人类学语境下的动画实践 / 孙玉成

185　具身脱离与影像修辞：试论人类学动画的自我转向 / 孙少华

197　模糊摄影：失去焦点之后的艺术 / 杨小彦

206　图像的驿站：中国摄影新生代态势浅析 / 李　楠

219　古代壁画高精度红外线数字化保护 / 付常青　吴　勋

234　科技在博物馆展示中的应用——南汉二陵博物馆的探索实践 / 朱海仁
　　　苏　漪

241　艺术的科技与科技的艺术——浅析第六届广州当代艺术三年展主题展 /
　　　吕子华

248　当代建筑展览与中国建筑策展学展望 / 李翔宁　莫万莉

254　意识的具象——展览作为一种空间装置论文 / 邓圆也

264　遗产的增值：中医"内景反观"在西方的附象与误读 / 贺　霆　邓启耀

284　警察在死亡现场的视觉阈限分析 / 邵一飞

300　中国影视人类学 2019 年回顾 / 朱靖江

304　文化承载者主观性——以杨光海民纪片《丽江纳西族的文化艺术》为例 /
　　　鲍　江

326　我在故宫拍工匠：视觉人类学创作的实践反思 / 梁君健

339　镜头背后的学术伦理——影视人类学的规定性 / 刘湘晨

348　超越道德恐慌——跨境难民的纪实影像解读 / 谭佳英

362　由市场和文化驱动的乡村影像 / 陈学礼

374　音乐影像与主体乡愁：影视人类学视野中的中国西部音乐纪录电影 /
　　　朱靖江　高冬娟

386　舞蹈类纪录片的历史趋势分析 / 康世伟　刘广宇

398　后记

视觉语义认知与视觉人类学的关系简论

王海龙

（广州美术学院视觉文化研究中心）

本文尝试从视觉人类学和阐释人类学角度，对人类文明的传承和人类文明记录现象进行重新审视。笔者拟从视觉语义现象发生的角度，来探析语言的起源及其潜语言因子（即视觉语素），把抽象语言同视觉语言进行比较，从而探讨语言发生的终极原因。此外，本文还重在探讨认知语义和视觉语义编码与解码的关联。笔者以视觉语法暨原始绘画和标记符号为例来探讨视觉语言的符号学意义及其构思、谋篇布局，以及与抽象语言表述之间的关系，从而从更宏观的角度探讨人类语言具有视觉语言的交流和表意功能。此外，笔者还在视觉语言基础上对文字形成现象进行了平行研究，探讨了人类语言学和语义学的发生及其语用功能。

本文在研究方法上借鉴了认知人类学和语言人类学的方法，使用了大量的视觉人类学实证资料，探索了从史前时代到当代的视觉语言现象，并希望这种探讨对我们今天的研究有一定启示。

一

　　在文化学元理论研讨乏善可陈的西方理论界，视觉人类学近年来发展成了文化人类学应用学派中影响较大的一个分支。它运用图像阐释、符号解码等手段对人类文化交流传播行为进行审视、破译和研究。视觉人类学重在用人类学理论的视觉理念对物态文化进行共时性和历时性的再认知，从而发掘其实质内涵，揭示并阐发人类文化行为的本质。①

　　视觉人类学是一门较新但历史渊源较悠久的学科。其起源可以追溯至史前史和人类文明的萌芽时代；然而，作为一门学科，它的最终定义出现得比较晚。近几十年来，它在世界范围内受到广泛的重视且发展迅速。

　　人类学在世界范围又一次获得不同寻常的复兴。②人类学在西方曾经是显学，而且它综合阐释西方自然科学、社会科学和人文科学的特性，使它在西方高校成为一门基础课和公共课。它一直努力争取为当下的社会发展做出新的贡献。视觉人类学近年来获得飞速发展，就更加引人注目了。

　　随着当代文化人类学理论的深入发展，视觉人类学对当代原始部族社会结构与文明起源等人类文化模式的探讨和类比研究，对城市人类学的深入研究，对少数族裔的文化研究、民族志的撰写乃至对当代美术、建筑、摄影、广告、电影电视和传播学等领域的理论探讨皆贡献良多。③同时它也对人类历史上创造的物质文明和精神文明之记录、对民俗研究及田野工作等都进行了重新定位，在比较文化探讨和人类文化模式研究方面亦

① 王海龙：《视觉人类学新编》，上海：上海文艺出版社，2016年，第5页。
② Ruby J. Visual anthropology. *In* Levinson D, Ember M. eds. *Encyclopedia of Cultural Anthropology*. New York: Henry Holt and Company, 1996, p. 1354.
③ 邓启耀编著：《视觉人类学导论》，广州：中山大学出版社，2013年，第6—8页。

贡献卓著[①]。

视觉人类学的鹄的在于其早期注重运用视觉手段来记录文化[②]，继而，它不满足于原始记录功能，而志在深化人类学理论研究、协助田野工作，因此在推动当代理论人类学发展方面起到了重要作用。其后，视觉人类学在不断能动性地推陈出新，并在襄助当代人类学革命中做出了杰出的贡献。近年来，视觉人类学正在同认知人类学，表现主义、行为主义人类学，理论、心理人类学和符号人类学结合在一起，引导并影响着思维革命。它在艺术人类学和心理学、电影、绘画、雕塑、建筑等领域正持续产生着深远影响。

关于视觉人类学，近几十年来它的定义经历了不断的嬗替和发展。它在近代的滥觞跟 19 世纪初摄影技术的发展有着密切联系，甚至在其出现之初，有人竟然直接把这门学科称作人类学摄影或人类学电影[③]。

在其发展早期，人们更趋向于将人类学摄影或人类学电影（国内更惯用的译法是"影视人类学"）界定为人类学研究的记录工具。作为工具，摄影或视觉作品当然具有启发思维和启迪认识的功能，但是摄影术出现在人类社会比较晚近的时期，人类学摄影或人类学电影仅源于人类学家更好地纪实和存真的理念，所以其学科宗旨不在于理论的发掘而在于文化志的收集和保存。[④]

事实上，视觉人类学的真正领域要比这些原始定义规定宽泛得多。它的内容应该绝不仅限于摄影术发明以后的这 100 多年。视觉人类学的研究对象应该延伸到整个人类文明史甚至辐射到史前时代，应该包括前人类（pre-human）时代的生物化石学的内容。视觉人类学立体地探讨人之所以

① Guindi F E. *Visual Anthropology: Essential Method and Theory*. California: AltaMira Press, 2004.

② Calhoum C J. Salvage ethnography. *In Dictionary of the Social Sciences*. New York: Oxford University Press, 2002, p. 424.

③ Balikci A. Reconstructing cultures on film. *In* Hockings P. ed. *Principles of Visual Anthropology*. Berlin: Mouton de Gruyter, 1995, pp. 198—199.

④ Heider K G. *Ethnographic Film*. Austin: University of Texas Press, 1976, p. 6.

为人、人类进化、人和史前动物等古生物学及古人类学等课题。当然，它更注重研究人类文明史。视觉人类学通过对人类文明的巡礼来考察人类社会的一切，它也强调地球上各类跟文化有关的具象、抽象等符号学的寓意。

基于这样的一个宏观目的，笔者认为，对视觉人类学的定义应该放在一个更加宏阔和开放的场域。视觉人类学遵循的理念是：人类文化是通过可视性的系列符号展现出来的。视觉人类学的中心目的是展示文化的可视性，从而通过对这些可视的视觉材料的分析、研究、破译和阐释来揭示人类文明发展的秘密，并把文化研究的目的引向深入和广远。

这里的"可视性的系列符号"当然不会仅限于摄影术发明以来的影像作品，而更多地指向人类生成以来及人类文明出现以来所有的视觉资料，以及人类创造的全部写实和抽象的有形符号、图像等，如人类遗存的绘画、岩画、堆塑、雕塑、石刻、建筑、有形的祭神器物及手工艺品、日常生活用具等。更重要的是，要研究这些形象的符号意蕴和它们的象征意义①。

视觉人类学的研究对象还不仅止于此，它还应该包括一些虽然没有经过人类加工，但却被上古人类赋予了文化符号意义的自然，如山川、河流、巨石、日月等；"人化了的自然"，如人类原始信仰中的那些图腾、神化了的物质等。换句话说，视觉人类学的研究对象包括了整个人类文明史上所有可视性的"有意味的形式"，它们与整个人类的视觉发展共始终②。

上述这些内容虽然在传统的人类学研究范畴中也有涵盖，但它们却被分散在不同的领域。比如，有的被划分在体质人类学领域，有的被划分在考古学领域，有的被划分在古生物学和古人类学领域，有的被作为动物比较

---

① Seymour-Smith C. *Macmillan Dictionary of Anthropology*. London: The Macmillan Press, 1986, p. 98, 286.

② Graslund B. *The Birth of Prehistoric Chronology*. Cambridge: Cambridge University Press, 1987; Renfrew C. *Prehistory: The Making of the Human Mind*. New York: Modern Library, 2008.

行为学的分支，有的则被划分在原始艺术研究领域。按理说，上面的分类研究本没什么原则性的错误，但是这种被分散到各个学科后的支离破碎的研究往往割裂并肢解了人类学的共性研究及其同一性的学科性质，因而使其研究游离在细节和表象的层面上，而未能从认知和象征整体层面予以整合和突破。感谢现代视觉人类学的异军突起，它使这种综合和全方位的研究成为可能与必须。①

本文旨在应用视觉人类学、阐释人类学及符号学理论来重新发现并诠释人类文化的生成和发展，以认知人类学之理念审视人类创造的物质文化和精神文化产品，特别是以富视觉及符号旨意之物象的编码和解码为例来探讨文化积淀的深层内涵，以及它们对今天之文化研究及人类思维的影响。

文明发展到了今天，我们传播文明的手段通常是语言。日常生活中，我们保存文明和传递信息的方法是运用即时性的语言。比如，利用口头表达或文字记录，来记录、阐释我们对文明的思考、认识等。语言作为一种符号，虽然有着很多不尽如人意的地方，但在当今社会，随着人们对语言解码知识的掌握及外语技能的获得，它总算可以协助我们完成文明传承和交流的任务。

那么，在还没有发明语言之前那漫长的时间里，人类是如何交流的呢？因为某种原因而失去了学习和使用语言之功能的人（如聋哑人）又是怎样传递信息的呢？

视觉人类学试图用考古发掘、文化志描写和对当代文明社会的比较研究来回答这个问题。它运用记号、符号等把人类的文化产品划分为可视性-可表现性、非可视性而必须用抽象手段来表现这两大类。能用视觉形

---

① Ruby J. Visual anthropology. *In* Levinson D, Ember M. eds. *Encyclopedia of Cultural Anthropology*. New York: Henry Holt and Company, 1996, p. 1345.

式表现的内容主要有图像和符号。符号是一个复杂的世界①。

图像具有写实性。图像是一种比较直接地传递信息的手段。在今天，纪录片可以直接说明内容原委，故事片通过讲故事的方式来寄寓道德内容，艺术片则重在表达艺术理念。即使是单张的摄影，如果处理得当，也会有很强的表现力，这是视觉的力量。

同时，图像兼有写意性，图像的写意性较为复杂。"意"有不同，而释意是一种专门的学问。有的"意"只可意会不可言传，有的"意"更是意在言外。我们至此讨论的还只是简单的视觉形象或曰单一的符号。其实视觉形象很少单一地去表述，它们往往通过系统化展示的方式去传达②。

因之，我们看到的通常是视觉与符号体的交织，它们用不同的排列组合方式和复调的形式在述说。形象与符号不同的排列组合构成一个完整的世界。

如同文字有字义、语法和句法，文章有构思、谋篇布局和修辞，视觉图像不管在其原始功能意义上还是在其现代意义上，都在自觉或不自觉地显示其符号化语言的功能。视觉图像自有其表述规律和模式可循。

视觉符号自有符号使用的语法。这是一个值得深入思考和探讨的问题。

视觉是人类最原始的本能感觉之一。眼耳鼻舌身意，眼是第一位的。因而，视觉最富感官性。人类早期的所有生命活动和生产活动（包括物种本身的生产与生存活动）③都跟视觉有关。虽然受限于描绘本领和描绘工具，原始人类的表达和表现能力有限，他们的作品也比较幼稚，但我们今天仍然可以在上古文化遗存中发现这些生命的活动痕迹（包括生殖崇拜的图像、符号等），它们在述说着一个丰富的原始文化世界。遗憾的

---

① Biedermann H. *Dictionary of Symbolism, Cultural Icons and the Meanings Behind Them*. New York: Penguin Group, 1994, pp. 135—138.

② Christin A-M. ed. *A History of Writing: From Hieroglyph to Multimedia*. Paris: Flammarion, 2002, pp. 9—14.

③ 见恩格斯：《家庭、私有制和国家的起源》"第一版序言"，载中共中央马克思恩格斯列宁斯大林著作编译局编译：《马克思恩格斯选集》第四卷，北京：人民出版社，2012年，第2页。

是，某些原始文化符号的缺环和断链，使得这类符号大多成了不解之谜。

今天的视觉人类学家通过对当代原住民部族的文化符号进行调查、对比，并参考考古学资料等进行原始文化复原，利用现代技术手段和先进方法论使我们能以类比研究和平行研究之理念，最大限度地在今天进入原始人的世界，借此阐释人类文化的原始视觉功能并还原其本来面目。当然，我们也可以用这些研究成果来推测人类远祖的生活情形。

影响人类文明生成和发展的原因很多，而解释和还原历史的方法又有多种，视觉人类学和认知人类学的研究方法被科学地证明是一种历史唯物主义的方法论。"礼失而求诸野"，早在春秋时期，孔子就已经意识到社会调查和田野工作的意义。我们今天利用科学的理念和实证的方法对上古人类文化的实践成果进行全方位的立体研究恰逢其时。除了应用视觉人类学及符号人类学的理论外，本文还建议参考民俗学及考古发掘材料，特别是利用记载人类文明的大量文献资料来考察，回溯、还原、透析人类原始文化的可视性。

文化符号具有可视性，这是我们研究的基础和出发点。笔者对世界上多种史前文化及民俗文化符号进行考证、研究后发现，人类的视觉符号犹如文字，有其全球性的原始"词法"和"语法"的对位系统。这种系统和人类的本能表意标识乃至原始记忆的生成积淀有关，是编码和解码文化符号的钥匙。因此，它们比文字更富有表达力且更富有交流性——原始的视觉符号永远不需要"翻译"就具有在全球流通的功能①。

此外，我们还可以以视觉为例进行说明。人类在其前语言时代虽不能言但对声音及其节奏有着先天的敏感性。这种本能不仅存在于人类中，甚至存在于动物中，这就是原始音乐的魅力。音乐能唤起一种原始的律动、心灵的交感和通感。音乐是一种宇宙语言，人类同样不需要翻译就能够听懂而且被它感动。

---

① Worth S. *Studying Visual Communication*. Philadelphia: University of Pennsylvania Press, 1981.

在远古社会，音乐是一种语言。音乐联想是具有画面感的，因而音乐也就有了一种介于抽象和形象之间的意义①。今人对音乐和视觉形象通感的解释常常言及这种现象。特别是近半个世纪以来，随着体质人类学和文化人类学研究的深入，人类对这种现象进行了深入探讨，特别是在"视觉音乐""音乐的可视性""颜色的声音""音乐绘画"等方面②，对视觉人类学和听觉-感知人类学进行了全方位的综合研究和探索，取得了可喜的成绩。这些将为我们研究视觉语法和听觉语法的规律提供更加可靠的科学实证资料。

二

在人类的前语言阶段，人类经历了相当长的非语言表述（non-verbal expression）阶段。在这一阶段，人们已然开始用肢体语言、手势、表情和声音等来交流信息，这是人类最早的感官语言。感官语言有着初始意义上的通用语法，这种语法今天仍然在全球通用。比如，微笑表示善意，流泪表示悲伤，皱眉表示痛苦和不愉快，等等。

虽然我们今天已经习惯于通过抽象的语言来获得信息并习得知识，但我们的信息源却远不止语言，我们其实在用整个生命的全部感官来感知着外面的世界。只不过随着科学技术的发展，今天的人类更依赖通过科技手

---

① 近年来，关于音乐跟视觉的关系在欧美学界讨论和研究得较为普遍。另外除了学术性探讨外，在流行文化领域也进行了相应尝试。笔者曾经于 2015 年在纽约林肯中心观摩美国交响乐团用画面阐释音乐的表演尝试。乐团和视觉艺术家合作用画面呈现古斯塔夫·马勒的交响乐作品《大地之歌》，其艺术效果非常震撼，极富感染力。

② Lill K. Comparative theories of visual art and music: May I play you a picture?. *McNair Scholars Journal*, 2012, 16(1): 35—39; Ercegovac I R, Dobrota S, Kuscevic D. Relationship between music and visual art preferences and some personality traits. *Empirical Studies of the Arts*, 2015, 33(2): 207—227.

段来感知世界，而渐渐使某些原始感官丧失了其本能。

究其原因，人类的视觉符号恰如后来兴起的语言符号，这些符号自有其语法系统。早期人类具象的生命认知实践活动是从视觉开始的，这是人类最早的生命认知语法，比语言和文字原始得多，也直观得多（人类能够创造文字并将之用于交流则是非常晚近的事）①。

因此，视觉的元素及其系统亦有其全套的语法思维，视觉语法亦有其符号意义上的词性。从原始刻痕、岩画、洞穴画、图腾符号等开始，视觉形象就产生了其功能意义上的名词、动词、形容词、副词、介词、连词、叹词等。随着人类生命活动的大量开展，其内容也渐趋复杂，视觉符号开始更加抽象并更加复杂、细化，而且有了分工。视觉形象及其符号遂逐渐有了功能意义上的主语、谓语、宾语、定语、状语和补语。视觉也有了单句和复句等表述方式及其语义系统。在这种意义上，原始文化持有者在有限的空间里做着文化建树和传承的"大文章"，并利用他们的原始视觉表述推动着文化的演进，等待着我们千万年后的今人去破译②。

认知人类学和视觉人类学从考察史前原材料（raw materials）入手，来检索并破译视觉语言中的原始文化信息。原始文化的发展是一个由简入繁的过程，视觉语言的发展也一样。

视觉的语义材料由原始图形、图案，以及由图形和图案的排列组合而构成词组、段落和篇章。这些成功的组合能给我们描摹出原始人的世界。在今天，研究者往往由于审美和艺术的观照习惯或专业-主观的思维局限而忽略了对原始视觉文化意义本原的挖掘和破译，统统将这些上古视觉材料（如原始刻痕、雕塑、洞穴画、岩壁画等）视为一种无解的图形。其实，它们是前文字时代原始人全部世界观的表现形式。它们的含义绝不是我们今天想象的那么简单。

---

① Guindi F E. *Visual Anthropology: Essential Method and Theory*. California: AltaMira Press, 2004.
② 王海龙：《读图时代：视觉人类学语法和解密》，上海：上海锦绣文章出版社，2013 年，第 214 页。

这些视觉材料是文字出现的曙光。

仍以音乐为例，譬如说，音乐语言有原始音符、音节，有乐段，有乐章，有音乐的语言和旋律，有复调和多声部等表达手法。非音乐专业的听众欣赏音乐时往往只是被其感动，但并不知道音乐中包含了哪些复杂的内容和高超的技巧。音乐能直入听众心灵深处，但观众却不必懂作曲方法，更不必学会演奏任何乐器，也能欣赏它。

视觉构思的章法和律例也是一样的。

视觉作品（包括史前洞穴画、岩壁画、图腾柱、原始刻痕等）展示的内容，往往有着无比复杂的结构，而观者往往是下意识地被其传递的视觉信息所感动、所魅惑，却不必知道其内在的符号学结构和语源学渊源。而视觉人类学要做的，就是要条分缕析地还原、解码这种符号学的深义[1]。

如何从事相关研究，并破译出文化的本原含义呢？我们今天大致可以从以下角度去探讨。

（1）从上古岩画、洞穴画等素材中挖掘远古文化信息。从文化发生的终极原因去探讨，我们发现，古人没有闲情逸致玩情调，他们之所以"创作"视觉图像，一是因为宗教，二是因为切身利益（巫术），这些都跟他们的劳动和社会生活分不开[2]。他们的"绘"就是表现生命和试图操控生命：饥者绘其食，劳者绘其事。这类原始绘画是一种公告、一种发言，后来出现了文字，钟鼎碑彝等才代替了它们。到了文明程度更高的阶段，人类往往借助照相机、摄像机等来"绘"。从史前的燧石刻具到现在的数码成像技术，虽然这些工具的表达效果不同，但其制造绘画语言和表达的终极目的则是一样的[3]。

---

① 王海龙：《视觉人类学新编》，上海：上海文艺出版社，2016年，第99—105页。

② Ucko P J, Layton R. *The Archaeology and Anthropology of Landscape: Shaping Your Landscape*. London: Routledge, 1999, pp. 16—22.

③ Marshack A. *The Roots of Civilization: The Cognitive Beginnings of Man's First Art, Symbol and Notation*. New York: McGraw-Hill Book Company, 1972, pp. 208—209, 260—310.

（2）参考田野发掘资料来检视视觉符号语法的功能意义。这种探讨将系统地考证原始人类的生产、生活活动所代表的视觉符号，并将这些与原始部族的相关文献资料进行综合比较以阐释其文化主题。其内容包括从原始视觉符号表形、表义、表情功能到其仪式化功能、社会化功能的破译，从种族记忆、标识、符号到其以各种形式辐射性地升级、异变、嬗替、转型，从具象写实到抽象写意再到图案化，对图案意义及其"语法"功能的阐释、破译及解码，等等，以便在这种平行比较中发掘视觉语法现象的意义[①]。

（3）从当代视觉资料取材，重点分析视觉文化对我们当今生存、发展的影响。这种平行研究的主题涉及人类学摄影、人类学电影、人类学电视等视觉材料，该研究还关注并分析当代社会的仪式（典礼、戏剧）化行为、行政化行为以及宗教和政治化行为的社会功能，这有利于我们深入探讨视觉的语法意义[②]。

（4）除对原始文化进行分析阐释外，我们还将涉猎人类视觉符号化行为及其功能范围，并将特别专注其在艺术领域的个案分析，如世界范围内各民族、各种文化的雕塑语言、绘画语言（西方绘画流派的风格及其表现手法的分析、传统中国画之程式化表现手法的分析等）、电影语言乃至音乐语言中的画面呈现及表意功能（所指-能指的含义）分析、艺术史上流派迭生的视觉心理学基础和人类学表现功能的辏合，以及现代视觉设计、建筑在潜意识中是如何影响当代人的生活和思维的，等等。

（5）分析研究人类视觉化行为的心理学基础和成因，特别是探讨无意识状态下的视觉语法的符号化意义，如符号的循环与变形、再生、组合，研究符号与心理原型重构的广告学意义及视觉符号与象征符号的视觉潜移

---

① Geertz C. Thick description: Toward an interpretive theory of culture. *In The Interpretation of Cultures*. New York: Basic Books, 1973, p. 5.

② Worth S. Ethnographic Semiotics. unpublished paper, 1977, Quoted from Ruby J. The Last 20 Years of Visual Anthropology: A Critical Review. *Visual Studies,* 2005, 20(2): 159—170.

默化性，符号的神秘性及其非语言表述性的心理学暗示，等等，并探讨视觉符号的引申与程式化及通感与符号的转化。总之，该研究和认知心理学、社会学、媒体传播学，以及广告心理学、政治宣传的视觉符号相关①。

视觉文本的语法不同于语言的语法，它在更广泛的意义上起着更为重要的"文化的语法"的作用。它贯穿从史前语言时代到今天的后文明时代的始终。我们今天对人类学视觉语法及其潜语法结构编码和解码的研究，其实是在试图掌握开启理解人类文化的另一扇大门的解谜之钥，它在人类共同文明的理解和沟通方面将会起到积极的作用②。

三

《圣经》里有个著名的巴别塔寓言，说的是人类远古时的一个共同的梦想，就是有一天，全人类能够顺畅地交流，人们不需要学外语，大家都只说一种共同的语言。

这种梦想会不会实现呢？很难。因为在这个地球上，从史前时代开始，人类生活在不同的地域，且面临着不同的生境、不同的挑战，所以他们的认知系统不可能一致。人类的认知决定了他们的思维和语言表达方式。既然从根子上不同，蔷薇中长不出牡丹，而枣树上也绝结不出梨来。在蒙昧时代，人们关于人类有共同语言的梦想只能是个梦。但是，人类到底有没有可能拥有一种共同的语言来表达全人类的共同感受以及所思所想呢？这个可以有。这种语言就是视觉语言。

严格意义上说，视觉语言不是一种传统意义上人们定义的"语言"，但它却包含语言的所有功能。它在本质上具有直觉性和人类共通性。无须翻

---

① Worth S. *Studying Visual Communication*. Philadelphia: University of Pennsylvania Press, 1981, pp. 19—26.

② Miller G A. *The Science of Words*. New York: W. H. Freeman and Company, 1996, pp. 2—10.

译，它如同面部表情和哑语，是一种国际语言。但是它的表意层次和交流意义却远较我们一般意义上的"语言"深刻且广泛得多。为了了解这层意蕴，我们可以从人类语言交流的终极目的角度进行探讨。严格地讲，人类交流其实不仅靠语言，还要靠语言氛围、背景和服务于表达这种言语的内容来完成①。

人类的交际行为中，语言最重要，但交际却绝不仅限于语言。英国人类学家特伦斯·霍克斯指出，在人类交际行为中，"没有一个人只是说话。任何言语行为都包含了通过手势、姿势、服饰、发式、香味、口音、社会背景等这样的'语言'来完成信息传达，甚至还利用语言的实际含义来达到多种目的。甚至当我们不再对别人说话时，或别人不再向我们说话时，来自其他'语言'的信息也争先恐后地涌向我们：号角齐鸣、灯光闪烁、法律限制、广告宣传、香味或臭气、可口或令人厌恶的滋味，甚至连客体的'感受'也都有系统地把某种有意义的东西传达给我们"②。

这些所有独立于语言之外而又跟语言相关的信息都可以被看作"言语"，甚至有时候它们比你说什么更重要③。

这样，我们从人类的言语行为开始，就应该对人类的语言进行探索。在人类进化发展的早期，人类有过相当长的"无言人类"（homoalalus）④时期。那时候，人类还不具备健全的认知思维和发音功能。在那种状态下，人类如何交流呢？其实历史上曾经有过"前语言"时代——那就是视觉人类学研究的视觉语言的时代。人类的视觉语言跟人类进化共始终。不管是我们意识到了这一点还是没有意识到，今天我们仍然每日每时都在贯彻、

---

① 王海龙：《视觉人类学》，上海：上海文艺出版社，2007年，第60页。

② 王海龙、何勇：《文化人类学历史导引》，上海：学林出版社，1992年，第350页；〔英〕特伦斯·霍克斯：《结构主义和符号学·符号科学》，瞿铁鹏译，上海：上海译文出版社，1987年，第128页。

③ 〔美〕吉尔兹：《地方性知识：阐释人类学论文集》（第2版），王海龙、张家瑄译，北京：中央编译出版社，2004年，第74—76、84—89页。

④ 王海龙、何勇：《文化人类学历史导引》，上海：学林出版社，1992年，第202页。

实践并应用着这种视觉语言。

为了便于说明这种视觉语言的原理，我们不妨先以人类表述的另一种功能，即以文字的进化为例来比喻其事。众所周知，在人类进化史上，人类最早记录文明的手段不是文字而是画，画是字的起源。在人类文明史上，人类创造的最早的表意的东西是图画、是符号。

为什么是图画呢？笔者可以以更简单的人类表述习惯为例来解释这种现象。比如说，我们今天仍然可以看到不识字的人跟别人解释问题时往往喜欢用画图或在纸上（甚至地上、墙上或任何能画的地方）用圈圈道道去解释他们想表达的意思；操不同语言的人们进行交流而听不懂对方的话时，也常常会通过比比划划的方式来传递信息。

再举一个更为极端的例子。我们经常发现，人们在打电话时，即使通话双方并不能见到彼此，说话人却也常常是比比划划、手舞足蹈地"以姿势助说话"，好像远方的听者能够看见他的表情和动作一样——他在下意识地以表情和动作帮助自己传达信息。特别是在欧美地区，这种打电话时"手舞足蹈"的现象颇为常见。有实验表明，如果不允许打电话者在打电话时做任何动作，某些人竟连话都说不顺溜。

这是为什么呢？其实，视觉表达是人类的本能。它比语言表达、文字书写方式都更古老，这种"视觉表述"更能全方位地表达一个人的内心需求。它是语言的认知内核，甚至可以说是语言的根。明白了这些，了解了视觉语言的交流意义，对我们研究语言的起源、如何充分地利用人类学和语言学手段来破译并解读人类思维，以及人类早期的"原始艺术"乃至于人类书写的起源都具有重要意义。

在西方，有人利用检视一个人说话的姿势、表情、动作等身体语言来判断其语言表达的真伪、说话的可信程度甚至心理状态等，甚至有人利用上述行为作为证据去破案——可见人类的下意识行为及其视觉呈现是多么真切地泄露了人类的真实目的啊①。人类行为是可视的，人类互动的社会化行为当然也是可视的。大而化之，人类文化的呈现自然也应是可视的。大概也正是在这种意义上，人类学家认为文化也是可视的。这正是视觉人类学阐释和研究人类文明的理论基础。

史前先民认为，一切的思想都是有形的。他们最早的思维形态应该是形象思维。特别是在原始社会，人们的思维相对简单，一切都是可以用形象表现出来的。

人们表达思维的最早形式也是符号、图画。随着人类文明程度的不断提高，人类生活日趋复杂化，图画不够用了，就发明了更多图形。再往后，图形的表达力也渐渐捉襟见肘。所幸的是，人类的抽象能力越来越强。有了这种本领，人类渐渐将图向抽象的符号转变，再经过成千上万年，人类渐渐能用简化了的符号来进一步表达和交流。经历了漫长岁月，这种符号逐渐简化、抽象，就形成了文字②。

最原始、最稚拙的画都是有感而发的，它们永远是人类表达心声的一种有效手段。其实，画是一种心迹表述形式，画面里包含着视觉语法的构筑，因此应该说画是心声。今天，我们仍然常常以视觉形象来补充抽象文字之不足，以"图文并茂"的形式来表达我们的情感。在今天，我们可以利用连环画、插图、电视和电影（从本质上来说，它们是活动的，即加上了声音的连环画面）等去阐释并分享我们的想法。下面笔者拟以中国画为例说明中国传统国画与视觉表述之间的内在关系。

中国画有工笔和写意之分。按说，工笔比较精致，描摹本真追逼形象，它应该更受追捧。可是若要真正评判中国画的精髓，中国传统的写意画却占据优势，世世代代的中国文人对其情有独钟。为什么呢？这里面牵

---

① 人类行为的潜意识视觉呈现的例子还可参见邓启耀：《"新媒体"与媒介人类学的当代论域》，刊于邓启耀主编：《媒体世界与媒介人类学》，广州：中山大学出版社，2015 年。

② Haas J. *The Evolution of the Prehistoric State*. New York: Columbia University Press, 1982, pp. 49—57; Harris R. *The Origin of Writing*. LaSalle, Ⅲ: Open Court, 1986, pp. 62—71.

涉中国人的视觉认知和画与写之间的关系问题。

写意画，被古人认为是中国绘画的精华。中国古人的绘画原本就是一种书写形式，它能"写"出作者的胸中块垒，"写"出抱负，故曰"写意"。

古人若想写出胸中的"丘壑"，他们的胸中首先必须有"丘壑"。"丘壑"在他们眼里成了材料零件，词汇以不同的形式进行排列组合就形成了构思，成了谋篇布局的"文章"，从而具有表情达意的功能。这正是"文章"（"章"之字源本义也是跟绘画有内在关联的[①]）这个词的原始语义。也正是在这种意义上，我们的祖先宣称书画同源。古代文人的画很少说是画出来的而是说"写"出来的（是故，古代传统水墨画作者往往署名某某"写"而非某某"画"）；还有更潇洒的，干脆就说某某"一挥"。

写，就有了构思，就有了语言，并有其语法系统。从史前人类的岩画、洞穴画到艺术考古学家发掘出来的上古物化了的视觉材料，古人用图来传情达意。那时候，人类生活比较简单。他们生活在丛林里，其表情的变化也没有今人那么微妙。原始人类把他们的生活、他们的信仰、他们的期冀都写在浩渺的旷野上和深邃的洞穴里，他们的所思所想就成了岩壁画、成了他们生命的符号和文章，与族人共享，让苍天和神知晓。

过去，从事人类文明史研究或史前史研究的学者往往会产生这样的困惑：上古时期，人们衣食无着，连最起码的生存都成了问题，他们又是从哪儿来的闲情逸致去画画、搞创作？

是的，那时他们几乎连语言都没有，但他们已经开始用图来表达自己对人生的体验和思考了。另外，他们甚至已经开始用图画来向他们的后代传授知识了。他们今天能否吃到晚饭、今夜躺下了明天是否还能再爬起来看到明天的太阳都不得而知，但他们仍然坚持把自己的思想"画"到岩石上、洞穴里。可见，他们表达自己内心思想的欲望是多么的强烈。

---

① 《周礼·冬官考工记》"画缋之事，青与赤谓之文，赤与白谓之章"，参见闻人军：《考工记译注》，上海：上海古籍出版社，1991 年，第 124 页。

"我思故我在"，在史前，应是"我画故我在"①。原始绘画和雕塑活动是开启人类文明的第一步。同劳动一样，绘画和语言也是区别人类和动物的重要标志。

只有人类才有绘画的冲动、绘画的愿望和绘画的可能。至于偶尔出现的某些动物模仿绘画的特殊个案，除了是人类刻意培养某类动物模仿和一些较为罕见的例子外，它们基本上没有认识论的意义。从这一点上看，绘画和视觉表述是人之所以为人的根本。

人类绘画和视觉表述的欲望远早于语言和文字的产生。这种绘画和视觉表述的天性，并不因人的智力不足及其绘画技术不成熟而受到限制。观察今天的儿童绘画和神经病患者的绘画作品，我们也能体悟到，绘画和视觉表述属于人类本能这一定理②。

视觉的语言是人类共通的语言，它不需要翻译，它的语法是一种普适语法，这种语法诉诸全人类的共有天性。

视觉是一种本能，是下意识的。因此，它就拥有了属于人类共同的认知结构的符号系统，于是它也就形成了一些约定俗成的体系。从形象、颜色、结构到谋篇布局，都能体现出表述者的匠心。同是一个题材、同是一个意象，不同的民族、不同的文化、不同的艺术家皆可赋之以不同的命意、不同的视觉呈现方式，同时又能展现出人类的共性。绘画的形、意、色皆可以以意感人、以意夺人。

综上所述，绘画不论是在其最原始的层面还是在其最摩登的意义上，它的最终旨归是诉诸全人类。其最高境界是唤醒和升华人类的本能与天性，是用视觉的语言启迪受众，因而它最终的目的是诉诸人、诉诸人性。

我们画花卉、画奔马、画飞鸟、画繁花春树寒林枯藤、画断桥残雪老树昏鸦、画大海蓝天、画高楼大厦、画地铁等表达的都是人类的情感。从

---

① Arnheim R. *Visual Thinking*. Berkeley: University of California Press, 1969, pp. 69—72.
② Billig O, Burton-Bradley B G. *The Painted Message*. New York: Schenkman Publishing Company, John Willy & Sons, 1978, pp. 27—31, 201—205.

最原始和最摩登的意义上来说，这种表述都是借视觉手段进行自我表述或宏观"拟人化"的一种手段。

我们总是下意识地把自身当作一个永恒的坐标和终极目的。不管你看得懂也好，暂时看不懂也好，只要是一件真正的艺术品，这种永恒的指向性和目标就不会变。这就是绘画和视觉语言超越时空、种族、宗教和文化而呼唤人类精神的意义所在。这种人类学意义上的下意识和潜意识有时候连艺术家本人在创作时都未必能察觉，但真正的艺术就是永恒自身。

世间最杰出的造物是人。人类因之就把一切都赋予了人的情感。换句话说，也就是"人的本质力量的对象化"①。还是古人说得好："春山澹冶而如笑，夏山苍翠而欲滴，秋山明净而如妆，冬山惨淡而如睡。"②这里，山就是人。而我们的艺术家只是把这种人格力量用他们的画笔视觉化地表现出来了而已。

---

① 马克思：《1844 年经济学哲学手稿》，参见中共中央马克思恩格斯列宁斯大林著作编译局编译：《马克思恩格斯全集》（第四十二卷），北京：人民出版社，1979 年，第 124—127 页。
② （宋）郭熙：《林泉高致·山水训》，周远斌点校纂注，济南：山东画报出版社，2010 年。

摄影与人类学——民族志摄影新议*

雅克·德费尔（Jacques Defert）

（法国艾克斯-马赛第三大学、法国阿维尼翁高等美术学院文化人类学教授）

一、摄影图像在 19—20 世纪田野调查中的地位与功能

19 世纪的人类学是一门尚处于萌芽状态的人类科学。在实证主义和数理范式主导的时代背景下，人类学克服了重重困难，才终于确立了作为一门科学的地位。当时刚刚问世不久的摄影术被认为能够比手绘更准确地记录现实，因而被视作"拯救人类学"的理想的工具，前提是人们"不加艺术修饰"地使用它[①]。为此，巴黎人类学协会创始人皮埃尔·保尔·布罗卡（Pierre Paul Broca）在 1865 年出版的《人类学通用指南》（*Instructions Générales Sur L'anthropologie*）中制定了一套标准化的观察方法，以便于进行比较研究。

这些人体测量学方法的制定有其特定背景：当时的人类学执着于对"人类的种类"进行实际上并不可能的定义和归类。在田野实践中，由于原住

---

* 本文由史文心翻译。

① 语出艾提蒂·塞雷（Etienne Serres），参见 1852 年法兰西科学院报告。

民族不配合，这些人体测量学方法难以付诸实践。因此，人体测量学方法并非真正意义上的科学探究，反而沦为殖民者进行殖民统治的手段。此外，异域风情的诱惑、主观性的陷阱，都加剧了研究者对摄影术的不信任感。

自 19 世纪末开始，许多人类学者认为，所谓摄影的真实性不过是一个陷阱。1881 年，保尔·托皮纳尔（Paul Topinard）认为，即使是遵守科学原则拍摄得最为正确的照片，也只不过是一个充满错觉的正面投影罢了。然而，人类学并未因此抛弃摄影。20 世纪，田野调查方法获得较快发展，摄影的地位与功能被重新定义。

以弗郎兹·博厄斯（Franz Boas）1897—1902 年领导的杰瑟普北太平洋海岸考察队为范本的数次大规模跨学科远征，为人类学带来了观察与采集信息的新方法，包括系统性的笔记、录音、手绘和摄影。弗郎兹·博厄斯将全面而精确的记录工作视为探索文化特有内涵与"风格"的必需前提。确实，这样的采集工作可以在物品与行为之间建立联系，弗郎兹·博厄斯称其为"语言性的物体"（objets de langage）①。

勃洛尼斯拉夫·马林诺夫斯基（Bronislaw Malinowski）于 1915—1918 年在太平洋特罗布里恩群岛的村落中采用的调查方法，即沉浸于当地环境、学习当地语言、参与式观察，对人类学产生了久远的影响，并成为日后一切田野调查的基本原则。摄影作为一种记录方法，必须最大限度地贴近当地环境。

此外，马塞尔·莫斯（Marcel Mauss）的教学也产生了重要影响。他教授的关于身体姿态的课程，证明人类从走路到睡觉的绝大多数姿态，都具有文化的传承性，因而是一种社会性的表达。他的课程促使人类学研究者借助摄影来细致深入地观察和记录种种此前被视为微不足道的细节。

---

① 弗郎兹·博厄斯将他搜集到的一切物品、摄影、录音、口述、调查笔记等资料都视作"语言性物体"，他的研究目的是对它们进行阐释、对比和分析，从中获取该民族的特征等。他将每种文化都视为一个自洽而独立的能指系统。

然而，摄影的价值依然被认为提供信息，揭示观察未能触及的细节；它仍然处于次要的附庸地位，服从于以综合诠释为目的的民族志书写的权威之下。当时的摄影图像还谈不上在研究中具有何种地位和功能。摄影图像的生产过程及其对被拍摄者行为的影响，还从未有人思考过。

正是在这样的背景下，马塞尔·格里奥列（Marcel Griaule）和米歇尔·莱里斯（Michel Leiris）参加了 1931 年 5 月至 1933 年 2 月的从达喀尔到吉布提考察团；而后，1935—1938 年，克洛德·列维-斯特劳斯（Claude Levi-Strauss）在巴西进行了数次民族志考察。

1934 年，米歇尔·莱里斯出版的文学日记《非洲幽灵》（ *L'Afrique Fantôme* ）和列维-斯特劳斯于 1955 年出版的富于哲思的旅行散记《忧郁的热带》（ *Tristes Tropiques* ）都受到了广泛关注，其读者群远远超出了民族志研究者的范围。这两部著作颠覆了当时惯常的民族志研究框架，预示着奠定人类学话语权威的后现代批评的出现。

这两部作品中的民族志摄影乍看之下只不过是插图。然而，如果仔细观看这些照片，我们将发现这些图像体现了当时正在酝酿之中的人类学视角的转变。

二、达喀尔—吉布提考察，马塞尔·格里奥列和米歇尔·莱里斯的分歧

达喀尔—吉布提民族志与语言学考察团由巴黎大学民族志学院和国家自然历史博物馆组织，是殖民国家举行的大型远征考察团之一。这次横跨非洲大陆的漫长旅行从反思田野调查的工作模式开始，第一次在殖民主义语境下质疑了民族志的意识形态前提及其目的。

马塞尔·莫斯在 1926 年出版的《民族志手册》中提出，一切对象都应该被拍下来，最好不要摆拍；照片越多越好，要全部标上注释和准确定位，

如时间、地点、距离。这些标注应同时记录在胶片上和日记中。

格里奥列和莱里斯都自称学习过马塞尔·莫斯的人类学课程，但是两个人的审美喜好有所不同，尤其对于摄影的使用，更表示出较大的分歧。

格里奥列为了给托卡德罗民族志博物馆收集展品，详尽无遗地记录文献，他给自己带领的队伍制定了堪称军事化的制度。基于经验，他采取保持距离感的工作方法，以此来保证客观视角。莱里斯是此次考察的秘书兼档案员，常常对格里奥列的方法持批判态度，二人理念迥异。

格里奥列曾经在空军部队工作，这使得他在田野调查中提倡采取俯视视角，拍摄场景的整体画面，以便于绘制地图。他采用的环绕式全景记录方法与强调个人"参与式观察"的英式方法相去甚远。在他看来，"参与式观察"速度太慢、效率低下，并且由于身处其中而会产生错觉。

当研究对象回避他时，他认为这是当地人出于"习俗"的拒绝，应毫不迟疑地采取强硬手段，进行逼迫，或通过窃听、伪装等诡计达到目的。他力图掌控这种一切民族志调查中固有的、在殖民地时代尤为突出的权力关系，并将这种权力关系以戏剧化的方式运用于交往中。这就是他所说的"助产士和审讯法官的艺术"。

对于莱里斯而言，这种掠夺榨取的方法令他痛苦，他也拒绝观察者"被接纳入群体"的假说。而格里奥出于学术掌控的意愿，毫不掩饰地采用上述调查方法。

莱里斯在日记《非洲幽灵》中提到，为什么民族志调查经常让我们联想到警察的审讯呢？我们走近了他们的习俗，却没有真正地走近这些人们。莱里斯认为，观察者与遇到的民众之间不应当存在隐含的暴力关系，这种暴力关系源于观察者和被观察者所处的不平等地位，而这种不平等则是由考察地点的殖民统治背景决定的。在效率的驱使下，格里奥列恰恰相反，他已经习惯于这种不平等的关系，仿佛这是某种无法回避的必然。莱里斯在《非洲幽灵》中记述道："我们看待一切，都是从正在进行的工作出发，一切场景，首先都被看作记录和拍摄的时机……如果说'观看'意味着从审美的、无利害关系的角度来凝神欣赏，那我们从来不曾'观看'过。"①

　　为了报道非洲马里多贡地区的一个丧葬仪式，格里奥列安排了很多协助者，这样做随时可能干扰仪式的正常进行，但他毫不在乎。对于他来说，观察者"积极地存在"有利于更快地揭示文化习俗试图隐瞒的一切。于是，他安排一位观察者从悬崖上俯视村庄，拍摄群体的活动，记录他能从高处观察到的仪式的组织方式。其他观察者每人加入一组举行仪式者，观察、记录、拍摄小组里每个人的行为举止。

　　最后一位观察者则位于屋顶平台上，负责被格里奥列称为"幕后监视"的工作。所有人在每份观察和记录上都注明准确的时间与地点，以便于之后对整个仪式进行综合复原。摄影与完整的笔记不可分割，笔记决定了摄影的意义。对于格里奥列来说，只有这种全景环绕的监视视角才能获取马塞尔·莫斯所谓的"整体社会事实"，也即对一个社会群体及其组织机构的完整记录。

　　然而，格里奥列也会根据不同的情况来调整他的方法。为了记录一个近期没有计划举办的面具仪式，格里奥列将戴面具的舞者集合起来，拍摄并研究他们的舞蹈。莱里斯在《非洲幽灵》中记录道，"面具仪式彻底失败了：又一次低劣的复原，人们完全没有彻底投入其中。这是一场圣西尔的漂亮化装舞会，或者旧货商的露天货摊"。而格里奥列则在这场仪式中拍摄了 30 张照片，标注"1931 年 11 月 2 日，仪式再现"，将每个场景依次排列，精确描述，完整展示了当时几乎不为人知的仪式过程。

　　在埃塞俄比亚拍摄灵魂附体仪式时，观察者必须更为低调，于是，格里奥列使用了另一种策略：首先保持尊重的距离，从远处观察和拍摄仪式，以免妨碍信徒通灵和观察被"扎"附体的过程。几天之后，格里奥列要求仪式参与者重演一遍仪式，模拟附体的状态，以满足观察和摄

① Leiris M. 1988. *L'Afrique Fantôme*. Paris: Gallimard Tel. 以下《非洲幽灵》均出自该版本，且由史文心翻译。

影的需要。莱里斯失望地评论道，"我更希望亲自体验被附体的感觉，而不是研究被附体的人"。

格里奥列对摄影图像重建文化的能力很有信心，莱里斯则对这些客观化的摄影部署持怀疑和不信任态度。他在《非洲幽灵》中提到，"我必须看着这些刚刚冲洗出来的照片，才能想象我正身处于类似非洲的地方"。格里奥列追求的是对复杂现实的整体复原和客观认识，条件不允许时，宁可借助重构的手段。莱里斯正相反，认为唯有通过（近乎极致的）主观，才能抵达客观。

但这并不意味着他们之间的分歧可以简单归结为带有实证主义烙印的客观主义民族志观念与关注内省的主观主义者之间的对立。格里奥列之所以追求摄影视角尽可能多样，以至于复原重演，恰恰是因为他已经不再相信所谓"现场抓拍"的图像就一定真实可靠。同样令人意外的是，莱里斯在个人日记里如此重视主观性和自传式的布局呈现，却完全难以接受格里奥列的布局呈现，认为在这种情况下应当忘我投入。自相矛盾的是，莱里斯本人日后的研究和文学创作都越来越戏剧化，连自传也越来越像虚构的小说。

三、克洛德·列维-斯特劳斯在巴西东北部的考察，及其和路易斯·德·卡斯特罗·法里亚的摄影对比

1938 年，克洛德·列维-斯特劳斯前往巴西东北部考察南比卡瓦拉、蒙德和图比卡瓦希三个印第安部落，他的助理是里约热内卢国家博物馆的路易斯·德·卡斯特罗·法里亚（Luiz de Castro Faria），巴西政府强制派遣他随行。列维-斯特劳斯带上了徕卡相机，二人在旅途中拍摄了大量照片作为工作记录。

1955 年，列维-斯特劳斯出版了《忧郁的热带》，在书中插入了 56 张照片，包含 1935—1936 年在卡杜维奥和波洛洛两处印第安部落拍摄的照

片。之后多年，这些照片成为列维-斯特劳斯公开发表的有关他在巴西研究工作的仅有的图像。

然而到了 1994 年，已经 86 岁高龄的列维-斯特劳斯专门将他在巴西拍下的照片出版为一部大开本的摄影集，题为《巴西回忆》(*Saudades Do Brasil*)，收录了多达 186 张摄影作品。

2001 年，同样已经年迈的卡斯特罗·法里亚在巴西出版了一本类似尺寸、同样为精装，甚至连页数也完全一样的图片集，题为《另一种观看》(*Another Look*)，以纪念陪同列维-斯特劳斯进行的考察。

列维-斯特劳斯时隔几十年后处理这些照片时表现出的差别，以及列维-斯特劳斯与卡斯特罗·法里亚所拍照片的对比，令我们得以思考列维-斯特劳斯的摄影视角的构建方式，以及图像在表达他的人类学思想中所发挥的独特作用。

"我讨厌旅行，我恨探险家。"《忧郁的热带》以这个著名的句子作为开篇，紧接着批判了旅游书籍、探险记录和摄影集充斥书店，每一本都强烈地要吸引读者的注意力，结果是读者无法评估这些书籍里面的证据是否有价值。[1]列维-斯特劳斯放弃了柯达彩色胶片的"蹩脚的巫术"，更偏爱未经修片的黑白图像，认为其去除了一切浮夸的奇观。

2005 年，列维-斯特劳斯在一次采访中承认自己对摄影持不信任态度，他从巴西旅行回来之后再也没有拿起过照相机。他认为，他在巴西旅行时的拍摄是因为需要，但他始终认为拍照意味着丧失了一些时间，丧失了一些注意力。

《忧郁的热带》中插入的摄影图片，是一个独立的、按照民族分类的小册子，不配文字，仅在册子结尾处附上简短的图注。这些摄影图像，外加几张关于卡杜维奥人身体彩绘的线描图，按照民族志调查的记录原则，记

---

[1] 〔法〕列维-斯特劳斯：《忧郁的热带》，王志明译，北京：生活·读书·新知三联书店，2000 年，第 4 页。

录了列维-斯特劳斯旅行期间观察到的一些民族的居住环境、身体姿态、装饰和仪式等。

这些图片中有着数量众多的南比克瓦拉人的肖像，多为近景取景，靠近被拍摄者的身体，在日常状态下抓拍，格外关注他们休息、游戏时亲昵、温情的场景，按照情境分类排序。这些肖像显示出更为感性和主观的角度。这些摄影或许会令人想起马塞尔·莫斯关于身体姿态文化范畴的讨论，但这些图片在此时更能流露出拍摄者与拍摄对象在放松状态下的共情。

此时，观察拍摄对象是从人性的亲切感出发，而不再透过文化差异的滤镜。正如列维-斯特劳斯所写："感觉得出来……一种可以称为是最真实的、人类爱情的最感动人的表现。"[1]

《忧郁的热带》出版之时，距离列维-斯特劳斯的巴西之行已经过去了17年。因此，这本书并非一部民族志考察手记，而是一部兼具人类学与哲学视角的散文。从这个角度看，列维-斯特劳斯继承了启蒙时期的思想传统，批判"过度增殖和过度兴奋的文明"的危害，表达了对于书中记录的民族群体怀旧的伤感，认为这些群体与自然之间脆弱的和谐关系注定了他们的消亡。他写道，"我们在世界各地旅行，最先看到的是我们自己的垃圾，丢掷在人类的颜面上"[2]。

约40年后，《巴西回忆》中的文字与图片再次流露出列维-斯特劳斯的人文主义和悲观主义情怀。

这部集子里重复出现了一些《忧郁的热带》中的摄影图片，然而其排布方式完全不同，不再依据主题分类，而是按照时间顺序排列，更类似于旅行手记。全书分为"初见巴西""波洛洛的卡杜维奥人""南比克瓦拉人的世界""在亚马孙""归程"五个章节。

---

① 〔法〕列维-斯特劳斯：《忧郁的热带》，王志明译，北京：生活·读书·新知三联书店，2000年，第375—376页。

② 〔法〕列维-斯特劳斯：《忧郁的热带》，王志明译，北京：生活·读书·新知三联书店，2000年，第30页。

《巴西回忆》里的照片是以一种更具美感的方式呈现的，有时单张图片占据一整页，有的图片横跨双页，采用双色印刷以表现更细腻的灰度变化，等等。这些图像附带几行注释，准确地介绍了拍摄的场景和时代背景。此外，书中的文字章节补充了文学性的评论、回忆、逸闻趣事、感受等。

在《巴西回忆》的开篇部分，可以看到圣保罗城中混杂着殖民地风格的别墅、公园以及刚刚形成的城市最初的几栋高楼。随后便是旅行中拍下的图片，显示出印第安社群与都市环境之间的差距。

有几幅采用民族志视角的中景摄影作品，记录了当地居民的居住环境和生活方式。但该书的核心是美洲印第安人。他们的身体、面容和眼神，通过该书高品质的大尺幅印刷照片而显得格外光彩，此时印第安居民成为独立的、更具感染力的存在。

《忧郁的热带》中关于南比克瓦拉人亲密相处与"温柔之乐"的系列图片，在《巴西回忆》里得到了补充，并增添了一些更加凸显身体魅力的图片。列维-斯特劳斯在这本书里提到的"南比克瓦拉人散发的魅力"，以及"其中十分年轻的女性，优雅、梦幻、快活、玩笑、挑逗……"图片比文字更加鲜明地展示了这一点。这时，民族志学者原本保持着疏离感的人文主义屈服于魅力之下，他们试图消弭一切隔阂这一不可能实现的愿望，此时充分流露。

放弃西方旅行者与民族志学者的服装、姿态和身份，是一种诱惑。卡斯特罗·法里亚曾经拍下一个略显滑稽的场景：列维-斯特劳斯头戴殖民主义风格的帽子，正在拍摄一个弓箭手。显然这是摆拍的。这种抛弃自我身份的诱惑，在莱里斯的《非洲幽灵》中有所体现，他写道："躺在大地上，沉浸在真实中，巨大的喜悦。我满身灰尘。仰卧在地。这与在泥浆中跋涉是同样的喜悦……我不再是一具没有灵魂的躯体，也不是一个没有躯体的灵魂。我是一个人。我存在。"

列维-斯特劳斯在《巴西回忆》中提到，健壮的波洛洛人"现在已经毁于酒精和疾病"，曾经与他亲密无间的南比克瓦拉人已经消失不见。他写道，"这些旧时的影像怎能不让我感到虚空和忧伤"。

这些照片由于年代相去久远，愈发显示出令人感动的人性的色彩，于是，列维-斯特劳斯将它们视为某种象征，象征着逝去的天堂，或者至少象征着当今已经毁灭或濒危的、人与自然之间脆弱的和谐。

列维-斯特劳斯从近 3000 张底片中为《巴西回忆》选出 186 幅照片，其中约有 100 幅是在他第二次考察期间拍下的，也即他与卡斯特罗·法里亚共同进行的那次考察。作为《巴西回忆》的姊妹篇出版的《另一种观看》包含了卡斯特罗·法里亚从大约 800 张照片中选择的 256 张照片，还收录了行政文件的复制图像、田野调查手记与速写。

将列维-斯特劳斯和卡斯特罗·法里亚二人的照片进行对比，我们会发现，有时他们拍摄的是同样的场面，却显示出二人视角与世界观的不同。

卡斯特罗·法里亚偏好中景拍摄，事后并没有重新裁切，因此他的照片背景中有木板房、栅栏、柱子；而列维-斯特劳斯近距离取景的镜头里没有保留这些内容。

列维-斯特劳斯评论一幅印第安人在玩橡皮球的照片时提到，开阔的空地显现出该地某些区域特有的荒凉感。卡斯特罗·法里亚对同样的场景拍摄的系列照片却这样注释：一座教会建筑和一些电线杆说明巴西政府已进驻当地。

卡斯特罗·法里亚身为年轻的巴西公务员，将奥古斯特·孔德的名言"秩序和发展"作为座右铭，当然没有任何理由抹除自己国家的现代化标志。对于他来说，这次考察也是为了寻找 1911 年考察留下的痕迹，那次考察中，该地区安装了电报设施。

卡斯特罗·法里亚偏好历史研究方法，流露出民族主义情感，以及对于巴西现代化建设的信心。他对印第安部落的变化、印第安群体融入整个国家共同体的方式充满兴趣。

《另一种观看》的出版引发了一些争议。有人批评列维-斯特劳斯自相矛盾，因为在《忧郁的热带》中，列维-斯特劳斯批判过那些在摄影时刻意取舍剪裁的人，以取悦那些"容易轻信的人"，滋长后者对于原始主义的迷恋，尽管"并不能每次都能避免把所谓被第一次发现的部族用来煮东西的生锈的汽油罐子照进相片里面"[①]。

与卡斯特罗·法里亚相比，列维-斯特劳斯拍摄印第安人的相片更具浪漫主义、理想化色彩。但是我们不应因此对他产生误读。

列维-斯特劳斯并未刻意回避当地长久以来与外界接触和交流的痕迹。例如，画册中展示了一位使用罐头盒制作箭毒的男子，还展示了一个正在给猴子剥皮的年轻人腰间围着一条用现代工艺制作的皮带。

在列维-斯特劳斯的文章中，他不断揭示土著居民遭受的征战与被殖民的灾难，以及现代世界与他们之间的交换具有的不平等和压榨的本质。他始终力图破除对于所谓"野蛮"部落的迷思，认为应当保护其真实性。

不可否认的是，列维-斯特劳斯对摄影的形式选择有其主观和梦幻的一面，但更应该将其摄影纳入他清醒的、一以贯之的思考中看待。列维-斯特劳斯拍下的照片从第一次旅行开启便呼应着他的思考，并因之显示出意义；在他一生的事业中，这种思考不断深入，并在《巴西回忆》中得到再次阐述。

在巴西，列维-斯特劳斯用镜头留下了一个即将消逝的世界的痕迹，卡斯特罗·法里亚则以乐观主义的态度展现了这个世界开始蜕变的最初迹象。列维·斯特劳斯出版的《巴西回忆》兼有回顾、怀旧和哲学意味。对他而言，这些图片记录了一个已经消逝的世界，然而他并不幻想这些照片能给大众提供什么实质性的东西。这部作品表现了他面对西方文明造成的破坏的伤感。他写道，"重新观看这些图片，给我带来一种空无、缺失之感"。

---

① 〔法〕列维-斯特劳斯：《忧郁的热带》，王志明译，北京：生活·读书·新知三联书店，2000年，第 32 页。

列维-斯特劳斯持有悲观主义的历史视角。印第安人自 1492 年以来遭受的创伤，在他看来象征着一种普遍的命运。他写道，"从今以后，人人都是印第安人，我们正在对自己犯着曾经在他们身上犯下的罪行"[①]。

四、结语　图像的力量：摄影的指涉功能和虚构功能

我们沿着该脉络，本可以继续讨论格雷戈里·贝特森（Gregory Bateson）和玛格丽特·米德（Margaret Mead）于 1942 年出版的《巴厘岛人物：一部摄影分析》（*Balinese Characters: A Photographic Analysis*），其中收录了从 25 000 张相片中选出的 700 幅摄影作品，该书是视觉人类学诞生的奠基性作品。然而，由于篇幅有限，我们此处不再作深入讨论。

马塞尔·格里奥列通过摄影实践探索了民族志影像中的戏剧化和虚构范畴，然而这却是出于他对客观性的追求。这一方法论的选择，尽管被米歇尔·莱里斯认为是陈旧且不够"真实"的，却对后现代人类学的发展有某种启示意义。

本文展示的摄影图像与拍摄手段之间的对比，显示出人们惯常地将纪实图像与虚构图像（或创作图像）对立，这种二元论的做法是如此简单粗暴、充满误导；将图像的指涉功能与它经风格化建构形成的虚构和象征功能相区分又是多么困难。这两种再现体系交织在一切图像的建构中，因为一切图像都可以被视为某种话语的形象化。

一幅摄影图像看起来可信，似乎是因为它通过一种客观方式再现了现实，然而它却是按照虚构的或者意识形态导向的要素人为建构的东西。

反之，一幅自称为创作作品的图像，由于使用了虚构手段，却可能承载真实以及有关真实的信息，甚至超过一幅严格的信息性图像，如杰夫·沃

---

① 《巴西回忆》，参见 Lévi-Strauss C. 1994. *Saudades Do Brasil*. Paris: Plon. 第 19 页。

尔（Jeff Wall）的摄影作品和理论文本就属于此类。

这涉及我们表现和建构图像的过程中一切的部署、编码和立场，它们或是有意为之，或是无意识流露，却无不全方位地影响着我们选择的技术、审美和情感。然而，在更广泛的意义上，这也涉及图像在人类学领域中应当获得的地位或人类学应当赋予它的地位，这种地位建基于图像与真实之间复杂而充满歧义的关系。

今天的我们已经不再相信摄影图像具有某种独一无二的现实性，因为我们与图像的关系已经变得更有距离感，然而，我们依然认为摄影图像具有"赋形能力""象征有效性"或是"灵光"，换言之，摄影图像具有某种召唤真实、扭曲真实或改换真实的几近幻术的能力。这是图像独有的能力，因为图像永远不可能彻底被缩减而屈从于逻各斯的权威。

多重观看的意义*

王海飞　邓启耀

（兰州大学西北少数民族研究中心，
广州美术学院视觉文化研究中心）

多重观看既包括同一场域内一个主体的观看、不同主体间的相互观看，也包括同一主体在不同时间、空间维度下的观看，等等。掌握摄影技术的人类学家在田野中的观看过程，会呈现出比较复杂的关系，观看田野的同时，也将成为田野观看的对象。与田野的互动中，我们既不能忽视拍摄对象，也不能忽视拍摄者和摄影机的在场。一般情况下，拍摄者具有一定的影像权，同时也会在多重观看的场域中让渡权利，任何一种观看以及观看后影像文本的呈现，都是观看者和被观看者在观念世界共构的结果。

王海飞（以下简称"王"）： 邓老师好！进入正题之前，首先要感谢您在多年的教学、研究与实践中，为学科发展做出的贡献！就像您之前所说的，这个访谈可以深入一些，不妨多一些对学科发展道路的反思和批判，目的是使学科未来发展得更好。

邓启耀（以下简称"邓"）： 我进入这个学科的几十年历程，其实就是中国影视人类学学科发展的一个缩影，我正好把中国影视人类学学科发展

---

* 本文首发于《民族艺术》2020 年第 2 期（原标题为《对话：多重观看的意义》）。

的历程七七八八地都经历了一些。现在能做的就是进行自我批判，毕竟批别人不如批自己。我以亲身经历来剖析我们对影视人类学或者民族志电影拍摄所做出一些探索、得出的一些经验教训、遇到的一些问题，希望由此能够引发学人进行更多的反思。

一、多重观看与"在场"

王：据我所知，您这些年做了很多关于我们和他者、观察与被观察之间关系的思考，这些思考的目的是什么呢？

邓：核心就是"多重观看"的问题。一种是作为研究者主体的观看，即学者或记者，有一定的权力，是掌握摄影机的人。后来这个主体发生了一些变化，变成由文化持有者来完成拍摄，这比让·鲁什的共享人类学更进一步，即直接把摄影机交给原来的被拍摄者来完成拍摄。近几年，人类在这方面进行了很多有意思的实践，如20世纪90年代的云南农村妇女自我写真，云南、青海等地的"乡村之眼""村民影像计划""民间记忆计划"等。还有一种观看是不同身份者在同一现场的多重观看。我曾经跟法国人类学家雅克·德费尔教授合作过一个跨文化观察项目（他这次也来参加论坛了）。不同文化背景的人到同一个地方去看，看的方式和看到的内容是不是一样的？要了解观察结果的同或不同，就要看大家所拍的照片和视频。同样一个地方，他们看的和我们看的是不一样的，因为大家关注的焦点和兴趣点不一样。我们是作为一个拍摄共同体、一个观察者群体去观察少数民族的。同时我们又变成被观察者，拍照的时候，我们的向导纳西族东巴（巫师）也拿着相机在那儿拍我们。我们互相也在看，我们在看法国人怎么看田野点和看我们，同时他们也在看我们如何待人接物。

王：这很有意思，在一个现实空间中，多个层级的"观看"同时并存。不仅仅是"你"拍"我"这样简单的关系，"我"也有机器，"我"也在拍你拍我的这个瞬间。

邓：这一过程是一种比较复杂的"我看人看我"的关系，正如费孝通这句话，不同的断句会产生不同的观察角度。进一步细化或深入，我们还可以反观，通过观察他们的反应来了解他们对于这样的影像，或者他们对于这样的活动有什么样的看法。比如说，有一年我们在怒族地区拍摄怒族祭祀歌，这不是一场真实的祭祀活动，而是通过表演完成的。拍完后，怒族朋友怕我们"出事"，又让这个亲戚为我们搞了一个真实的消灾祭祀活动。在真实的祭祀过程中，我们才发现它有严格的要求，比如说，狗不能带进去，但之前那个表演仪式中狗也在场，因为仪式是假的，大家并不在意，但真实的仪式必须把狗赶走。由此事可以说明展演仪式和真实仪式的差别。

王：这是经常发生的一种情况，处于文化外部的"我"所观察并呈现出来的东西和他们看待自己文化以及呈现出来的东西是存在差距的。问题是作为影像的记录者，主观上应该让两者尽可能地去贴近，并且符合文化持有者的观点，还是不回避"我"的外部身份，有意识地让影像和田野之间拉开一些距离，彰显出观察与被观察之间的张力？

邓：我想这是两个层面的问题。一是尽可能记录事实，比如说一个仪式，它真实的情境是怎么样的，在传统状态下是怎样的，这是我们要记录的；二是不要回避我们的在场，我们是一名记录者，当进入现场时，人家也要知道"我"在现场。首先要承认产生影像的这个前提，即"我"不在现场是不可能的。

王：影像的表达中，"我"是否在场一直是一个核心问题，也是所有影像不能回避的一个问题。

邓：我们要承认这个事实。一个仪式，有些是传统生活和观念的表现，有些是与时俱进、按需再造的展演，在特定的时空情境中，原本就存在差异。我们应该把它记录下来，这也是田野的一部分，是我们在现实生活中发现、发生的一部分。应该说，传统生活其实投射着时代的印记，外来力量的介入在生活当中随时会出现。面对外来力量，人们怎么看？是什么态度？我们会通过某些细节看到一些历史性、结构性的东西。

王：被拍摄者的态度会引发相应的行为，我想大多数情况下，摄影机进入场景工作和场景自身发生的变化，两者之间会产生互文，影像和现实是会互相影响的。

邓：对，或者是互动。

王：具体地说，现实中的场景及其变化会影响我们如何去观察、选择与记录。反过来，摄影机的在场和拍摄，也会影响现实场景的变化和诸多细节的变化。在宏观层面，很多文化现象都显现出类似的特点。

邓：我们不能忽视对象在不同状态下的表现，也不能忽略掉我们自己以及摄影机的存在，就像梅索斯兄弟①，他们拍摄时想冒充"墙壁上的苍蝇"，结果发现做不到。两个大男人进入一个只有女人的灰色花园里去拍摄，不但做不到旁观，拍摄者还被拍摄对象爱上了，这种情形他没办法避免，因为他的确不是"墙壁上的苍蝇"。所以我们没必要冒充上帝，没必要伪装客观，我们需要的就是老老实实。我在现场碰到了什么问题、什么干扰，或者什么质疑，这些都是要去面对的。比如，我曾经去拍摄瑶族祭祀，县里组织的、村旅游承包者组织的和家族自发组织的祭祀差异很大。县里组织的和村旅游承包者组织的"耍歌堂"②欢迎游客参加，摄影发烧友快门响成一片；家族自发组织的祭祀，开始不让拍，后来经瑶族朋友协商才同意拍了，但关键仪式仍不让拍。因为核心仪式禁止外人参与，他们内部也有限制，如女人不能参加，某些生病、德行有污点的人不能参加等。面对这种不能拍摄的情况，不是说没拍到就什么都不是了，没拍到也是一种现实，被拒绝也是一种田野实际。

王：对，以前追求要拍到东西，现在有一些转向，逐渐倾向选择不拍。

---

① 美国纪录片大师阿尔伯特·梅索斯和大卫·梅索斯兄弟，纪录片作品有《推销员》《灰色花园》等，最早提出直接电影理论，认为摄影机应该像"墙壁上的苍蝇"一样完成客观观察与记录，后来在《灰色花园》影片拍摄中这一原则被打破。

② 瑶族的传统节日活动，以纪念祖先、庆祝丰收、男女青年对歌交友为主题。

如果那个仪式原本就是秘而不宣的，从人类学的田野伦理来看，没必要一定用镜头去记录。我们所做的记录更多的是指向文化层面的，只要在文化层面能够完成阐释就可以了。

邓：我们其实还要面对被拍摄者后代的质疑。比较典型的案例是我国台湾地区原住民的后代对日本学者鸟居龙藏①所拍照片的反应。20 世纪 90 年代，台湾学者举行了一次纪念鸟居龙藏的活动，并出版纪念文集。该文集汇集了鸟居龙藏的民族志摄影作品、回忆文章和台湾学者的纪念文章。有意思的是，除了诸多"美言"，其中也收录了孙大川的《面对人类学家的心情——"鸟居龙藏特展"罪言》。他写道："对于像我们这样没有文字来记录自己历史的族群来说，家族的记忆和早期人类学者的研究，乃是我们自我认识或捕捉祖先面貌的狭窄管道。通过他们，我们多少可以拼凑出自己简陋的族群历史。……然而这种莫名的欣喜，并没有让我们持续太久。因为查对工作接下来的发展，很快地让我们陷入两种尴尬的情境当中。首先，问题发生在我母亲身上。她似乎越来越无法进入人类学的'术语'和描述框架……另外一种情况，则发生在我的舅父们及几位长老身上……他们整编、附丽、搭建起来的历史知识，其实有许多可能是他们和人类学者循环相生、想象建构的结果。"②他尖锐地指出，我们对自己的人类学工作可能点燃的所谓"历史光芒"，不要太过于自信，因为面对活生生的事实，我们永远像盲人摸象一样只能把握局部；不要试图树立权威，用一种格式完成叙述版本的标准化工作；不要对异于自己的族群和文化只是作一种博物学式对动植物的分类研究，这不是对待一个人、一个民族、一种文化的态度③。在被拍摄者后人的质疑中，我们可以看到"他者世界"闯入者面

---

① 日本著名人类学家和考古学家，研究足迹遍及北亚。1896 年起对中国台湾地区族群展开研究，调查期间拍摄有大量图像资料。

② 孙大川：《面对人类学家的心情——"鸟居龙藏特展"罪言》，载邓启耀主编：《视觉表达：2002》，昆明：云南人民出版社，2003 年，第 300—302 页。

③ 孙大川：《面对人类学家的心情——"鸟居龙藏特展"罪言》，载邓启耀主编：《视觉表达：2002》，昆明：云南人民出版社，2003 年，第 299—304 页。

临的道德责问。其实这不仅针对鸟居龙藏，也值得我们所有从事人类学研究的人深刻反思。直到今天，我们在对他人按动快门的时候，常常还是对学术的追求或艺术的冲动盖过了上述思考的。

王：人类学田野中的伦理和道德是一个复杂的问题，其中夹杂了主体和客体、不同历史阶段等很多因素，我们应该放在更广泛的时空范畴中来讨论，更需要我们结合实践来反思。

二、多重观看中的空间与时间维度

邓：说到实践，我倒想问您一个问题：您曾经做过记者，现在是人类学者，相对而言您的角色是双重的。就您的拍摄经验来说，您觉得两种身份的拍摄有什么不一样？

王：这是一个好问题。首先，就像我们经常说的，摄影机代表着权利，或者摄像机背后的人代表了某种权利。大多数情况下，摄影机背后的那个"我"，可能并不是完整意义上的"我"，不会有绝对的"我"存在，那个"我"可能是"我"背后的某个机构或者某种文化的表征，是一种无形的存在，会指引或者规定"我"如何去做，去关注、记录什么。具体地讲，当我作为媒体人，背后就是国家的宣传媒体，是意识形态的集中体现，所以会考虑作品的传达、传播效果，会主动选择什么样的东西是易于传播的，甚至是有收视率的。这是一种有规定性的理性选择；而当我作为人类学、民族学学者，在面对某种群体文化时，背后有其学科的相关规范和要求，在民族学研究里面有一系列传统的关注议题，如族源族史、亲属制度、社会结构、生产方式、群体心理等，有一系列指标系统，我需要做出基本判断，哪些行为或者过程是可以反映这些指标系统的。无论"我"代表什么身份，或者身份背后的规定和文化属性，都会对当地人或事件中的当事人产生影响，导致他们持或迎合或排斥的态度，由此引发持续互动。多数情况下，对方会在互动的过程中接收到拍摄者的预设信息，会以行动迎合，这就是你提到的类似于文化展演的东西了，这种情况对文化持有者而言基本逻辑就是"你"对"我"有一整套文化想象，"我"通过过程或行为来契合"你"的想象，从而达成一种观念上的对接，最终形成双方都认可的影像文本，这有点类似于胡塞尔的"我们所了解的是我们想象的人"。另一种情况下的"我"，没有明确预设，互动过程类似，但是要更复杂一些，也可能对方会持排斥的态度。我曾尝试拍摄的时候"制造"不在场，实际上对方也可以接收到信息并且会有行为反馈，另外在心理层面，他会凸显出主体的状态，并加以强调。此外，观察对象的内部结构也非常复杂，群体不同，态度也是不同的。例如，老年人和年轻人可能对传统仪式有完全不同的理解，并做出不同的行动，但他们之间又有博弈和妥协。

邓："我们"有双重身份，"他们"往往也有双重的表现。

王：对，很多时候也是多重的。不同的观看和记录角度，无论是使用笔还是使用摄影机，都会形成不同的文化人类学分析文本。最初，我关注这个问题是看到鲁迅有一段文字表述，他也是在说多重观看，但是关注的不是互动，而是不同主体观看的角度。鲁迅在日本读书的时候，正处于日俄战争时期，当时会有一些战时影像在课堂上播放给学生看，是日本政府对青年人进行的战时宣传。鲁迅记录了其中一次观影体验，内容是日俄战争后期日本军人对中国人行刑杀头的一个场景。鲁迅分析了场景中几层观看的关系：日本军人看中国的囚犯，围观的中国人看日本军人杀中国的囚犯，日本学生和中国学生看影像的反应是不同的。他通过文字对这个过程进行分析，当然是从一个中国留学生的单向视角对多重观看的分析。今天我们对田野的分析会复杂一些，因为这是一个互动的过程，互动的参与者都在发出声音、实施行动并做出不同的反应。

邓：所以，有艺术史家说，我们的观看是习得的，我们观看的是我们要看的东西。文化习得、权力控制或者身份的不同，导致了观察方式不同。

王：是这样的，同样是对观看的理解，如果再进行深入分析，可能就会涉及权利的解构。大多数情况下，影像文本会生成态度或者推动行动。很多人会去关注远方的他者，这个"远方"既包括时间、空间，也包括态度。外部世界的人看完关于"远方"的影像后，会获得一种认知，也可能真的会去那个"远方"。去了以后突然会觉得不一样，会不适应，因为文本世界中的"他者"在现实世界已经消解，完全无法对应。因为地方政府发展经济、发展旅游产业的需要，现实世界会再返回到民族志文本中的场景寻找"资本"，这就是今天我们在很多地方的民族文化旅游中看到的状况。较典型的案例是泸沽湖，这是一个有历史的人类学、民族学田野，开发旅游产业后，文化内外部互动构拟出"走婚"的旅游体验项目，旅游者通过体验，最终完成自己对于一个群体的文化想象。

邓：你提出了一个有意思的问题，就是在什么时间观看的问题。虽然同样也是"我"在看，但是在什么时候看也是一个问题。20世纪八九十年代看到的，好像是这么一个传统的婚俗遗存，但是经过几十年，已经发生了很大的变化，完全不一样了。泸沽湖的摩梭人也经历了这样的变化。刚开始，他们都会觉得没什么，我们本来就这样，你想看就看吧。所以有很多学者出版了一些关于母系大家庭和走婚的著作。等到社会影响大了，他们内部受到外部文化的影响，认为那是不光彩的行为，是不好的，就忌讳别人谈。这时如果别人想再拍，他们就会很生气。我在20世纪90年代拍《高原女人》系列片的时候曾经去拍过摩梭人，因为那里号称"女儿国"，拍的时候他们很敏感，不情愿让拍，当他们知道你来拍摩梭人就是想关注这个内容时，马上就反对了，表现得很生气。但是几年以后，泸沽湖变成旅游景点了，走婚成了旅游项目，并被宣传。

王：其背后包含的是，市场等外部环境推动和影响下的群体心理与态度的变化。

邓：这个事情，在同样一个地方、不同时段，表现出的观看态度也是完全不同的。

王：所以，我想是不是可以这样理解：前面我们说的是一个空间概念，是从外部世界去看一个具体的、有自身特点的文化，这是一个空间的维度；同时还存在一个时间的维度，就是刚才说的不同的时间去观察同一种文化是有着不同的态度变化的。我认为，民族文化在不断变迁的过程中，民族群体会表现出不同的态度和心理变化趋向，一般来说至少应该有两个阶段。第一个阶段我总结为"求同于人"。在这一阶段，群体心理倾向于"我"和"你"是一样的，"你"不要拿猎奇的眼光来看我们，相应的群体行为会尽力贴近外部世界的价值体系。对西北一些少数民族群体进行观察后，我发现，这个阶段往往对应物质生活水平相对滞后的时期。这个阶段完成后，经济基础、物质生活水平等达到一定标准后，群体心理较前一个阶段开始强调文化属性，强调"我"和"你"有什么是不一样的，"我"有完整、独特的文化体系，包括精神世界、对宇宙万物的态度与解释系统等，都是"你"没有的，我把这个阶段叫做"求异于人"。这是前后相继、存在发展逻辑关系的两个不同阶段，可以用时间的维度来解释。今天又开始出现新的变化，进入又一个发展阶段，即文化建构阶段。田野在回应外部世界的过程中，在原有文化形态的基础上，建构或者发展出来一些新的东西给"你"看。这也就回到咱们刚才谈到的"我看人看我"、"你"怎么看"我"、"我"看"你"怎么看"我"等一些身份抉择和转换的问题上，当然还有一些其他条件，比如说旅游发展、经济建设等诉求也包含在里面。

邓：你说的这几个阶段很有趣。刚开始他们为什么反感，不让人提他们的文化？事实上，对此抵触和排斥的主要是当地干部，因为这些干部受到外部文化的影响，意识形态和外部世界趋于一致，他觉得他们的文化里，比如说走婚，不是一夫一妻制的，和外边不一样，似乎是不好的，所以他就忌讳人家谈。到了第二个阶段，文化变成产业了，他们发现这种独有的文化原来很有价值，于是便大力宣传自己传统的婚姻形态的好处。比如说，没有嫉妒、没有财产分割什么的，认为这是一种很好的状态。这也是一个变化的过程。

王：是的。您刚才说得很重要，我们不能仅仅从空间维度来分析不同的人看我、我看人、我看我，还应该看到，在不同的时间段，观看态度也是在游移变化的。所以在观察这个问题上，空间维度和时间维度都是很重要的，分析问题的时候要同时考虑到这两个维度。

邓：这也跟学科的发展有关系。学科在不断发展，原来我们按照社会进化论，或者按照当时主流的某种学科理论去完成田野调查，就会有意识地这样看而不那样看，或者在某种理论指导下对比较有价值的东西重点关注，其他则忽视了。后来随着学科的不断发展，再去田野调查看到的东西就多了，层面也丰富了。这种观看不仅是在一种理论指导下的观看，还有可能是别种理论或者别种角度的观看，观看同一个事物，但看到的层面是不一样的。

王：是的。无论是进化论还是结构主义，在真实的田野中，无论哪种角度都能找到自己所需要的证明材料。不但不同的人会看到不同的结果，作为人类学家，面对同一群人也可能会有不一致的态度、情感和评价。著名的案例就是马林诺夫斯基的民族志著作。其著作出版后，引起学界对民族志文本写作的激烈讨论。显然大家都意识到这个问题，表面上是讨论民族志文本的书写范式，但其中隐含了对人类学学科价值的追问。后来很多学者认为，大多数人类学家在田野调查中其实都有相似的情感体验。

邓：同一个人在同一时期也会采用不一样的表述。比如，一个可以发表的文本，一个不可以发表的文本，其表述是不一样的。就像你的身份，曾经是记者，后来又变成学者，两者的观看角度和表达方式是不一样的，这是由双重身份决定的。另外，单一身份也会有双重角色，就像马林诺夫斯基，身份是学者，但是也有双重体验。两者都是真实的，其中的矛盾是人性最真实的一面。作为一个人，他会体验到烦恼、苦恼，甚至困惑；但是作为一个学者，就要把一些个人体验筛选掉，然后剩下一些学术性的东西。

三、影像建构的观念世界

王：在民族志文本中，该如何呈现研究者和田野之间的关系，影像如何去表达田野，学者分别从自己的角度提出一些解决途径，如"学者电影"①概念，倡导在影像中以学者视角为基点，对拍摄对象做系统观察，这种观察不关涉他人视角，也不会覆盖他者的文化，仅仅是"我"的观察，以及"我"的解释和阐释，而不是客观解释。今天大家对以往我们讨论的"客观"产生了很多质疑，所以这个主张就是旗帜鲜明地提出学者对田野的阐释，我觉得这是一种办法。

邓：这是一个很有意思的方向，因为你的观看只能是你的，不能是别人的。现在存在一个问题，我们的学生对自己的田野调查进行分析的时候，往往习惯引述某某"大师"怎么说。其实我更想听的是"你"怎么说，"你"怎么看，用"大师"的田野分析来套"你"的田野不一定恰当，需要用"你"的思考来分析"你"看到的事实，你不遮蔽他人，也不应该被他人遮蔽。

王：我们可以尝试使用任何方式对事物不同的方面进行表达。在这一过程中，一些学科研究本质的或外延的东西，可能会逐渐显现出来，而不是强加一个权威定义之类的，这个过程有一点像自然科学领域中试错的过程。

邓：这个试错过程很重要，不是说成功了才有价值，其实失败也有价值。科学实验经过大量试错才可能成功，人文社会科学也一样，也要通过大量有争议的甚至也许是"错"的观察，才会接近事物的"真相"。其实影视人类学最大的挑战就在于，它跟事先写好的影像脚本是不一样的。它是什么，你根本无从写起，你只能在田野调查中去摸索，在模糊的、陌生的，甚至一无所知的状况下面对田野。田野调查过程就是发现的过程，一名研究者的综合素质就体现在田野调查过程中。有此素质的研究者看到某个事情，

---

① 参见庞涛：《"学者电影"的主张与逻辑》，《西南民族大学学报（人文社会科学版）》2015 年第 1 期。

就能发现其间值得发掘的东西；没有这种素质的话，看也是白看。

王：我在教学过程中经常进行反思。比如，是否应该给学生一种明确的观察与表达方法等。邓老师在教学过程中是如何引导学生去观察和拍摄的呢？

邓：我曾经给学生看一个片子，1995 年为纪念电影诞生 100 周年，某栏目邀请了国际上著名的 40 位导演，用卢米埃尔老机器①拍摄一段 52 秒的短片，中国就请了张××。每位受到邀请的导演都要回答三个问题：为什么你愿意参与拍摄这部影片？为什么你要拍摄电影？电影是否会消亡？有人认为，52 秒什么都拍不了，只够拍个煎鸡蛋的过程；有人记录社会现实，比如拍一位反对服兵役的作家从监狱走出来的情形；等等。我要求学生按照大家所熟悉的张××的"套路"，设想一下他会怎么拍，然后再放张××的片子：穿着戏装的一男一女，在长城上唱京剧，唱到一半，戏装一脱，乐器、二胡一扔，穿着比较暴露，拿起个吉他玩摇滚。只 52 秒，张××还要做社会转型的宏大叙事，玩他善用的中国元素文化符号。给学生放这些作品的目的是鼓励学生用手机去拍一个短片，能够完成小叙事的最好。有的同学拍了自己家庭中的矛盾，以小见大，很有意思。还有个学生拍了一个短片，叫做《人类学是什么？》。他模仿让·鲁什的《夏日纪事》②曾经用过的方式，拿着带同期录音的摄影机满大街到处问，人类学是什么？卖菜的、保安、学生等都去问，一开始都答不上来，后来终于有人回答了，答案也是千奇百怪，有的说是挖坟的，有的说是到处旅游的，最后由专业的学者来回答人类学是什么。其核心就是不同文化、不同人之间的沟通。

王：是，几分钟的影片也可以完成很好的叙事。刚才举了张××的例子，一般张××的电影会有一些惯常使用的符号，看到那些符号，就知道

---

① 指 1895 年在法国问世的"活动摄影机"，拍摄完成了《工厂的大门》《火车到站》等影片。

② 法国人类学家让·鲁什的民族志电影作品，1961 年在法国上映。影片诠释了作者的"分享人类学"理念，成为"真实电影"的代表性作品。

是张××的作品。我也曾经思考过东方文化的符号化表达方式，在"我看人看我"这个大的范畴里，是否可以这样理解：这是一种对外部世界的文化想象的迎合？西方人对东方有一种概念化的文化想象，实际上这只是将我们抽取出的文化符号所建构的观念系统展示给西方去阅读。所以在我们对外的符号中就总是看到京剧、脸谱等，这样的刻板印象是我们输出的。同样，我们给西方的印象就主要是早期西方电影中那些中国人的形象。

邓：傅满洲，20 世纪 30 年代好莱坞就开始塑造这个形象了。

王：对，在很长的一段时期内，西方世界对我们其实停留在一种文化想象状态。我觉得我们应该考虑这个问题，就是按照"我看人看我"的思路，我们应当如何去引导别人来看"我"，我们要给予对方什么样的信号，通过一些什么样的细节、信息，引导别人来看"我"，这是对外宣传中需要重点量考的，今天的影像传播也应该如此考虑，而不应盲目迎合。

邓：这是在看的过程中形成的刻板印象。我也有一个很深的感触，到国外我最喜欢去转书店，一到书店，发现他们对中国的了解太少了，关于中国的出版物也太少了。20 世纪 90 年代，我看到的只有两类书籍：一类是讲清朝的，留着长辫子；另一类是关于"文化大革命"的。西方对中国的认知，很长时间里都还停留在这两种刻板印象中。

王：所以我们是不是可以这样说，任何一种观察的结果和结果的呈现，都是观察者和被观察者在观念世界中"合谋"的结果。

邓：对的，而且它还有一种历史的沉淀在里面，比如说，所谓的刻板印象其实就是历史的观察造成的。另外，还有角色和身份地位，以及观察的角度等，都是很重要的影响因素。

四、影像赋权和两重田野

王：咱们谈到很多"观看"的身份与角色其实都涉及影像赋权，邓老师怎么看待 20 世纪六七十年代西方一些学者在美国和加拿大原住民群体中开展的影像赋权运动呢？另外，影像赋权运动对我国产生了一定影响，由此也出现了一些很优秀的作品。您又是怎么看待国内的影像赋权运动呢？

邓：这是一种进步。把影像原有的权利做了颠覆，交到了过去的被拍摄者手中，让他们有了表达自己的机会，因此出现了新的观看角度。具体来说，这个问题又可以分为两个层面。我是谁？"我"有两重含义：一是刚才说的学者的"我"；二是文化主体的"我"，就是过去的被拍摄者，而现在他们也属于拍摄者这个群体，这就是大家所说的"文化持有者"的主体观看。"我看人"是一重，"人看我"是另一重，此外还有"我看人怎么看我""我看人也看我"等。假设我是一名学者，那么别人是怎样看待我的工作的，看过之后有什么感受，会有什么疑问？如果这个"我"是文化持有者，是局内人，他也会想研究者是怎么看"我"的，以及"我"是怎么看世界的。作为局内人的"我"，当然也分为两种：一种是一般老百姓的；另一种是受过专业训练的学者。他也在记录，有他的记录方式和观看方式，会形成了不同的见解，但同样会存在问题，即有时会因为局限性，会跳不出来，从而陷入一种文化的，甚至是民族主义的状态里，那样可能会成为一种危险的观看。所以我们说任何一种观看，都有其长处和短处，不能说哪种就是最好的。例如，影像赋权是一种很好的尝试，但是谁有资格赋权、如何赋权都是问题。当然对于影像赋权，首先我们要承认它的积极意义在于角色的转换，在于工具的转交，在于观看和认知世界的、表达世界的意义转换。这些相当重要。

王：据我了解，你们的团队还做了一些静态的影像，也用到了影像赋权的方式。影像赋权是不是沿袭了前人已有的路径？最终获得的成果和之前已有成果一致还是有了新的突破？

邓：我想这个不单单是赋权。貌似是对方在拍摄，但是其实我们在场，是我们在观察，观察他们怎么拍摄，观察他们怎么看。他们在看，我们也在看，我们在看他们怎么拍摄，他们关注什么内容，不关注什么内容，忽略了什么，注意了什么，等等，所以我们的田野观察可分为两个层次：一是现场的田野；二是虚拟的、数字化的镜像田野。虚拟的、数字化的镜像田野让我们再次回到现场田野，观察到了现场田野所看不到或者不知道的东西。其实，我们是从视觉的一个新的层面来观察的，我们从中可以观察到很多有趣的事情，甚至包括不观看，我觉得也都是有意思的。我们做过一个项目，涉及比较敏感的、不便于观看的问题，如艾滋病。别说看，他连姓名、身份都不愿意透露。我们采用了一种特殊的方式——发放手机卡给对方，对方有问题的时候就用这个手机卡给专业人员打电话，说明情况，从而得到帮助。我们用这种方式，是为了避免对方被观看。因为无法实现观看，只要一有观看，不管我们用什么方式，他们都会回避，因为他们想保护这个隐私。但如果不知道情况，可能会出现一个问题，即把问题遮盖住，恶果就会蔓延。为了减少或是避免蔓延、扩散，如果我们通过各种方式给他们提供帮助，并且注意保护他们的隐私，那么他们就会比较放心地来说明情况。这个呢，就是不看，我们以不看的方式来看。

王：这又是一个两重田野了：一是现实中的田野；二是互动的田野，是在观察者与被观察者互动过程中呈现出来的。

邓：这是在观察者介入了的情况下才会出现的。过去，我们往往把这一互动过程忽略掉了，这是不应该的。因为你进入田野就已经造成一定程度的干预，不管你是积极的干预还是被动的、不积极的干预，都是干预。我们不能否认这个事实，而是应该正视这个事实，并且应该把这个事实也看做田野的一部分。

王：对，恰恰在今天面对"他者"的文化研究中，这种田野可能是更重要的田野，有其更重要的价值。

邓：这种田野可能牵扯一些问题，如学术道德和伦理的问题。我以学术研究为目标取得了一些成果，那么对当地做了什么贡献没有呢？如果没有，就会引起很多人的质疑。面对田野，有人会谈到贡献的问题，有的人会有这样那样的贡献，不管是哪个层面的，甚至是对被调查者生活上的一些同情和帮助，都属于做出了一些贡献。我们在拍摄过程中也遇到过被感动得痛哭流涕，想给他们提供点帮助的情况。但后来发现这样做也是有问题的，因为如果干预了他们原有的正常生活，也会造成一些不良后果。我们拍《高原女人》的时候，甚至引发了拍摄对象心底的骚动。因为她本来过着很平静的日子，突然来了一群人在那里拍摄，引发了她对外部世界的幻想。

王：对，我看到您写的那段文字了。在田野工作中，我们到底是不是应该把外部的世界带给她或者把她的生活与外部世界连接起来，这是一个问题。

邓：是啊，如果这样做的话，就可能导致了她对现有生活状态的不满。

王：当时拍摄对象表现出了对现有状态的不满情绪了吗？

邓：是有一些痛苦和不满。我们的摄像人员看到女孩儿歌唱得好，就说了些可以走出大山的话，女孩儿为和帅哥结婚而放弃到县文工团工作的机会；而她的丈夫则指责摄像人员要"拐走我的婆娘"。因为拍摄工作，我们打乱了他们原有的、稳定的生活，而我们又不可能改变她的现状。

王：这就是一个两难的问题。

邓：是的，有些人好像觉得应该要为他人做点事，这是一种比较普遍的态度。但是有时候，在满足自己崇高的道德感的同时，客观上却干了一件"坏事"。

结语

本文以对话的方式，讨论了民族志影像的拍摄者与被拍摄者在田野中基于"观看"的互动关系、互动形式和互动过程；讨论了多重观看的概念、观看主体的转移，以及影像建构、共享人类学、影像赋权等问题，同时也对这些问题背后的权力、伦理、信仰等相关议题进行了反思。

多重观看首先是指不同主体的观看。早期的民族志影像实践中，人类学家带着摄影机、照相机进入田野，这种观看带有某种权利的特征，权利的性质、构成以及表现形式取决于拍摄主体背后的文化系统。后来有了共享人类学、有了权利让渡等民族志文本生产的新的尝试，带有权利的观看者走下神坛，使观看成为双向或者多向的互动。另外，面对同样的田野，不同的观看者也会得到完全不同的观看结果。最著名的案例应该是列维-斯特劳斯和他的巴西助手卡斯特罗·法里亚在共同的田野中拍摄的大量视角、旨趣和表达方式都大相径庭的照片。多重观看还指不同时间或空间条件下对观看所产生的影响，包括在不同历史时期，不同民族的社会发展状态、学科理论的丰富程度等，甚至同一观看者在不同观看阶段，都会产生完全不同的影像文本。

任何有价值的民族志影像都来自观看者与田野的互动，对这些民族志影像文本的讨论，其实背后都隐含了对人类学学科价值的追问、对我们自身和"田野"之间关系的追问。随着时代的发展，人类学的田野也发生了翻天覆地的变化，今天我们所面对的田野早已不是"诗意的远方"，而是我们身处其中的世界。完整的田野甚至就是在观看者介入，并且与被观看者互动的过程中呈现出来的，对此，我们既不能否认，也不能忽略。传统的田野工作路径依然会被遵循，但对民族志影像的要求将会更加多元、丰富。

从观看到被看——录像艺术中的观众参与研究

秦 龙 陈 洁

（清华大学美术学院，广州美术学院跨媒体艺术学院）

录像艺术中的观众行为，曾经被限制在观看当中，观众只能被动地接受。随着互联网技术的发展和传播概念的转变，录像艺术中的观众的参与程度越来越高，参与方式也更加多样化。从观众自主性的角度出发，可以将录像艺术中的观众参与分为主动参与与被动参与两种类型。在录像艺术中，观众参与度日益提高的今天，观众的体验感也得到较大幅度提升，体现出集体的力量。

一、录像艺术中的观众参与

早在 1972 年，加拿大艺术家罗宾·佩奇便邀请了 3000 名观众画了一幅佩奇的画像并寄至电视演播室，与观众一同完成了名为《站在我头上》（*Standing on My Own Head*）的录像作品。[①]

---

① 〔英〕克里斯·米-安德鲁斯：《录像艺术史》，曹凯中、刘亭、张净雨译，北京：中国画报出版社，2018 年。

在主动参与类型的录像艺术作品中，观众具有将自己加入录像艺术创作的自知，并且自发性地将素材交给艺术家。2010 年，致力于在网络上制造互动体验的艺术家凯西·普格（Casey Pugh）创建了一个以"星球大战"为主题的网络主页，邀请《星球大战》的影迷一起制作，并将之命名为《星球大战未删剪版》（Star Wars Uncut）。凯西·普格剪辑了一段 15 秒《星球大战 4：新希望》（Star Wars Episode Ⅳ:A New Hope）的电影片段放在网站主页中，观众需要在 480 个场景片段中选择任意一个片段，并进行重新拍摄，拍摄完成后将场景片段上传至网站。当所有的场景片段都上传完毕后，凯西会进行编辑，由此完成对《星球大战》电影的"翻拍制作"。另外，翻拍并不仅限于一次，一旦所有 480 个场景片段都被选中，该网站将再次解锁所有场景，以便让更多的人可以参与该项目。

同在 2010 年，导演雷德利·斯科特（Ridley Scott）利用网络视频平台 YouTube 制作了一部名为《浮生一日》（Life in a Day）的电影。斯科特选择了 2010 年 7 月 24 日作为拍摄日期，并要求人们在这一天拍摄自己的生活，然后上传到 YouTube 上。制作团队最终收到了 8 万个视频片段，总计 4500 小时。[1]斯科特及其制作团队将这些片段进行了图书馆资料管理式的分类和归纳，最终剪辑成 90 分钟的成片电影。

在被动参与类型的录像艺术作品中，观众对于自身在录像艺术作品中的参与并不自知，日常生活中无意识的行为状态与生活内容意外地成为艺术家艺术创作的素材。艺术家马里奥·克林格曼（Mario Klingemann）建立了一个名为 Flickr 的网站，参与者从该网站上随机检索图像并创建成风格各异的网络短片 Flickr。参与者仅是根据个人习惯，将这些图像上传至 Flickr，但并不知道自己参与了马里奥的录像艺术创作。每当有观众打开 Flickr 时，该网站就随机进行图像的检索和创建，因此每个观众看到的都

---

① Watercutter A. Life in a Day Distills 4, 500 Hours of Intimate Video Into Urgent Documentary. http://www.wired.com/underwire/2011/07/life-in-a-day-interviews/all/1,2011.

是从未出现过的、全新的、独家的录像艺术作品，没有人会看到相同的故事。

2018 年，夺人眼球的《蜻蜓之眼》在更为广泛的群众基础上实现了录像艺术中观众参与的最大化。徐冰利用海量的监控视频制作了 81 分钟的影片《蜻蜓之眼》，影片中的片段全部来自公共渠道的监控画面。徐冰将其剪辑为具有叙事情节的众包电影。如果说 *Flickr* 中呈现的画面仍带有被动参与者的有意识行为（因被动参与者有意识地将拍摄的照片上传至 Flickr），那么《蜻蜓之眼》中的被动参与者对于影片的参与则是完全无意识的，呈现出的画面也是更为真实琐碎的生活碎片。

二、观看：被动接受的库里肖夫效应

在传统的录像艺术体验中，当观众观看录像艺术时，观众对屏幕的凝视自然而然地建立起大脑与视听内容之间的交流。身体也仿佛像被座位柔软地束缚了一般，黑暗的密闭空间、放映机的投射、银幕中的画面等元素以一种惊人的方式再现着柏拉图在《理想国》中描述的"洞穴寓言"。可见，观众在传统的录像艺术体验中是被动地参与和接受以艺术家话语为中心的视听画面和叙事内容的。当然，在被动的阅读体验中，观众对叙事的理解也具有一定的主动性，但这种主动性仅仅是依靠观众个体的心理体验和身体体验的差异而产生的。就整体而言，观众在传统的观影体验中始终是被动的，是以导演的话语来贯穿整个叙事体验的。这意味着作者向观众展示什么内容，观众就看到什么内容，包括观众观看的时机和方法，也都是在创作者期望之中的。导演在创作过程中重点关注的就是如何把握和诱导观众，钟惦棐在《电影的锣鼓》中明确指出观众在电影中是具有核心地位的，并十分精辟地进行了描述："无论是影片的选题、结构、人物对话，以及场次处理，无不和观众接受影片时的心理发生各式各样的联系。而最明显的可能是关于影片高潮的处理，可以说不仅和观众心理学，甚至和观众生理学也不无关系。"①

在叙事方式更为多样化的录像艺术作品中，观众在观看的行为中触发库里肖夫效应，形成各自对于录像艺术作品的理解和观赏体验。苏联电影导演列夫·库里肖夫在 19 岁时发现，将几个毫无关联的镜头剪辑并放在一起后，观众会在观看过后自发地加上定义并进行理解。基于这种效应，库里肖夫发现了电影蒙太奇的可能性。原本应用于电影或录像艺术中的库里肖夫效应，被尤瓦尔·赫拉利推广应用于人类的日常生活中。赫拉利在 2017 年出版的《未来简史》中提出，人体中存在两个自我，分别为体验自我（experiencing self）和叙事自我（narrating self）。体验自我指的是当下的自我感受，这种自我感受没有记忆能力，过后即忘却；叙事自我将丝丝缕缕的体验与事实连接在一起，并对其进行理性分析和合理解释。赫拉利认为，虽然人经历过一些事，但这种经历因为体验自我并没有记忆能力，所以人类所留下的对于事件的记忆和判断，是由叙事自我形成的。叙事自我需要合理化所获得的信息，而且叙事逻辑会受到当下环境、周围舆论等方面的影响。因此人最终获得的感受实质上已被自己欺骗。

或者可以这样说，观看这一行为，无论是在录像艺术中还是在现实生活中，都体现出一种被动接受和自我欺骗的特质。法国的哲学家雅克·朗西埃（Jacques Rancière）曾在《被解放的观众》一书中对观看行为进行了讨论。他强调观看行为是一个坏东西，具体包括以下两点。第一点，首先观看被认为是认知的对立面，观看会导致只知其表，不晓其里。第二点，观看被认为是行动的对立面，特别是在座位上的凝视，缺乏了行动的可能性②。

---

① 黄会林：《观众在电影中的核心地位》，《电影艺术》2007 年第 3 期。
② 〔法〕雅克·朗西埃：《被解放的观众》，张春艳译，《当代艺术与投资》2011 年第 2 期。

三、被看：参与体验的提升

朗西埃在《被解放的观众》中描述了一个未来全新的剧场，一个没有观看行为的剧场。他指出，观众应该从观看者的身份中解放出来，在新的剧场中，观众的视觉关系隐含在其行动当中，将观众转变为表演中活跃的参与者而非被动的观看者。

他为描绘的全新剧场赋予了"有机体的共同体"的概念，并指出在有机的共同体中"观众已经是他自己的故事中的演员，而每个演员反过来是同种故事的观众"①。这意味着每一个观众在新剧场中都可以制定他自己的规则，他们既可以作为观看者也可以作为表演者。录像艺术中，观众参与的最大化则意味着观众从被观看中解放出来，参与创作与构思，形成获得解放的共同体，体现出集体的共同力量，并获得全新的参与体验。

原本更为偏向于单方面输出的录像艺术，正在逐渐地将目光移向观众体验。曾经只存在于设计领域中对体验的探讨，也开始出现在录像艺术的研究当中。

体验的一般性概念是指主体（人）带有强烈情感色彩的、活生生的、对于生命之价值与意义的感性把握②。从纵向的发展角度来看，现代西方哲学围绕"体验"内涵的讨论经历了从狄尔泰的"生命体验"到梅洛·庞蒂的"身体的体验"。经过不同领域学者的建构之后，体验的内涵变得十分丰富且复杂，远远地超出了它的一般性概念。

将"体验"作为一种心理现象的探讨可以追溯到古希腊时期，这一时期人们并没有从整体上对"体验"进行探讨，仅仅是将其作为一种心理现象，并且具有浓厚的宗教神秘主义色彩。正如柏拉图所提出的"迷狂说"和"灵感说"的命题，柏拉图认为，迷狂是灵感的表现。例如，诗人和艺

---

① 〔法〕雅克·朗西埃：《被解放的观众》，张春艳译，《当代艺术与投资》2011年第2期。
② 童庆炳主编：《现代心理美学》，北京：中国社会科学出版社，1993年。

术家只有进入迷狂的状态才能获得灵感，伟大的诗作、绘画往往也是在这样的状态下诞生的。我们常说的"人不疯魔不成活"也是这个意思，这是一种普遍存在的心理状态。可见，在艺术创作或欣赏过程中，只有审美主体进入迷狂的状态，才有可能达到体验的高峰，在这样的状态下相伴而生的是灵感的涌现。此时，柏拉图探讨的审美体验中所存在的灵感和迷狂的心理现象，只是涉及审美体验的一个层次①，即体验过程中深层体验的范畴②。

在哲学领域中，"体验"的内涵经历了"认识论—本体论—解释学"③这三个大的发展阶段。体验作为一种主体行为，造就了主体，是主体意识中不可分割的一部分。主体本身所蕴含的人的情感和体现的人的生命活动在体验过程中起决定作用。体验的内容揭示的就是生命，是人的一种存在方式。在心理学领域中，体验主要涉及认知和情绪两个层面，强调："体验，是个体以身体为中介，以'行或思'为手段，以知情相互作用为典型特征，作用于人的对象对人产生意义时而引发的不断生成的居身状态。"④

在录像艺术中被解放的观众，获得了体验上的提升，其中既包括了主观能动性的体验，也包括了群体合作的体验。这种体验的提升，既激发了观众对于录像艺术的参与热情，还为录像艺术开拓了新的发展与演变方向。

四、小结

录像艺术中观众参与程度的提高，实质上与社会发展过程当中，大众

---

① 审美体验的层次在中西方美学史上的划分有多种表述形式，其中，宗白华把审美体验分为直观感相层、活跃生命层、最高灵境层三个层次。它是一个由表层到深层不断深化、循序渐进的动态过程。
② 王苏君：《论"体验"概念的发展史》，《宝鸡文理学院学报（社会科学版）》2004 年第 4 期。
③ 王苏君：《论"体验"概念的发展史》，《宝鸡文理学院学报（社会科学版）》2004 年第 4 期。
④ 张鹏程、卢家楣：《体验概念的界定与辨析》，《心理学探新》2012 年第 6 期。

对于社会建设的参与程度的提高紧密相关。互联网技术的发展、传播技术的推广、大众工作生活方式的变化，以及大众对于社会建设参与意愿的增强，都对录像艺术中的观众参与程度起到了促进作用。在这种作用力之下，录像艺术的发展更加具有活力，录像艺术家的创作也获得了更多的灵感。

被观看的"饥饿"——食物符号中的身体媒介化问题

冯丹蕾

（广州美术学院跨媒体艺术学院）

在媒介技术的主导之下，人们对常规符号的理解与认知态度正在逐渐发生改变，媒介环境在改造着我们的生活方式。原本源于生理机制的饥饿在媒介技术引导下，成为一种视觉性的"饥饿"，当下的食物不再是被"尝到"，而是被"看到"。食物在被图像化过程中裹挟了大量信息，并通过多种媒介交叉表现的方式对人们的体验感进行信息干扰，从而使身体需求转变为对数据的完美追求。这种技术性"饥饿"是身体媒介化的结果，身体在媒介技术介入下，成为技术信息被观看、被传播以及被验证的中介场。

本文以"饥饿"作为切入点，讨论当下媒介环境是如何通过媒介间的互动来逐渐改变人们对某一种常见符号的观念，并最终使人的身体成为被观看的媒介的。

一、空间互动

技术性"饥饿"的产生与食物本身的诱惑并非直接相关,其中大部分是通过与媒介信息的纠缠互动而形成的。简而言之,当下对"饥饿"的定义应该分为日常性与技术性两种类型,区别在于:日常性的饥饿主要来自于日常生活的实践行为所产生的自然行为;而技术性的饥饿则显得更加多变,因为其来源于多种媒介之间的信息交叉所引起的观念改变,包括自我意识标签化、身体的数据化解读等,它是一种带有文化身份诱惑目的的、基于技术引导之下所建构的意识观念。

在讨论媒介环境对身体感觉的视觉化转换之前,首先需要强调城市空间的重要性。因为技术性的饥饿有别于一般饥饿,它被提前设置了技术门槛,而技术门槛的作用是在观念形成过程中完成新阶层的文化建构的。而整个构建的过程需要一个容纳行动主体和行动目的的剧场,也就是城市空间。复旦大学孙玮教授针对现代城市的功能,提出了可沟通城市的理论,即城市空间不再仅仅是一个容器,而是参与到传播链条中的一个重要的中介场所,由此产生了本文议题的逻辑起点:首先,观看以及生产符号的主体皆为身体本身,身体的在场是通过信息的运转而产生的;其次,行为主体受到环境空间的影响而改变自身的行为习惯,从而产生出新的文化。因此,在讨论跨媒介观看何以作用于日常行为之前,需要强调行动主体的变化来源——空间对行为实践的影响。

现代城市的空间重组,主要由两个部分构成:虚拟空间以及实体空间。第一,虚拟空间的重组来自互联网技术,首先,它扩大了城市交流系统的边界,人与人之间的互动模式被重组,尤其是近年来"智慧城市"概念的提出以及实现、5G信号的逐渐普及都使城市空间在数字世界中不断被扩展及延伸,城市与城市之间被技术连接,实体空间逐渐转化为人与技术交流互动的中介场。其次,虚拟空间的重组模糊了线上与线下之间的界线,这使得虚拟空间与实体空间得以连接，任何物质、内容都可以成为两者之间的桥梁。第二，实体空间的重组也受到了技术革命的影响，其中最主要的影响是以下两个方面：一方面是技术革命导致的产业转型，即第三产业获得快速发展；另一方面则是城市人口结构的转型，更多服务型、创意型人才流向城市并逐渐稳定下来，形成新的社会阶层以及新的生活文化，使城市空间形成多个副中心的发展模式，以适应新的人群结构模式。虚拟空间和实体空间在媒介中不断地进行互动与纠缠，使得空间的媒介性更为强烈，城市空间成为一个巨大的媒介信息中心，城市中行为主体的一举一动都受到所在空间的暗示和影响。例如，繁华的商业中心，激发出人们消费的欲望以及展示的欲望。前文提到的虚拟空间的延展以及实体空间的结构转化，使物质被转化成视觉呈现，成为个人意识标签化的重要手段。

因此，空间重组的作用主要体现在三个方面。一是新的空间带来新的文化群体。空间的转换使人群结构发生改变，同时也在新的人群中萌生新的文化诉求。二是空间重组为人与人之间的交流提供了便利条件。虚拟空间与实体空间通过重组实现了边界互通，线上与线下的观念得以相互转换及投射，同时也增强了人们的表达欲望，使观看与被观看成为一种传播语言。三是虚拟空间与实体空间的重组，刺激了人们对于体验感的追求。技术革命带来了新的社会生活模式，线上信息的使用越来越追求真实感，另外，目前虚拟空间的信息传播模式是为了尽可能地接近实体空间的体验感，因此体验感越真实，传播越有效。

城市空间的可沟通性是城市文化保持活跃的关键，空间的存在为人们的交流提供了必要前提，任何文化的发展都需要以空间实践作为前提。

二、符号互动

在符号互动论的视角之下，符号的意义是人们在不断的交流与实践中形成的，也就是说，符号的意义是流动的。而人们对食物的理解从品尝转变为观看，是因为在媒介技术的推动下，食物本身的意义不断被分解及重构。当它不断被破解、被视觉化以及被消费之后，食物在社会中的意义变得更为复杂了。

首先，食物的印象符号通过人们的实践行为与信息环境的互动，正在逐渐发生改变。由于媒介信息的丰富性及获取的便利性，对食物的一般经验解读逐渐被权威解读替代，人们在日常饮食的实践过程中，不断与权威解读发生信息互动。例如，食物营养在检验科学被普遍运用之前，一般依照经验主义进行判断，并且往往与所处阶层以及经济环境相联系，而当检验科学成功地将食物分解为各种元素指标之后，食物在大众眼前所呈现的面貌已然全部改变，食物的功能性被放大，权威解读的信息可信度更高，食物呈现出技术化的倾向。在信息流动过程中，食物与技术术语相关联被科普到大众中，形成了关于食物效应的新的叙事结构。例如，在经验主义的解读下，主食——营养充分是固定句式，但当权威解读告诉大众，主食的主要结构是碳水化合物，并容易引起高血糖时，便形成主食——糖分难以分解这样的符号叙事结构。

其次，当食物呈现出直观的数据化指标后，它开始与身体的外观变化产生联系。人类对于身体的审美标准一直在改变，当技术告诉大众，食物与身体的外观直接关联之时，食物符号在大众的实践行为中形成了这样一种组合方式：食物成分—外观—阶级。例如，工业食物成本低廉，为了改善口感会添加大量的糖、油脂，由于其售价低廉往往更受中低阶层的偏爱，因此形成油腻—肥胖—中低阶层这样的想象关联，而有机食品的生产周期更长、成本更高，因此售价高昂，对于号称善于生活管理的中层阶级来说有着相当大的吸引力，因此形成有机食品—健康—中层阶级这样的想象关联。

最后，通过城市空间的暗示和引导，以及借助消费文化的包装，食物与更宽泛的社会含义直接联系。它开始关乎阶级文化、生活态度、人格魅力等，至此，媒介中的食物符号得到了更为系统的呈现以及更为标准化的叙事表达。空间的互动性以及可沟通性的关键在于，其提供了沉浸式的体验。列斐伏尔认为，"街道之利"（pour la rue）在于空间使人相遇，使交流成为可能，认为城市是一切文化实践的舞台。但随着现代城市的扩张，地域越大沟通越分散是其存在的主要问题，虚拟空间的介入弥补了这样的缺憾，把人们的注意力以及沟通热度重新抓取，并刺激大众重回实际空间，在这个领域中，只有美食无法仅通过视觉神经完全获得。媒介与空间已然融为一体，并通过连续性的暗示和提醒，将线上诱惑与线下刺激连接，使人的身体不停地在两个空间之间跨越。

人们与食物的符号互动，在信息环境中，通过媒介中所发布的信息改写了其中的固定叙事结构，进而与现代身体审美观念产生了紧密的联系，最后通过空间所提供的文化实践场，完成了现代食物观念中符号的互动，并形成了新的符号组合模式。食物与人的关系已不仅仅是内在的体验感和单纯的日常需求，而与人际交流资本、自身意识标签化、文化实践相关。

三、身份互动

社交媒体中出现的美食图像，实际上表达的是一种媒介中的身份诱惑，这种身份诱惑驱使人们不断地将环境中的信息嵌入自身的生活模式、交流模式中，最终使身体成为信息的一部分。

新媒体的观看策略在于它具有功能性，用来帮助使用者和观看者快速地在庞杂的信息环境中锁定自我与他者的角色及位置。

对于使用者来说，出现在社交媒体中的美食图像往往暗含两种身份的建构机制；一是自我身份的建构；二是群体身份的建构，具有确定角色的作用。第一，自我身份的建构来自对饮食的趣味倾向。布尔迪厄认为，在消费领域中有一种根源性的差别，就是"奢侈趣味（或自由趣味）和必然趣味之间的对立：奢侈趣味是成为物质生活条件的产物的个体固有的，物质生活条件是由于必然的距离，即由资本拥有所保证的自由，或如人们有时所说的宽裕确定的"①。从功能主义的角度来说，食物属于日常工具性的事物，它的主要功能在于维持正常的生理机能，而社交媒体中的食物最先摒弃的恰恰是其工具性的一面；相反，它所强调的是其去工具性的一面——视觉性，从味觉到视觉的转换表达的是对低级需求的剔除，并转向更高级的审美判断。"品位是阶级拥有不同水平'文化资本'系统的结果，在此系统内，美学被精细地分级。特别是，享有的文化资本级别越高，那种美学的形式（而不是其内容和功能）将越会被珍惜。"②精致的美食透露的是与日常性饮食行为的趣味对抗，食物的视觉设计提升了视觉体验感，并提高了它在社会信息流动过程中的传播价值。第二，群体身份的建构主要针对的是城市更新所带来的阶层流动的问题。城市空间重组带来的新阶层急于确定其文化地位，对食物的选择是其中最有利以及最容易使用的工具，"他们的社会主张和身份的确立，是建立在……感官享受之上的。食物尤其受到资产阶级的青睐……甚至已经成为阶级的重要标志"③。除了食物一直以来是一个固定的资本符号外，还因为城市新中产阶级的资本积累来自技术所给予的专业性而非原始的资本积累。他们来到城市的原因是技术革命带来的产业转型吸引了大量人口，虽然他们在新的城市空间没有任何原始资本，但高学历、高素质使他们能够获得不错的收入，并较好地生活，在身份上他们亟待在社会上建立属于他们自己的阶层文化。而由于媒介技术

① 〔法〕皮埃尔·布尔迪厄：《区分——判断力的社会批判》，刘晖译，北京：商务印书馆，2015年，第 279 页。
② 〔英〕贝拉·迪克斯：《被展示的文化——当代"可参观性"的生产》，冯悦译，北京：北京大学出版社，2012 年，第 53 页。
③ 〔英〕尼尔·史密斯：《新城市前沿——士绅化与恢复失地运动者之城》，李晔国译，南京：译林出版社，2018 年，第 124 页。

的发展，食物通过视觉化的过程，被开发出三种技术暗喻：一是拍摄设备的专业性；二是对美学的判断有着高标准的追求；三是对烹饪技术的掌握。也就是说，对技术的掌握及判断越专业，他们越能在文化身份确定过程中掌握主动权。

同时，媒介中的身份建立是一个双向的过程，而对于观看者来说，社交媒体中的美食图像是他们对他者进行快速判断并同时完成自我定位的一种最为直接的方式。一是食物的普遍性导致它具有较高的接受度，容易吸引人们的注意力。二是食物的日常性使许多人认为，自己对它的认识度及专业度足够他们在信息环境中进行标准制定和判断。观看是整个建构过程中的重要实践环节，是美食图像完成身份诱惑的重要途径。受众在观看过程中，往往需要以自身能够得到什么来进行信息判断，一方面是日常性的实用信息，另一方面是社会性的价值观判断，这也是一个被符号包裹的过程。社交媒体中的美食图像，在实际效用层面上，传达出的并不是味觉信息，而是一种新的文化模式，或者是阶层文化观念的镜像。我们不难发现，大部分人在社交媒体中展示自己餐食的时候不再是随手拍摄，而是会对餐食进行精心的构图以及调色，食物通过媒介技术被赋予技术性。美食图像形成了一种普遍的、对某种生活美学观念的认同：其一，它为观看者和发布者提供了一个共享文化符码的共识区域；其二，在观看过程中，受众会通过和发布者之间的交流互动来为自己植入文化信息。同时在社会价值层面，当使用者和观看者进入这样一个以媒介活动来建构彼此身份关系的过程中时，空间作为催化剂的作用就开始显得尤为明显。

当线上空间和线下空间进行交叉互动时，人们的身份也随着两个空间的交换而不断地进行信息更新和筛选，食物的形象逐渐在信息交换中形成固定的秩序，并通过人们的实践行为发展成为一种具有社会性的文化模式，从而食物成为身份的标识。

结语：作为媒介的身体

食物的可观性，并不是来自视觉本身，而是来自人类对身体的认知在各种食物符号中投射而形成的连续性的过程。在这个过程当中，食物不再是一个以同一性形态流通的单一符号，而是一个运动的、绵延的、扩展的过程，或者说食物是现代生活文化观念产生的过程。

英国学者拉什和卢瑞在《全球文化工业：物的媒介化》一书中提到，当下所有流通的产品不再具有固定的统一性，形态无法在生产过程中被完全控制，流动的联系和想象成为物的媒介化的坐标。当下我们所讨论的无论是食物还是身体，都早已被消费文化完全裹挟以至于我们不得不参与整个符号的流动，并成为其中一个媒介化的坐标。当下媒介环境中，我们对于食物的判断标准，实际上并不是建立在它的功能性或者需求性之上，而是基于其符号的延展性和流动性。就像拉什和卢瑞所举的例子一样，斯沃琪从计时工具变成时尚单品，是因为它在各种媒介之中进行了漫长的符号旅程，最终形成了连续且漂浮的想象，这些标志不是解释的符号，而是内涵、联想和联系的符号[①]。我们不难发现，当我们开始讨论食物的时候，已经开始不自觉地把身体投射到各种媒介中去了。虚拟空间和实际空间不断地通过信息、图像、消费空间等对现代食物的符号和观念进行改造，并且在信息流转中，我们以亲身实践对这些信息进行观念强化及加工，而在实践过程中，观看者与接受者不断地相互认证、相互交换。

在复杂的媒介环境中，身体已经完全成为媒介身体，它不再是一个固定的具象符号，而是一个在不同空间、不同媒介形态中不断绵延的动态过程。

---

① 〔英〕斯科特·拉什、西莉亚·卢瑞：《全球文化工业：物的媒介化》，要新乐译，北京：社会科学文献出版社，2010年，第209页。

视觉文化的图像转型与影像艺术的当代嬗变

黄丹麾

（中国美术馆）

　　包括艺术史、电影、媒体研究和社会学在内的不同学科的批评家，把目前日常生活的视觉化、感知的自动化等后现代以来纷繁的视觉经验研究，称为视觉文化。视觉文化也是一种策略，它从消费者的角度出发，来研究后现代日常生活的谱系、定义和功能。视觉文化的谱系需要同时被放在现代和后现代的历史时期中进行探讨和界定①。视觉文化不仅采用符号学概念来处理关于再现的"形象史"，这个术语甚至代表了一个庞大的学科。它是一种关于视觉的社会学或社会理论，是一个具有交叉性的学科②。

　　交叉学科研究绝不仅仅是把某一学科和与之相关的几个学科组合在一起，各自从不同的方面去研究同一问题。交叉学科研究是要"构建"一个不属于任何学科的新的对象③。所谓交叉性是指，将研究对象放在不同学

---

① 〔美〕尼古拉斯·米尔佐夫：《视觉文化导论》，倪伟译，南京：江苏人民出版社，2006 年，第 4 页。

② 〔美〕尼古拉斯·米尔佐夫：《视觉文化导论》，倪伟译，南京：江苏人民出版社，2006 年，第 4 页。

③ 〔法〕雅克·拉康、让·鲍德里亚等著，吴琼编：《视觉文化的奇观——视觉文化总论》，北京：中国人民大学出版社，2005 年，第 128—129 页。

科内进行融合。在这一融合过程中，每个学科都贡献出不可代替的和有效的方法论。它们结合在一起为分析提供了一个统一的模式，而不是提出一系列重叠的问题。这种融合可以依据单个的学科情形进行变换、扩展或收缩，但它绝不是多个学科的"堆积"，也不是超学科的"保护伞"。

视觉文化和视觉文化研究是分不开的。视觉性或视觉品质体现了社会构成物与视觉因素之间的互动，即"可见之物的社会生活"。视觉文化研究把幻觉作为首要的研究对象。虚拟已无处不在。虚拟是一种并非真实却看似真实的图像或空间。在当今时代，这些虚拟的图像或空间包括赛博空间、互联网、电话、电视和虚拟现实等。许多具有乌托邦色彩的主张因为虚拟而被炮制出来。然而，如果我们把虚拟与摄影所提供的辩证图像做个比较就会发现，在这种新的媒介中，仍然留有种族、性别和阶级等旧的等级关系的痕迹。虚拟不是一个"清白的处所"。另外，那些过去通常被区分为真实的与虚拟的事物之间的差异却在变得越来越小。全球化与地方性之间的复杂的互动地带是当代文化实践的场所，这个互动地带既是真实的又是虚拟的，因此虚拟现实本身就包含着某种悖论[①]。电脑虚拟环境——人们通常称之为虚拟现实——的发展加速了电视视觉化的公共社会的瓦解。网络摄像头如今大大增强了摄影的虚拟流动性。虚拟现实创造出一种虚拟的体验，而这种体验无法通过任何其他方式获得，这种新形式是通过计算机技术制造出来的。

随着电视的出现，虚拟成了全球化现象。在当今全球化进程不断加快的大背景下，艺术与文化产生了图像的转向。理查德·罗蒂认为，从 20世纪 90 年代，艺术和文化领域出现了"图像的"和"视觉的"转向问题。

图像转向发生在这个常被人们指称为具有后现代特色的时代里，即 20世纪后半叶，因此我们将会遇到一个悖论：一方面，显而易见的是，现在

---

① 〔美〕尼古拉斯·米尔佐夫：《视觉文化导论》，倪伟译，南京：江苏人民出版社，2006 年，第113 页。

已进入视频与电子复制的时代，这个时代史无前例地发展出图像仿真和幻象之术的新形式；另一方面，人们又惧怕图像，创造者和操作者对"图像的力量"最终可能被毁掉而深感忧虑，此种惧怕和忧虑均可追溯到图像制作之初。崇拜偶像、捣毁偶像、偶像厌恶症等，不再是后现代所独有的现象。我们这个时代所独有的，确切地讲就是上述这种悖论，即对图像转向的幻想以及由图像整体支配文化的幻想，在整个世界范围内已经变成了一种真实的技术上的可能①。近年来，理论上的偶像厌恶症和与之并发的图像优势症——米切尔在解释罗蒂的"语言学转向"时，把这些现象叫做"图像转向"。

如今，我们已经超越了视觉阶段而逐渐进入多种媒体和多种感觉的时期。尽管如此，图像仍是主要的传播媒介。形成如此状况的原因显而易见：图像在感知上更易于接受；从技术上看，其传播也简便易行。图像的显著优势或曰"图像转向"，有助于解释近年来在哲学与一般理论上的"语言学转向"，因为它暗示着词语的钝化。在后现代主义中，中心舞台则被视觉文化的靓丽光辉所普照。当前的图像转向亦是对词语在社会和历史中持续发挥作用的一种补充。图像正借助补充词语之不足的机会来拓展符号的存在领域。后现代主义最突出的特点是从视觉出发，它体现了一种图像与图画相互纠缠和相互转化的视觉文化。

20世纪80年代，全球经历了照片艺术兴起的热潮。直到20世纪80年代，摄影术才真正摆脱其从属地位，成为先锋艺术实践的中心，在规模、展示效果、市场增值和重要性等方面都堪与油画、雕塑匹敌。20世纪80年代初，照片的大规模彩色打印成为可能，这大大激发了博物馆和收藏者的兴趣。摄影技术还对其他形式的艺术，尤其是某些绘画流派产生了不可忽视的影响。这些流派有时似乎是对摄影术的奋起直追，力争制造出原原

---

① 〔斯〕阿莱斯·艾尔雅维茨：《图像时代》，胡菊兰、张云鹏译，长春：吉林人民出版社，2003年，第24页。

本本地反映世界"真正"（即如摄影术的记录般逼真）面貌的、令人心悦诚
服的错觉。艺术家天马行空地大胆试验，自由地运用计算机之类的新技术，
并将摄影术和其他包括装置艺术和表演艺术在内的艺术形式进行"杂交"，
摄影术也因此扩展了自身的边界。越来越多的艺术家转而创作结构复杂、
设计精致的作品，他们搭建舞台场景然后将其拍摄下来，或在拍摄之后再
将相机图像进行处理和修改。21世纪向数码摄影的大跃进加快了使用电脑
软件，如 Photoshop 来处理照片的步伐，这种技术取代了需要在暗房动手
修改模拟底片的冲洗程序。20世纪90年代，录像发展为主要的艺术媒介，
部分原因是它的实效性重新激发了人们对艺术叙事和探索叙事结构的兴
趣。同样是在20世纪90年代，由于体积小巧、功能强大的电脑成为普通
人消费得起的商品，此外软件程序的开发也促进了复杂图像处理技术的发
展，大批艺术家开始使用数码技术。艺术家不仅让数码工具服务于传统媒
介，而且还将其当作一种全新的形式加以利用。随着21世纪初 DVD 录制
技术的广泛应用，在艺术品交易中获利的艺术家和画廊等掌握了一种向收
藏者限量出售视频和电子艺术品的重要方法。

　　与此同时，数码视频、全息摄影技术、光艺术和交互式电脑网站等的
飞速发展也为艺术探索开辟了新的路径。这些新媒介也已经蔓延并渗透到
其他媒介的艺术实践中，如新媒介经常被吸纳到表演艺术实践中。新技术
产生了新的范式。如今数码技术具备了大幅度修改图像的能力。自然范式
和认知、观念结构正在发生转变。尤其是在20世纪下半叶，电脑的应用以
及电脑制图程序技术的快速发展带来了一场变革。

　　20世纪末以来，在结构主义、后结构主义等思潮的冲击下，伴随着现
代哲学的中心化主体的消解，一种"表征危机"弥漫于哲学和文化的思考
当中。"文本之外，别无他物"①，表征的背后空无一物。在我们对后现代

———————

① 〔法〕雅克·拉康、让·鲍德里亚等著，吴琼编：《视觉文化的奇观——视觉文化总论》，北京：
　　中国人民大学出版社，2005年，第1页。

主义文化的纷繁的视觉经验和对这些观察资料的分析能力之间存在着一道"裂缝"，不同的视觉媒体一直是被分开来研究的，而如今则需要把视觉的后现代全球化当作日常生活来加以阐释。政治的装饰和审美的泛化、艺术与文化的互渗关系导致图像或视觉转向之后视觉艺术和视觉文化的崛起。视觉及其艺术不再是一个孤立的学科，而是一些源自不同文化、理论和哲学之传统的各种话语的结合，其特征表现为混杂性，即以艺术为主要（但不是唯一的）话题的各种因素的结合。视觉艺术与文化理论表现出强劲的发展态势，视觉艺术理论不再受制于民族特性或者不再以民族特性为标志，而是变得越来越趋向于国际化和全球化，形成波兰社会学家西格蒙特·鲍曼所说的"球域"艺术。它既是全球性的，也是地域性的，是普遍性与地方或地域性的融合。所谓视觉文化首先是对视觉性、视觉化图像的感知，包括对艺术史、电影史和社会学等不同领域的视觉经验、观察资料的分析。视觉文化与视觉性事件有关，消费者借助视觉技术（指的是用来被观看或是用来增强天然视力的任何形式，包括油画、电视和互联网）在不同事件中寻求信息、意义或快感。现代主义和现代文化的视觉化策略的失败导致了视觉危机。现代主义和现代文化的危机来源于他们自身的视觉化策略失败所引发的危机，而不是其文本性。印刷文化当然不会消亡，但是对于视觉及其效果的迷恋已成为后现代文化的标记，从而孕生了后现代文化，越是视觉性的文化就越是后现代文化。当然，不能把后现代主义只定位为一种视觉文化，它还是阿尔琼·阿帕杜莱所说的"复杂的、重叠的、断裂的序列"①。

　　视觉文化也是一种策略，我们可以从消费者的角度而不是从生产者的角度来研究后现代日常生活的谱系、定义和功能。视觉文化的谱系需要同时放在现代和后现代的历史语境中予以探讨与界定。视觉文化不仅是以一

---

① 转引自〔美〕尼古拉斯·米尔佐夫：《视觉文化导论》，倪伟译，南京：江苏人民出版社，2006年，第3页。

种再现的符号学概念来处理的"形象史"，它还是一种用来创造视觉文化的社会学手段，以建立一种关于视觉的社会理论。视觉文化集中探讨视觉在更加广泛的文化中所起到的决定性作用。视觉文化是一个不断处于竞争、辩驳和转变之中的挑战性场所，它不但是社会互动的场所，而且是根据阶级、性别、性和种族身份进行界定的场所。视觉文化是一个交叉性学科，具有较强的不确定性和随意性。视觉文化不是一个既存的体制结构，文化研究、同性恋研究、非洲裔美国人研究、女权主义、生态主义等都是视觉文化研究的一部分。它既是一种策略，也是一种流动的阐释结构，旨在理解个人以及群体对视觉媒体的反应。

视觉文化并不取决于图像本身，而是取决于人们对图像或是视觉的文化偏向或审美趣味指向。这种视觉原则把视觉聚焦为一个意义生产和竞争的场域。视觉文化的出现发展了美国芝加哥大学教授米切尔所说的图像理论和图像世界观，这种世界观是对文本世界观（把世界当作一个书写文本的观念）的重大挑战。在米切尔看来，图像理论根源于特殊的认识，即"观看"（如看、凝视、瞥见、观察、监视以及视觉快感），它与各种阅读形式（如解读、解码、阐释等）一样，是一个深邃的问题。视觉经验或视觉识别力并不能在文本模式中获得充分的解释，文本的世界已经被图像的世界取代。这种世界图像虽然不可能纯粹是视觉性的，但基于同样的理由，视觉对于纯粹从语言学方面来界定文化的任何企图都是一种破坏和挑战。视觉文化的主要任务之一是理解复杂的图像是如何汇聚在一起的。视觉文化把我们的注意力从一些结构化、正式化的观看（如在电影院看电影或在艺术画廊欣赏艺术作品）中移开，而集中于日常生活中的视觉经验。视觉文化优先考虑日常的视觉经验，包括从录像机的瞬间画面到大型艺术展的所有视觉经验。如果文化研究试图理解大众在消费文化中创造意义的方式，并将之作为一种知识策略的话，那么它就必须接受视觉转向，而这种转向已经遍及日常生活之中。走向视觉文化研究的动力首先来源于视觉图像的变动性，它与外部现实之间的关系一直处于变化之中。

视觉文化在此要做的就是从消费者的视角，探讨后现代日常生活中的矛盾、裂缝以及抵抗的场所。视觉文化针对后现代的文化表征，以后结构主义和精神分析为主导框架，围绕着"视觉性"的问题，对后现代世界的主体建构、文化表征的运作以及与视觉实践之间的关系进行分析，揭示了人类文化行为尤其是视觉文化中"看"与"被看"的辩证关系，同时也进一步揭示了这一辩证关系与现代主体的种种身份认同之间的纠葛。视觉文化是一种针对视觉性的文化，是对视觉性进行的一次后现代质疑，是对"奇观"社会所做的一种后现代逆写。

事实上，当今的时代已进入一个以视觉图像为中心的时代，电视、摄影、绘画、雕塑、建筑、广告、设计、动漫、游戏、多媒体等在激荡中汇流。这个以图像为中心的时代也就是我们所称的"图像时代"或"视觉文化时代"。随着图像时代的到来，视觉文化研究成为国际学术界一个新的跨学科研究领域。视觉文化及其研究已经由一个艺术史、电影与媒体研究者，以及社会学及其他视觉研究者所使用的术语，变成了一个时髦而富有争议的交叉学科的新的研究方法。

毫无疑问，最能反映读图时代的艺术形式的是影像艺术。影像艺术的产生首先得益于科技的进步。摄影、广播、电视的发明、普及以及新型消费社会的形成为影像艺术的产生奠定了技术与文化的双重基础；同时在欧洲世界兴起的反叛与极端意识、学生运动、女权主义、性革命等社会运动激发和催生了影像艺术的崛起；影像艺术的兴起还源于对商业电视的反抗。20世纪60年代末，加拿大的马歇尔·迈克卢汉曾撰文批评已经完全企业化、商业化的广告和电视，这成为团结和号召艺术家的力量源泉。第一代新媒体艺术家具有改造大众电视网的激进政治理想，他们把新技术视为民主的工具，希望新媒体能更多地表现个性，而不是成为消灭个性的大众传播媒体。

影像艺术的产生来自两种录像实践：一是电视艺术；二是艺术电视。所谓电视艺术是指，以游记摄影的方式记录政治事件和社会活动，以期成为另类的新闻报道。从事这类实践的代表者有出生于加拿大的列斯·莱温和美国艺术家弗兰克·吉列。他们没有正式的记者身份，但设法闯入集会或有价值的事件的发生现场，用非常直接的方式，即无任何暗示、指导或遮掩的方式记录现场和采访当事人。他们所使用的方式逐渐被正式的新闻媒体接受。所谓的艺术电视应从白南准说起。1965年的一天，他在纽约买下了一台新力公司刚上市的索尼便携式摄像机，并在这一天将镜头对准了走在第五大道的教皇一行。由此，影像艺术宣告诞生。

影像艺术的产生、生效依赖于文化权力。影像艺术处于某种符号与某种意义的必然联系和社会接受之中，这构成了一种特殊的图像语言。影像艺术更关注挑战、藐视与颠覆社会接受的"必然联系"的图示，也就是说，影像艺术追求媒介文化的民主化，通过挑战、藐视与颠覆主流媒体或官方媒体的观点而引起轰动效应，进而在反权威的过程中建立新的权威。每一个影像艺术家、每一件影像艺术品都力争分析新的私人语言，并希望能把它变成真实的、共相（共识）的图像语言，促使其成为大众或社会的沟通媒介。处在后现代氛围中的影像艺术家也同样处在哲学家的困思情境之中：它所创造和演绎的图像原则上都不是由既定的规则支配的，而且并不通过运用已知的范畴而服从确定的判断。影像作品所寻求的恰恰是这些规则与范畴本身。影像艺术家在没有规则的情境下创作，以建立将要遵守的规则。作品所建构的规则，只在事后才可以被发现，这不仅体现在创造行为的终端，而且体现在阅读或分析的终端，因此它总是独一无二的。

后现代社会中的艺术家（包括影像艺术家），其作品的特征在于给没有图像的事物以图像，给不能发声的东西以声音，给不可见的东西以可触摸的形状。多种图像、声音或形状的产生之所以成为可能，原因在于它们随时可以加入到无尽的解释过程与意义形成过程中去。艺术不仅创造了图像，而且也创造了自身的意义，它给没有意义的东西以意义，给没有获得认同感的东西以认同感。艺术与非艺术的现实作为意义的创造者与意义的持有者在同一基础上运转。所有的意义都是一种提议，需要讨论与争论、解释与再解释。没有一个作品的意义是由定义来确定的，而且没有任何一个意义能够仅凭一次定义来明确，符号在意义的寻求中漂流，意义在符号的寻求中撒播。艺术与非艺术之间的分界线在当代艺术语境中已经十分模糊，艺术与非艺术的传统界限往往由美术馆、博物馆等社会机构划定。这些社会机构是当代艺术得以生存的真正的前提条件，如果没有这些美术馆和艺术博物馆，许多当代艺术将不复存在。在被指定为艺术的现象中，如果没有美术馆和艺术博物馆，就几乎没有人能够在艺术与非艺术之间做出区分。没有美术馆和博物馆，简单的人工制品、拾到的物体、纯粹属于个人选择的产品等都不会被认为是艺术品，也不会成功地吸引那些到美术馆和艺术博物馆参观的人的注意。美术馆和艺术博物馆常常是先锋派艺术表现的主要平台，先锋派艺术试图通过这些艺术机构获得艺术的角色、地位、作用和价值。在传统理论看来，当代艺术中的某些艺术之所以不是艺术，是因为对它的制作不要求或很少要求技巧。当代艺术对美术馆和艺术博物馆的态度往往充满悖论：一方面，经常反对艺术机构的权威性和地位；另一方面，又努力获得这种地位，因为只有在艺术机构中占有位置，此种艺术才能被指定为艺术。这种艺术的基本特征之一就是扩大、拓展并改变已经被惯例和公众所承认的艺术概念。

任何事物就其自身而言都没有什么意义：只有在某一情境中，事物的深远意味才能显现出来。艺术的意义总是和语境有关系，艺术在艺术的范围内为我们提供了一种针对世界和针对我们自身的特殊"认知图绘"，因此它形成了一些特定的意义类型，把我们置于我们所栖居的象征和想象的领域之内。艺术的意义取决于语境，艺术的意义处于这样的语境中——客体、现象的中立和任意的特性，即现成品艺术语境之中。这样一来，确立艺术的意义不仅要寻找被证实的意义，而且要对意义进行批评性的审视，这是作为批评性反思和自我反思的哲学必须完成的一项任务。其目的在于对意义的文化权力予以批判性的审视，也就是说，对支撑艺术意义的文化霸权进行质疑，因为意义并不是永恒不变的，其价值是短暂的，仅仅存在于揭示真理的那一瞬间。

"文化转向"与视觉方法论研究

肖伟胜

（西南大学文学院）

一、"文化转向"的两阶段说

"文化转向"实际是"语言学转向"的直接效应和典型表征，其知识论的来源是语言学中的符号学。在以语言学模型建构起来的世界中，语言符号与其所指事物之间并不一定一一对应，符号在使用过程中会脱离原来所指之事物而成为某种意义的象征。如此这般，语言所建构的意义世界绝非其所处客观世界的镜像，反而是形塑人们感知客观世界的滤镜。简言之，存在并不一定决定意识，而意识反过来却一定具有塑造存在的功效[①]。这就打破了形形色色的决定论，以社会范畴为中心，文化只是它隶属部分的社会学模式。鉴于这种情形，我们所说的"文化转向"实际上与 20 世纪 60 年代兴起的"语言学转向"几乎同义，它分为两个发展阶段。第一阶段

[①] 〔美〕林·亨特主编：《新文化史》，姜进译，上海：华东师范大学出版社，2011 年，总序，第 5 页。

是 20 世纪六七十年代,这一时期它产生的直接源头有两个:一是以索绪尔、雅各布森为代表的结构语言学;二是第二次世界大战结束后反人道主义追求系统科学模型的结构主义方法。20 世纪 60 年代兴起的法国后结构主义就是这两股思潮共同作用的结果,正是法国后结构主义直接催生出"文化转向"思潮,因此,"文化转向"是 20 世纪 60 年代一系列社会思潮演变的一部分,法国后结构主义是它的重要组成部分和理论来源①。随着 20 世纪六七十年代"文化转向"思潮的逐渐发展和扩散,它自然将结构主义带入到人文社会科学领域,于是导致整个人文社会科学发生转型。自此"文化转向"思潮进入深化拓展的第二阶段,到了 20 世纪八九十年代,"转向文化"弥漫扩散到了整个人文社会科学领域,建立起了以语言学模型为基础、文化范畴为中心的研究范式,我们称之为"文化主义"范式。

"文化转向"的发展可分为两个阶段,新文化史家维多利亚·邦内尔等在《超越文化转向》中提出,如果从社会学和史学研究的角度来看,以时间为线索可以把"文化转向"分为两个阶段,首先他们将其发端明确地追溯到 1973 年,这一年出版的两部重要著作——海登·怀特的《元史学:19 世纪欧洲的历史想象》和克利福德·格尔兹的《文化的解释》,对美国社会科学家文化研究的倾向产生了深刻影响。怀特用语言学模式重新解释了历史学家的研究及其所用方法论,认为这种语言模式也就是一种比喻性的策略,它依次又形成研究设计的其他方面,包括情节设置和解释的方式②。这种基于语言学模式的历史研究显然推翻了传统的历史学叙述模式,怀特后来被人看做正在进行之中的文化转向的"守护神"。格尔兹则引入了一个基于符号和象征意义的文化概念,"我所采纳的文化概念本质上属于符号学的文化概念……人是悬挂在由他们自己编织的意义之网上的动物,我把文

---

① 周兵:《新文化史:历史学的"文化转向"》,上海:复旦大学出版社,2012 年,第 180 页。
② 转引自〔美〕理查德·比尔纳其等:《超越文化转向》,方杰译,南京:南京大学出版社,2008 年,引言,第 2 页。

化看做这些网，因而认为文化的分析不是一种探索规律的实验科学，而是一种探索意义的阐释性科学"①。于是，他认为，研究文化的任务是运用符号学的方法进入我们的主体栖居的概念世界，以便我们能够在该术语的某种延伸的意义上与主体交谈②。这样一来，就导致文化研究领域理论与方法的重组，即从解释（explanation）到阐释（interpretation）再到深描（thick description）。由此，象征、仪式、事件、历史遗物、社会配置和信仰体系等都被作为文本来探寻它们的符号结构，即它们具有作为某种意义体系中的一部分的内在一致性。这两部著作影响和推动了文化转向的启动。除了怀特和格尔兹外，20世纪70年代还有一些结构主义者和后结构主义者对这一文化转向产生了重要影响，他们有罗兰·巴尔特、皮埃尔·布尔迪厄、雅克·德里达、马歇尔·萨林斯、米歇尔·福柯等。正是这些文化理论家对"社会"和"文化"范畴的重新检视，大大改变了知识界的"形貌"，促进了人文社会科学的整体"文化转向"。

邦内尔和亨特更进一步强调，20世纪的八九十年代，那些带有后现代主义意义的文化理论向社会学的解释发起挑战，后结构主义者和后现代主义者追随德里达和福柯，随着他们对符号、仪式、话语和文化实践的强调，以及对更一般的后现代主义的知识批判，"文化转向"进入到第二阶段。"文化转向"以及后现代主义对知识形式的总体批评，共同促进了社会科学研究中传统范式的衰落，代之而起的是一种以文化为取向的研究模式。这种研究模式的立足点建立在这样的基础上，即文化如此彻底地渗透于我们对现实的感知之中，结果使得任何假定的对社会生活的科学性解释都变成了集体虚构化或制造神话的一次操演，我们已无法获得任何客观、独立的

---

① 〔美〕克利福德·格尔兹：《文化的解释》，纳日碧力戈等译，上海：上海人民出版社，1999年，第5页。

② 〔美〕克利福德·格尔兹：《文化的解释》，纳日碧力戈等译，上海：上海人民出版社，1999年，第5页。

真理①。在此情形下，人文社会科学开始转向文化研究，并寻找人们（群体或个人）行为发生的文化背景，即以符号、仪式、话语、文化实践等研究代替过去的对社会结构或社会阶级的分析，社会科学正在变成一种更一般的阐释的乃至文学的活动。这一特征成了文化转向中最明显的特征。此外，在具体的理论和方法方面，"他们常常转向人类学家寻求指导。这一语言学转向，还随着结构主义及其后继者后结构主义（后现代主义）的出现，得到了进一步的推动"②。概言之，"文化转向"是基于一种语言学模式所引发的人文社会科学的整体范式转型，我们根据这一思潮的演变发展过程，将其大致划分为两个阶段。

二、文化主义范式与视觉研究

这种基于语言学转向的文化主义研究范式，不同于过去把社会的范畴看做先于并决定了意识、文化或语言的上层建筑的观念，如今前者反而被认为是建立在后者之上的，社会的范畴仅通过其文化的表象而存在③。这种范式的转变给人文社会科学带来了两方面的影响。一是冲击了传统学科的既有藩篱，迫使它们面对研究范式的转换必须做出相应的方法论上的调整，文化主义研究范式几乎跨越了所有的学科边界，成为这一时期这些学科共同持有的方法论。二是"文化转向"所衍生出来的文化主义范式突破了传统学科的边界，这无疑为新兴学科或跨学科的衍生与兴盛提供了契机。受"文化转向"思潮冲击的艺术史逐渐演变成新艺术史，并将新艺术史所创建的研究方法应用于机械复制以来的影像，于是，20世纪80年代末90

---

① 〔美〕克利福德·格尔兹：《文化的解释》，纳日碧力戈等译，上海：上海人民出版社，1999年，第3页。
② 周兵：《新文化史：历史学的"文化转向"》，上海：复旦大学出版社，2012年，第179页。
③ 周兵：《新文化史：历史学的"文化转向"》，上海：复旦大学出版社，2012年，第178—179页。

年代初就逐渐衍生出了视觉文化或视觉研究①。虽然该学科创建时间较晚，发展到现在依然还未成熟，但这并不意味着在它创立之前就没有相关的研究。事实上，法国后结构主义者就有大量关于视觉文化现象的解读文本，而且还产生了一系列的视觉研究方法，这些方法不仅对今天的视觉研究具有很重要的借鉴意义和学理价值，而且这些从解读视觉文本中提炼出来的方法直接就是当前视觉文化研究的主要凭证和依据。鉴于此，从上述来自人文社会科学各个领域的研究者关于"文化转向"的论说来看，对其指认虽然没有达成共识，不过，如果对这些相关文献做进一步深入解读，我们会发现这一议题看似不一致的认知图绘表面，实际上有着大家基本认可的内在纹理与三重面向：它要么被当做一种社会文化思潮或运动，要么被视为一种人文社科领域中的主导性主题或研究范式，抑或被看做一种后现代消费社会的现实情况。

（1）"文化转向"作为后现代媒介社会的主导性文化思潮，索绪尔的结构语言学是其思想源头，它是 20 世纪 60 年代语言学转向的直接结果和典型表征。第二次世界大战结束后，在索绪尔、雅各布森等促发的语言学转向思潮的影响下，以列维-斯特劳斯、巴尔特、德里达、拉康为主要代表的后结构主义者，运用语言学模式对原始社会文化、当代大众文化，以及第二次世界大战结束后快速涌现的各种视觉文化现象进行了解读，从中衍生出结构人类学、符号学和文本学三种主要研究方法。事实上，所有这些结构主义理论家没有哪一个直接关注视觉事物，并将视觉影像作为研究重心。然而，所有这些理论家的著作和思想均对视觉文化研究这个新学科的发展产生了重要影响。这是一种双向关系：他们的理论和思想深刻地改变了学术界对视觉文化现象（主要包括摄影照片、电影剧照、画框、建筑以及广告等影像）的认识，同时在他们的论著中，我们也可以看到明显存在着大

---

① 关于这一问题的探讨，可参看拙著《视觉文化与图像意识研究》（北京：北京大学出版社，2011年）导论相关内容。

量的视觉材料和视觉理论。所以，即便是这些理论家没有着手去发展影像理论，他们的思想对当代关于影像的讨论也是大有裨益的①。鉴于此，一方面，我们在辨析他们的理论思想与"文化转向"思潮相互促生关系的同时，理当展现他们参与"文化转向"思潮各自不同的路径；另一方面，我们应该从大量的关于视觉文化现象的解读和阐释中，看看他们是怎样提炼出结构人类学、符号学和文本学三种主要研究方法，并且又是如何反过来运用这些研究方法来解读各种视觉文化现象，进而为视觉文化研究提供一些有效途径和经典范例的。

（2）"文化转向"作为人文社会科学领域中一种新的分析模式（new modes of analysis）或研究范式（analysis paradigm）。它可被视为人文社会科学领域一种文化主义范式（culturalist paradigm）的兴起与全面胜利，这种新的分析模式的衍生与确立始于 20 世纪六七十年代，其余波一直延续至今。在这种文化研究的范式转变（paradigm shift）中，文化范畴取代社会范畴成为社会理论主导的认知图式，与传统社会决定论将其置于附属或边缘地位不同，在这里，文化已经成为中心，它"不再是社会、政治和经济过程的简单反映或回应，而是触发这些过程的原因"②。这意味着，文化被视为社会活动中的一个决定性部分，而不仅仅是一个被决定的部分。在此情势下，社会纯粹被作为一种文化文本来读解，在其中被解构或消解，所有的社会关系都被读解成文化关系。戴维·钱尼指出，"文化转向"之后，文化不仅具有提供经验的意义，而且成为形塑经验的条件③。如此一来，曾经一度处在人文社会科学边缘的文化，现在已急速地成为中心学科，文化从原来要根据另外一些因素才可以得到实质性解释的东西，变

① Fuery P, Fuery K. *Visual Cultures and Critical Theory*. London: Holdder Education, 2003, p. xiii.

② Dikovitskaya M. *Visual Culture: The Study of the Visual after the Cultural Turn*. Cambridge: The MIT Press, 2005, p. 1.

③ Chaney D. *The Culture Turn: Scene-setting Essays on Contemporary Cultural Theory*. London: Routledge Press, 1994.

成了现在与社会文化基础或社会深层文化符码相关的元文化（metaculture）问题[1]。这使得先前存在于人文科学与社会科学之间的学科藩篱得以逐渐拆除、消解[2]。

（3）"文化转向"描述了第二次世界大战结束后西方（尤其指法国）消费社会的现实情状。第二次世界大战结束后，法国的现代化进程给人们带来了一种巨变感，一种新社会即将降临的感觉。在整个法国，高速公路、零售店、购物中心及大众文化等，给人们的日常生活带来了戏剧性的变化。为了分析新的大众文化、新技术和现代都市化过程，并从理论上绘制这种新的社会结构形式的图景，雷蒙·阿隆（Roymond Aron）和阿伦·图灵（Alain Touraine）从美国人丹尼尔·贝尔那里引进了"后工业社会"一词以及一些独创性的理论；巴尔特创造性地运用文化符号学对大众文化的"神话"进行了批判性剖析，力图去除其中潜藏着的消费意识形态；居伊·德波（Guy Debord）把20世纪五六十年代在法国兴起的消费资本主义看做一种新的社会控制形式，视为"景观社会"（the society of the spectacle），即通过创造催眠术般的景象与使人昏乱的娱乐形式来麻痹大众，"景象社会"实际上就是马克思关于资本主义物化和拜物教统治的资本主义社会的当代发展形态，情境主义国际的代表人物德波，曾振聋发聩地呼吁：打破景象或幻象符号的囚牢，建立境界更高的完美社会。亨利·列斐伏尔（Henri Lefebvre）认为，现代日常生活的日益刻板化、单调化正在带来一种新的来自科层制和消费意识形态的统治模式。比如，鲍德里亚运用符号

---

[1] "文化转向"之后，不仅消除了人文科学与社会科学之间的学科藩篱，而即便是以分析的、客观的和以事实为基础的自然科学，它所运用的因果性、决定论以及规律的必然性等范畴也最终都根源于人类的经验，这些概念语言也是以隐喻的方式使用的，因此，它不仅依赖于想象性思考，而且还受到人类根深蒂固的元叙事的驱动。正如量子力学家海森堡所指出的，现代自然科学对于纯粹现象背后的"真正现实"（true reality）的追求，最终走到了这一步，即人在科学研究中反倒丧失了自然世界的客观性，以至于他在追求客观现实的过程中突然发现，他处处"遭遇的是他本人"。参见 Arendt H. *Between Past and Future.* New York: Penguin Books, 2006, p. 271.

[2] 〔美〕道格拉斯·凯尔纳、斯蒂文·贝斯特：《后现代理论：批判性的质疑》，张志斌译，北京：中央编译出版社，1999年，第22页。

学模式分析了消费社会的结构、法则及运作方式。

综上所述，我们所说的"文化转向"思潮及其衍生的文化主义研究范式是直接从索绪尔的结构语言学中发展出来的，这种研究范式的典型代表是列维-斯特劳斯创建的结构人类学、巴尔特确立的文化符号学，以及德里达、巴尔特晚期奠定的文本学。因此，我们所说的文化主义范式在诸多方面不同于英国文化研究中与结构主义相对的文化主义范式。两者最大的不同在于前者基于语言学转向，后者则基于人类感性实践的社会学范畴。这三种研究路径既反映了"文化转向"在方法论层面所取得的成就，同时又对视觉文化研究产生了重大而深远的影响。

三、"文化转向"之后的视觉方法论

在某种程度上可以说，自 20 世纪 80 年代末至 90 年代初兴盛起来的视觉文化，就直接仰赖于法国后结构主义促生的"文化转向"思潮所衍生的研究方法的馈赠，后结构主义、符号学，以及文本学几乎成了当前这门跨学科研究的主干方法论，这一点可以从近年来出版的有关探讨视觉方法论的论著中一窥究竟。其中最具代表性的有吉利恩·罗斯（Gillian Rose）的《视觉方法论——视觉材料研究引论》，该书已多次修订，首次出版是在1999 年，在视觉方法论研究领域的影响可见一斑。我们从最新版本来看，其中所举的方法除了前两版都有的内容分析，如符号学分析、精神分析、文本理论分析、话语分析、受众研究外，只是增加了伦理批评研究的内容，这些方法实际上除了内容分析方法和伦理批评外，其他研究方法都可以说来自后结构主义理论①。根据作者的前言说明，这些研究方法本身就来自"文化转向"之后对视觉反省力的批判。玛格丽特·迪科维茨卡娅

---

① Rose G. *Visual Methodologies: An Introduction to Researching with Visual Materials*. London: Sage Publications Ltd, 2001.

（Margaret Dikovitskaya）在《文化转向之后的视觉研究》一书中指出，由于视觉文化（也叫视觉研究）是一个主要研究艺术、媒介和日常生活中的视像之文化建构的新领域，其中视觉图像是某种文化语境中意义得以生成的关键性要素①。所以针对这一门跨越艺术史、电影研究、人类学、文学理论以及比较文学等学科的新兴学科，他认为要创建与之相应的研究方法，必须要将其放置到艺术史研究和文化研究之中②。在他看来，当前所采用的各种视觉研究方法均来自后结构主义理论。斯蒂芬·斯潘塞（Stephen Spencer）在《社会科学视野中的视觉研究方法》里所探讨的方法主要包括符号学、精神分析、话语分析、现象学和民族志研究等。难怪马修·兰普林（Matthew Rampley）在《视觉文化探究》中感叹道，"当前的视觉文化研究日益被某些特定的理论方法所掌控，这些理论包括：拉康的凝视概念；阿尔都塞的意识形态询唤概念；本雅明的韵味、拜物教和技术等概念；意义和表征的符号学概念；克里斯蒂娃、巴特勒、伊莉嘉瑞、R.L.埃廷格等的女性主义论著；斯皮瓦克及其他人的后殖民理论等"③。

除此之外，美国学者玛利塔·斯特肯（Marita Sturken）和莉莎·卡特赖特（Lisa Cartwright）在《看的实践》中，虽然没有专门探讨视觉研究方法论，但其中采用的方法大致包括文本理论分析、话语分析、受众研究、符号学分析、精神分析和现象学分析等，该书的阐释框架是将视觉文化作为一种意义和快感的产生来进行研究的，其中对视觉文化现象的解读遵循传播学路径，即从视觉图像的制作者、视觉传播媒介（包括视觉技术、视觉公共空间、全球化语境等）和视觉受众（包括凝视主客体、视觉消费主

---

① Dikovitskaya M. *Visual Culture: The Study of the Visual after the Cultural Turn*. Cambridge: The MIT Press, 2005, p. 1.

② Dikovitskaya M. *Visual Culture: The Study of the Visual after the Cultural Turn*. Cambridge: The MIT Press, 2005, pp. 64—66.

③ Rampley M. ed. *Exploring Visual Culture*. Edinburgh: Edinburgh University Press, 2005, p. 3.

体）三个方面入手，对视觉文化意义的产生、传播和接受机制进行了较为全面的探讨①，虽然该书没有专门从视觉研究角度来提炼出一些视觉方法，但其所使用的方法基本上没有超出上述提及的范围。至于其他专门探讨视觉研究方法论的论著，具有代表性的还有马库斯·班克斯（Marcus Banks）于 2001 年出版的《社会研究中的视觉方法》。该书由于立足点是社会研究，主要探讨在视觉文化研究中如何运用质性研究方法，即如何采集视觉材料，如何设计、分析、制作视觉图像，以及如何展示最新研究成果，等等②。另外，乔恩·普罗瑟（Jon Prosser）在《基于图像的研究——质性研究者的原始资料》中，主要探讨了视觉社会学、民族志等方法及其在实践中的应用。班克斯和普罗瑟主要从社会学与人类学的角度来对视觉研究进行探讨，虽然这些方法随着"文化转向"也发生了一些相应的变化，但由于其与上述一般的视觉文化研究路径不同，所以在方法论上侧重点也就不一样③。事实上，詹姆斯·埃尔金斯（James Elkins）对当前视觉文化研究进行翔实考察后指出，视觉文化研究大抵存在着"三种谱系：在美国，视觉研究系从艺术史系中独立出来；在英国和东南亚，视觉研究更多地与文化研究相近；而在欧洲大陆，视觉研究与符号学和传播理论联结在一起"④。换言之，从学科视野出发，视觉文化研究的方法论主要来自艺术史、文化研究与传播学三种路径。

如果就这些研究路径的具体方法而言，它们都来自"文化转向"所产生的影响。文化主义研究范式的扩展导致传统艺术史的符号学（或解释学）

---

① Sturken M, Cartwright L. *Practices of Looking: An Introduction to Visual Culture*. New York: Oxford University Press, 2001.

② 马库斯·班克斯另外一本讨论视觉方法论的论著《质性研究的视觉资料运用》所讨论的方法没有多大变化，参见 Banks M. *Visual Methods in Social Research*. London: Sage Publications Ltd, 2001; Banks M. *Using Visual Data in Qualitative Research*. London: Sage Publications Ltd, 2007.

③ Prosser J. ed. *Image-based Research: A Sourcebook for Qualitative Researchers*. London: Falmer Press, 1998.

④ Elkins J. *Visual Studies: A Skeptical Introduction*. London: Routledge, 2003, p. 10.

的转向，从而衍生出以现代机械复制出来的影像为研究重心的视觉文化，同时艺术史也转向用符号学或解释学来研究绘画、雕塑等艺术品，这样传统艺术史也相应地转变为新艺术史。因此，艺术史取向的视觉研究关注的是影像的审美文化属性及其功能。同样受文化主义研究范式弥散性的影响，以社会范畴为中心的社会学也逐渐向文化社会学转型，于是，在 20 世纪五六十年代产生了英国的文化研究。如果说在法兰克福学派那里，还只是赋予艺术和文化相对于种种社会政治作用机制的重要性，那么到了英国伯明翰学派那里，在他们以受众为导向的文化研究中，文化既不是什么社会整体的表现，也不是一个社会中"实存的"经济关系次要性的发散，而是一种相对独立自主的结构。不仅如此，社会秩序的建构必须要通过文化这种"表意系统"来进行沟通、再生产、体验和探求。换言之，文化不仅是一种特定生活方式的体现，而且是对一种特定生活方式的建构①。随着媒介技术和通信技术的迅猛发展，尤其第二次世界大战结束后电视逐渐进入西方普通家庭，人们开始全面迈入视觉化或图像化生存时代，于是，从文化研究中衍生出对这种视觉化生存方式，即视觉文化的研究。这种立足于对人们看的实践，即视觉/视觉性的文化研究，就是对看的实践中的权力关系进行批判性审视，从而揭示观者身份认同过程中性别、阶级、文化和种族等权力纠葛与各种错综关系，"即组织看的行为的一整套的视界政体，包括看与被看的关系，包括图像或目光与主体位置的关系，还包括观看者、被看者、视觉机器、空间、建制等的权力配置，等等"②。

此外，传播学领域同样受到"文化转向"思潮的影响和冲击，一度独领风骚的传播传递观（a transmission view of communication）日渐式微，

① 〔英〕布赖恩·特纳主编：《Blackwell 社会理论指南》，李康译，上海：上海人民出版社，2003年，第 446 页。

② 吴琼：《视觉性与视觉文化——视觉文化研究的谱系》，见〔法〕罗兰·巴尔特、让·鲍德里亚等著，吴琼、杜予编：《形象的修辞：广告与当代社会理论》，北京：中国人民大学出版社，2005年，第 23 页。

传播的仪式观（a ritual view of communication）开始成为主导性潮流。美国传播学者詹姆斯·W. 凯瑞（James W.Carey）对这两种观念进行考察后发现，传递观中"传播"一词的原型出于控制目的而在地域范围内拓展讯息，而仪式观中的"传播"一词的原型则是一种以团体或共同体的身份把人们吸引到一起的神圣典礼。凯瑞进一步指出，"传播的起源及最高境界，并不是指智力信息的传递，而是建构并维系一个有秩序、有意义、能够用来支配和容纳人类行为的文化世界"①。所以，传播的仪式观把传播看做创造、修改和转变共享文化的过程，它不仅是一种传递信息的行为，而且是共同信仰的创造、表征。于是，传播学领域由"文化主义"范式所引发的传播，嬗变为一个现实得以生产、维系、修正和转变的符号化过程②。与立足于对影像政治性问题的考察不同，传播学取向的视觉研究立足于对视像经济属性及其功能的关注，也就是把影像置于生产活动与消费活动之中，其探讨的重心在于如何利用视觉图像不同于印刷文字的特点来吸引受众，即消费者，并在广告影像的基础上充分调动声音、文字等媒介对商品的形象进行炫目的展示，也就是最大可能地抓住受众的眼球，达到最佳的视觉效果，从而激发和刺激他们的购买欲望。

结语

从视觉文化的三种研究路径来看，不管是聚焦于影像的审美文化属性及其功能的艺术史取向的视觉研究，还是瞩目于看的实践，即视觉/视觉性的政治性取向的视觉研究，抑或是以受众即消费者为导向的传播学取向的视觉研究，视觉文化的意义产生机制始终是它们共同的聚焦点。在视觉文

---

① 〔美〕詹姆斯·W. 凯瑞：《作为文化的传播》，丁未译，北京：华夏出版社，2005 年，第 7 页。
② 〔美〕詹姆斯·W. 凯瑞：《作为文化的传播》，丁未译，北京：华夏出版社，2005 年，第 12 页。

化研究中，文化既是一个有着特定的一致性和定义的符号与意义的系统，又是一整套的实践行为①。为了掌握这种作为概念与实践的文化（主要指包括视觉文化在内的大众文化），法国后结构主义者运用语言学模型阐释了从原始社会到当下的各种文化现象，在此基础上提炼和创建出结构人类学、符号学、文本理论以及精神分析学等。迄今为止，这些依然在文化研究（当然包括视觉文化研究）领域具有举足轻重地位的研究方法，一方面，"文化转向"思潮渗透到人文社会科学领域所取得的标志性成果，并给予后来的文化研究以充分的滋养；另一方面，这些方法论本身对传统学科的冲击与改造，以及由此创生出包括视觉文化在内的一系列新兴学科，无疑又将"文化转向"推向更高的水平，进而形成人文社会科学领域的一股无比壮阔的大潮，甚至跨越了人文科学的疆界弥散到包括自然科学在内的所有学科领域。

① 〔美〕理查德·比尔纳其等：《超越文化转向》，方杰译，南京：南京大学出版社，2008年，引言，第10页。

中欧非物质文化遗产影音记录比较研究初探

田　苗　张　宇

（国家图书馆中国记忆项目中心）

随着中国非物质文化遗产保护工作的开展，非物质文化遗产保护工作者正在通过自身的探索与实践，构建着具有中国特色的非物质文化遗产保护体系。本文通过对我国与欧洲部分国家非物质文化遗产记录工作的比较研究，以非物质文化遗产记录的关键是将非物质文化遗产记录于物质载体之上为出发点，阐释了影音记录对非物质文化遗产保护和呈现的重要性，论述了非物质文化遗产影音记录的内容与记录方法，探讨了非物质文化遗产影音记录成果的应用与相关服务等问题，力图引发人们对非物质文化遗产影音记录的思考。

中国是非物质文化遗产大国。21世纪初，我国便开展了全面、深入、系统的非物质文化遗产保护工作。在各项非物质文化遗产保护工作当中，对非物质文化遗产的记录和档案化管理是最为基础和紧迫的工作之一。自2015年开始，我国启动了针对全部国家级非物质文化遗产代表性传承人的具有抢救意义的记录工作。笔者所在的国家图书馆中国记忆项目中心受文化和旅游部非物质文化遗产司委托，承担了此项工作的学术咨询、培训和验收任务。在近五年的工作中，中国记忆项目中心和全国的非遗保护工作者一起，探索和实践了一整套具有中国特色、较有成效的非物质文化遗产的记录理论与方法，完成了一大批非物质文化遗产记录成果的建设。

在工作过程中，笔者也借由"中国-中东欧国家非物质文化遗产保护专家级论坛"平台，有幸接触到欧洲的非物质文化遗产保护同行，学习他们的工作经验，并和同事一起翻译出版了《非物质文化遗产的影像记录与呈现——欧洲的经验》（简称《经验》）一书。此书介绍了欧洲诸国，特别是和我国面对相似的问题和挑战的中东欧国家的非物质文化遗产记录经验，希望能对我国的非物质文化遗产保护工作者有所帮助。

本文根据笔者自身的工作经验和研究主题，并结合联合国教育、科学及文化组织（简称"联合国教科文组织"）的基础文献，初步比较了中国和欧洲（特别是中东欧国家）的非物质文化遗产记录理念和方法，其中既有各自的特点，又有许多共通的地方。

一、非遗记录工作的性质

联合国教科文组织在《保护非物质文化遗产公约》（简称《公约》）中文版中列举了非物质文化遗产保护工作的九种基本方法：确认（identification）、立档（documentation）、研究（research）、保存（preservation）、保护（protection）、宣传（promotion）、弘扬（enhancement）、传承（transmission）和振兴（revitalization）。那么，对于非物质文化遗产的记录工作，属于以上哪种方法呢？很多人以为是保存，事实上并非如此。

让我们分析一下：《公约》中"立档"对应的英文是"documentation"，"保存"对应的是"preservation"。在《非物质文化遗产术语表》①（简称《术语表》）中，将"保存"解释为确保特定的社会实践与表达得以维持；

---

① 《非物质文化遗产术语表》英法文版，联合国教科文组织荷兰国家委员会，2002年。

而"保护"的释义为保证这些文化现象和社会实践不受破坏。从中可见，保存和保护是相联系的，这两个方法都是针对文化事项和社会实践与文化传承的本体而言的，是确保非物质文化遗产活性的重要方面。而在《术语表》中，立档的释义为"将非物质文化遗产记录于物质载体之上"。可见，对于非物质文化遗产各种形式的记录，以及所形成的各种类型和载体的文献，均属于立档范畴。在《牛津英语词典》中，"立档"一词有两种解释：信息的积累、分类和传播；收集的资料①。因此，在非物质文化遗产保护的语境中，我们把"立档"理解为"记录"也许更为合适，因为立档就是记录这一行为所产生的结果。当然，对非物质文化遗产的立档，不应只包括在申报列入各级名录之初所建立的档案，也应包括此后持续地对非物质文化遗产进行记录，所形成的连续、系统的非物质文化遗产档案。立档不应只注重"立"，而是应强调持续的记录和积累。

让我们再比照一下世界知识产权组织的相关论述②。在谈及对传统知识（traditional knowledge）和传统文化表达（traditional culture expressions）的记录时，世界知识产权组织列举了以下几种方法，即录音、笔记、拍照和录像，而且专门强调对传统知识和传统文化表达的记录，不同于这些文化持有者在社区内保存和传承它们的传统方法，也就是说，它是借助外来的技术和人员所形成的一种平行于社区内原本传承方法的另一种记录和传承的手段。

综合以上两个文本的分析可见，对非物质文化遗产的记录工作，就是非物质文化遗产保护中的立档工作，其性质是利用各种形式的技术手段对非物质文化遗产记录，并产生各类文献，以供非物质文化遗产传承、研究和传播之用。

---

① 英文原文为：the accumulation, classification and dissemination of information; the material as collected.

② 记录传统知识和遗传资源的知识产权管理工具包的报告，世界知识产权组织文件/政府间委员会/IC/5/5，2003。

二、非物质文化遗产影音记录的方法

与其他各类遗产（自然、文化、记忆等）相比，非物质文化遗产具有鲜明的特点：非物质文化遗产是非物质的、活态的，除人之外无物质载体；它是人本的，是人对文化的理解、创造和表达，是人的良知、信念、才能、情感和创造力的最直观的体现；非物质文化遗产保护是一个过程，而不是一个结果，是人在文化表达和实践中所付出的智力与体力劳动及其构建的与自然、历史和社群的互动关系。因此对非物质文化遗产的记录，主要内容有五项：文化持有者（行为、状态、知识、思考和感受）、环境（自然、文化）、过程、细节、互动关系。而在人类所有掌握的记录手段和文献类型当中，最适合记录上述五项内容的，无疑是影像和声音记录。

在联合国教科文组织三大"名录"之中，我国入选《世界遗产名录》55 项、《非物质文化遗产名录》40 项①，《世界记忆名录》有 12 项②入选，均为世界上入选数量最多的国家。在《经验》一书中，笔者注意到，在这三大名录的申报过程中，只有《非物质文化遗产名录》要求提交申报片，而《世界遗产名录》和《世界记忆名录》只要求提交照片，并不要求提交申报片。可以看出，联合国教科文组织在设计《非物质文化遗产名录》之初，就充分认识到影音记录对非物质文化遗产保护和呈现的重要性。在我国，申报国家级非物质文化遗产代表性项目名录也需提交申报片。

---

① 其中，人类非物质文化遗产代表作 32 项（含昆曲、古琴艺术、新疆维吾尔木卡姆艺术和蒙古族长调民歌）；急需保护的非物质文化遗产名录 7 项；优秀实践名册 1 项。

② 12 项为：《中国传统音乐录音档案》《清代内阁秘本档》《纳西东巴古籍》《清代大金榜》《清代样式雷图档》《本草纲目和黄帝内经》《中国西藏元代官方档案》《侨批档案——海外华侨银信》《南京大屠杀档案》《甲骨文》《近现代苏州丝绸样本档案》《清代澳门地方衙门档案（1693 年至 1886 年）》。

在 2020 版的《〈人类非物质文化遗产代表作名录〉申报说明》里，清楚地规定了申报片的制作要求：在制作申报视频材料时，缔约国应尽最大可能让遗产项目的相关社区、群体和个人为其自身代言，而非借助第三方叙述，并让他们在常态环境下展示其非物质文化遗产的实践和表现形式。它强调不希望从第三方的角度去判断非物质文化遗产的价值，而是遵循《保护非物质文化遗产公约》的精神——一项非物质文化遗产的价值只有在它的文化持有者内部才能确立。同时，它鼓励有更多文化持有者自己的声音出现在影片中，而不是由他者解说的方式去呈现一项遗产。

上述对申报片的要求，也应该适用于所有的非物质文化遗产记录工作。主体和客体的关系，也是影视人类学理论与实践中的一个重要议题。斯洛伐克布拉迪斯发夸美纽斯大学（Comenius University in Bratislava）的尤拉伊·哈马尔（Juraj Hamar）和露比卡·沃兰斯卡（Ľubica Voľanská）指出影像记录的两个作用：presentation 和 representation。其中"presentation"可以理解为用影音的方式直接呈现一个文化事项的样貌，是文化持有者拥有更多话语权的一种表现方式，而"representation"则是对这一文化事项的表述和表现，是经过他者（记录者）的处理和转译的间接表达。对非物质文化遗产的影音记录不可避免地将上述的两层含义交织在一起，任何一部非物质文化遗产纪录片，都是文化持有者和记录工作者在记录过程中交流、互动和彼此影响的结果。因此，无论我们在拍摄一部非物质文化遗产影片，还是在观看和研究一部非物质文化遗产影片的时候，都要保持对这一互动创造过程的认识、警惕与自觉。

那么，对非物质文化遗产的记录工作应该怎样开展呢？让我们回到前文所述的非物质文化遗产记录的五大内容：文化持有者（行为、状态、知识、思考和感受）、环境（自然、文化）、过程、细节、互动关系。在国家级非物质文化遗产代表性传承人记录工作中，笔者和国家图书馆中国记忆项目中心的同事一起，率先提出了"3+1"的解决方案：拍摄三部文献片——口述史片、项目实践片和传承教学片，供立档和研究使用。

口述史片中，将文化持有者，即传承人（群）的陈述性记忆通过口述史访问的形式记录下来，其中既包括其自身的各种信息，也包括对环境、过程、细节及其互动关系的解释。项目实践片中，对非物质文化遗产进行完整的拍摄，对环境、过程和细节进行尽可能全面和细致的记录。此外，对于通过口述史访问和实践记录仍无法捕捉到的非物质文化遗产的精细之把握、微妙之处理，以及传承人所特有的教学方法和手段，通过拍摄传承人进行教学时的讲解和分析，予以补充。在三部文献片的基础上，创作一部综述片，供传播使用。当然，任何单一的记录方法和载体，都不能全面地保存和非物质文化遗产相关的信息。因此，除影音记录外，还应注意收集文字、照片、实物等各类文献，构建一个综合、互补的文献体系。

三、非物质文化遗产影音记录的应用

如何使用非物质文化遗产的影音记录成果，是中国和欧洲非物质文化遗产工作者共同关注的话题。在《经验》中，希纳-南希·埃勒魏因（Shina-Nancy Erlewein）认为，影音记录是收集素材、创造知识、获得认同感、形成持续性和留存记忆的一种研究方法。

在翻译《经验》过程中，笔者对匈牙利的非物质文化遗产记录工作与应用方法留下了深刻的印象。笔者认为，匈牙利的非物质文化遗产保护，特别是影音记录成果的应用和转化是欧洲国家中做得比较好的。

让我们看看下列信息：（1）1895年，匈牙利语言学家和民间音乐收藏家贝拉·维卡尔成为欧洲用留声机记录民间歌曲的第一人。（2）以民间音乐学家佐尔坦·柯达伊命名了"柯达伊教学法"。柯达伊以学校的音乐教育为框架，应用民间音乐录音，在儿童教育中培养本土音乐风格。（3）匈牙利较早用影音系统性记录民间舞蹈，舞蹈理论家鲁道夫·拉班在记录过程中发明了"拉班"记谱法。（4）20 世纪 60 年代，匈牙利国家电视台举办了民间音乐电视大赛《飞翔吧，孔雀》，深受观众喜爱。该节目于 2012年重新启动。（5）将早期的影音研究与收藏应用于民间艺术教育的"舞蹈房教学法"（如李斯特音乐学院等高校对于民间音乐师资的培养），于 2011 年列入联合国教科文组织的《保护非物质文化遗产优秀实践名录》。（6）匈牙利民族博物馆 273 部非物质文化遗产/民族志影片全部数字化（2009 年）并可在线查询，在此基础上还建立一套基于关键词和场景描述的编目系统。（7）将历史档案应用于装置艺术"意识"的作品，获得协会影视新科技委员会于 2007 年举办的国际博物馆和遗产视听文化节银奖。

可见，学者在记录工作中发挥了重要作用，保证了记录工作的学术水准，并将成果运用于研究。非物质文化遗产的记录工作与保存、服务和传播工作应同时进行、配合开展，避免重藏轻用的情况发生。非物质文化遗产的记录工作应持续进行，并有效组织，形成一个不断增长并可用的文献库。这个文献库一旦形成，其应用领域将非常广泛，所能发挥的作用和效能将十分重大。影音记录是贯穿非物质文化遗产申报、立档、研究、弘扬（传播）、传承（教育）等环节中的必要元素。

四、中欧非物质文化遗产记录工作对比

欧洲的非物质文化遗产记录工作开展得普遍较好，体现在以下几个方面：（1）欧洲的非物质文化遗产记录工作启动得较早，在某些领域处于国际领先地位，成果显著并产生了深远影响。（2）非物质文化遗产记录理论水平较高，与学术界的合作更为密切，与研究工作的结合更紧密。（3）与各资料来源机构的合作度较高，资料的聚合度和完整度更高。（4）在专门的博物馆和资料馆保存，保存的系统度、安全度较高，编目水平和开放服务程

度更高。（5）更注重对遗产持有者的尊重与保护，在记录、保存和传播使用过程中更为注重对知识产权的保护①。（6）记录成果的利用度较高，成果转化与应用渗透到国家文化和教育领域的方方面面。（7）基于记录成果的传播，最终带来的是全社会对民族文化认同感的增强。

与欧洲相比，我国的非物质文化遗产记录工作虽开展得较晚，但在政府主导和全社会共同参与下，开展速度较快，成效较为显著。在相关法律、伦理等方面准备得较为充分，较好地照顾到各方面的利益和关切。但与欧洲相比，我国的非物质文化遗产记录工作尚存在以下不足：（1）理论基础较薄弱，相关学科（人类学、民俗学、口述史学）的借鉴与结合不够。（2）学术力量投入不足，缺乏具有较高学术水平的专业人才。（3）对我国非物质文化遗产的多样性和传承人个体性差异认识不足，工作方法有待细化、提升。（4）成果的服务范围与应用领域尚需拓展，只有进一步拓展方能实现更大价值。

结语

非物质文化遗产影音记录的关键是，以学术研究和成果应用为双重导向进行方法论设计。非物质文化遗产影音记录的成果累积和编目水平的提升，使得对非物质文化遗产影音进行数据分析成为可能。对非物质文化遗产影音记录的研究，将成为非物质文化遗产保护工作的一个新领域。

对非物质文化遗产实践和传承过程的影音记录以及对文化持有者的口述史访谈，比收藏任何实物，如原料、工具、图纸、笔记、道具、谱本、产品都更接近于保存非物质文化遗产本体的属性与价值，且是一种更为有

---

① 目前对传统文化实践和表达的知识产权属性，世界知识产权组织尚无定论，而联合国教科文组织两个公约中更鼓励共同持有和分享。

效的非物质文化遗产记录手段。这些影音记录是一种特殊的"文物"，它们是非物质文化遗产所载入的"史册"，也终将成为一份属于全人类的记忆遗产。

"非遗后时代"传统民俗的生存语境与整合传播——基于泰山东岳庙会的考察*

牛光夏

（山东艺术学院传媒学院）

在非物质文化遗产由重申报转变为重保护的"非遗后时代"，传统民俗处于信息传播的"全媒体转向"和当代文化的"视觉转向"的传媒生态中。要在传统和现代、世俗与神圣、地方性与全球性、文化建设与产业发展等诸多对立统一的存续要素间获得更好的发展，像泰山东岳庙会这样的传统民俗必须顺应媒介化社会的现实语境，努力实现"全媒体转向""视觉转向"，以提升社区参与度，从传播内容、传播主体和平台、传播形式等层面进行更为多元的整合传播。

2004 年，中国成为联合国教科文组织《保护非物质文化遗产公约》的缔约国后，"非物质文化遗产"这一概念随之进入中国，十几年间中国大约有 4000 项非物质文化遗产陆续入选了世界、国家或省、市、县级名录，并被纳入了政府保护的视野之中。由是，从国家到地方各种有关保护非物质

---

* 本文系山东省社科规划项目"全媒体背景下泰山东岳庙会文化的整合传播策略研究"（项目编号：18CXWJ09）阶段性成果，首次发表于《民俗研究》2020 年第 2 期。

文化遗产的活动在政府主导、社会各方积极参与下轰轰烈烈地开展起来了，并形成一场非物质文化遗产保护运动。①非物质文化遗产保护运动的开展，也进一步深化了国人对于民间文化所蕴含价值的重新评估与认知，与此同时，"民间文化"的概念几乎被"非物质文化遗产"这一概念所替换并指代。民间文化的遗产化过程，是围绕非物质文化遗产名录内在机制所进行的一系列标准设定、价值评估和符号建构，其实质是"知识话语在遗产领域的介入过程"②。如高丙中所指出的，"非遗化"为民间信仰正名，使其在公共知识中复归本位，进而使作为非物质文化遗产应有组成部分的庙会、乡土宗教等来自百姓日常生活的底层文化得以跻身于"公共文化"之列③。

庙会作为中国传统民俗文化的组成部分，是真正来自民间的、在不同地域风情的土地上依托于庙宇所滋生、繁衍出的一种文化现象，有传统文化的"活化石"之称，"赶庙会"亦成为很多中国人的文化记忆。刘铁梁称中国城乡的庙会活动是汉族民俗宗教的基本实践模式之一，兼具祭神和集市的双重功能④。大部分庙会不仅是民众感谢诸神、祈福纳吉的场所，也是较为集中地欣赏和感受地方性传统民间文化、进行商贸活动之地。叶涛对庙会的此种性质有这样的论述："庙会是由信仰的力量而产生，进而又借助信众的积极参与而发展，从本质上来看，庙会是一种信仰文化。同时，在庙会信仰特征的基础上，派生出庙会的附着性特征，这就是活跃在庙会上的文化娱乐和商贸交易的内容。"⑤

具有浓郁地方特色、为当地民众世代相承的庙会规模大小不等，或位

---

① 施爱东在《学术运动对于常规科学的负面影响——兼谈民俗学家在非遗保护运动中的学术担当》（《河南社会科学》2009 年第 3 期）较早使用"非遗保护运动"来指称全社会共同参与的非物质文化遗产保护运动。施爱东在文中特别指出，民俗学者是非物质文化遗产保护运动中的主要学术力量。

② 燕海鸣：《从社会学视角思考"遗产化"问题》，《中国文物报》2011 年 8 月 26 日，第 6 版。

③ 高丙中：《作为公共文化的非物质文化遗产》，《文艺研究》2008 年第 2 期。

④ 刘铁梁：《庙会类型与民俗宗教的实践模式——以安国药王庙会为例》，《民间文化论坛》2005 年第 4 期。

⑤ 叶涛：《泰山香社研究》，上海：上海古籍出版社，2009 年，第 309 页。

于闹市或居于名山、乡野，但它们都是民间文化的重要组成部分，中国非物质文化遗产保护工作启动以后，很多庙会被列为不同级别的非物质文化遗产，如初步形成于汉、于唐宋得到发展、后兴盛于元明清及民国时期，至今已传承千年的泰山东岳庙会就是中国民俗文化，同时也是泰山文化的重要组成部分，是展现中国民俗文化的大舞台以及世界庙会文化的典型代表。人们认识到正是由于古人对泰山的景仰和对东岳大帝、碧霞元君的崇拜，以及历代帝王在岱庙举行封禅大典等庆典活动、佛道的宗教活动以及民众的朝山进香活动，从而在岱庙一带形成了以祭祀活动、贸易活动和娱乐活动为主要内容的庙会①。2008 年，泰山东岳庙会被列入第二批国家级非物质文化遗产名录，成为泰山文化中普通民众参与性、互动性较高的一种活态化的非物质文化遗产存在形式。

冯骥才于 2011 年提出了"非遗后时代"②的概念，他认为在非物质文化遗产认定完成之后，民间文化的保护与传承任重而道远。当"我们进入了'非遗后'的时代，即完成了'非遗'认定之后的时代"，"在基本完成了'非遗'抢救和认定工作之后，我们就大功告成，不再管它何去何从了吗？当然不是。"③当非物质文化遗产保护作为一项"运动"热潮退去之后，冯骥才先生当年所提出的问题及他给出的否定性答案一直适用，如悬顶之剑般提醒我们理性认识"非遗后时代"传统民俗的现实图景，以危机意识积极采取措施应对已然出现的一些现象。

本文以泰山东岳庙会为主要考察对象，剖析"非遗后时代"传统民俗的生存语境，探讨如何利用新的传媒科技和更为多元的传播平台进行整合传播，以契合传播泛在时代的内在逻辑要求，从而增强民俗文化的传播能力和传播效力。

---

① 卢成轩：《东岳庙会的成因探析》，《山东农业大学学报（社会科学版）》2009 年第 2 期。
② 学界还有"后非遗时代"的称谓，但两者所指实则一致，本文统一为"非遗后时代"。
③ 高丽：《"非遗后"时代，我们该做什么》，http://culture. ifeng. com/gundong/detail_2011_ 11/16/10696487_0. shtml, 2011-11-16.

一、"非遗后时代"传统民俗的现实图景

民间文化转向非物质文化遗产话语不仅是字眼的更替，而且体现的是中国对"非物质性""精神性"遗产予以认定的一种现代文明观，契合了民间文化特别是传统民俗普遍面临的濒危困境，亦为保护文化多样性提供了合法性的话语基础。地方政府对民俗等非物质文化遗产所进行的旅游或其他相关产业的开发，使其产生了文化资本的增值效应，其"内价值"和"外价值"①都得到较为显著的提升，在整个社会政治、经济和文化系统中似乎实现了由边缘向中心地带的位移，赢得了重视和更多关注的目光。比如，泰山东岳庙会被纳入第二批国家级非物质文化遗产名录后，自 2009 年起一年一度以"逛东岳庙会、祈平安福贵"为主题，由泰安市政府主办，委托泰山景区管理委员会和泰安传媒集团等单位联合承办，还成立专门的策划小组设计了庙会会徽和泰山吉祥物"四喜童子"，并陆续推出海峡两岸民俗文化交流周、中韩民俗文化周、台湾信众祈福巡游等活动，每年的实施方案除传统项目外都力求有创新②。

但民俗文化的这种表面繁荣只是一种肤浅的表象，在转型期中国不断

---

① 刘铁梁提出，民俗文化的价值可以从"内价值"与"外价值"两个方面来理解。内价值是指民俗文化在其存在的社会与历史时空中所发挥的作用，也就是作为局内人的民众所认可并在生活中实际使用的价值。外价值是指作为局外人的学者、社会活动家、文化产业人士等附加给这些文化的观念、评论或商品化包装所获得的经济效益等价值。见刘铁梁：《内价值是民俗文化之本》，《中国社会科学报》2011 年 3 月 28 日，第 16 版。

② 2009 年泰山东岳庙会推出了东岳庙会国际论坛、非物质文化遗产项目展示、泰山国宝文物精品展、传统民间游艺竞技活动等项目；2010 年泰山东岳庙会举办了包括王母池蟠桃会、非物质文化遗产展演在内的 20 项民俗文化活动；2011 年策划了台湾东岳庙朝圣、中韩文化交流等活动；2012 年策划推出了海峡两岸民俗文化交流周活动；2013 年推出"中韩民俗文化周"交流活动；2014 年以东岳庙会为载体，泰山被国务院台湾事务办公室授予国家级"海峡两岸交流基地"；2015 年引入华夏各民族"和合共生"的主旋律；2016 年推出燕青打擂、开城门、捶丸等传统文化展示项目；2017 年设岱庙主会场与泰山国际会展中心、林校操场两个分会场；2018 年加入大量的互动体验项目；2019 年则推出海峡两岸书画名家交流展、海峡两岸泰山石敢当书画长卷创作等。

向前发展的工业化、现代化和城市化进程中，庙会和其他众多民俗一样，随着乡土社会的损蚀、乡村神圣空间的压缩，面临着程度不一的庙会实践的衰落问题，以及存在的庙会被某些地区出于"文化搭台、经济唱戏"的目的而打造成旅游景观、趋向旅游产业化等问题。

尽管 2011 年出台的《中华人民共和国非物质文化遗产法》作为专门法为非物质文化遗产保护提供了法律依据，各级政府及相关部门成为非物质文化遗产保护重要主体之一后确实也采取了诸多关于非物质文化遗产保护的措施，但是很多民间文化生存发展的现状仍然不容乐观，在传承和传播的路途上仍面临重重困难。

其中尤为突出的是，过度市场化和产业化给传统民俗带来的异化危机，如曹何稚在对同时入选第二批国家级非物质文化遗产名录的北京妙峰山庙会所做的田野考察指出，恢复后的妙峰山传统庙会并不完全是过去传统庙会的复归，而是加入了一些出于经济利益考量的元素和环节[1]。这些做法弱化或消弭了仪式的庄重性和神圣性，使表演性和舞台化痕迹愈发浓厚。同时，现在各个庙会特别是设于著名风景区的庙会，以旅游为目的的游客远远超过真正因怀有虔诚的宗教信仰进香的香客。刘晓也通过对泰山管理部门所做的"泰山民间信仰问卷调查"进行数据分析后指出，游客的大量增加实际上并没有促使香客增多，来泰山朝山进香、参加庙会的骨干依旧来自传统泰山信仰所辐射的地理区域，尤其是以泰山周边、山东各地以及山东相邻省份为主[2]。庙会的狂欢属性在非物质文化遗产保护运动的语境下得以进一步强化，参与者宗教信仰的淡化成为一个不可回避的普遍现象。对大部分抱着游玩心态的游客来说，"宗教实践既不普遍也非首要，即便存在往往也被化约为一项娱乐或一场交易"[3]。如此种种现象使以商品交换

---

① 曹何稚：《交换断裂——妙峰山庙会的危机》，《民俗研究》2016 年第 2 期。

② 刘晓：《当代庙会转型与非物质文化遗产保护——以泰山东岳庙会为例》，《青海社会科学》2013 年第 1 期。

③ 曹何稚：《交换断裂——妙峰山庙会的危机》，《民俗研究》2016 年第 2 期。

为目的的人际关系模式不可避免地渗透到庙会中,这与旧有的以人-神交流为基础的自组织性庙会机制不同,分别处于新旧两个体系中的参与者不能进行良好的对接,自然导致交流的不顺畅,游客与香会关系紧张、时有矛盾冲突发生。在调研中,笔者发现泰山东岳庙会目前也存在一些制约庙会发展的瓶颈问题,其中有两个最为突出的问题。一是政府和民间互动不足、管理部门和承办部门之间缺乏有效协调的问题。申遗成功后最初两三年的庙会受到了政府相关部门的高度重视,由分管市长挂帅,相关部门积极参与,各部门的领导协调集体办公,调动各方资源支持庙会。但是时至今日,"上级部门都不再参与,只剩下具体执行的基层部门在苦撑"①。二是庙会的举办由最初的泰山风景名胜区管委会拨款150万元,之后逐年减少,到现在则必须完全走市场化道路,上级财政投入为零,庙会承办单位不得不通过招商来支付各项活动所需的开支,这必然易于使传统民俗遭遇上述过度市场化和产业化的危机。

此外,在现代消费社会中,人们的生活方式和文化娱乐选择更为多元的情况下,庙会不论身处城市还是乡野,抑或是像泰山东岳庙会这样地处风景名胜区,不同程度上都面临着参与者日趋老龄化、年轻人对其兴趣不足的问题。笔者所做的一项调查结果显示,即使是泰安当地的年轻人,对泰山东岳庙会不仅所知甚少,而且参与的积极性不高,在100人中,只有37人曾经参加过庙会。而庙会作为一项以群体性、全民性为主要特征的民俗活动,假如失去作为生力军的一代代年轻人的参与,政府即使花费再大的力气予以保护,庙会的后续发展也缺乏生机和动力。

当代市场经济和大众文化的强势崛起以及全球化、现代化等众多因素所造成的冲击,使研究者悲观地得出当下庙会正面临规模缩小、后继无人、

---

① 在2019年4月泰安市人大十七届三次会议上,张心东等代表提出了《关于保护传承泰山东岳庙会、促进文旅融合发展的建议》。这份建议被转到了具体承办泰山东岳庙会的泰安市博物馆(依托岱庙建馆,是庙会举办地),此句摘自泰安市博物馆对这份建议于2019年6月5日给予的回应:《关于市人大代表所提建议的说明》。

传统流失等问题，这些都是与庙会的存续与发展攸关的核心问题。

当然，我们必须认识到产生于农耕社会的庙会不是一成不变的，它必然受到所处的社会语境的影响，也和当时的民众需求直接相关。庙会曾经具备的重要功能，如进香礼佛、春游社交、娱乐身心和物资贸易等，在当下的时代背景下，除与宗教信仰相关联的进香礼佛外，其他功能基本可以被高度发达的现代商贸业和服务业所取代。现在的民众对庙会最为期待的是其所沉淀的传统文化符号意味，陈勤建在对上海龙华庙会进行研究后也指出，其作为传统文化遗产的意义与价值，是近代以来许多传统文化理念及生活方式中断后的当代社会与都市文明所稀缺的资源之一①。所以，文化传播就成为庙会等传统民俗在当下最为重要的社会功能，一切对非物质文化遗产的保护和开发利用也都应紧紧围绕这一目标展开。

二、媒介化社会的社区参与和整合传播

在联合国教科文组织于 2003 年通过的《保护非物质文化遗产公约》第二条中，对"保护"这一主题词的阐释为"指确保非物质文化遗产生命力的各种措施，包括这种遗产各个方面的确认、立档、研究、保存、保护、宣传、弘扬、传承（特别是通过正规和非正规教育）和振兴"②。在非物质文化遗产保护的整个链条中，位于中间位置的宣传工作是其中非常重要的一环，起着承上启下的作用，这是因为在已完成确认、立档的基础上，后续的研究、保存、保护、弘扬、传承和振兴这些环节都与宣传有着十分

---

① 陈勤建：《当代语境下庙会文化空间整体保护及重构——以上海龙华庙会及宁波梁祝庙会等为研究对象》，《西北民族研究》2016 年第 3 期。
② 联合国教科文组织：《保护非物质文化遗产公约》第 2 条，2015 年 6 月 29 日，http://www old.moe.gov.cn，2019 年 12 月 16 日。

密切的关系。

（一）媒介化社会的时代语境

"传播学之父"威尔伯·施拉姆（Wilbur Schramm）认为，传播是社会得以形成的工具，而作为在传播过程中用以过滤、扩大并延伸信息传送的载体，媒介实际上是一种公共的感觉器官、神经中枢和传播肌肉系统[①]，受众借由媒介对信息进行筛选和重构后所营造的"拟态环境"来感知自身所处的外在世界，领略媒介所具有的环境监测、社会整合，以及传递社会遗产与习俗的功能。而传媒技术的快速迭代更新带来传媒业的繁荣发展和传播平台与终端的多元化，使现代人日益感受到媒介无处不在、无时不在的影响力。"媒介日渐渗透到社会生活的方方面面，媒介化社会成为我们的时代语境"[②]，这一论断已是不容回避的现实图景。在这样一个媒介影响力全方位渗透、传播平台全媒体推进的媒介化社会中，人们意识到"媒介化是媒介与其他社会范畴或领域之间的一种彼此影响的过程。媒介化并不意味着媒介对于其他领域明确的'殖民化'，而是关于媒介、文化和社会三者的互动以及日渐增强的相互依赖性"[③]。作为一个国家或民族中广大民众所创造、享用和传承的生活文化[④]，民俗在媒介化社会进程中，与媒介传播和社会经济、文化建设的良性互动，不仅可以使民俗文化得以世代延续和传承，成为每个社区成员的文化记忆，也有利于国家认同感的培育。

[①]〔美〕威尔伯·施拉姆、威廉·波特：《传播学概论》（第二版），李启、周立方译，北京：北京大学出版社，2007年，第76页。

[②] 牛光夏：《媒介化社会中的纪实传播及其效应——以〈巡逻现场实录2018〉为例》，《中国电视》2019年第5期。

[③]〔丹〕施蒂格·夏瓦：《媒介化：社会变迁中媒介的角色》，刘君、范伊馨译，《山西大学学报（哲学社会科学版）》2015年第5期。

[④] 钟敬文主编：《民俗学概论》，上海：上海文艺出版社，1998年，第2页。

（二）社区参与理念下的民俗文化保护

联合国教科文组织于 2003 年通过的《保护非物质文化遗产公约》中对"社区""群体""个人"这三个常一体化出现的概念反复强调，它在对"非物质文化遗产"这一概念进行界定时明确指出，应将"各社区、群体，有时是个人，视为其文化遗产组成部分的各种社会实践"，而且应该"在各社区和群体适应周围环境以及与自然和历史的互动中，被不断地再创造"并"世代相传"，阐明其目的则是"为这些社区和群体提供认同感和持续感，从而增强对文化多样性和人类创造力的尊重"。必须提高人们，尤其是年轻一代对非物质文化遗产保护的重要意义的认识。

《保护非物质文化遗产公约》还提及在开展非物质文化遗产保护工作中，都"应努力确保创造、延续和传承这种遗产的社区、群体，有时是个人的最大限度的参与，并吸收他们积极地参与有关的管理"。由此可见，倡导民众参与主体的多元化是贯穿于《保护非物质文化遗产公约》的准则，而强调"社区参与"则是其核心理念，这里的社区是指那些从根植于非物质文化遗产传承实践的共同（共享）历史联系中产生认同感或持续感的人们组成的社会关系网络[①]。

提高非物质文化遗产保护的社区参与度，是以提高人们尤其是年轻一代对非物质文化遗产保护的重要意义的认识为前提的。这就要在宣传上下功夫、动脑筋，在上述传统民俗不容乐观的生存境遇下，让更多的民众知晓民俗的文化内涵与价值要义，使保护这些由老百姓所共同创造和认同的文化成为大家普遍的意愿和共同关心的事项，以构筑传统民俗的多元话语体系。冯骥才身体力行并呼吁知识界的专家学者从四个方面来参与非物质文化遗产保护：一是科学保护，二是广泛传播，三是利用弘扬，四是学术

---

① 2006 年在日本东京的联合国教科文组织亚太中心召开的以"社区参与非遗保护：迈向 2003 公约的执行"为主题的专家会议，这次会议上对"社区"（communities）做出了这样的定义。

研究①。但这个多元话语体系不仅需要政府相关工作人员和专家学者的参与，还需要动员尽可能多的大众参与其中。从 2008 年至今，泰山东岳庙会每年都会策划推出新的项目，书画展、民间收藏精品展及捶丸研讨会、全民健身挑战赛、文创产品展示等体现庙会时代特点的特色文化、经贸活动作为庙会的有机组成部分，成为传播庙会文化的有益延伸。庙会组织者还与泰安大中院校的社团和协会联手，庙会期间在岱庙举办一些颇具时代特色的活动，如青少年编程设计大赛、大学生汉服展示等文娱活动，努力吸引青少年群体来参加庙会。其他的如以中老年市民为主的京剧票友演出、以女性为主的瑜伽表演，还有针对小学生开展的"今天我去逛庙会"征文活动，策划设计这些活动的目的是吸引岱庙所在地各层次民众都能参与和关注庙会，以提升庙会的社区参与度。虽然这些活动因其现代色彩仿佛有悖于传统庙会的氛围，但是从另一个角度来说，庙会的起源虽是从民间信仰而起，但它本就是带有浓郁烟火气的集体狂欢，历史上一直也都是民众当时生活方式的集中展现。这些活动的加入在聚拢人气的同时，也充分体现了庙会因时而变的特性和对社区参与性的强化。传承性和变异性的统一是庙会作为民俗文化的基本特性，不同历史时期的庙会有不同的内容和景观。而不论是政府的非物质文化遗产政策还是学者的学术研究成果，抑或是普通民众对民俗文化的认知，都要借助传播来实现。

（三）全媒体语境下民俗文化的整合传播

当下新旧媒体渐呈融合之势，媒体格局和信息传播都发生了深刻变化，我们已然处于信息传播的"全媒体转向"和当代文化的"视觉转向"这一媒介生态环境中。被誉为"媒介预言家"的麦克卢汉指出，新媒介是新环

---

① 项江涛：《"非遗后时代"保护是学者的时代担当——访中国民间文艺家协会主席冯骥才》，《中国社会科学报》2011 年 12 月 15 日，第 6 版。

境，他认为"任何媒介（即人的任何延伸）对个人和社会的任何影响，都是由于新的尺度产生的；我们的任何一种延伸（或曰任何一种新的技术），都要在我们的事务中引进一种新的尺度"①。那么在赛博空间已经成为当代人生产生活的重要空间，且视觉文化蓬勃兴起之时，民俗文化的公众传播必然也要顺势而为有所创新，考虑如何在全媒体时代对传播资源进行优势整合，在文字手段之外借助现代传媒科技来提升和强化对泰山东岳庙会等传统民俗文化的影像传播。

1. 传播内容的多维整合

协调民俗与人、地理空间与日常生活的关系，整合传播内容。庙会是一个地区民俗、生产与贸易的集中展示场所，那么对泰山东岳庙会的传播不应只是与庙会这一文化空间直接相关的礼仪和活动，还要有对礼仪的呈现者、观看者身上所负载的人文精神的传播，以及庙会期间从事泰山皮影戏、山东梆子、汶河大鼓、泰山剪纸、泰山葫芦、泰山糖人和面人等泰山地区传统特色手工艺展演及演出者的生活状态和故事，在民间信仰与世俗生活的结合中来弘扬和展示泰山文化。因为人是一切民俗中最具生命活力的承载者，可以通过各色人等的故事展现泰山东岳庙会这一民俗仪式及其过程背后的文化传统。例如，展现其所包含的祈愿、敬祭、感恩、缅怀等多重文化内涵，并在日常叙事中体现它的发展历程和实存状态，深挖中国传统民俗作为民间文化在历经千百年的积淀中所涵盖的历史、宗教、哲学与艺术等元素，以及其所蕴含的中华民族的理想与主导的价值观念。

2. 传播平台和主体的整合

由于数字通信技术带来的移动互联网络和社交媒体的快速发展，原有

---

① 〔加〕麦克卢汉：《理解媒介：论人的延伸》，何道宽译，北京：商务印书馆，2000年，第33页。

的书籍、报纸、广播、电视、电影等传统媒体无一不受到新兴的以互联网络为载体的新媒体的冲击，不仅门户网站开设了各类专属虚拟社区，如知乎、天涯、贴吧等供网民交流和分享经验，微博、微信、快手、抖音等各种社交媒体也因其交互性强、快捷生动而成为网民特别是年轻人获取信息的主要来源。人人皆媒的自媒体时代赋予每个人以话语权，使得人人可以成为传播者并参与其中，这为民众的自主参与提供了可能性。在这一新的传媒生态下，民俗文化的传播也要善于利用新旧媒体平台，在充分利用传统媒体外，借由基于互联网的网络社区、微博、微信朋友圈、微信公众号、短视频、网络直播等新媒体平台实现最大限度的社区参与，对民众关注的热点话题进行整合，使传播途径和传播主体更加多元化，增强民众对民俗文化的认同感与归属感。值得注意的是，在实现社区参与过程中，由于网络直播具有特殊的社交性与即时互动性特点，我们应更加重视对其的利用，在新媒体语境下传播泰山东岳庙会圈层文化，从而促进相关活动及团体的发展①。

2016—2018 年，泰安传媒集团承办泰山东岳庙会期间，依托扎客（Zaker）新闻和"更泰安"微信公众号等时下年轻人更为关注的新媒体渠道对之进行传播，并鼓励游客扫描张贴的官方二维码参与相关活动、发表评论和在朋友圈分享。同时还引入了名人直播、网红直播和快闪等流行于新生代网民间的传播形式，开展线上线下的多层次互动，形成网络庙会和实体庙会的互补共生。当然，按照相关学者的研究分类，此类内容属于与民俗文化活动结合进行的宣传性直播，但仍存在着影响效果差、后劲不足、

---

① 樊枫在其文章中提出，"互联网是一种文化空间，既可作为虚拟的场域独立存在，亦可作为纽带连接现实中不同的文化空间。网络直播具有社会交流功能。网络直播整体可以看作是交流平台，其中包含的文化与艺术符号就是引力点，将擅长、关注和喜爱它们的受众吸引到周围，形成不同层次的交流圈。民间文化以网络直播的形式出现，加速了这种圈层文化的发展"。参见樊枫：《"互联网+"下的民间文化发展现状研究——以民间文化网络直播为中心》，《泰山学院学报》2019年第 4 期。

不易被直播受众群体第一时间接受等缺陷①。

3. 传播形式的多元整合

《水浒传》《醒世姻缘传》《老残游记》和元曲《刘千病打独角牛》等文学作品中，就有对泰山东岳庙会直接而细致的描述。人类传播史从象形文字发展到如今的超文本时代，对于民俗传播而言，以文字、图片、音频、影像为传播符号，可以构筑包括纪实短片、电视剧、电影、游戏、动画、插画、沙画等全媒体时代多种呈现形式的传播样态。作家王灿国创作了国内首部以东岳庙会吉祥物"泰山四喜童子"为原型的长篇神话小说《泰山童子》，并于2019年泰山东岳庙会期间在岱庙汉柏院举行首发仪式及签名售书活动。而相对于平面的文字媒介，视觉传播更契合我们所处的以感官与形象消费为主的大众文化时代。曾创作《闯关东》《老农民》等热播鲁剧的著名编剧高满堂应邀创作了一部关于泰山的电视剧②，如果把泰山东岳庙会的场景和有关情节置于跌宕起伏的剧情中，那么借助人们喜闻乐见的电视剧的力量，泰山东岳庙会就有可能获得较佳的传播效果，这无疑是一次传播当代传播庙会文化的契机。

视觉文化的出现已是一个不争的事实，其本质是"高度视觉化的文化"③，今天已有无数视觉形式和视觉技术参与到这一文化的建构中来。视觉文化的转向也成为当代文化的又一鲜明特征，特别是移动互联网络和智能手机的普及使"短视频成为视觉文化中最具生命力的传媒产品，引领并代表着互联网时代传媒产业发展的新趋势"④。由于影像对情境具有生动、

① 樊枫：《"互联网+"下的民间文化发展现状研究——以民间文化网络直播为中心》，《泰山学院学报》2019年第4期。

② 孙杰、陈洋洋：《鲁剧为啥能拍一部火一部？著名编剧高满堂给出四个理由》，2019年5月29日，http://www.dzwww.com/shandong/sdnews/201905/t20190529_18772796.htm，2019年12月16日。

③ 周宪：《视觉文化的转向》，北京：北京大学出版社，2008年，第15页。

④ 张有平：《基于微信公众号平台的微纪录片传播——以文化传播为视角》，《东岳论丛》2017年第3期。

直观的复现功能，"影像志"已经成为当代文化记录与存续不可或缺的视听文本。其实早在 20 世纪 20 年代，美国社会经济学家西德尼·甘博（Sidney David Gamble，1890—1968）就摄制了反映华北地区民众参加妙峰山庙会祭祀与民俗展演活动的纪实短片——《朝圣妙峰山》。现在由于摄制设备的便携和易得，影像书写日益大众化，在庙会前后举办面向社会尤其是高校学生的主题性微电影比赛、图片展或虚拟现实技术影像展等[①]，可以通过民众的力量集聚多角度、全方位地反映庙会文化的影像。也可利用虚拟现实技术、增强现实技术、混合现实技术依托网站设立网络庙会虚拟体验中心，让不能亲临庙会现场的人获得身临其境的沉浸式体验。这些都是传播传统文化、扩大庙会影响力的有效手段。多元的影像传播实践，可以为民俗文化的保护与传承带来新的活力，推动区域文化向外辐射，也可以使影像呈现具有浓郁的地域文化特质。

三、结语

历史上，庙会曾经受到各种政治和经济力量的改造和利用，尤以明清为甚[②]。以泰山东岳庙会为代表的民俗文化经历了"五四"新文化运动到"文化大革命"时期的被贬抑和扭曲之后，再到改革开放以来的逐渐复苏和 20 世纪 80 年代的"文化热"，最终在 21 世纪变成各级非物质文化遗产，民间文化无疑迎来了复兴的历史佳机。传统民俗在被言说时从"民间文化"话语到"非物质文化遗产"话语的转变，恰恰迎合了中国社会转型期文化建设的需要。

泰山东岳庙会作为已延续千年的民俗事象，是民俗文化多样性的外在

---

① 2010 年庙会期间，曾与市摄影家协会联合，在岱庙配天门推出"镜头中的东岳庙会"摄影大赛图片展。

② 高有鹏：《庙会与中国文化》，北京：人民出版社，2008 年，第 194 页。

体现。从文化发生学的意义上来说，地方性的庙会文化是具有地方性情感和特色的大众活动，这种活动通过世俗的形式彰显着其中的神圣品格。随着现代化和全球化进程的加快，不排除会有大量具有装饰性和表演性的事象进入庙会等当代民俗活动中，这些经由各种传播主体、传播平台、传播方式散布出来的民俗样态只能是部分真实地反映当代人的民俗生活，但它仍然不失为各民族、各地域民俗知识谱系中的有机组成部分，有助于人们对古老传统文化的认同和历史传承。在当前新旧媒体融合的全媒体时代，只有以高度的文化自觉对民俗文化进行多方协同的跨媒体整合传播，才能使其在相关知识体系的社会再生产中得到维系、传承和弘扬。民俗源于人们在日常生活中逐渐形成的习惯、风尚、喜好或禁忌，是从民众的日常生活实践中孕育出来的，正如刘铁梁指出的那样，"所有的民俗都离不开身体实践，都具有身体经验的性质"①。传播就是为了让更多的人能参与其中，用自己的身体实践去体会这一古老的文化传统。

---

① 刘铁梁：《民俗文化的内价值与外价值》，《民俗研究》2011 年第 4 期。

"物"之趣——论《明闵齐伋绘刻西厢记彩图》创作线索*

陈 绘

（广州美术学院）

　　《明闵齐伋绘刻西厢记彩图》原本是现存晚明时期一套重要的古代套色《西厢记》版画。在以往的研究中，诸多学者侧重以《西厢记》文本故事发展的情节线索来解读画面。本文着重提出另一条"物"的创作线索，并从《明闵齐伋绘刻西厢记彩图》的画面构图模式、套色技法使用、明代文化历史特点三个方面来探讨这套版画作品的创作线索，阐释这套版画作品从侧面反映出明代多种社会文化风尚。

　　《明闵齐伋绘刻西厢记彩图》又称《闵刻本〈西厢记〉彩图》《闵齐伋刊刻〈会真图〉》《闵刻本〈西厢记〉》《寓五本〈西厢记〉》等。《明闵齐伋绘刻西厢记彩图》以德国科隆东方艺术博物馆藏闵齐伋《西厢记》21张图为原本，原图刊刻于崇祯十三年（1640年）①。2005年，上海古籍出版社将这部为国内所少见的古代传统版画精品与《明何璧校刻〈西厢记〉》合并

---

* 本文首发于《美术学报》2019年第3期。
① 范景中：《套印本和闵刻本及其〈会真图〉》，《新美术》2015年第4期。

印行①，这才使得国内更多的学者有了研究这套独特的古代套印版画的机会。虽然此版本制作精良，很大程度上与德国科隆东方艺术博物馆在 1977 出版的影印本相似②，但依然存在不足之处，如原版的古代版画技法"拱花"没有体现出来，只是在彩图中用留白处理，个别图中有微小面积的套色版去掉了一个色版，原图中造型面积很小的留白没有保留，等等。即使有少许遗憾，上海古籍出版社出版的这套《明闵齐伋绘刻西厢记彩图》依然在整体上保留了德藏版原图的风貌，给我们提供了很好的研究条件。

因为这套彩图的奇绝，很难让相关领域的学者忽视它。也许就是因为好奇心与探索精神，很长一段时间里，学者在相关学术领域里不断深入对《明闵齐伋绘刻西厢记彩图》的研究。中国美术学院范景中教授就于 2005 年在研究文章《套印本和闵刻本及其〈会真图〉》中提出，《明闵齐伋绘刻西厢记彩图》的艺术成就可以在画谱的传统、对笺谱成就的吸收、对图案装饰传统的吸收、套印技术、古器物收藏等方面予以讨论③。这些建议为后来的学者指明了研究方向。

但是笔者发现，众多学者在研究这套彩图时，总是持先入为主的态度，即很多学者首先就认定了这套图是《西厢记》的插图，甚至这套图原本是在明晚期某个版本的《西厢记》刊刻本里出现的④。

不管《明闵齐伋绘刻西厢记彩图》被定性为书籍插图还是独立绘画，"观

---

① （元）王实甫：《明闵齐伋绘刻西厢记彩图 明何璧校刻西厢记》，上海：上海古籍出版社，2005 年。

② 现藏德国科隆市东亚艺术博物馆（Museum für Ostasiatische Kunst）的明崇祯十三年（1640）闵齐伋《西厢记》21 张图，是迄今所知闵齐伋刊印西厢图的孤本，原藏柏林亚当·布鲁尔（Adam Breuer）之手，1962 年由其子出售给东亚艺术博物馆。1977 年，德国科隆市东亚艺术博物馆根据藏品出版函装原大摹印本，双联页，尺寸为 40.5 厘米×32 厘米，净重为 1935 克，附一本英德双语对照的说明册（87 页），活页图版 21 幅，单幅单面特种纸印制，再现了"饾版""拱花"版画技法。

③ 范景中：《套印本和闵刻本及其〈会真图〉》，《新美术》2015 年第 4 期。

④ 日本学者小林宏光在论文《明代版画的精华——关于科隆市立东亚艺术博物馆所藏崇祯十三年（1640）刊闵齐伋西厢记版画》（施幅玮译，《美苑》2010 年第 5 期）中谈到有观点认为闵刻《西厢记》彩图应是《会真六幻西厢》中某一部的插图；中国学者范景中在论文《套印本和闵刻本及其〈会真图〉》中认为，彩图可能是闵齐伋《会真六幻》中独立的一种，或者是这套丛书中的一种。

看"始终会因不同人所持立场及认知的差异而有所不同①。这套彩图上并没有注明作品的名字，不管是《明闵齐伋绘刻西厢记彩图》还是《闵齐伋刊刻〈会真图〉》，彩图的名字都是后人在研究时为方便所取。由于中国学者对《西厢记》故事有较高的熟识度，又由于这套图的主要部分描绘的的确是《西厢记》明代比较流行的二十折的故事，自然诸多的研究都是围绕《西厢记》故事情节而展开的。在这里，《西厢记》的"文"就是这些学者的"读图之道"，同时也是他们所认为的《明闵齐伋绘刻西厢记彩图》的创作线索。

任何人在"解读图像"的时候，必然持有一定的观看方法，方法有时是依托，有时也会是阻碍②。西方学者，似乎在研究时有着深度的旁观者视角，着重研究这套图中所表现的约 20 种器物。英国学者柯律格就曾表达这样的研究观点：闵齐伋所绘刻的彩版《西厢记》之所以如此令人震惊，是因为它以这样的方式表现了约 20 种工艺品或表演艺术，甚至会进一步谈到，这种在器物上描绘故事情节的创作方式，使得画面具有了更多层次的指示性，以至于完全不可能肯定地说"这幅画是关于那个的"③。这个观点就明确指出了，研究者对闵刻本《西厢记》是否完全为表现《西厢记》故事情节而创作表示怀疑。

从客观来说，这套图的创作应该有两条线索：第一条是以《西厢记》故事情节发展为创作线索，即文的线索；第二条则以这些作品中表现的器物为线索，即物的线索。图中表现的物分别有：立轴、山水画手卷、屏风、山水画折扇、笺谱、手札、书法篆刻、陶瓷、青铜器、玉器、太湖石、庭院植物、家具、明代灯具、傀儡戏台、明代天文图等。

我们进一步尝试从物的角度来重新认识这套彩图版画。

第 1 幅图"莺莺像"，描绘了一个明代服饰女子半身像（图 1）。

---

① 张逸良：《另一种表达：西方图像中的中国记忆》，上海：上海三联书店，2016 年，第 24 页。
② 张逸良：《另一种表达：西方图像中的中国记忆》，上海：上海三联书店，2016 年，第 34 页。
③ 〔英〕柯律格：《明代的图像与视觉性》（第二版），黄晓鹃译，北京：北京大学出版社，2016 年，第 61—62 页。

图 1 《明闵齐伋绘刻西厢记彩图》第 1 幅图 "莺莺像"
图片来源：笔者提供，原图现藏德国科隆东亚艺术博物馆。本文所用图片均来源于此。

第 2 幅图 "奇逢"，此图描绘了一张 "山水画" 手卷（图 2）。

图 2 《明闵齐伋绘刻西厢记彩图》第 2 幅图 "奇逢"

第 3 幅图 "假寓"，此图情节描绘在一个 "钵形器皿"①上。

第 4 幅图 "联吟"，此图情节把张生、莺莺各自的诗句描绘在两片树叶

---

① 〔日〕小林宏光：《明代版画的精华——关于科隆市立东亚艺术博物馆所藏崇祯十三年（1640）
刊闵齐伋西厢记版画》，施幅玮译，《美苑》2010 年第 5 期。

上，两只蝴蝶和树叶采用的是明代"画谱"图案，树叶上张生和莺莺的诗句字体分别为书法中的隶书和小楷（图3）。

图 3 《明闵齐伋绘刻西厢记彩图》第 4 幅图"联吟"

第 5 幅图"闹会"，此图情节描绘在一个"十二星座"图中。

第 6 幅图"解围"，此图情节描绘在一只俯视视角的"走马灯"上（图4）。

图 4 《明闵齐伋绘刻西厢记彩图》第 6 幅图"解围"

第 7 幅图"请宴",此图情节描绘在一件青铜器"觯"①上。

第 8 幅图"停婚",此图描绘了厅堂中的"桌、椅、地毯"等家具。

第 9 幅图"听琴",此图描绘了明代庭院中建筑、太湖石等物（图 5）。

图 5　《明闵齐伋绘刻西厢记彩图》第 9 幅图"听琴"

第 10 幅图"传情",此图描绘了明代"笺谱"中"鱼""雁"及右侧的"手札"（图 6）。

图 6　《明闵齐伋绘刻西厢记彩图》第 10 幅图"传情"

① 董捷:《德藏本〈西厢记〉版画及其刊刻者》,《新美术》2009 年第 5 期。

第 11 幅图"窥柬"，此图描绘了明代的"立屏""书桌"，以此来表现书房布置。

第 12 幅图"逾墙"，此图描绘了明代庭院的植物与建筑装饰（图 7）。

图 7　《明闵齐伋绘刻西厢记彩图》第 12 幅图"逾墙"

第 13 幅图"问病"，此图情节描绘在了"玉瑷"①中。

第 14 幅图"佳期"，此图描绘了一张"床榻"和"书桌""围屏"等，以此来表现卧房布置（图 8）。

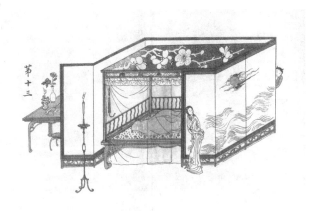

图 8　《明闵齐伋绘刻西厢记彩图》第 14 幅图"佳期"

---

① 胡奇光、方环海撰：《尔雅译注》，上海：上海古籍出版社，2004 年，第 226 页。

第 15 幅图"巧辩",此图情节描绘在一只呈仰视视角的"六角宫灯"上。

第 16 幅图"送别",此图以"山水画"的样式描绘在一只"折扇"扇面上。

第 17 幅图"惊梦",此图描绘在古代天文书"海蜃吐楼"①书籍插图中。

第 18 幅图"报捷",此图描绘在一张多页的"折屏"上,屏风的另一面的折页上阴刻《前赤壁赋》,似将文徵明书写的《前赤壁赋》作为雕刻范本。

第 19 幅图"缄愁",此图描绘在一张"立轴"画上(图 9)。

图 9 《明闵齐伋绘刻西厢记彩图》第 19 幅图"缄愁"

第 20 幅图"求配",此图描绘了明代傀儡戏的场景(图 10)。

第 21 幅图"还乡",此图情节描绘在了天文四方神兽之中。

中国多数学者并不是没有注意到这些看似不起眼的器物,只是在研究时,很多物被认为用于辅助情节,起隐喻、暗合情节的作用②。其研究和讨论的角度还是将此套彩图定义为《西厢记》文本的插图。近年来,学者对这套彩图中物的研究主要集中在画面中的折扇、笺谱、陶瓷、青铜器、玉器、明代灯具、傀儡戏台、明代天文图等。

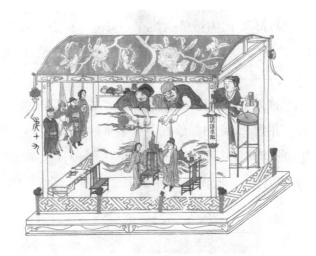

图 10　《明闵齐伋绘刻西厢记彩图》第 20 幅图 "求配"

　　而笔者在本文提出"物"这条线索，认为创作者选取这 21 张图中的物，是因为这些物在明代社会风靡一时。在研究时，笔者注意到了之前许多学者在研究中没有过多重视的物，如手札、书法篆刻、太湖石、庭院植物、家具、《赤壁赋》《泛舟图》、山水画折扇、山水画手卷等。这套图中的物从侧面反映了晚明的社会风尚。

　　众多前辈研究《明闵齐伋绘刻西厢记彩图》时，侧重采用史论研究者的视角，而笔者在论述中则增加了创作者的视角来分析在创作《明闵齐伋绘刻西厢记彩图》时的线索。笔者把"物"这条创作线索提高到与《西厢记》的"文"同样的高度主要有三个原因。

一、从画面创作的构图来看，创作者对故事情节的处理上更多的是在突出"物"

　　从故事情节上看，《明闵齐伋绘刻西厢记彩图》并无出奇之处，甚至是墨守成规地套用了明代《西厢记》惯常的五折二十出戏的故事结构。

然而，《明闵齐伋绘刻西厢记彩图》的创作风格初看就让人感觉新奇，似乎找不到创作者的构思方向。不知道创作者为何要在表现故事视角上忽近忽远，人物处理上忽大忽小，描绘对象时忽人物忽动物，构图处理上忽空白忽饱满。作为一套作品，从创作者的角度来说，《明闵齐伋绘刻西厢记彩图》在构思时使用了过多的"技术"。然而由于故事情节出现的这些"物"很特别，它们形成了这 21 幅图并不统一的构图模式。除首张"莺莺像"外，其余 20 幅图共有五种构图模式。

（1）取某种"物"的外形作为"构图框"，"物"里面刻画了与《西厢记》相对应的部分故事情节，（如第 2 幅图、第 3 幅图、第 5 幅图、第 6 幅图、第 7 幅图、第 13 幅图、第 15 幅图、第 16 幅图、第 17 幅图、第 18 幅图、第 19 幅图、第 21 幅图）。

（2）构图模式取"信笺""书画谱"中有暗喻意义的动物形象，以明代时尚"手札""书法"为形式（如第 4 幅图、第 10 幅图）。

（3）构图模式为"花栏"①框，以人物刻画为主要形式（如第 9 幅图、第 12 幅图）。

（4）构图模式为在留白上描绘人物和具有代表性的家具，用明代的时尚家具分别象征情节发生的不同类型的房间，有厅堂、书房、卧室（如第 8 幅图、第 11 幅图、第 14 幅图）。

（5）直接描绘明代社会的娱乐时尚，并与《西厢记》题材结合（如第 20 幅图）。

在整套作品中，将《西厢记》故事情节用多种视角和多种构图模式来表现，在明代是罕见的。从前人的研究成果来看，傅田章指出，现存可知的明代《西厢记》至少有 60 多种版本，其中有 30 个本子配有插图②。几

---

① 明代金陵书坊创制的一种带图案花边的书名页，后来唐氏富春堂将之推广到每一页正文的四边，称为"花栏"。"花栏"为明版书籍的特点。南京唐氏富春堂、世德堂所刊戏曲，创制雉堞形花边，并在书名上特别标出"花栏"。

② 转引自〔美〕巫鸿：《重屏：中国绘画中的媒材与再现》，文丹译，上海：上海人民出版社，2009 年，第 220 页。

乎大部分的《西厢记》插图在创作意图上都是"解释故事情节"，以方便读者理解和阅读文字，为增强阅读趣味而服务的。在能查阅到的现存明代刊本《西厢记》书籍插图版画中，人物大小、绘画风格都是统一的，至少成系列的一套书的插图是这样的。基本以故事场景、故事人物作为创作表现的主体。这似乎成为明代《西厢记》版画插图的固定创作样式。从明代初期到明代晚期，《西厢记》书籍版画插图常有刊刻。明弘治十一年（1498）金台岳家刻本《大字魁本全相注释西厢记》①采取"上图下文"的形式，虽然在人物造型上仍然有稚拙之气，但画面连贯、刀法生动。人物比例大小上也采取了主要人物比例大、次要人物比例小的布局方式。汪耕绘起凤馆的《北西厢记》、陈老莲绘项南洲刻《张深之正北西厢记》、凌濛初刊刻《西厢记》插图，这三者已经在立意、造型、绘刻的结合上达到了较高的艺术水平。如果说《明闵齐伋绘刻西厢记彩图》是书籍插图，那么它与众多明代插图相比就像是一个异类。

在诸多版本的明代《西厢记》插图中，陈老莲的《张深之正北西厢记》（作于1639年）就是以表现和描绘人物心理见长，所以在创作中，我们可以看到他强化了对人物表情与神态的描绘，由此所运用的方法有：采用画面"留白"的形式，人物在画面中的比例增大，减少对环境家具等杂物的描绘，更着重描绘了个别象征物品，如"屏风"等②。汪耕绘的《北西厢记》，人物比例也比较大，但在描绘人物时采用简洁的纵向"曲线"，且人物身上"留白"较多。但在描绘环境家具、山石、建筑等物上却不遗余力，用精致而密集的刻画来形成画面中的"灰"，利用精致细腻的环境反衬出人物。而凌濛初刊刻《西厢记》插图的侧重点在景物的描绘上，人物占比较小。但不论是陈老莲、汪耕还是王文衡的凌濛初刻本，这些古代书籍插图版画的绘制者在古代版画插图画稿方面都有着丰富的实践创作经验。

---

① 《大字魁本全相注释西厢记》全名是《新刊大字魁本全相参增奇妙注释西厢记》，有《古本戏曲丛刊》影印本、商务印书馆影印大本，现藏北京大学图书馆。

② 郭味蕖著，张烨导读：《中国版画史略》，上海：上海书画出版社，2016年，第176页。

相关研究表明，闵齐伋在刊印绘画作品或书籍插图方面并无太多的经验。闵齐伋一生所刊刻的书籍有 34 种，但多为"经""史""子""集"之类，戏曲仅有《会真六幻》①。即使是他擅长的"套色印刷技术"，也只是频繁地使用在文字书籍中。而且，从现存史料来看，闵齐伋刊刻的戏曲唱本插图并不多。可以推测，闵齐伋授意这套彩图创作者按照某种构思方式来创作。即使是这套图创作时在处理"物"的造型上，也不全是完全独创的，而是大量借鉴了其他明代流行书籍中对应的"物"的样式。

二、从画面所采用的印刷技术来看，彩图中在"物"的造型表现上使用了多版套色、饾版等多种当时烦琐的印刷技术

中国古代多版套色技术起源较早。到了明代天启年间（1621—1627年），湖州凌、闵二家就开始大量刊印朱墨两色的或朱、墨、黄、蓝四色的古书读本了。其中"凌、闵二家"中的"闵"指的就是闵齐伋家族②。

从《明闵齐伋绘刻西厢记彩图》所使用的印刷技术来看，这套彩图中的"物"占据重要的地位。这套彩图采用了古代版画中技术难度较大的多版套色印刷，彩图中的"物"还集中采用了"饾版"与"拱花"两种古代版画印刷技术。郑振铎在《中国古代木刻画史略》中谈到"饾版套印"技术的难度："一在仔细观察画稿，把原画的色彩分析得十分明白透彻。然后像'分色镜'似的，把每一个不同的彩色，都画出一张不成画的画稿本。可能会有七八张到十多张这样的分析出来的各色的画稿；二是刻工们按照这些各种画稿，一笔不苟地照式镂雕出来……三是印刷者把那些不成画样

---

① 赵红娟：《著名刻书家闵齐伋的家世与生平活动考》，《杭州学刊》2017 年第 2 期。
② 郑振铎：《中国古代木刻画史略》，上海：上海书店出版社，2006 年，第 151 页。

的各个木块对照原画，仔细地观察研究，哪一种颜色应该先行印刷……反复试印，反复移动，直到完全吻合原画的地位为止。每一块木板，印刷时都要如此地再三再四地试印。所以一幅彩色木刻画的成功，不知要绞尽了多少印刷工人们的脑血"[1]。

郑振铎对于明代饾版套印技术过程的描述是真实而恳切的，一幅套印彩图的确要经过繁复的"分版、刻版、试印、套印"的过程，而且彩图中印刷的版数越多，越容易在"对版"的准确性、成功率上造成难度。由于这套彩图版画作品体现了古代中国套色印刷技术水平，浙江湖州吴兴凌濛初及闵齐伋两家出色的朱墨或五色套印本，就曾经著称一时[2]。那么每张图中的"套色部分"就应当引起我们的注意。因为即使是在现代版画创作中，确保人工多次套印版画的准确性也是一件有难度的事情。在当时，版刻套色技术工艺之难、成本之高在客观上都使得这套彩图的主持者应该不会把色彩随意使用。比如在朱墨本中，一般将墨色使用于正文文字上，而朱色则使用在点评、批注的文字上[3]。

使用色板之处则是创作者或主持者试图强调的地方，所以他们才会大费周章地去仔细经营。由此，我们仔细品读这21张图则可以发现，很多彩图中，套色技术不仅用在人物身上，而且大量地用在那些原本应为配角的物的表现上，甚至在有的彩图里，情节中的人物并没有使用套色，而是把套色板用在了貌似不起眼的立轴、手卷、屏风、宫灯、傀儡戏台等细节的刻画上。再者，不仅多次套色（有的器物上甚至套色多达五种），而且创作者在这些看似与故事内容关系不大的"闲杂器物"在形象的细节刻画上用笔良多。另外，创作者或主持者还在这些"闲杂器物"上使用了拱花技术。

第2幅图中，靛蓝色套印在了手卷右边的云鹤纹图案中，手卷上下用来起保护作用的绢也用草绿色套印；第3幅图中，将朱色套印在钵形器皿

① 郑振铎：《中国古代木刻画史略》，上海：上海书店出版社，2006年，第155页。
② 王伯敏：《中国版画通史》，石家庄：河北美术出版社，2002年，第77页。
③ 张秀民著，韩琦增订：《中国印刷史（上）》，杭州：浙江古籍出版社，2006年，第311—315页。

后面的莲花纹底座上;第 5 幅图中,黄蓝色套印在云纹上;第 8 幅图中,全图偏冷色调套印在人物身上,而将淡朱色套印在地毯的风穿牡丹纹饰上;第 10 幅图中,右边的信札边纹上套印朱色,鱼雁上分别套印靛蓝和淡墨两色……整套彩图中,最耀眼夺目的朱色少量地使用在人物身上,却频繁套印在物上。所以笔者推断,这些明代风尚之物应该也是构思者想要重点表现的对象,在创作过程中,创作者唯恐观众对《西厢记》故事情节太过熟悉而忽视这些物,所以才使用多版套色、饾版等技术。

三、从明代文化史来看,彩图中的物在明代社会风尚中的重要性

与之前的各个朝代相比,明代特别是明代晚期的中国社会正处于转型期。从社会分工的情况来讲,大量的农业剩余劳动力进入城市,促进了城市手工业制造的繁荣,商人转向固定的商品制作和加工,也促进了明代手工业的进一步发展①。16 世纪,商品经济的兴起,使得物作为商品快速积累与兴盛起来。物在明代,并不只是任由人塑造的惰性客体,它们承载的文化含义甚至使社会含义完全超越了它们的功能②。《方氏墨谱》《程氏墨苑》的成功就是当时商品兴盛的最好证明,《方氏墨谱》《程氏墨苑》都是宣传制墨样式的书籍,可见该行业在当时的繁荣。

在明代,"格物致知"思想盛行,"格物致知"意为:参透事物本质,掌握知识本源。这样的正统儒家观念促使很多人对"物"原理进行研究。

晚明社会的转型,在思想领域相应表现出对利益追求、物质享受、世俗情欲的肯定,晚明泰州学派的王民、罗汝芳、李贽等对"物欲"都提出

① 万明主编:《晚明社会变迁:问题与研究》,北京:商务印书馆,2005 年,第 37 页。
② 〔加〕卜正民:《挣扎的帝国:元与明》,潘玮琳译,北京:中信出版社,2016 年,第 182—183 页。

了自己的看法。

对"物"的鉴赏这一风气一直存在于明代文人生活中，然而在明代后期，大量的文化物品，如书、画等都成为商品①。因商品经济活动而兴起的富贵人家，不再满足于衣食住行的基本需求，而是开始通过积聚物品的方式来展示自己的财富，从日用奢侈品到做工精良的家具、瓷器、刊刻的书籍，再到罕见而昂贵的文化奢侈品，如商周青铜器、宋代善本、明初瓷器等都被包括在内。占有这些被当时特定文化所选择的"物"不仅需要财富，更需要教育、关系等②。

这种"尚物"之风甚至也逐渐进入民间生活，在社会中蔚然成风。在明代印刷史上，当时关于器物的品鉴书籍十分兴盛，也产生了诸多关于"物"的汇编书籍和类书，以及有着大量器物图片的广告类书籍等，其中插图版画丰富的类书有《三才图会》《宣和博古图》，广告类书籍有《方氏墨谱》《程氏墨苑》，子部书籍有《十竹斋笺谱》《十竹斋书画谱》等③，这些有着精良插图版画的书籍给《明闵齐伋绘刻西厢记彩图》的创作提供了借鉴。

其中值得大家注意的是，方于鲁的《方氏墨谱》（1588年成书），收录墨样图300多幅，分国宝、国华、博古、博物、法宝、鸿宝六类。有的学者在研究该书的时候，指出《方氏墨谱》中很多图样都能在《三礼图》《考古图》《宣和博古图》《古玉图》等图谱中找到④。程君房的《程氏墨苑》最早出版于明代万历三十三年（1605），共收录墨样图500多幅。而且，《程氏墨苑》中的不少作品，都曾在《方氏墨谱》中出现过⑤。由以上可见，

---

① 张秀民著，韩琦增订：《中国印刷史（上）》，杭州：浙江古籍出版社，2018年，第326—327页。

② 〔加〕卜正民：《挣扎的帝国：元与明》，潘玮琳译，北京：中信出版社，2016年，第185页。

③ 张秀民著，韩琦增订：《中国印刷史（上）》，杭州：浙江古籍出版社，2018年，第314—332页。

④ 梅娜芳：《墨的艺术：〈方氏墨谱〉和〈程氏墨苑〉》，南宁：广西美术出版社，2011年，第116—118页。

⑤ 梅娜芳：《墨的艺术：〈方氏墨谱〉和〈程氏墨苑〉》，南宁：广西美术出版社，2011年，第120—122页。

明代其他书籍插图对"物"主题的关注，也可以看到明代多种书籍之间的借鉴与学习。

明代以品鉴"物"为主题的书籍层出不穷，如《格古要论》《遵生八笺》《清秘藏》《格致丛书》《考槃余事》《说郛》《长物志》等①，此类书籍分别就生活中的器物进行鉴赏，如玉、青铜器、异石、花鸟、装裱收藏、茶、酒、书画、食插花、墨、家具、位置、林园等，可见当时物的品鉴在明代的兴盛。

以《长物志》为例，《长物志》的作者是明代文震亨。《长物志》成书于 1621 年，共 12 卷，后收入《四库全书》。文震亨是明代大书画家文徵明的曾孙。《长物志》分室庐、花木、水石、禽鱼、书画、几榻、器具、位置、衣饰、舟车、蔬果、香茗十二类。 这是一本关于"杂物""闲物"审美、品评事物等级的书籍。在此书的序言中，文震亨友人沈春泽谈道：

> 夫标榜林壑，品题酒茗，收藏位置图史、杯铛之属，于世为闲事，于身为长物，而品人者，于此观韵焉，才与情焉。何也？挹古今清华美妙之气于耳、目之前，供我呼吸，罗天地琐杂碎细之物于几席之上，听我指挥，挟日用寒不可衣、饥不可食之器，尊逾拱璧，享轻千金，以寄我之慷慨不平，非有真韵、真才与真情以胜之，其调弗同也②。

在这段文字中，沈春泽就明确指出当时明代世俗大众对物的喜爱与痴迷，已经到了"享轻千金"（即不惜一掷千金）的地步。

明代物的丰富使得当时的人们产生了不同的对"物"的选择和占有方式的思考。《明闵齐伋绘刻西厢记彩图》中表现的诸多物，如同前文论述中谈到的，如山水画立轴、手卷、屏风、山水画折扇、笺谱、手札、书法篆

---

① 〔英〕柯律格：《长物：早期现代中国的物质文化与社会状况》，高昕丹、陈恒译，北京：生活·读书·新知三联书店，2019 年，第 41—42 页。

② （明）文震亨著，李霞、王刚编著：《长物志》，南京：江苏凤凰文艺出版社，2015 年，第 1—5 页。

刻、陶瓷、青铜器、玉器、太湖石、庭院植物、家具、明代灯具、傀儡戏台、明代天文图等，几乎全部包含在此类品鉴书所涉及的范围内。

由此可见，在《明闵齐伋绘刻西厢记彩图》中所表现的"物"并不仅仅只是为了"暗合"或"暗喻"《西厢记》的故事情节，而是此套图的创作者有意表现这些明代时尚之"物"。

结 论

英国学者约翰·伯格认为，所有古代的绘画都是政治问题，从古代开始，绘画与政治及社会时局的关联从未消减①。笔者在解读《明闵齐伋绘刻西厢记彩图》时，由于它原本产生的时代与我们研究的时代有很长一段间隔，在研究过程中难免会有偏差，这种缺憾只有当还原晚明文化历史环境时，才能有接近真相的可能。也只有在还原历史的情况下，才能使我们真正"看清"这些物。

《明闵齐伋绘刻西厢记彩图》的刊刻者在创作时，到底将它作为"书籍插图"还是"独立绘画"呈现；在表现时到底是为了《西厢记》的"文"，还是为了那隐藏在故事情节外的"物"？也许这些疑问就是"如玄图"的由来。要想"解惑"将来可能还需要找寻更多的史料和文献。

---

① 转引自张逸良：《另一种表达：西方图像中的中国记忆》，上海：上海三联书店，2016年，第14页。

从非物质层面探讨文化遗产的活态化保护——以布达拉宫为例

斯朗曲珍

（布达拉宫管理处）

一、背景

1972 年 11 月，联合国教科文组织第 17 届世界遗产大会通过了《保护世界文化和自然遗产公约》，明确界定文化遗产主要包括：文物、建筑群和遗址。此后，联合国教科文组织又进一步将文化遗产划分为物质文化遗产和非物质文化遗产，文物、建筑群和遗址自然被归入物质文化遗产之列。事实上，对文化遗产进行物质和非物质的划分并不是绝对的，正如非物质文化遗产离不开其物质层面一样，物质文化遗产的非物质层面也是不容忽视的。如果说物质层面是文化遗产的物质载体和外在形态，那么非物质层面则是其灵魂和精神内核。随着现代考古研究的进步和文化产业的蓬勃发展，文化遗产受到了前所未有的关注。目前，在对文化遗产的保护和利用中，无论是基于国家立法，还是地方政府建章立制，抑或是公民自觉参与，对文化遗产中物质层面的保护和开发都已经得到高度重视。而附着于物质载体之上非物质层面的文化遗产，诸如古风民俗、宗教信仰、民族心理、工艺技术等，受到的重视程度则有待进一步提高。因此，本文以布达拉宫为例，试图从非物质角度探讨文化遗产的活态化保护，以期为文化遗产的保护提供一种新的思路。

文化遗产的非物质层面，可以理解为现在所说的文化，是人类所创造、展演，并且传递给后代的一切事物。它虽然排除了自然现象，但是并没有排除依附于自然之上的权力、信念与故事。在今天的人类学中，我们依然谈及物质文化，并通常将其与遗址、古建、博物馆联系在一起，但现在已很少使用"精神文化"一词了，因为人类大部分的文化是非物质的，所以可以直接用"文化"一词来指代它。本文主要探讨的是文化遗产的文化，即依附于文化遗产的人类创造、展演，并且传递给后代的一切事物。

本文主要以布达拉宫的保护工作为例，从维修仪式、宗教仪式与活动、布达拉宫的象征意义三个方面来谈谈对文化遗产进行活态化保护的路径。

二、维修工程中对技艺和仪式的活态化保护

布达拉宫海拔 3763.5 米，建筑群占地面积 36 万多平方米，建筑总面积 13 万余平方米，主楼高 115.7 米，共 13 层，全部为土木石结构，是当今世界上海拔最高、规模最大的宫堡式建筑群。1961 年，布达拉宫被国务院公布为第一批全国重点文物保护单位。1994 年，布达拉宫被列为世界文化遗产。国家高度重视布达拉宫的维修与保护工作，1989—1994 年，国家投资 5300 万元对布达拉宫进行第一期抢险加固维修。2002 年起实施了投资 1.7 亿多元的以地基维修和加固为主的第二期维修。除了两次大型维修外，布达拉宫的日常维修工作从未间断，并在维修工作中坚持文物修复"修旧如旧"的原则，"修旧如旧"不仅体现在结果上，还体现在过程之中。只有在程序、技艺、禁忌等方面均坚持"修旧如旧"原则，才会呈现一座有灵魂的建筑。下面笔者以几项较为典型的维修工程为例，来说明在文化遗

产维修过程中的活态化保护。

1. 不定期的大型工程

布达拉宫在实施大型工程时，首先会进行历算占卜，选定开工仪式的时间、开工方位，甚至开工第一锄的时间和动锄人的属相，同时，还会选定一些需要念诵的经文。这是藏族民俗里大部分庆典及活动都需要遵循的步骤。达赖喇嘛时期，历算主要由布达拉宫专属的历算部门掌管，现在这项工作则交由藏医院的历算部门负责。此外，大型工程的开工仪式会更加隆重。比如，1989 年进行第一期维修时，布达拉宫邀请了拉萨上下密院的各大高僧，并在布达拉宫德央夏举行了声势浩大的火供仪式。同时，三大寺及藏医院历算部门的众高僧大德均应邀前来参加仪式。仪式历时数日，极为隆重。

此外，工程中的每一个重要程序都有单独的仪式，如挖地基、立墙、立柱等程序（图 1）。在维修中需要搬迁佛像、法器时，还需举行搬迁仪式，复位时仍需举行复位仪式，复位后需对佛像重新举行加持仪式。

图 1　举行金顶层地面维修开工仪式，笔者提供

2. 粉刷墙面

布达拉宫每年均会对建筑外墙进行整体粉刷，这项工作必须在藏历 9 月 22 日，即降神节前完成。因此提前一个多月，寺院就开始筹备粉刷事宜。

在开工之前，寺院会选取两天举行祭祀仪式，第一天祭布达拉宫护法神 "扎拉"，第二天祭 "红黑护法神"。主要是因为这项工作较为危险，为求平安竣工而做祭祀，以求护法神的护佑。

在祭祀仪式完成后会择一吉日，举行开工仪式。开工仪式准备的第一桶涂料中除了白灰等颜料外，还会加入牛奶作为供奉。当天，在规定的时间（精确到分）和方位上，由属相与历算要求相合的男性将第一碗涂料泼于布达拉宫日追康的墙面上，作为开工象征（图 2）。开工仪式结束后，实

图 2　粉刷墙面的开工仪式，笔者提供

际的开工时间可根据具体情况而定，只要在降神节前完成即可。施工顺序是先粉刷白宫，再依次粉刷红宫、黄色建筑。粉刷原料主要为矿物颜料，如白灰、红土和黄土，为了增加黏性，使之更易附着于墙体，还会加入牛奶、白糖、红糖等。

粉刷时，配制、搅拌涂料，对墙面喷涂粉刷等工种均有技术要求，须由专业人员操作（图3）。此外，还需将涂料背运至各个粉刷点，这项工作需要大量的人力，除了管理处的工作人员外，每年还会有民众自发前来帮忙，也会有民众带来牛奶、白糖等加入涂料里以做供奉。

图 3　粉刷墙面，笔者提供

3. 阿嘎的日常维修

阿嘎是藏式建筑的地面与屋顶的原料与技艺的统称。阿嘎土（图 4）属于土石相间的微晶灰岩，产于西藏地区一些半土半石的山包中，一般位于山体上部的 1—2 米的土层中。布达拉宫的地面与屋顶大多采用阿嘎材质，由于阿嘎本身耐水性较差，且布达拉宫建筑年代久远，因此，需要经常对屋顶与地面进行修补，在一些损坏较为严重的地方，甚至需要将整个屋顶重新翻修。

图 4　阿嘎土，笔者提供　　　　　　　图 5　打阿嘎，笔者提供

进行大型的翻修时，需要举办动工仪式，仪式与前述开工仪式相同，也是通过历算择吉日，确定时间、方位、动第一锄土的人的属相，并在开工前念诵经文。施工步骤依循传统，首先将开采的阿嘎土块捣成大小不等的颗粒，按从粗到细的顺序边浇水边进行夯打，直至表面平整与光洁，然后用光滑的鹅卵石进行抛光打磨，之后用浸泡过的榆树皮上的天然胶质进行打蜡。

夯打阿嘎的过程，需要集体的协调与配合，藏族人民在长期的劳动中养成了一种伴随劳动唱歌的习惯。打阿嘎时，劳动者手执木夯，分成组，整齐划一地将木夯用力砸向地面，歌声能使繁重而机械的体力劳动变得轻松、活泼，既可以提高劳动效率，又能使劳动者保持良好的精神状态，减少体力的消耗。所以，打阿嘎时所进行的伴唱伴舞便成为特有的人文景观（图 5）。

目前对布达拉宫的维修主要分两种情况：小修小补由维修人员完成；大的翻修，则交由专业的古建筑修复公司。原料、技艺、程序则均遵循"修旧如旧"的原则，既保护了古建筑的原貌，也保留了古建筑的精神，并与当地的整体文化相融，使布达拉宫成为一座"有血有肉"的建筑。

三、宗教仪式与活动的活态化保护

布达拉宫具有 1300 多年的历史，从松赞干布时期的王宫，到五世达赖喇嘛时期的政教中心，再到现在的世界文化遗产、西藏旅游形象，它在 1300 多年的积淀中，形成了一套包容、多元的文化体系，包含了众多特殊的仪式、习俗与技艺，其背后留有深厚的美学思想、宗教信仰、民风民俗、生产生活方式、生存环境和文化空间等非物质印记。在 1300 多年的历史长河中，经济结构、民众生活、生产方式、科学技术，甚至建筑本身均发生了巨大的变化，众多习俗与技艺也因时间的流逝而失传。任何文化都有培育其生长的土壤，我们所做的只能是成为文化的园丁，对之悉心培育，为其修剪枝叶，为其施肥灌溉，却不能改变其赖以生存的土壤。因此，对于布达拉宫宗教仪式与活动的活态化保护，绝不是将原有的仪式都复兴，并原样传承，这样显然是不符合事物发展规律与社会文化需求的。我们所做的只能是在现有的社会文化背景下，对适应"土壤"的文化加以保护、传承。

布达拉宫目前存续的主要有以下几种仪式与活动。

1. 藏历新年的仪式与朝拜活动

藏历新年是藏族同胞最盛大的节日，各大寺庙均会举办庆祝仪式与活动。对于西藏民众来说，有藏历初一到寺庙朝拜的习俗。

布达拉宫每年的 12 月 30 日会关闭一天，为初一的各项工作做准备。在凌晨 5 点左右，僧人会在布达拉宫吹响法号，念诵经文供奉吉祥佛母，并按藏族传统习俗在屋顶挂上彩幡（图 6 和图 7）。

藏历新年初一，朝拜寺庙是信众最主要的节日活动。当天，布达拉宫承担着巨大的接待任务。近几年，为了减轻建筑压力、分散人流，布达拉宫在藏历初一当天开放时间由以往的凌晨 5 点提前至凌晨 2 点，工作人员须在零点前到岗准备，下午 2 点闭宫，清场完成时接近下午 5 点，管理处员工需要在当天连续工作 17 个小时。

图 6　吹法号，笔者提供　　　　　　　　图 7　挂彩幡，笔者提供

2. 僧人的各类仪轨

布达拉宫僧人主要履行管理殿堂的职责，此外，也会依据相关戒律与要求定期举办各类仪轨。

首先，每月会在前半月与后半月不定期举行两次念诵《弟子规》的仪轨，需要全体僧人参加。主要目的是提醒僧人要遵守戒律，触犯戒律的僧人也可向主持仪轨的僧人告解，以示忏悔。

此外，在每月的藏历初十和二十五，会举行祭祀护法神的仪轨，每月祭祀的护法神不同，念诵的经文也会随之不同。此项活动需要全体僧人参加。在每月的第一个周三，还会举行供奉护法神"扎拉"的仪式。仪式过程中，会燃桑烟、供奉供品，并由四名以上的僧人念诵经文并穿插敲鼓、钹等法器。

四、对布达拉宫象征意义的活态化保护

西藏民主改革之前，布达拉宫一直作为西藏的政治、宗教中心而存在，时光流转，如今的布达拉宫已成为举世瞩目的世界遗产、游人如织的旅游景区，伴随着"世界文化遗产"美名和"黄金周"所催发的旅游热潮，布达拉宫每年需接待上百万名游客，成为西藏旅游市场的主力军。伴随着媒体的日益发达，在介绍西藏的宣传片或画册中，首先出现的画面都是布达拉宫；在对游人的访问中，提到西藏首先联想到的也是布达拉宫。在越来越多的人眼里，布达拉宫已成为藏文化的标志（图8）。至此，布达拉宫的象征意义已发生了很大变化。

图 8　布达拉宫，笔者提供

在高度商业化的旅游市场里，象征意义则代表着商业价值。目前，拉萨旅游市场上的很多商品都以布达拉宫为前缀进行命名，如布达拉藏香、

布达拉宫藏餐厅、布达拉酒店、布达拉科技公司等，并且很多与西藏有关的画册或包装都印有布达拉宫的图案。对于此种现象，布达拉宫管理处也采取了相应措施，布达拉宫管理处已经就布达拉宫整体建筑形象、各个方位图案和"布达拉宫"四个字注册了商标。未经允许在商品包装、门牌或广告牌等处使用布达拉宫图案或者布达拉宫名称的行为均属于侵权行为。然而，我们做得还远远不够，目前对于文化遗产象征意义方面的研究与保护仍是一片荒蛮之地。比如，有部分商家为迎合旅客的猎奇心理，以布达拉宫的各种传说为素材，吸引客流、炒作话题。其中，最为典型的就是近几年的仓央嘉措热了。近几年来，在网络、影视等大众传媒的影响下生活于300多年前的西藏宗教领袖六世达赖喇嘛仓央嘉措又一次走入大众的视线，由于不当的翻译和新媒体的泛滥传播，有人将仓央嘉措的诗歌解读为情诗，并受到部分人的追捧，在这种背景下，有些商人利用这一话题，推出产品，吸引了游客前往消费。有些旅行社还推出了"寻找仓央嘉措之旅"的路线。这种消费现象是负面的跨文化交流，更是对藏文化和优秀文化遗产的不敬。对社会上存在的对文化遗产的曲解与过度消费现象，我们应加以引导。因此，本文旨在抛砖引玉，希望对文化遗产象征意义的活态化保护能引起业界的关注，对保护的方向与路径进行深入探讨。

结　语

维护文化遗产的完整性与真实性是文化遗产保护的重要原则，保护非物质层面的文化遗产也是文化遗产保护不可或缺的一部分。完整性不但包括范围上的完整（有形的），同时还应包括文化概念上的完整（无形的）。"真实性"是一个相对的概念，文化遗产的真实性应该对应于当下所处的社会环境，即对它的保护与改变都应适应于社会环境，刻意追求"原汁原味"或过度开发都是对文化遗产真实性的破坏。这些都是我们在保护文化遗产过程中需要加以重视的问题。

总而言之，物质文化遗产的核心价值离不开其中蕴含的历史、地理、民俗、宗教、社会心理等非物质意义。离开了文化遗产的非物质层面，文化遗产不过是一堆普通的物质而已。布达拉宫在1300多年的积淀中，形成了一套包容、多元的文化体系，目前学界还没有对此进行系统研究，是一片可开垦之地。笔者认为，对于布达拉宫的各项分类研究，如建筑、文物、历史等的研究，最后都可以化零为整，上升为对布达拉宫总体文化的研究，再化整为零，将各项分类研究都赋予布达拉宫整体性的文化内涵，使文物活起来，让布达拉宫不只是一座存放文物的建筑，更希望它能成为弘扬民族历史、传承民族精神的文化象征。这也是对物质文化遗产进行活态化保护的最终目标。

参 考 文 献

爱德华·泰勒. 1992. 原始文化. 连树声译. 上海：上海文艺出版社.

胡懿勋. 2009. 传统手工艺的活化策略艺术价值与文化的效益. 设计艺术(山东工艺美术学院学报), (5): 46-49.

克洛德·列维-斯特劳斯. 2006. 结构人类学. 张组建译. 北京：中国人民大学出版社.

口头与非物质文化遗产保护实施指南编委会. 2007. 口头与非物质文化遗产保护实施指南. 北京：中国科技文化出版社.

张祖群. 2006. 大遗址的文化价值、经济价值分异探讨——汉长安城案例. 北京理工大学学报（社会科学版）, (1): 22-25.

"囚室"之记忆空间叙事在动画纪录片与虚拟现实中的建构

郭春宁　富晓星

（中国人民大学艺术学院、中国人民大学数字人文研究中心，中国人民大学社会学理论与方法研究中心、中国人民大学人类学研究所）

一、问题的提出

面对残酷的真相，艺术家却经常会表现出特殊的勇气。他们不仅通过艺术创作挑战生活和社会议题，并以混合媒介拓展新型的空间叙事。本文探讨的正是动画纪录片和虚拟现实作品借由社会关切成为反思不公的平台的问题。这些艺术创作探索也促进了学界对更为宏观的权力空间和文化叙事的研究。

在过去的几年里，冤狱事件已成为国际社会关注的重要问题，而在动画纪录片中，则更为关注监狱空间如何成为一个可能产生不公正权力的场域。《库里克的超越之路》（*Crulic-The Path to Beyond*）和《失落的真相》（*Truth Has Fallen*）对此问题的探讨做出了突出贡献。

艺术家也关注到"囚室"这一社会边缘空间和司法系统中的较为隐蔽的环节。某些艺术家敏锐地捕捉到这一空间的密闭性和隔离功能，恰恰和虚拟现实设备带给体验者的感受有相似之处。戴上虚拟设备的同时，人的综合感知力其实也被隔离开来，如同进入到一个新的封闭空间之中。这使得虚拟现实所建构的囚室能自然地让体验者产生同情心和同理心。

从某种意义上说，艺术家发现了虚拟现实存在的技术瓶颈问题并加以利用，从而建构新型封闭空间并揭示权力的叙事。譬如，英国《卫报》的首部虚拟现实作品《6×9：独囚虚拟体验》(6×9: *A Virtual Experience of Solitary Confinement*，简称《6×9》)和在多个电影节成为焦点的《独囚之后》(*After Solitary*)中，艺术家创造性地建构了"即时监狱"，并巧妙地把虚拟现实现阶段的技术弱点，即人们长期佩戴设备感到恶心或头晕变成了特殊的囚室体验。

由此，虚拟现实建构特殊的密闭空间让人们体验到了被"囚禁"的感觉，每个参与个体因深切体会到身处"囚室"的孤立感，使得其更易被联结起来。体验者通过自身的感同身受更加关注处于特殊空间的人群和边缘人群。因此，虚拟现实作品中的"囚室"建构也开拓了纪录片的新形态，进而展示了跨界创作的前景和潜能。

本文从拓展动画的视角联结动画纪录片与虚拟现实，揭示跨媒介的"囚室"叙事与互动体验是为了更好地进行社会关照和搭建反思不公的平台。本文的空间叙事探索将通过国际上的典型案例对更为宏观的权力空间和文化叙事进行深入研究。

二、"囚室"的建构与空间叙事

尽管国内外学者对动画纪录片的界定进行了激烈的讨论，从 1918 年《卢西塔尼亚号的沉没》(*The Sinking of the Lusitania*)对问题的揭示，直至 2008 年《和巴什尔跳华尔兹》(*Waltz with Bashir*)对战争的反思，动画纪录片通过影像创新实践引发学术界对其重新关注已成为不争的事实。2016

年，世界动画研究协会大会首次在亚洲的新加坡南洋理工大学举办，并把动画学术贡献奖颁发给由英国女学者安娜贝尔·霍尼斯·罗伊（Annabelle Honess Roe）撰写的专著《动画纪录片》（*Animated Documentary*），更加凸显了国际学术界对重新界定和深入研究这一影像实践及理论的决心。在这本获奖的专著中，动画纪录片仍然被以一种开放的方式界定：动画纪录片的界定基于电影创作的过程与方法，牵涉相应的主题和阐释。相较于数字影片、传统胶片或动画影片，判定是否属于动画纪录片的标准在于：①是否是逐帧绘制或拍摄的。②作者是在表述世界还是在想象世界。③创作者将其视为纪录片吗？观众、电影节和评论家也将其视为纪录片吗？①

本文认为，在动画纪录片的相关创作和研究中，文化记忆理论和记忆空间理论为之提供了核心的方法论，即记忆具有创造图像的功能②。记忆研究的崛起与第二次世界大战之后的全球性反思直接相关，它指向对幸存者的关注和对权力机制的批判。而在 20 世纪末的海湾战争和 2001 年的"9·11"事件中，人们看到世界仍未摆脱地区冲突、民族矛盾带来的灾难。面对战争所带来的满目疮痍，动画纪录片提供了其特有的揭示和修复方式。尤其是如上文所述，2008 年《和巴什尔跳华尔兹》的成功发行，使得动画纪录片成为研究表述记忆的新媒介，并通过重新思考创伤性记忆进行多元主题探索③。

在这些关于社会关怀的议题中，不公正的裁决，尤其是冤狱事件已成为一个重要的议题，《库里克的超越之路》和《失落的真相》等作品对该议题进行了深入探讨。

动画纪录片提供了复杂记忆的曝光过程，以实拍和多元动画的形态凸

---

① Roe A H. *Animated Documentary*. New York: Palgrave Macmillan, 2013, p. 27. 这本著作是极少数关于动画纪录的综合性书籍。关于动画纪录的界定由本文第一作者郭春宁在《异质性的记忆：动画式纪录片作为一种"自我"表述》中翻译为中文。该文发表于《当代电影》2016 年第 11 期。

② Assmann J. *Cultural Memory and Early Civilization: Writing, Remembrance, and Political Imagination*. Cambridge: Cambridge University Press, 2011.

③ Ekinci B T. A hybrid documentary genre: Animated documentary and the analysis of waltz with bashir(2008) movie. *CINEJ Cinema Journal*, 2017, 6(1): 4-24.

显了不公正裁决的戕害。由此，动画纪录片成为一个个特定场景的动力装置，在层层推进的空间叙事中为遭受冤屈的无辜个体发声。动画纪录片选择不同的视角关注被权力空间所压制的个体：《库里克的超越之路》以第一人称视角来揭示罗马尼亚公民库里克所遭受的冤狱屈辱和对此做出的抗争。《失落的真相》则结合动画与实拍再现了三个被误判的美国公民的囚室记忆。这两部动画长片都是由勇敢的女性艺术家执导的，不仅描述了个体抗争，而且唤起了公众和艺术家群体对监狱这一特殊的权力空间的关注。

在这种关注中，"囚室"成为重要的权力场域符号，新媒体艺术家进一步探索这一密闭空间所产生的叙事建构，尤其体现在 2015 年之后的虚拟现实作品中。其中《6×9》和《独囚之后》成为经典范例，体现出虚拟现实的空间体验性及其拓展纪录片形态的潜能。

这两部作品与《库里克的超越之路》和《失落的真相》两部动画纪录片的相似之处在于，《6×9》和《独囚之后》这两部虚拟现实作品开始重新思考不公正裁决之场域及其内在机制。但与动画纪录片倾向于把压抑的空间进行平面化呈现不同，虚拟现实作品更适合以 360 度全景式再现囚室的立体空间，乃至再现密闭空间不易触摸的细节和肌理。

虚拟现实提供了独特的、悖论式的体验，即观看者一方面通过虚拟现实设备与现实隔离、进入封闭的囚室，进而产生疏离感。另一方面，在虚拟的密闭空间中"停留"所获得的多元感官体验（包括触摸、听觉、呼吸甚至感觉自己在囚室中飘浮），易于使体验者感同身受。联结虚拟现实体验者的方式包括线下的现实展览和线上的虚拟现实社群，这增加了公众对监狱空间和被囚人群的关注与讨论。

在这个意义上，艺术家发现了虚拟现实现阶段的技术瓶颈并加以利用，对于长期佩戴虚拟现实设备的人来说，他们会立刻体验到长期生活在 6 英尺×9 英尺[①]的独囚的感受，用虚拟现实方式建构的封闭空间让体验者一下

———————

① 1 英尺=0.3048 米。

子意识到他们进入了一个语言难以描述的世界①。

三、"自述"：动画纪录片中的社会关怀

动画纪录片具有审视现实、表达社会关怀和批判现实的优势。希拉·索菲亚（Sheila M. Sofian）是该领域的先驱。她创作了许多动画纪录片，关切多种社会问题，如她创作了揭示家庭暴力的《幸存者》（*Survivors*）、展现青少年移民问题的《与海尔斯的对话》（*A Conversation with Haris*）、凸显爱国者矛盾心理的《挥舞国旗》（*Waving the Flag*）。她的最新作品《失落的真相》延续了她混合多种形态动画和实拍的独特风格，不仅揭示了美国司法体系的弱点，也展现了艺术的社会关怀能力。

罗马尼亚导演安卡·达米安是另一位勇敢的女性先锋导演，她致力于制作基于事实的长篇动画纪录片。达米安密切关注罗马尼亚公民库里克的冤狱事件，并深深地被库里克抗争致死的精神感动。达米安用动画纪录片的形式重构了库里克证明其无辜所做的抗争，在囚室中他一直为自己申诉并进行了长达 4 个月的绝食。

这两部电影都基于真实的冤狱案件，由深具社会关切的女性艺术家执导，不仅以记忆空间的方式揭示了个体的悲剧，而且呼吁公众关注边缘空间，并指出执法链条中的薄弱环节。

（一）"重生"：囚室中的第一人称叙述

动画纪录片拥有双重优势，既能够通过纪录片的形态贴近现实，也能

① Gormley S. A VR Program That Attempts to Replicate the Experience of Solitary Confinement Is Now in Portland[2018-5-16]. https://www.wweek.com/arts/visual-arts/2018/05/16/a-vr-program-that-attempts-to-replicate-the-experience-of-solitary-confinement-is-now-in-portland/[2019-02-10].

够借助动画超越原有事件的格局，展现动画纪录片更广泛的适用性及其叙事重构。2011年，罗马尼亚与波兰联合创作的动画纪录片《库里克的超越之路》，不仅是创伤记忆的揭示之旅，还用动画的形态使死者重生，透过几个重要的监狱场景来体现库里克对社会体系中不公的抗争。

安卡·达米安导演用含冤致死的受害者的第一视角和声音，揭示了现实中不可能再现的囚室和冤狱历程。这部电影关于囚室的记忆和对司法漏洞的反思深具讽刺意味。达米安导演借用了克鲁利奇的视角，重现了他是如何在囚室中进行了数月的绝食抗议后去世的。通过死者的"自述"，人们意识到冤狱事件不仅不应被忘记，而且要关注对司法机制的改革，以使悲剧不再发生。如同这部电影的名字一样，库里克在艺术作品中"重生"，并发出了他在生命最后时刻寻求公正的呐喊。

达米安在这部电影的开篇就选择了死者的视角，展示库里克的遗体如何被亲属认领。因为他进行了4个月的绝食抗议，库里克去世时，虽然年仅33岁，但整个人看起来像70岁的老人。当他的母亲和妹妹无法确定他的身份时，库里克身份的确认只能依赖于他的遗物：护照、钱包、手表、杯子、鞋子和夹克，以及一个幸运美元。这些遗物图像以无声胜有声的方式凸显了苦难记忆。陈列遗物的场景也引发了人们的反思，无声地指控官僚主义和司法的漏洞，因为在长达4个月的时间中，库里克的抗争却被忽视和搁置。

动画纪录片往往是一种自然的选择而非刻意为之。正值达米安思考新的叙事方法之时，动画纪录片为她打开了大门。此前一系列实验短片的积累，使她获得了执导《交叉日期》(Crossing Dates)的机会。面对库里克的冤狱事件，达米安首先考虑的是以纪录片的方式进行创作。然而，通过细致的访谈和前期研究阶段的资料收集，她意识到动画纪录片最适合呈现艰难的回忆和对悲剧进行反思。

达米安利用一年的时间进行调研，采访了库里克的家人、邻居和同囚者。与撰写此案报道的记者不同，她甚至最终获准阅读波兰警方所有相关档案卷宗。这些文献档案与手绘相结合，让观众有机会"经历"整个事件，尤其是了解库里克进行绝食抗议时的内心世界。

在这部动画纪录片中，警察、医生、律师和大使馆工作人员的形象也成为揭示社会系统漏洞的视觉线索。同时，动画纪录片对囚室的扁平化呈现也凸显了权力空间对个体生命的压制。

罗马尼亚公民在波兰遭受的不公正判决，波兰和罗马尼亚都对此悲剧负有责任。这两个国家的艺术家联合创作这部动画纪录片，致力于对无辜亡者的追忆，并体现艺术家的责任感和对社会问题的关注。

（二）"证词"：黑暗空间中的对话

动画纪录片呈现了一种在虚拟空间中的对话能力。美国动画纪录片《失落的真相》通过导演在众多含冤入狱者中选取三个案例，借由倾听他们的回忆，从而建构出坠入黑暗之中无辜者的群像。该部影片将动画手绘与实拍纪录影像相结合，在碎片化的记忆和对话中，人们能够更加直观地体验无辜者所处的黑暗空间。

《失落的真相》中三个无辜者分别是：埃迪·贝克、吉米·兰达诺和乔伊斯·安·布朗，他们因被指控谋杀而长期监禁。在吉姆·麦克罗斯奇和他的公益组织"百夫长事工"（Centurion Ministries）的帮助下，三人最终被证明是清白的。而这三个人只是众多含冤入狱者中的一小部分。尽管在这一组织已经为多名受害人成功翻案，但可以想象，仍然有很多无辜者被置于黑暗空间中。

玻璃沙动画和戏剧化的真人实拍相结合，《失落的真相》以独特的形式传达了未尽之言和言外之象。就像无辜者埃迪·贝克的自述一样，他无法真正描述 1976 年 8 月 27 日，也就是他 37 岁生日的第二天，他突然被 38 名警察逮捕时的混乱情形。他的记忆碎片和恐惧感被"编织"成一个动态空间，由枪、重叠的嘴和黑暗中闪烁的眼睛并置而成。

动画纪录片能够发挥媒介混合的优势。彩色动画和真人实拍混合在一起，使得无辜者的创伤记忆更为直观和富有感染力。与实拍部分中的色彩相比，动画部分则更富有表现力，尤其是结合玻璃沙动画暴露了无辜入狱者坠入深渊的灰暗。当这些被囚者被剥夺了人权和希望时，无色的监狱就成为代表绝望的视觉符号。

影片中三个案件各具代表性地呈现出美国司法系统中的漏洞。第一位受害人是埃迪·贝克，1974 年，他在宾夕法尼亚州的费城被判谋杀罪。在发现他的杀人指控属于误判时，他已经入狱 24 年。第二位乔伊斯·安·布朗女士，她在得克萨斯州被指控持械抢劫和谋杀，并被判处无期徒刑。在服刑 9 年后，"百夫长事工"组织找到了真正的凶手，并在不到一年的时间内证明了她的清白。第三位见证司法漏洞的是吉米·兰达诺。1976 年，吉米·兰达诺在新泽西州被误判持械抢劫和杀害一名警官，他在监狱里待了 13 年，直到"百夫长事工"组织找到的一个证人，并从照片中认出了真正的凶手才推翻了对兰达诺的定罪①。

这部动画纪录片的标题——《失落的真相》会让人们联想到《圣经》的箴言②：公平转而退后，公义站在远处；诚实在街上仆倒，正直也不得进入。借由动画纪录片的社会关切和亲历者的回忆，类似《失落的真相》这样的作品使公众认识到重拾真相需要集体的智慧和努力。自 1973 年以来，已有 130 多人通过"百夫长事工"组织的协助推翻死囚的罪名、得以获释。这个社会组织集合了专业律师和来自各界的志愿者，他们尽全力收集证据，帮助无辜者恢复清白。他们也借助社会募集和新的众筹形式，成功地从 154 名支持者那里筹集到 13 021 美元，并更为广泛地向公众介绍了审判体系和监禁机制中存在的问题，号召公众了解错误定罪率，并鼓励他们为如何降低错误率献计献策。

艺术家更是这种集体智慧的引领者，《失落的真相》这部作品的导演索

---

① 这部分资料可见于 http://www.truthhasfallenmovie.com/About.html。
② 以赛亚书 59：14 及 59：15：《圣经》简体中文和合本（CUV Simplified）。

菲亚为了完成这项有意义的工作，在南加利福尼亚大学电影艺术学院进行动画教学之外，利用几乎所有的业余时间进行创作，在长达 7 年的时间中，她将晚上和周末的空闲时间都投入到最终在影片中占据 30 多分钟时长的玻璃动画绘画中，完成了约 22 000 幅逐帧绘画[①]。这部电影将艺术家在采访中的疑问和悲恸转变为直观的场景，能够让人感同身受。当看到后来被证明是无辜的人遭到绑缚和监禁的时候，人们似乎能听到在黑暗空间中那些无辜者内心的呐喊：他们为什么像这样把我锁起来？为什么我会置身于这个可怕的空间？为什么我要为我从未做过的事被定罪？

四、联结：虚拟现实中的"独囚"体验

自 20 世纪 80 年代以来，尽管虚拟现实已经成为一个学术话题，但直至 2013 年借由技术设备的普及才得到公众关注，尤其是商业投资的关注使得虚拟现实及其尖端技术更多地介入对社会问题的讨论。虚拟现实的优势通过新的空间叙事得以发挥，一些特定的空间体验激发了公众对社会问题的新的探讨，也从新的个体角度联结了更广泛的公众。

借由对动画纪录片的探索，囚室成为重要的权力场域符号，艺术家进一步探索这一密闭空间所产生的叙事建构，尤其是在 2015 年之后的虚拟现实作品中，艺术家对此进行了深入探索。其中，《6×9》和《独囚之后》成为经典范例，分别体现出虚拟现实的空间体验性和拓展纪录片形态的潜能。

例如，《6×9》为公众提供了一种独特的封闭空间体验。这部作品确切构建了与独囚室同等大小的空间，借助虚拟现实设备真实地再现了长期被隔离后人的生理和心理反应，激发了观众的同情和反思。

因此，监狱作为司法系统中可能产生不公的空间，在虚拟现实作品中

---

① 《失落的真相》作品的艺术家自述参见 https://www.indiegogo.com/projects/truth-has-fallen#/.

总被界定为一种更具符号性的封闭空间。通过 360 度全景呈现，虚拟现实技术带给体验者眩晕和不适的感觉，体验者如同真正被隔离在狭小的空间内，甚至产生了飘浮感和幻觉、幻听。在体验特殊的空间叙事中得以与他人联结，虚拟现实中的"独囚"变成了一种集体记忆，他们从虚拟现实体验中引发了对现实社会问题的反思。

（一）飘浮：虚拟现实中的"囚徒"视角

虚拟现实呈现出跨界合作的趋势，关于监狱主题的虚拟现实作品往往都是心理学家、社会学家、工程师和设计师之间跨学科研究的结晶。2016 年，获得广泛关注的虚拟现实作品《6×9》在英国《卫报》免费面向全球发布。

《6×9》是基于六名男性和一名女性被监禁的亲身经历而创作完成的，向观众提供了观察美国独囚的多元视角。该作品向虚拟现实用户呈现了这样一个事实：美国有 8 万—10 万名囚犯被单独监禁。它还强调了生活在一个 6×9 英尺的牢房里数天、数周、数月甚至数年的人所受到的心理伤害。

《6×9》的片名提示了将时间维度压缩到一个狭窄空间中的路径。正是独囚室中的日复一日，构筑着可能永远无法治愈的创伤记忆。该作品让用户感到震惊，因为它能一下子呈现囚犯每天在牢房里待 23 小时（有一小时的放风时间）的真实情境。

（二）隔绝：独囚之后的禁闭生活

在大众媒体的支持下，更多反映独囚者的虚拟现实作品获得了社会的资助。例如，《独囚之后》是由骑士基金会（Knight Foundation）支持拍摄的。与前两部动画纪录片相似，《独囚之后》也充分发挥了真实采访的基底作用。在这部虚拟现实作品中，肯尼·摩尔（Kenny Moore）讲述了他如何从最初可能被判处的 18 个月变为独囚 5 年半刑期的经历，而他更没想到的是，此后他在监狱般的空间里度过了近 20 年。因为在长期囚禁之后，无论哪里对他来讲都是一种如同监狱般的空间。

为了真实反映在监狱中长期生活的体验，制作团队用长达 3 年的时间调查了独囚室。通过拍摄数千张监狱的照片并缝合为全景，团队最终在作品中逼真地呈现了 13 英尺×7 英尺的虚拟现实牢房。为了更好地使观众获得虚拟现实体验，团队借助视觉测量（videogrammetry）方法更为精确地合成人物视频与全景空间[①]。通过肯尼·摩尔亲身讲述，观众可以体验到独囚者的视角和了解其创伤性记忆。虚拟现实的体验者会震惊于囚犯在长期被隔绝后进入无意识状态，"目睹"其漫无目的地用血在墙上书写的全过程，那也是创伤记忆留下的深刻烙印。

《独囚之后》片名揭示了长期的监狱生活是如何宣判了囚犯此后的艰难生活的。自 2016 年被释放，肯尼·摩尔虽然一直在努力适应外界的生活，但他很少离开卧室，他说这是他自己的"私人监狱"，是使他感觉最安全的地方。

虚拟现实作品通过全景的图像和声音质感使作品具有更为丰富的感知张力。"独囚"体验把虚拟现实的体验者一个个联结起来，体验者共同经历了某种长期的"隔绝"，对独囚的艰难体验产生了共鸣。尽管这些虚拟现实作品往往并不直接触及冤狱事件，但它们却在更广泛的意义上关注监狱空间的伦理议题，并拓展了虚拟现实对于特殊空间的记忆表述。

对于虚拟现实创作的艺术家和工程师来说，让"囚室"变为沉浸式体验是富有挑战性的冒险。为了准确传递这种特殊的体验，他们在缅因州监狱中深入调研了 5 个月，并长期回访获释的囚犯。创作者也强烈感受到监狱空间对人产生的强大心理和情感影响，并为其不可抗性和持久性感到震惊。如同一些心理治疗师自身也需要接受心理治疗，参与创作这些虚拟现

---

① 《独囚之后》这部获奖作品的创作过程可参见 https://awards. journalists. org/entries/after-solitary/.

实作品的创作团队某种程度上也因创作产生了创伤记忆。而这种作品的广泛传播也会给公众带来生理和心理不适，如何平衡和评估作品的主题传达和公众安全性也成为虚拟现实创作的新议题。

结语

动画纪录片和虚拟现实的探索揭示了动画研究新的动力结构和文化坐标。通过挖掘主观记忆和探索参与式的观看结构，动画纪录片和虚拟现实在反思不公的合作书写中呈现了不同的视角和维度，也体现出跨媒介的强大潜能。

值得重新审视的是，自 2008 年《和巴什尔跳华尔兹》成功推出以来，动画纪录片与社会关怀和修复创伤记忆联系得更为紧密。《库里克的超越之路》和《失落的真相》两部动画纪录片代表性地通过讲述回忆来揭露案件。作品还以独特的视角，将监狱作为一个被忽视的空间。这一主题开拓了虚拟现实艺术家探索囚室的多维度视角。

动画纪录片中的囚室作为一个叙事空间，表现出更多的主观感受，并以个人的视角进行记忆讲述。在这些动画纪录片中，监狱空间更多地以扭曲和夸张放大的方式呈现。在《库里克的超越之路》中，这个空间被压缩成一种扁平的形式，突出了无辜被囚者与权力空间的比例差异。这种反差有助于观众深入反思个体权利和法律体系的不公。在虚拟现实作品中，监狱尤其是独囚空间更凸显出肌理和质感，并被作为一个可以实际度量的地方。这些作品让人们意识到监狱是一种特殊的建筑，正如福柯在《规训与惩罚：监狱的诞生》中所分析的，监狱的空间规划既是权力机制的映射，也可以成为改进机制的突破口。

与动画纪录片不同，虚拟现实作品通过全景空间的构建和逼真的环境质感让用户对囚室的阴冷和潮湿感同身受。在虚拟现实作品中，用户把自己体验"独囚"的感受在网上共享，构建了一个被监禁和被隔离者的体验性社区。尽管一些虚拟现实作品里并没有呈现真正囚徒的样貌，但被访囚徒的声音和虚拟现实用户的线上交流依然会转化为现实社会中关注司法变革的推动力。

监狱空间是现代社会中被孤立隔绝之地，囚徒是被边缘化的社会群体。他们的生活和记忆正是被囚室空间塑造的。这些记忆不仅成为空间记忆研究的重点，也呼唤更多的社会关怀和责任担当。从动画纪录片到虚拟现实作品，从关注冤狱案件到更广泛的囚徒群体，对囚室的建构从难以用语言描述变成了多维度的"再体验"，均呈现了拓展动画的跨媒介合力。在这个意义上，动画纪录片和虚拟现实发掘了动画跨学科、跨主体的对话潜能，并以更为开放的视野推动国际合作。

正如本文的主题——囚室，来自世界各地的艺术家、科学家、律师、志愿者、社会基金组织和媒体等因这一社会议题的复杂性而发起合作，而对这类复杂议题的探究和解决应是未来全球性集体努力的方向。

参 考 文 献

Assmann A. 2011. *Cultural Memory and Western Civilization: Functions, Media, Archives*. Cambridge: Cambridge University Press.

Assmann J. 2011. *Cultural Memory and Early Civilization: Writing, Remembrance, and Political Imagination*. Cambridge: Cambridge University Press.

Garrick J, Williams M B. 2014. *Trauma Treatment Techniques: Innovative Trends*. London: Routledge.

Olick J K, Vinitzky-Seroussi V, Levy D. 2011. *The Collective Memory Reader*. New York: Oxford University Press.

Roe A H. 2013. *Animated Documentary*. New York: Palgrave Macmillan.

面向文化遗产保护与传播的数字媒体叙事设计分析

叶　风

（广州美术学院视觉文化研究中心）

引言

文化遗产是历史留下来的文化财富，以有形或无形的形式承载着历史的文明，是全球化时代下民族文化独特性的重要标识。文化遗产在现代社会环境下的传承传播的重要意义越来越凸显。

未来数字媒体呈现出智能化：万物皆媒、人机合一、自我进化[①]。以数字媒体为媒介，将虚拟影像、交互设计、沉浸体验等与多维度或多模式表达结合使用，向大众叙述文化遗产的故事，是文化遗产传承保护和创新传播的重要形式[②]。数字媒体艺术表现与传播手段所带来的新的体验模

---

① 《智媒体时代传统媒体的转型之路》，《传媒》2019 年第 4 期。

② Portalés C, Casas S, Alonso-Monasterio P, et al. Multi-dimensional acquisition, representation, and interaction of cultural heritage tangible assets: An insight on tourism applications. *In* Rodrigues J, Ramos C, Cardoso P, et al. *Handbook of Research on Technological Developments for Cultural Heritage and eTourism Applications*. Hershey: IGI Global, 2018, pp. 72—95.

式，将在较大程度上促进文化遗产的大众化传播，对文化建设和文化消费均起到积极作用，并体现出巨大的文化价值和经济价值。

以数字媒体艺术叙事的方式对文化遗产进行挖掘、阐释和传播创新是当前学界重要的研究课题，是一个系统性的有待相关专业协作研究的学术领域，需要结合传播学、设计学、戏剧与影视学、博物馆学以及人类学等多科学知识进行理论探讨，并从体验环境、受众、媒介和文化遗产传播诉求等多个角度进行综合分析。

数字媒体技术与艺术的发展为文化遗产的展陈提供了更丰富的叙事形式，提升了文化遗产的内容传播效果以及体验品质，让文化遗产的物品和故事以情境化的方式进行表达与传播，并构建了一种新的叙事形态。

一、文化遗产的传承及受众的体验诉求

文化遗产在经历漫长的历史变迁之后，无论其视觉形态还是其背后所蕴含的文化内涵、历史事件等大多已不容易为现代人所认识和理解，于是考古和博物馆研究成为一门专门的学问，并需要具备系统的知识体系、研究技能以及专业设备。所以在很长的一段时间里，包括建筑遗址、艺术类和工艺类文物在内的文化遗产的主要受众都是专业人员，这些文化遗产以一种被收藏和保护、研究的状态存在。此外，近 100 年来，中国社会剧烈转型，从农耕乡村文明向工业城市文明的转向，西方文明向延续数千年的东方文明快速渗透，战争炮火下的文化变革和文化环境的变迁，让身处现代社会的大众对历史的发展脉络、文化场景、情境韵味都日渐模糊，使其成为文化遗产冷漠的旁观者、陌生的审视者。因而，采用既符合现代媒介环境的又符合社会大众体验诉求的叙事体验方式，以多元且深入的数字媒体叙事设计，对文化遗产进行表现和传播，已经成为社会文化建设发展和社会文化消费的内在需求。

如何让受众更好地体验文化遗产，是文化遗产叙事设计研究的重要命题。个人遇到的事件或故事源于个人行动与一个人和他的世界的对话①，涉及个体的心理状态、所处的社会文化环境等，其中特别强调情感共鸣，通过数字媒介的叙事，可以培养具有情感共鸣的审美经验，激发情感共振，并触发受众的注意力和感受力②。因为时空的隔阂，整体面貌和体系完整性的缺失，造成受众对文化遗产的感受和解读存在障碍，同时由于受众自身的年龄、民族、文化水平、知识背景等存在差异，其审美和体验的诉求更是存在较大差异，因此对文化遗产的读解需要采用普适性的叙事形式。文化遗产的传播和传承要求走进现代社会，为大众所理解和接受，甚至经过文化创新之后再重新融入大众的生活中。因此，为了充分满足大众的体验诉求，对文化遗产的解读、表达和展示的叙事体验设计就成为重要手段，并随之形成了叙事设计的体系和原则规范。对文化遗产的学术性、体验性，甚至娱乐性等方面进行综合考虑和合理把握，要既不能失去历史的本来面貌，又能以现代大众喜闻乐见的语言进行叙事表达，甚至针对特定受众群体，如分别对儿童、老年人、大学生等群体进行体验设计，以满足不同人群对文化遗产体验的诉求，吸引更多受众，以实现文化遗产的有效传播。

二、文化遗产的数字媒体叙事形态的发展及其特证

近年来，联合国教科文组织在文化遗产保护工作中优先考虑"整体遗产"的概念，认为对文化遗产的理解需要一种集体感知，并且需要建立文化网络，以扩大感知范围，需要将古迹、遗址、景观、人类学现状、集体

---

① Hassenzahl M. User Experience and Experience Design. *In* Interaction Design Foundation *Encyclopedia of Interaction Design, 2nd ed.* Aarhus, Denmark, 2012.

② Wright A. *Storytelling and Interpretation: Examining Best Practice at Heritage Sites.* York: University of York, 2017.

记忆和文化结合起来。目的是让公众不仅了解单个文化遗产，而且可以通过一组多结节网络深度体验整体的文化和教育内涵，以更直观的形式阐释和演绎与文化遗产相关的人、事、物之间的关系和内容，以应对社会大众的体验诉求，并赋予文化遗产娱乐性、惊奇性和趣味性。随着数字媒体作为文化传播媒介的不断发展成熟和普及应用，数字化叙事逐步形成以文化遗产的物为核心和以空间为场构建的整体遗产的叙事形态，并带来了独特的叙事体验。

1. 文化遗产的数字化叙事形态的发展

文化遗产体验环境的变化以及受众需求的变化，促使文化遗产叙事的形态发生变化。通过数字媒体手段让作为文化遗产的物和空间具备叙事的能力，受众从观看文化遗产发展到体验文化遗产的接受形态，实现文化遗产保护传承由收藏和研究转向主动向大众进行文化理念和精神信念表达，通过数字媒体叙事，文化遗产传承及传播超越了物和空间等原有的存在形式，呈现为活泼生动的跨越历史时空的丰富叙事意境。

文化遗产在面向社会大众的展陈中，以丰富多样的形式呈现文化遗产的独特魅力，体现其在当下社会的文化价值、经济价值。10 余年来，各地各类型的博物馆建设，乃至近年来的传统文化与旅游经济的融合等，在博物馆和文旅体验的设计上，以文化遗产的物为核心、以遗产的空间为场景进行文化遗产传承传播，一方面立足于文化遗产的文化和历史形态保护，另一方面通过现代的艺术表达方式给广大受众带来一种可接受、乐于接受的文化遗产叙事体验，共同构建面向大众的文化遗产叙事。在实现从保护到传播的发展路径上，可以看到对文化遗产从学术研究到形成文化体验的传承模式的过程。这种模式的形成本质上体现为以文化遗产的物为核心和以空间为场景的叙事模式，虚拟影像、互动叙事、沉浸空间、实物的艺术化造型，甚至包括数字演艺等数字媒体手段的叙事形态，使得文化遗产在以新的形象与大众对话，展现趣味性的同时，拓展物和空间背后的层层叠叠的历史时空。人与物、人与空间的叙事关系的表达，让大众能通过物和空间理解感知其背后蕴含的丰富的文化内容，并获得情感深邃或趣味盎然的文化体验。

文化遗产的数字化叙事形态的发展，一方面是近年来数字媒体技术为其发展提供了实现的可能性；另一方面，文化遗产的传承和传播是对当下社会大众文化审美诉求的响应。数字媒体叙事也是实现文化遗产以"整体遗产"概念进行传承传播的有效形态。

2. 文化遗产的直观体验形式

作为文化遗产的物和空间，体现的是在当时历史时空下促成这物、这空间的事理关系。围绕这套事理关系的是族群，族群维系文化系统，支撑文化系统的是集体意识中的共同信念和价值观。文化遗产的物和空间的背后体现的是丰富而复杂的人文知识，这些经过学术人员研究之后得出的内容信息，对于没有受过专业训练的社会大众来说，从文化遗产的物和空间表象中并不容易了解和获得，同时枯燥而复杂的文化遗产也不足以引起社会大众的兴趣。数字媒体叙事则通过虚拟、互动、沉浸体验等手段把抽象的、复杂的内容转化成直观的体验，并赋予其趣味性的认知过程，这就是数字媒体叙事艺术的魅力所在。

以文化遗产的物为核心、以空间为场景，通过虚实融合、视听、交互、触感等数字媒体手段展开叙事设计，要求把复杂抽象的文化遗产的内在含义转化为直观体验，对陌生的对象进行形象化表现，以多元的、可感知的媒介进行呈现，实现受众对文化遗产的整体认知，并使受众产生进一步了解的兴趣，从而使受众对文化遗产作为文化产物所在原时代的事、时、场景等有了深层了解，对抽象的蕴藏在物背后的事理关系和文化系统有了深层认知，乃至产生了共鸣。

在现实与虚拟情境的交织中，让社会大众感受文化遗产彼时彼地的"真实"世界，这为文化遗产叙事体验提供了新的形态。数字媒体叙事的直观体验可以从以下几个方面理解：跨越时空、消解抽象、延展故事、沉浸感知。基于数字媒体叙事的直观体验特征，文化遗产通过数字媒体可以呈现出丰富多彩的形象和丰富的内涵，受众立足于当下时空，以自我为中心在历史的时空中游历，感知文化遗产的内在含义和外在形象，整个叙事体验具有实验性、参与性和虚拟性的特质。

三、以受众为中心的数字媒体叙事体验设计分析

以数字媒体为手段的文化遗产的传承传播形式，可以跳出传统的静态观看和文字叙述说明的叙事模式，更丰富地展现文化遗产背后的文化体系及精神内涵。以文化遗产的传承和传播为目的，分析社会大众接受信息的模式和诉求、阐释文化遗产所包含的文化历史属性，以及进行文化遗产展陈空间设计、发挥数字媒体的媒介优势是文化遗产数字媒体叙事设计的重要内容，而满足社会大众的体验诉求又是文化遗产数字媒体叙事设计所追求的核心目标。以数字媒体作为叙事媒介，让文化遗址、博物馆等成为社会大众感知文化遗产的体验场，数字化叙事所形成的叙事体验形态具有以下特征。

1. 沉浸叙事体验

首先是通过数字媒体的设备对受众感官进行封闭，让受众在感官上尽可能与外界隔离，进入到虚拟的感知空间中。例如，近年来新兴的虚拟现实技术、混合现实技术，或以投影或 LED 等手段实现的沉浸影像体验模式，还有交互影像、道具以及与场景相结合的舞台模式沉浸空间等，形成了相对独立的叙事体验场。这些经由设计实现的沉浸空间是文化遗产衍生、抽象的文化内涵的直观化映射，满足人们对文化遗产基于现代视角下文化发展诉求的演绎和形象表达，或是经学术研究后对文化遗产

的学术阐释。沉浸空间通过叙事性设计，将文化遗产的物以及空间背后的历史、文化、艺术等要素巧妙地通过媒介呈现，并形成了与现实世界相独立的叙事体验空间。

2. 虚拟与实景融合的叙事体验

实物实景具有真实的质感，文化遗产的实物形态是在历史发展过程中留下的物质形式的物象，其质感、肌理和气息可以唤起受众的个性化的记忆和想象，并更具亲近感。以实物和空间为主体复原历史现场，或以艺术化的形式呈现主题场景空间，可以把受众置于特定的主题叙事情境中。

虚拟现实技术、交互技术等，在静态的实景中加入了动态的、活泼的元素，使实景更具舞台戏剧性，拓展了实景空间的体验层次。在虚拟与实景相结合的叙事空间中，虚拟的内容增强了叙事的情节性和情感性，能更好地唤起受众的情绪和回忆，跟随设计者的指引，去体验或源远流长或跌宕起伏的文化遗产内涵。

虚拟与实景的融合，是数字媒体叙事在材料介质上的丰富，使得原本需要保护而远离大众的文化遗产得以亲近受众，是文化遗产与受众形成对话的重要手段。

3. 互动叙事体验

经由数字媒介平台的呈现，人与文化遗产的互动和人与人之间的互动成为文化遗产传承传播的重要方式，包括语言、动作、方位变化、触摸及其他方式的行为交互，以实现与文化遗产在情感建立、知识信息获取、价值观碰撞等方面进行精神层面的互动。本质上，互动体验是现代人与文化遗产的具身性的"对话"。各类人机交互技术包括传感器和虚拟互动引擎的使用，以及近年来发展迅速的人工智能、以大数据为支撑的信息互动技术，都为互动体验设计提供了成熟的技术方案。互动体验过程是以受众为叙事对象，依循受众的体验节奏，以受众的个性化交互行为为中心展开叙事设计的，在体验文化遗产过程中让受众获得冒险、探索、惊奇、趣味性等审美感受。

4. 角色代入体验

文化遗产的数字媒体叙事体验赋予受众特定的身份，受众以特定的视角获得感知和体验。历史遗留的文化遗产以物和空间为主要体现形式，而文化遗产体现的是历史上当时人的精神和行为，人物的行为和角色身份是阐释文化遗产内涵的重要因素，把现代受众代入到文化遗产的叙事情境中，并成为文化遗产所在历史情境中的角色，是深入感知文化遗产内涵的有效的艺术手段。通过数字媒体把以文化遗产为核心的内容场景情境化，为受众体验的过程进行故事线的场景设计，数字媒体叙事的角色代入使得受众成为叙事的传播对象，同时又是文化遗产故事中的一个角色，以身在境中、身在事中的体验方式来感知和理解文化遗产的方方面面。在跨越时空的情境中，受众不仅是旁观者，还具有代入情境中人的身份，这样做可以更好地激发受众对文化遗产的文化情感，并有利于把受众与文化遗产之间的感官体验提升到精神感知层面。

结　语

文化遗产的传承传播与创新设计，是当下社会文化发展的重要内容，只有关注受众的体验，才能更好地提升传承传播效果。为此，需要借助当前先进的科学技术，开展前所未有的叙事体验设计，探索其设计规律和方法。数字媒体的叙事在感知上模糊了真实与虚构的边界，使历史世界、真实世界与艺术世界交融，数字媒体的艺术叙事可以让文化遗产的"问题"和"思想"直观化，并更具真实感，使受众易于接受和理解，也能更好地激发受众的文化情感。数字媒体技术可以让思考的过程、抽象的信息以视觉化、可感知的、互动的叙事形式呈现，并通过阐释或演绎文化遗产的丰富内涵，使得文化遗产以活泼的形式在数字化时代呈现其魅力和价值。

新形态与新探索："民族志动画"中的
虚构影像、意义呈现与文化抒写

李　刚

（重庆大学艺术学院、澳门城市大学社会科学学院）

　　自 20 世纪中后期，民族志电影在"写文化"反思与"民族志虚构"的浪潮冲击中逐渐突破了原来单一的"科学性"概念与唯"纪实"理论，转向了拥抱审美格调、重视人性化主-客位互动、文化深描和阐释等多元化的新的书写范式。基于此，影像民族志亦从工具论发展为方法论乃至本体论。伴随着人类学理论范式的转变与影视技术革新不断出现新的突破，动画这种媒介式样在事件再现、记忆分享、经验转述、感官叙事等方面构筑镜像以进行知识生产与意义呈现，这为通过民族志的书写范式实现自我超越提供了更多可能，民族志动画或将为影视人类学注入新的力量。

一、机遇与困境：民族志动画的诞生背景

　　"民族志"（ethnography）是伴随"民族学"（ethnology）而来的一个西学名称，蔡元培先生在《说民族学》中将之作为术语引入我国。深层

次看，民族志既是一种写作文本，它通过田野工作对人类社会进行深入阐释和研究①，也是"田野工作和文本书写相结合的产物，是研究过程和结果的统一"②。民族志研究可溯源至路易斯·亨利·摩尔根的北美易洛魁印第安部落，后马林诺夫斯基和布朗将其作为"科学性"方法论的基础——以参与式的局内观察法和主体介入"以功能眼光来解释人类学事实"③，最终成为社会质化研究的普遍途径。20 世纪下半叶以来，伴随着"表述危机"和反思人类学发生转向，民族志试图重新讨论和确认"科学性""客观性""真实性"的标准与意义，探寻新的田野工作方法、基础理论与表征方式。从功能主义、结构主义到阐释主义的嬗替演变，实验观念逐渐形成浪潮，迎来了流派纷呈的"实验的时代"。

（一）表述危机、实验民族志与影视人类学

实验民族志开拓了多种"实验性"的书写方式，本质在于试图弥补传统民族志描述存在的缺陷和不足。这是对人类学"表述危机"的回应。马林诺夫斯基的《一本严格意义上的日记》自出版以来，公众对书写者职业道德的质疑和文化霸权价值取向下所谓"客观科学"和"真实描述"的信任逐渐幻灭；继而《写文化：民族志的诗学与政治学》与《作为文化批评的人类学：一个人文学科的实验时代》两部论著引发了学界关于"写文化"的大论争。至此，人类学者更深刻地认识到了权力场在跨文化研究中所导致的主观倾向，以及文化表述的文学性、场景性和虚构性。为了摆脱困境，马尔库斯和费彻尔提出了"现实主义民族志文本书写"，强调"跨越现存民

---

① 陈向明：《质的研究方法与社会科学研究》，北京：教育科学出版社，2000 年，第 25 页。
② 李银兵：《文化描述与文化批评：实验民族志实践方式探析》，《吉首大学学报（社会科学版）》2015 年第 6 期。
③ 转引自王晓江：《民族志方法科学性阐释——兼论中国跨文化传播研究方法移植的可能》，《求索》2010 年第 11 期。

族志文本的局限，描绘作出更全面、更丰富的异文化经验图景"①；戈尔茨主张以文化符号来解释和阐释文化图景，并指出"人类学写作应该包括讲故事、制作图片、构思各种象征主义并进行描述和比拟"②；诺曼·邓金认为，民族志写作应包括自传和基于表演的媒体，"要小说化，借此表达诗意和叙述性的事实，而不是科学事实"③。这些言论加速了实验民族志体裁的多样性和开放性，个体化的、跨学科、跨体裁的混合式多文本活动得到承认。在这一背景下，除了论文、报告、田野日记、专著等文字形态的表述媒介，电影、照片、插图绘画等视觉语言似乎是更为可信的表述方式④。以动态影像记录的方式进行文化表征、阐释与研究的影视人类学得以兴起并迅速发展为人类学范式转型的学术先行者与实践者。

电影发展之初，一批兼具民族志兴趣与艺术才华的创作者，如弗拉哈迪、梅里安·库珀等导演通过拍摄纪录片尝试着将民族志知识转化为面向大众的戏剧式奇观叙事，初步探索了影像的意义建构与文化表征能力。随着影视技术的迅速进步和对蒙太奇视听语言的娴熟运用，影视人类学家让·鲁什通过《我是一个黑人》等影片的摄制，前瞻性地将民族志虚构电影作为一种带有主观视角的阐释性文本呈现在人们面前。这种强调情感表达、视觉化内在精神世界与文化特质的呈现方式"意味着视听语言的文化塑造力更多地深入到民族志电影的文本建构当中"⑤，不但突破了原来"观察式电影"的局限，还与后现代语境中的人类学表征危机突围遥相呼应，

---

① 〔美〕马尔库斯、费彻尔：《作为文化批评的人类学：一个人文学科的实验时代》，王铭铭等译，北京：生活·读书·新知三联书店，1998 年，第 69 页。

② 转引自龚德全：《后现代语境中的民族志生产：一个困惑的追求》，《广西民族研究》2009 年第 3 期。

③ 转引自〔英〕阿兰·巴纳德：《人类学历史与理论》，王建民、刘源、许丹，等译，北京：华夏出版社，2006 年，第 184 页。

④ 黄剑波：《写文化之争——人类学中的后现代话语及研究转向》，《思想战线》2004 年第 4 期。

⑤ 朱靖江：《景观、方法与主体文化表达：人类学与虚构电影的多元关系》，《电影艺术》2018 年第 3 期。

在原影视人类学范式基础上往前大大地跨越了一步，掀起了影视民族志表达的后现代浪潮。

（二）从纪实性动画到民族志动画

作为影像的一种类型，动画拥有比摄录影像更加丰富的形态，也因此被打上"高度假定性的"虚构媒介的标签。然而，通过光化学或光电介质作用生成的图像序列与通过绘制或其他制作方式生成的图像序列本质上都是客观世界的再现符号，它们的区别在于，其主导的再现是复制、镜像，还是重构。从埃米尔·雷诺的活动视镜、摹片技术到斯图亚特·勃莱克顿的逐格拍摄，再到科尔通过胶片直绘漫画动态，以及后来迪士尼卡通表演规则的确定，动画影像一直在通过重构的方式再现"动态"。同时，动画作为一种视觉媒介，从来没有停止过对现实主义的追求。英国先锋动画家约翰·布尔的《速写系列 4》讲述了英国"路易斯塔尼亚"号被德国潜艇击沉的事件①；在科学纪录片《爱因斯坦的相对论》中，动画开始成为科学原理视觉表现的重要手段；美国导演约翰·赫布利夫妇在动画《月亮鸟》中首度使用了真实的录音音轨来叙述真实事件；尼日尔动画导演穆斯塔法·阿拉萨内与让·鲁什合作完成了呈现当地部落民间口述故事的《桑巴大帝》；1991 年，保罗·菲林格尔以自己在第二次世界大战中的经历为题材开始了长达 4 年的个人自传式记忆表达——《从记忆中来》的动画制作；同类作品还有《幸存者》（希拉·索菲亚，1997 年）、《他母亲的声音》（丹尼·斯图比科夫，1998 年）、《月亮与儿子》（卡尼梅卡，2005 年）、《我见到了海象》（拉斯肯，2009 年）、《德黑兰禁忌》（苏赞德，2017 年）等基于客观现实事件重构后的异质性表达。

这些纪实性动画作品在社会引起了广泛反响，跨界论争也日益激烈。

---

① 郭春宁：《人类记忆的重构：关于动画式纪录片的探索》，《民族艺术研究》2017 年第 2 期。

"纪实""记录"等特殊的关注取向与叙事方式令其趋向于发展为一种类型的文本，与影像民族志、人类学之间的双向对流则融通了其原有学科的概念、范畴与理论体系。人类学日渐"成为一种描写与阐释文化的学问……将传统上不被允许进入影像民族志体裁的影视创作手段，如象征、隐喻、虚构或倒叙、并叙、交叉等蒙太奇方式，纳入民族志影片的制作体系当中"[①]。同时，纪实性动画创作也在主动吸纳影视民族志的工作方法与理论范式，用以规范和指导自身的文本实践。面向艺术表达的纪实性动画终于转变为多元语境的存在，并逐渐走向为文化复原、文化阐释、个体记忆分享、经验与历史表达而进行文化书写的民族志动画。

二、悖论与策略：民族志动画的文本反思

动画走向民族志书写首先面临的挑战和质疑是在虚构与幻想的外衣下，有多少真实性能够被保留。虚构往往意味着对事实的编造、幻想意味着对现实的偏离，这都意味着通过动画来反映现实书写文化将面临以下悖论：表达如何可信？表达者与他者的关系如何协调？为此，我们从以下三个方面展开探讨。

（一）科学记录与影像建构

将民族志动画作为文本，延续了"表征危机"和"写文化"争论中的"深描"的文本分析思路。从民族志作为文本（马尔库斯）、文化作为文本（格尔兹）、电影即文本（科林·杨）到后现代民族志文本，文本都被当做表达的核心概念，其自身的演变与解读成为考察的中心、建构机制与原则

[①] 朱靖江：《边界与融合：论影视人类学与艺术人类学的学科关系》，《民族艺术》2016 年第 2 期。

而成为反思的重点。大卫·麦克道格认为，文本的形态应由文字向影像转变，他甚至宣称，"人类学的思维方式亦完成了从词汇到句子为本向从图像到影像为本的转变"①。因此，延续对话、话语、合作和超现实主义的修辞策略，视觉影像的建构功能超越机械复制和记录功能而成为文本生产的核心。

对于实拍影像而言，曾代表客观权威的"观察式现场记录"受到了激烈的批评，"科学记录"被认为是带有拍摄者权力关系的不对等拍摄，且并不能充分剖析人性、揭示复杂而独特的文化特质。取而代之的是，以多向度、反身思考、互动参与和自我取向为特征的共享的影视人类学。但是对于动画影像而言，不论是二维绘画还是三维动画，其呈现的内容记录是否科学可信，取决于科学事实和被记录对象的原始信息是否能通过造型特征或动态特征映射到动画中，诸如迈布里奇用动画序列所分解的奔跑的马的姿态，《故宫》中对整个宫城建筑物的三维复原，孙明经在科普动画片《井盐工业》中对井盐生产原理、流程和关键技术的动态展示皆是如此。这也是一种"建构"的视觉呈现，而且这种建构能力大大强于实拍摄影，就技术而言，动画影像可以通过超写实绘画风格或超写实的计算机模拟图像来无限趋近于现实实拍的影像素材。以现实主义批判、反思和意义呈现为目标的纪实性动画创作探索并未止步于视觉效果表现层面，一批近似于"自我民族志"的动画试图"用所谓社会学的系统反思和情感回忆来理解经历，然后再把自己的经历写成故事"②，如《我在伊朗长大》（帕兰德和莎塔碧，2007 年）、《利普塞特日记》（西奥多·尤西弗，2010 年）等作品都获得了成功。可以说，带有民族志意识且主动进行影像意义建构的动画影

① MacDougall D. The visual in anthropology. *In* Banks M, Morphy H. eds. *Rethinking Visual in Anthropology*. New Haven: Yale University Press, 1999, p. 276.

② Ellis C, Bochner A. Autoethnography, personal narrative, reflexivity, research as subjects. *In* Denzin N K, Lincoln Y S. eds. *Handbook of Qualitative Research*. Thousand Oaks: Sage Publications Ltd, 2000, p. 733.

片成为民族志动画类型文本的雏形。

（二）客观真实与建构真实

民族志动画的另一个关注重点是关于"真实性"的思辨。人类学历史上对"真实"的追求经历了几个阶段。首先，科学民族志时期，人类学家的真实性追求表现为对客观事实的关注，试图通过一系列科学客观的调查方法忠实记录和描述一个社会（异文化）；其次，历史民族志强调对文化结构的真实性进行解释，历史意义上的真实性有着多重样态，民族志趋于去设法弄清结构真实性的社会政治语义①；最后，实验民族志强化了"解释性"的真实认知，民族志文化书写演变为人类学家理解和反映文化的一种实践活动，民族志成为一种部分真实的话语形式②。如今，早期人类学影像记录中所使用的"复原重建""虚构式设定"等拍摄手段已不再被视为禁忌，强有力的数字图像技术与动画手段能够保证科学意义上的真实性和准确性，并为所需的内容表达服务。所以说，在当下影像本身的真实与否已不再是重点，影像的意义呈现与观众之间"真实"的契约关系才是关键。"民族志虚构"能够进行人类学表达的前提在于，对这种契约关系的尊重。让·鲁什、约翰内斯·索伯格等是将虚构作为"安全屋"而故意隔离了拍摄与现实，他们让被拍摄者扮演"自己"，分享的是其个体经验、记忆、想象与情感，而且这一切都是在互动和合作中展开的，表演和拍摄成为参与他者表达的"触媒"。

民族志动画中的真实性也建构在这种契约关系之上。《和巴什尔跳华尔兹》中，作者通过走访 12 位当事人来追溯自己丢失的一段记忆，以个人视角揭露并还原了黎巴嫩难民营大屠杀这段极其惨痛的历史。动画影像表征

---

① 彭兆荣：《民族志视野中"真实性"的多种样态》，《中国社会科学》2006 年第 2 期。

② Clifford J, Marcus G E. *Writing Culture: The Poetics and Politics of Ethnography*. Berkeley: University of California Press, 1986, p. 1.

的虚构感作为"安全屋"，与客观现实中的真实事件形成了隔离，但随着事件被逐渐还原、真相被逐渐披露，影片的最后 50 秒使用了反映大屠杀的实拍镜头，从而使建构的真实与客观现实产生重合并推动了叙事，令情感的唤起达到高潮。这里，影像的虚构与建构成为个体记忆与经历表达的"触媒"，在现实意义与观众之间形成契约关系。从某种程度上来说，民族志动画可视为民族志虚构电影的子类，并可作为多义性影像文本，其人类学影像表达的合法性在于，对客观事实与建构真实之间的微妙把握及现实契约关系的伦理坚守。

（三）书写路径与意义生成

民族志动画的文化书写正好对应了影像民族志发展变迁中所不断强调的经验感知层面的建构和语言表述层面的建构①。从这个角度来说，动画并非仅仅作为一种表现手法或技术手段来参与民族志的书写，而是人类学影像表达的一种新探索，是影像民族志的一种新范式。在民族志动画中，主位叙事者前所未有地获得了充分表达的可能，而客位研究者获得了进入他者文化细节的路径，文化书写则获得了持有者深度介入的使命加持与价值承续。目前，这种书写主要通过三条路径来实现：①书写体验和记忆。文化持有者以个体自传式民族志的方式运用动画视觉来呈现记忆、情感、经历与精神世界。如《番茄酱》通过自传体记忆的挖掘，折射出了 20 世纪 80 年代初的中国社会风貌、意识形态及社群风貌。②书写族群传说与史实遗产。文化持有者在客位研究者的帮助与支持下，参与到对自身族群文化、历史、现状等相关方面的描述、呈现与表达中。动画成为他者自主表达文化与研究者客位观察和思考的路径，如《蒙绒》（王怡婧，2016 年）再现了不足 4000 人的贵州梭戛长角苗族人的历史、现状与文化传统，是通过主、

---

① 李立等：《民族志理论探究与文本分析》，北京：人民出版社，2017 年，第 30 页。

客之间的密切参与式合作，如通过组织当地长角苗族儿童参加动画作品绘制等方式完成的。③书写公共事件与观念诉求。研究者退到文化持有者背后，以他者的立场或与他者共同创作的立场进行自我发声、主权伸张、观念诉求，并通过对公共事件的视觉描述与再现，复原权力场中被屏蔽的历史。《芝加哥10》（布瑞特·摩根，2007年）还原了20世纪60年代美国历史上著名的反战示威游行民权运动及其审判过程，通过动画的"视觉表演"结合真实的历史胶片、录音等方式再现了此次公共事件。

民族志动画中的文化书写，继承了分享人类学合作式的影像主体观、参与式原住民影像主位创作和民族志虚构探索性表达的精神，当其书写趋向于"事实"一端时，即为田野他者的主位呈现，而趋向于"意义"一端时则体现为书写者不同层次、不同程度的"深描"。动画的视觉重构与意义呈现是在"虚构的"视觉感官与"真实的"声音表征配合下展开的，这就造成了民族志动画独有的感官叙事性与具身脱离性，使其能够自由地跨越时空在"回到现场""书写的当下""通感体验"之间进行跳转，呈现出不同于传统影像民族志的表达效果。

三、方法与范式：民族志动画的理论架构

（一）概念、特征及内涵

民族志动画是一种以描述或阐释人类学文化议题为目的的影视人类学研究方法和表述文本，是影像民族志的分支之一。田野观察的参与式工作方法、与文化持有人的互为主体关系、基于他者主位文化表达与情感表达的叙事立场是民族志动画区别于一般非虚构动画片的重要特性。作为研究取向的民族志动画不但要求研究者运用合适的、生动的动画影像富有诗意和情感地进行文化阐释和深描，还鼓励研究者能够将动画作为与他者跨文

化互动、合作的媒介平台，在动画制作、观看和讨论中展开对话与合作，尽量呈现文化持有人的主观意志。

民族志动画首先具备一般传统影像民族志所拥有的基本特征，而又与其他人类学方法有所区别：①以视听语言为主要表述手段；②具有"影像深描"的表述能力；③能直接展现文化持有者的"主位"观点；④具有"赋权"意义的人类学价值[①]。除此之外，民族志动画还具有较为鲜明而独特的个性特征而区别于传统的摄像机影像。第一，具有仿真再现与主观建构和重构的双重价值。第二，具有科学感与艺术感的双重气质。第三，具有丰富影像修辞与既定事实表述的双重诉求。第四，具有虚构性外衣和真实性内涵的双重属性。民族志动画并非只是简单地替换了原来作为实拍影像的"画面"，而是在总结影视人类学运用摄像机进行知识生产、文化研究的历史经验基础上，由各方面积极参与开展前沿性影像表达的新探索和新补充。

（二）研究范式与价值

人类学根据艺术对象和视觉对象的不同而产生了专门的分支学科，动画及动画影片作为视觉艺术的一种类别，被纳入人类学艺术研究所观照的视域之内，因而产生了艺术人类学研究范式下的动画人类学。在影视人类学领域，经历了观察式电影、分享人类学、社区决定法、原住民电影和民族志虚构等范式，人类学家在书写对象面向情感、记忆、梦境、传说、幻觉、神谕等无法拍到的内容时，大胆引进了参与式电影、自传式民族志与蒙太奇技巧、虚构叙事等手法，动画这种视觉媒介也从原来的功能性仿真与注释辅助工具上升为重要的影像修辞策略和表征方法。加拿大印第安人

---

① 朱靖江：《田野灵光：人类学影像民族志的历时性考察与理论研究》，北京：学苑出版社，2014年，第243页。

原住民制作的动画《查理·斯夸什进城》（1969 年）、阿拉萨特与让·鲁什合作的定格动画《桑巴大帝》（1977 年）、《摔跤仪式》（1985 年）都是这方面的典型作品。

另外，动画领域的研究则基于自身的美术性、视听性与技术性等，其范式呈现为跨学科的平行态势，故而在美学、电影理论、设计学、传播学等多个方向形成了较为细分的理论领地。其中，侧重于关注文化研究、社会历史与现实主义题材的动画学者在经历了"先锋纪实性"思辨、"纪录片范式"论争与动画的"真实性"批判之后，终于走进了人类学与民族志范式研究的领地。这一类以纪实和阐释诉求为共同特征的动画文本得以成为一种可持续研究和理论建构的视觉文本类型，并在人类学文化理论与视觉理论、电影理论等多个范式聚合下，生长出属于自身的知识体系与学科增长点。

（三）实践技巧与指导原则

民族志动画的创作实践在整体上须遵循影像民族志的基本准则，影片应建立在长期深入的田野调查工作的基础之上，依托拍摄、绘图、计算机新媒体等多种方式制作动画影像或图像，以便和影片的主要参与者（表演者）建立起高度私密的关系。整个过程中，影像制作者和参与者之间应保持充分的、反思性的对话交流，发挥互为主体的分享精神，互相提供想法、探讨影像表现方式、共同设计所呈现的效果图式。利用动画天然的虚构性外衣、结合情境式的表演营造出"离间"效果以规避所涉及的伦理风险、减少报道人的焦虑和困扰，从而更安全地探索无法为纪实拍摄所呈现的记忆、情感、仪式隐喻、行为象征及其精神世界。

从具体实践看，这就要求研究者掌握扎实的人类学系统知识、熟悉民族志田野工作的整套流程、了解主-客位表述和原住民自主表述等多方位的切入立场与多视角的书写途径，掌握影像拍摄、动画制作和视听表达的技术方法，能够以发展的、开放的视野和积极探索的心态拥抱新媒介、新方法和新形态。创作时可以并行使用摄影机拍摄、访谈录音、现场绘画和后期制作等多种手段，构成动画的材料既可以是绘画图像，也可以是实物模型道具摆拍，抑或是利用计算机数字化生成。通过动画手段、动画风格、动画表达细节的选择、设计和探讨，以及其他动画具体内容的合作生产，主-客位之间的互为主体关系可以得到更深层次的加强。基于这些原则，我们可以根据不同的面向总结出以下技巧：①面向科学性仿真再现的内容，侧重动画技术层面所能达到的视觉真实感或原理可信度表达。应注意对所表现内容的文本依据、史料文献、技术数据等材料进行研究和说明。②面向个体经历、回忆等呈现的内容，应侧重讲述人主位的自传式立场与情感传递。创作时多结合植于生活与体验的口述音轨，且尽量采取原住民自我呈现与自我叙事的"当事人"模式。这要求对文化持有者进行摄影、绘画甚至动画技巧方面的训练和协助，但随着数字新媒体时代新媒体动画App 工具的迅速发展，未来创作将会越来越方便。③面向公共事件、群体仪式、习俗、集体记忆和族群信仰、传说等内容，可侧重使用先传统拍摄、在过程中开展以动画制作为媒介的参与式合作和共同设计、再后期转制并根据反馈动态调整修正等循环式、进阶式的创作方法，也可以结合情境再现、行为再现、事件重构和表现式表演等民族志虚构的技巧进行动画创作，以呈现更具震撼力与丰富度的效果。

结语

作为一种历史长河中存在已久的影像形态，动画从诞生伊始就致力于响应科学探索与艺术探索的多重号召，通过视觉符号的建构和再现为诠释世界、意义表达和呈现提供服务；但作为影像民族志表达和书写的一种文本样式，其作品体系与理论建构仅仅初见端倪，还不成熟。当影视人类学从影像本体的角度进行后现代人类学认识论、方法论和表述方式的反思后，最终走向了承认"多重世界""具体性世界"存在多重表达等基于影像来重新定义人类学的本体论。从这个背景和意义来说，动画虚拟影像本体的建构能力、异质性的表述能力、感官唤起与离间认知的体验再造能力令其必然成为民族志电影进入全球化文化消费时代拥抱新媒介的重要选择。正如鲍江所言，"影视人类学的电影生产与传播以构造人与人相处的契机和场域为指向，致力于呈现活生生的人"①。动画影像的介入与参与，进一步拓展了人类学新本体论语境下所追求的"关于人"的多维度、全方位的鲜活呈现。从具象到抽象、从外部世界到精神世界、从哲学到诗意，民族志动画这一兼具人类学、影视学和艺术学多重品格的文化表达形式的出现，为实验民族志的书写范式、实现自我超越提供了新的形态可能，作为人类学与虚构电影两个不同体系之间学术对话和双向交流的结果，或将碰撞出更具发展潜力的学科增长点与构建出更具发掘意义的学术价值空间。

参 考 文 献

郭春宁. 2020. 异质性的对话：欧美独立动画媒介实验与批判. 北京：中国人民大学出版社.

王怡婧. 2019. 民族志动画的表征策略与参与式设计. 民族艺术, 4.

徐菡. 2016. 西方民族志电影经典——人类学、电影与知识的生产. 昆明：云南人民出版社.

Kriger J. 2011. *Animated Realism: A Behind the Scenes Look at the Animated Documentary Genre*. Waltham: Focal Press.

---

① 鲍江：《本体论分权：影视人类学与文字人类学》，《中央民族大学学报（哲学社会科学版）》2018 年第 6 期。

阐释、描述与呈现：人类学语境下的动画实践

孙玉成

（西南大学美术学院）

20 世纪中后叶，随着后现代主义思潮在世界范围内扩散，人类学的发展也步入了后现代主义时期，视觉人类学的自我反思与让·鲁什开创的"民族志虚构"，促进了人类学电影风格范式的多元化。电影在民族志的"写作"与"民族志虚构"的浪潮中，视觉语言的虚拟性与艺术表达的多样性逐渐得到体现，创作者开始重视人性化和审美格调的书写。绘画、动画、新媒体等手段逐渐进入视觉人类学领域，特别是 21 世纪初更多的影视学及具有多学科背景的学者进入视觉人类学影像的本体实践领域，视觉人类学领域内的研究旨趣也因此多样化，动画与新媒体手段的介入尤为突出，逐渐成为视觉人类学影像表达的一种新范式。

后现代思潮的发展，以及人类学的包容、开放，推动了民族志电影突破原"科学性"概念与原"纪实"理论，"即拿掉人类学学术史上的普遍性概念积淀，保留其知识生产过程的轮廓……不理论、不证明，但说人说事，用公共性而非术语垄断性的作品彰显'美美与共'可能性……还原

为'我——田野工作（我与你）——我与你（写你、写我、写我与你）'"①。
"其中，最为重要的是结构主义人类学、符号-认知人类学、阐释人类学等
人类学理论流派以及更加注重表征的后现代主义人类学。"②人类学领域出
现了反思人类学（reflective anthropology）、实验民族志（experimental
ethnography）、新民族志（new ethnography）等思潮。人类学研究与影视人
类学研究的时空转换遥相呼应，此时的人类学研究由重视田野考察、重视
整体性及民族志的书写研究范式，转换到"注重文化艺术主体对文化模式
的解读、认知以及对文化象征意义的阐释，强调研究中主位阐释与客位阐
释的互动，挖掘个体人格与心灵在文化艺术创造与认知过程中的情感、想
象、幻想的生成转换过程，以及各种'有意味的形式'折射出的艺术心理
图式"③。在后现代主义及全球化的影响下，当代人类学的研究旨趣已从
功能主义、结构主义的宏观研究转向以解释、实践论为主的微观或个案研
究，同时也对传统的文字书写的民族志文本的表达方式和方法进行反思和
批判④。民族志书写经历了"写文化"的反思浪潮，影像民族志的书写反
思也开始转型并从未间断。由法国影视人类学家让·鲁什所开创，并被当
代国际影视人类学界逐渐认同与采用的"虚构式"影像民族志方法，强调
了"虚构式"对社会与文化禁忌的替代式表达，以及在情感、记忆与梦境
等非现实性文化研究中的重要作用。"将现实生活中难以言说的话题，难以
展现的文化内容，以及拒绝被拍摄（或法律禁止）的行为，以虚构的形式
展现出来。"⑤民族志电影逐渐从过去"科学性"框架中解脱出来，转向形

---

① 鲍江：《电影人类学引论》，《中央民族大学学报(哲学社会科学版)》2015年第4期。
② 雷亮中：《影像民族志：人类学知识生产过程与实践》，《西南民族大学学报（人文社会科学版）》2016年第11期。
③ 黄泽：《人类学艺术研究的历程与特质》，《广西民族学院学报（哲学社会科学版）》2006年第4期。
④ 《电影、媒介、感觉：试论当代西方影视人类学的转向与发展》，见朱靖江主编：《视觉人类学论坛》（第一辑），北京：知识产权出版社，2015年。
⑤ 朱靖江：《虚构式影像民族志：内在世界的视觉化》，《云南民族大学学报（哲学社会科学版）》2015年第1期。

式语言丰富、语境多元的人类学电影。动画与新媒体技术也在这种语境下参与到人类学的影像书写中，并逐渐形成一种范式化的趋势。

一、从绘画佐证到动画阐释

信息传递与文化记事是人类社会一直追求的永无止境的发展诉求。人类从原始时期的原始岩画、结绳记事、象形图像与抽象符号文字的形成，再到机器时代的影像复制，图与字如同一部交响曲，有各自的轨迹也有相互的交织，二者从未在发展过程中有过单一的停滞或不和谐的独奏，在信息与文化传递过程中，图与字共同承担了视觉文本叙述的写实和表意功能。"人类发明了视觉的语言以后，在相当长的时间内，他们使用着这种'语言'进行着交流。这种交流远比我们今天想象的活跃……图画是文字的先声。"[1]而图的直观性可以跨越不同地域、不同文化，甚至穿越时空仍然具有视觉信息的原始直观含义。在摄影术没有发明以前，人类学家是在田野调查后以文字和绘制配图的文本表述范式完成人类学议题的记载、记录、传播与汇报的。图案的绘制与增补是对文本幻象思维的引导，是人类学者对文字表达的形象化佐证。"如果我们有机会在人类学田野调查中参与和感知地方文化、哲学、信仰，那么绘画写生将交汇了主客位的思想流程。这样说，画笔是技艺的，而绘画内容是思维、哲学与文化的实践。"[2]

摄影机的发明将传播媒介带到了机器复制时代的图像世界，摄影机对现实的影像复制给人类学家提供了简便易操作的佐证材料，在长期应用过程中与影视学结合而形成影视人类学，并逐渐形成自己的学科理论体系和

---

[1] 王海龙：《读图时代：视觉人类学语法和解密》，上海：上海锦绣文章出版社，2013年，第172—173页。

[2] 庄孔韶：《绘画人类学的学理、解读与实践——一个研究团队的行动实验（1999—2017年）》，《思想战线》2017年第3期。

研究框架。但是绘制图像的表述方式并没有因此在人类学领域结束，而是"随着人类学在后现代语境中放弃了对普世真理的追逐，日渐成为一种描写与阐释文化的学问……将传统上不被允许进入影像民族志体裁的影视创作手段，如象征、隐喻、虚构或倒叙、并叙、交叉等蒙太奇方式，纳入民族志影片的制作体系当中，这也使得当代的人类学影像民族志更具视觉观赏性与文化传播性，甚至通过某些艺术效果强化了其人类学价值"①。随着影视学、艺术学及具有多学科背景的研究人员对人类学议题的介入，绘制图像与绘制动态图像成为可能，于是以人类学文本内容为核心的动画短片在实践探索中迅速成长。"里希特说：'电影取代了绘画，而绘画的诗意却超越了电影。'这是关于动画形式的一个有趣且有些巧合的比拟。"②人类学动画的出现是影视语言与绘制图像在影视人类学学科发展中的时代延伸，是影视人类学谋求由简单呈现、记录描述的文献纪录片到辩证阐释、视觉语言丰富的民族志电影的成长转变，是影视人类学学科发展的必然结果。当动画手段被视觉人类学表述体系所接受时，它已不再是当初绘画那样作为单纯的民族志描写的图说和注解，而是能够形成生动的视觉表达、视觉叙事，从而完成知识生产，成为民族志电影独立特别的视觉表达范式。如今这类动画集群为视觉人类学或动画本体类型发展的理论研究打开了新的窗口，让我们看到多学科交叉、融合，建构层次丰富的视觉文化景观的可能性。

二、媒介语境的变化与民族志电影的多元表达

在新媒体媒介与移动应用媒介泛起的时代，新媒介传播全面渗透到生

---

① 朱靖江：《边界与融合：论影视人类学与艺术人类学的学科关系》，《民族艺术》2016年第2期。
② 〔美〕保罗·威尔斯：《美丽的村庄与真实的村庄——关于动画与纪录片美学的思考》，李晨曦、孙红云译，《世界电影》2015年第1期。

活的方方面面，信息传递的跨时空、跨地域、跨媒体、跨行业等特性，以全球化为特征"呈现"与"描述"着人类的新文明时代。这个时代不仅带来了人类社会交往形态和生活方式的重大变化，也带来了人与人、人与社会空间关系的新构造，还开拓了相关文化研究的新视角。人类学与艺术、摄影、电影、新媒体，它们之间一直保持着与时俱进的历史联系，因为人类学和它的传统主题不断地与艺术生产和艺术生产依赖的机制交织在一起。当然，这种发展也依赖于媒介特点以及某些人类学家与不同的艺术先锋派之间的关系①。正如加拿大著名媒体传播学者马歇尔·麦克卢汉（Marshall McLuhan）所说，跨媒介、跨学科的交叉融合，能释放出新的巨大能量②。

"目前，视觉媒体已成为西方人类学中一个被不断普及的、可接受的研究方法，影视人类学在当代视觉媒体技术的迅速发展之下获得极大发展，无论是在人类学研究方法上还是实践应用中，人类学研究均在强调以视觉为主的多媒体的介入，视觉媒介从广度和深度上正在改变着影视人类学的学科面貌。"③随着科技与媒介的发展，视觉影像逐渐从人类学边缘转向中心的显性发展，影像成为信息传播与文化交流的核心力量之一，以影像为核心的媒介文化构成了当代文化传媒的主要特点。"媒介的转型是最重要的转型，它不仅带来表达和传播的'新的尺度'，新的速度和新的模式，也将带来人们观察方式、叙述方式和思维方式的改变，带来社会、文化的转型，带来人们的生活习惯、文化模式以至整个世界的改变。"④数字信息时代是科技、文化、人文、艺术、经济高效融合的时代，特别是以科技为主导的

---

① 〔美〕乔治·E.马尔库斯、弗雷德·R.迈尔斯编：《文化交流：重塑艺术和人类学》，阿嘎佐诗、梁永佳译，桂林：广西师范大学出版社，2010年，第5页。

② 〔加〕麦克卢汉：《理解媒介：论人的延伸》第五章，何道宽译，北京：商务印书馆，2000年，第82页。

③ 《电影、媒介、感觉：试论当代西方影视人类学的转向与发展》，见朱靖江主编：《视觉人类学论坛》（第一辑），北京：知识产权出版社，2015年，第198—199页。

④ 邓启耀编著：《视觉人类学导论》，广州：中山大学出版社，2013年，第92页。

信息传媒产业改变了传统的生活方式和认知方式，利用新媒体进行多视角、多维度、立体呈现，已经成为视觉人类学新的视觉传达范式。媒介科技的发展和多学科背景研究人员的加入，以及动画与虚拟仿真、虚拟现实技术、增强现实技术等新技术的介入，将推进视觉人类学学科、学术体系的新生与延展，展现出视觉人类学实践与理论研究的多学科交叉语境下的理论关照。这类动画影片是影视人类学在当今媒介发展的自然延伸，是人类学与影视学交叉的实践融合。它不仅是民族志影片的生产制作，还兼有视觉人类学在视觉媒体上尝试应用的实践探索功能，又具有动画与新媒体等艺术本体的艺术独特性。因此，对它的研究切莫只停留在为其寻找多学科交叉的文化注解的表层，而忘却了回归到艺术本体的深层探究。人类学动画是方法，是界面，是人类学知识生产的呈现与描述形态，是视觉人类学的视觉语言主体，是内容载体与传播媒介。在世界范围内，人类学电影的新媒介应用成为一种趋势，其电影也成为民族文化的深层记忆，全球化共享模式也使人类学电影具有了新的流通价值，进一步促进了人类学知识的生产与社会流通。

三、纪实、记录的多元呈现

在世界范围内，随着后现代思潮、阐释人类学、认识论、电影符号学、电影美学与电影记录理念在整个社会学术语境中的转变，纪录片电影的"真理主张"和动画电影的"印象主义"之间的二元论渐渐消散，特别是人类学纪录片与非虚构形式的"真实主义"不再是摄影轨迹上的"现实反射"。随后让·鲁什提出了"民族志虚构"，"民族志虚构"是让·鲁什在非洲从事民族志电影实践过程中提出的一个概念，强调人类学家应借助摄影机介入田野现实并展开以电影为本体的学术表达①。在内容主旨上，经验、思辨和虚拟意识模式之间的相互联系得以确立，"记录"一词在人类学领域及纪录片领域所涵盖的范围再度扩大，使得民族志电影、纪录片、先锋纪实动画之间有了共通的"纪实与阐释"基础。这种共通性突破了其各自的"原概念"边界，三者之间有了融合共通的领域。

1. 民族志电影的"真实"语境

"民族志影片的真实"是有其存在语境的，我们不能将纪录片的"真实"带入到哲学视域内的"真实"，"绝对"的"真实"是不存在的。在人类学"真实"的历史上，关于"人类学能够'彻底'表现'他者'的说法已经遭受到了严厉批判"②。"民族志影片的制作并非手持镜子去映照世界，而是承载着对现实世界的表征任务。"③人类学动画同样是以一种观察者的视角审视、描述与阐释文化，并用自己的本质特征、媒介功能，将人类事件通过特定的叙事手段呈现出来，而没有因为动画的绘制性或符号性对受众的主体意识产生非真实的影响。动画只是信息传达的载体，叙事与建构是它的载体职能，不能因为其假定性与符号化，而否定了他对事件真实信息传达的功能性。如同我们不否定文字是抽象化的符号，我们依然相信每一个文字的指代作用，依然相信文献的记载与传承功能。如同"影像和历史一样，它们的'真相'，从来都是记录者'建构'的"④。正如汉斯-格奥尔格·伽达默尔（Hans-Georg Gadamer）所认为的，历史不是绝对主观的也不是绝对客观的，而是其自身与他者的统一，是一种关系，这种关系包括了历史的真实与对历史真实的认识。

---

① 鲍江：《让·鲁什：民族志电影奠基人》，《中国民族报》2017年12月15日，第11版。

② 〔美〕乔治·E.马尔库斯、弗雷德·R.迈尔斯编：《文化交流：重塑艺术和人类学》，阿嘎佐诗、梁永佳译，桂林：广西师范大学出版社，2010年。

③ 《叙事：民族志纪录片深藏的秘密？》，见朱靖江主编：《视觉人类学论坛》（第一辑），庄庄、徐菡译，北京：知识产权出版社，2015年，第144页。

④ 邓启耀编著：《视觉人类学导论》，广州：中山大学出版社，2013年，第38页。

2. 纪录片与动画的交叉应用

近年来，纪录片与动画混合形式大量出现，甚至动画纪录片的理论也得到广泛论证。动画的加入将人类学影像本体实践推向以新媒介为载体的交互式影像文本描述的境界。在过去的 10 年来，主流纪录片界对于这一新类型的接受，促进了纪录片与动画混合形式的出现，也推动了先锋动画、纪录片与先锋媒体实践的理论思考。在保罗·韦尔斯（Paul Wells）、唐纳德·克拉夫顿（Donald Crafton）、苏珊娜·巴肯（Suzanne Buchan）等动画学者，以及比尔·尼科尔斯（Bill Nichols）、迈克尔·雷诺夫（Michael Renov）、布莱恩·温斯顿（Brian Winston）等纪录片电影学者的实践基础上，新一代学者和电影人正在创造这些新类型的历史，并研究它们之间的相互联系。他们不再关注定义流派，而是注重对影像本体的研究[①]。保罗·沃德（Paul Ward）在他的文章《用事实制作动画：十大动画纪录片的表演过程》中探讨了这种多重关系，他在这篇文章中引用了约翰·沃尔对"看"和"被看"作为参与的反身模式的论述。看与被看的动画记录方式其实又回到了人类学对世界的阐释上来，纪实动画的"纪实"如何才能保证？对此研究的学者似乎已无法回避人类学及其田野考察法，人们逐渐发现只有以人类学田野考察为基础，才能保证纪实性的真实基础，从而建构和阐释文化、传达事实，自身亦成为文化载体，并形成可建构的影视学术类型，这也一直是民族志电影所特有的。

3. 纪实动画的应用探索

在动画领域内，人们对动画的理论研究多看重的是动画的高度假定性，习惯了以娱乐定性它的存在。而较少考虑"动画在纪实大众文化、群体记忆、社会文化批判与反思、种族与性别等方面的作用"这一严肃的话题，

---

① Skoller J. Introduction to the special issue making it（un）real: Contemporary theories and practices in documentary animation. *Animation*, 2011, 6（3）: 207-214.

以及纪实动画进行复杂文本分析的功用与特性。先锋纪实动画的发展为非虚构动画的纪实、记录奠定了实践基础。这在动画电影史上已经不是一个新的现象，并且在动画理论界"非虚构动画""先锋纪实动画""动画纪录片"等称谓也多有出现。但是这些理论仍处于发展阶段，还不完善，特别是在国内有些还处在寻找类型注解的概念表层，缺乏理论纵深的深层构建，甚至对于有些概念还存在巨大争议，但是这类以纪实为共同特征的动画群体的存在是不可否认的。至于它是包含在格里尔逊（John Grierson）的"对现实的某种创造性处理"的概念体系中，还是包含在民族志电影"对现实文化的描述、呈现与阐释"的体系里，甚至与以纪实为基础的先锋动画这三种类型的多重叠压又是一种怎样的关系？等等，已经成了我们不得不思考的问题。也正是"纪实、记录"这种特殊的叙事方式，推动了动画本体穿越不同的类型领地走向多元语境的存在，并为文化复原、文化阐释、文化传承、社会文化案例分析奠定了实践基础。

结语

　　人类学动画是人类学后现代语境下民族志电影与动画电影本体实践的双向对流，"这种流动是双向的，从人类学到动画，反之亦然"[①]。民族志电影在流通、传播、向新媒介转向，在进入全球化文化消费时代的背景下，人类学动画或许会成为一种可能。人类学者和动画创作者以此对社会情境或人文事件进行了文化解读。这一以人类学田野考察为研究方法的动画实践，用绘制化的表象语言生产了人类学知识。人类学动画在风格与技术上包含了绘制型动画、CG 动画，甚至它的外延包括具有连续指向性的舞蹈、

---

① Callus P. Reading animation through the eyes of anthropology: A case study of Sub-Saharan African animation. *Animation*, 2012, 7（2）: 113-130.

雕塑等实体语言拍摄的定格影像（在动画方面最好的实例就是布偶动画、黏土动画、剪纸动画等）。这种经过技术、艺术创意、创造的视觉语言，摆脱了以光影反射为基础的摄像影像的许多固有限制，视角独特、趣味浓厚，且更富亲和力，CG 动画同时也为视觉人类学前所未有地再现文化器物，模拟消失的文化现场、梦境与记忆并有效回避阐释触碰伦理的文化禁忌。这使人类学动画在这些方面的视觉表达更亲近现实、更有利于人类学知识的传达、更具有大众传播的意义。另外，这也扩大了动画的本体应用领域，动画开始介入反思历史、扫描社会、阐释族群文化及文化批判等议题，并由泛娱乐转向社会纪实、社会考察、文化辨析与文化阐释等"严肃"话题的内容拓展与类型延伸。

目前，人类学动画涉及的议题有个体自传、族群历史与公共事件、人类历史考古、族群意识形态阐释、语言文学（动画影像化保存民间口述）、文化遗产的人类学再现等。上述议题虽然内容各异却有共同的制作规律和应用手法，其通过对文化事件的阐释性描述而成片，有着严肃的主题、严谨的故事建构、深入的人物刻画、别致的纪实叙事，以动画为视觉描述手段，以民族志电影创作规范为蓝本，成为视觉人类学新的表述类型。但是"这一视觉表述与研究方法远未臻于完善，尚未形成具有纲领性和普遍意义的知识体系，即便是参与影像民族志创作的少数学者，大都将其视为文字型民族志或人类学理论研究的补充，少有从视觉思维、视觉语言与影像本体的角度，从事先锋性影像民族志的探索与实验"①。

人类学动画挑战了现实与虚拟之间的界限假设，也正是动画在"真实的"和"虚幻的"之间无缝地移动，使得它既独一无二，又与其他数字媒体类型紧密地联系在一起。动画与人类学的结合成为我们认识人类世界的一个重要的视觉组成部分。它给了我们另一个审视世界、建构动画的视角，

---

① 朱靖江：《中国人类学影像民族志的文本类型及其学术价值》，《广西民族大学学报（哲学社会科学版）》2013 年第 1 期。

使我们对动画类型的建构形成了多重认知。要研究这类影片、阐明这类影片与视觉人类学的学科理论关系，促进其在实践中更好地发展，其自身应有一个概念、术语和思辨体系，并使其成为学术中的研究对象。梳理其从内容融合到类型发育、类型转变、新类型的确立，绘制出人类学动画的发展图谱及概念界域生成的理论建构，甚至更为准确地找到创作的出发点、路径、目的与价值等成为当下研究最为重要的工作之一。这类影片作为视觉人类学的学术新生体，学界在研究过程中不应简单粗暴地界定这一类型的概念和划分界域，而应暂以"人类学动画"这一"称呼"来统称这一动画群体，并将这一手法作为视觉人类学的表达范式、组织原则、功用、审美和文化价值来对待，从而使我们对这类动画作品的分析讨论具有更现实准确的实践场域及理论涵盖。

另外，在视觉（影视）人类学理论框架下应对这一视觉类型的发生、发展、文化特征、视觉本体、视觉叙事与本体功用、价值等做整体的线性梳理研究，并构建这类动画的基础性范式，使之成为一个可持续研究的视觉文本类型。建构从人类学视觉实践到动画生产的认知体系及价值秩序是非常必要的。因为动画应用到影视人类学书写，并不只是人类学的视觉表达工具，它是从人类学田野考察所观察到的具体社会现象、各种社会历史尤其是当代世界中体现出来的社会人文文化事件，它的分析是在视觉人类学的方法下展开的。"如果我们只考虑其影视的'记录'功能，Visual Anthropology 可能会陷入工具论的泥沼。"[1]自从影视人类学（视觉人类学）学科建立之初就已经确立了影视民族志自身的学科性与学理性。亦如邓启耀先生所说，"从物的工具应用到人的观察、认知和思考，到文化的多样书写和传承，有助于建设一个更加坚实的理论基地和拓展一个更有张力的学科领域"[2]。而这种动画类型将会与多媒介融合渗透到一系列的视觉媒体

---

① 邓启耀：《视觉人类学学科建设架构初探》，《民族艺术》2015 年第 1 期。
② 邓启耀：《视觉人类学学科建设架构初探》，《民族艺术》2015 年第 1 期。

实践中，它所涉及的文化艺术层面，在深度和广度及其理论阐释维度上将超乎我们的想象。对于这类动画作品展开理论研究，有助于其自身发展与理论实践的相互完善，有利于对其进行深层意义的、系统的文化解读。我们所要做的就是将这类以绘制和影像为基础的动画，作为一种有文化内涵的完整形态来研究。如果对这类动画没有一个清晰完整的历史认识，就不会了解人类学动画今天的面貌。对这种动画类型的历史梳理、理论探索将成为我们值得深入研究和探讨的新课题。

具身脱离与影像修辞：试论人类学动画的自我转向

孙少华

（四川大学文学与新闻学院）

人类学动画不再"看你讲他人的故事"，而是"我来讲我自己的故事"，曾经的具身体验已经在时间的延宕与洗礼中成为经过自我意识润饰后的心理经验，它比传统民族志的书写模式更加后置体验的原初性。在情感唤起与共鸣中，人类学动画成为连接创作者与观者的黏合剂，因此它不再局限于狭隘的地域文化中心主义，不再止步于侧重认识论与知识论的传统人类学命题，而是进一步从目的论视角审视人类学知识的具体应用与终极价值。

伴随人类学研究的后现代转向，越来越多的实验民族志与新民族志开始摆脱传统人类学研究的学科范式，对表征与阐释的愈发重视。新媒介环境对民族志影像的内在要求使动画开始参与人类学书写，并逐渐规模化为一种新的视觉人类学范式。但目前学界关于"人类学动画"概念的界定其实尚未明晰，作品类型的划分边界比较模糊，其叙事模式也时常介乎故事片与纪录片之间，概念自身的合法性与有效性尚处于争论之中。但必须承认，一大批基于真实文化经历、具有人类学价值且不同于一般商业动画的作品正在大量涌现，它们切切实实地正在冲击现有民族志电影的视觉规范体系，从而扩展民族志的文本类型，暂以"人类学动画"来称谓它们将帮助我们有效厘定、分析其共通性。尽管这些人类学动画的风格类型与技术手段非常多样，但它们与传统民族志电影的一个共同之处就是其影像呈现的"具身脱离"。

一、从他者到自我：人类学动画的"具身脱离"

自笛卡儿以来，主导人文社科的身心二元论一直将物质性、感官性的身体视为理性心智的臣属对象，相对于产生意识与寄宿灵魂的心智来说，身体仅是生理反应的载体与连接外部世界的媒介。但随着知觉现象学的发展，由"身体观"转向"身体感"的"具身性"研究逐渐成为重要的方法论。梅洛·庞蒂认为，身体首先是具有生存意向性的身体，知觉综合必须依靠身体图式的前逻辑的统一："知觉范畴和形式，在个体经验之前已经确定了，它们适应于外部世界，其理由完全相同于在马出生前马的蹄子已经适应于大草原（steppe）的地面和鱼在孵化前鱼的鳍已经适应于水。"①因此，身体比心智更早地与世界认知系统完成耦合，知觉和理智其实必然受到"具身"经验的形塑。

这种"具身性"观念导致了人类学研究的"感官转向"，它使研究者在关注他者文化感官经验与感官秩序的同时开始重视研究者自身"体验性知识"的获得与记录，传统民族志抽象文字与具身性感官体验之间的矛盾因而逐渐暴露。这些都为实拍影像这种能够创造亲密感和认同感的表征媒介进入人类学做好了铺垫。当然，具身观念指导下的摄像机不仅是工具论层面上能够准确记录田野调查的机器，还是一具与拍摄者共同参与文化体验

---

① 转引自李恒威、盛晓明：《认知的具身化》，《科学学研究》2006 年第 2 期。

的"身体"，它尤为注重对物质存在方式及其文化整体氛围的感知与记录。这种视觉方式类似于马尔克斯在《电影的皮肤》（*The Skin of the Film*）一书中提出的"体感视觉"（haptic vision）①，即将视觉作为一种能够触发其他感官体验的"唤醒"力量嵌合在整个感官系统中。其所感知并呈现的同一空间多感官则近似于美学家格诺特·波默所说的"气氛"，这是一个物我不分的整体性情调空间，空间本身就是拒绝拆解的唯一整体之"物"。在这种感知空间中，知觉者与被知觉者、空间浑然一体，自我与他者之间蔓延着无数潜在的情感流动。

但我们必须认识到，民族志电影对"具身性"的强调与克莱潘扎诺的"民族志式的交往"（ethnographic encounter）、杜伊尔的"事件+对话"（events+dialogues）以及拉比诺的"交流的阈限"（liminality of communication）理论一样都是为了在情境化、动态化的文化氛围中深化主体间性的反思，即思考如何在具身性的基础上与被研究者形成"通感"，以最大限度地体认他者无法言表的身体感觉与情感思想，从而进行自觉的跨文化比较。这其实仍然没有背离传统人类学对文化他者的极致关注，只是民族志电影的姿态更加亲近与"无间隙"，因为它在一定程度上规避了研究者冷漠"凝视"所可能导致的观察偏见以及抽象文字"转译"过程中造成文化误读的风险。但随着后现代与后殖民观念进入人类学研究领域，民族志电影的"他者"不再是偏远的异类族群，而是我们朝夕相处的本土文化与同类人，甚至是我们自己。后殖民理论家霍米·巴巴指出："他者是内在于自我之中的，异己者的存在与参照是社群形成的前提条件，因此，异己者内在于社群的精神结构，是一个在内的他者。"②这意味着传统民族志对他者族群的关注在某种程度上其实是对自我的比照与反思，人类学的视野终将回归对自我与"我属"族群的审视，因此，越来越多的实验民族志电

---

① Marks L U. *The Skin of the Film: Intercultural Cinema, Embodiment, and the Senses*. London: Duke University Press, 2000.

② 翟晶：《后殖民视域下的当代艺术——霍米·巴巴对艺术批评的介入》，《文艺研究》2018 年第 2 期。

影开始在"人观"概念的影响下将镜头转向自我，如第一人称民族志与自我民族志，人类学动画也是其中一种重要的类型。

梳理 21 世纪以来颇受关注且符合上述基本要求的动画作品，我们可以发现，从《瑞恩》（2004 年，克里斯·兰德雷斯）、《我在伊朗长大》（2007年，文森特·帕兰德）、《和巴什尔跳华尔兹》（2008 年，阿里·福尔曼）、《我是大屠杀幸存者的小孩》（2010 年，安·玛利·佛莱明）到《利普塞特日记》（2010 年，西奥多·尤西弗），这些人类学动画正在打破传统民族志研究的文化认知一元论模式，其重心已逐渐趋向对自我内心的感知与对个体创伤记忆的重构。它正成为近似于"自我民族志"的一种类型，不再"看你讲他人的故事"，而是"我来讲我自己的故事"。卡罗琳·艾丽丝曾这样描述自我民族志的发生过程："我开始了我的个人生活。我注意我自己的身体感受、思想和情感。我试图用所谓社会学的系统反思和情感回忆来理解我的经历。然后，我把我的经历写成故事。"①

人类学动画的自我转向必须归功于动画所提供的媒介支持，动画这一"自由"的影像形态与自我表达以及非具象的内心世界有着天然的亲近性。从传统民族志电影的操作规范来看，非纪实性动画影像并不必然意味着内容的虚构性，它其实首先表明影像对具身体验记录的非直接性与非现场性，即动画所呈现的其实是对体验的回忆与想象。当创作者绘制形象时，曾经的具身体验已经在时间的延宕与洗礼中成为经过自我意识润饰后的心理经验，它比传统民族志的书写模式更加后置体验的原初性。这显然将造成一种视觉呈现上的"具身脱离"，即从影像层面使观察者的感官身体从他者文化现场撤离，从而消解纪实影像中主客浑然一体的现场"气氛"，破坏拍摄者与被拍摄者间的"通感"纽带，使主体从曾经的参与者转变为创作中的回忆者与旁观者。这意味着体验本身已经延绵为情感与记忆的养分，而他

① Ellis C, Bochner A. Autoethnography, personal narrative, reflexivity:Researcher as subject. *In* Denzin N K, Lincoln Y S.eds. *Handbook of Qualitative Research*. London: Sage Publications, 2000, pp. 733-768.

者则成为主体情感生发的背景，对他者的追忆与描绘在某种程度上其实是对自我的审视。

因此，当下人类学动画不再消隐自我去观察、描述他人生活，而是注重描述个体的自我体验与自我意识，它尤为重视通过呈现特定文化中个体的情感波动与精神状况来自我剖析。因此，一些作品比较青睐自传式的个人叙事，且时常涉及最私密的身体体验和情感经历，而正是这些本该隐而不宣的细节成为创作者深入审视自我主体人格与宣泄压抑情感的关键《我在伊朗长大》《和巴什尔跳华尔兹》《我是大屠杀幸存者的小孩》等作品所追求的显然已不是对文化"他者"理性化、科学化的呈现，而是对不稳定甚至是无逻辑主体内心世界的详尽描述，情感细节的彰显其实是对一系列个体精神图谱的形象化演绎，对文化"气氛"的深描已让位于对个人心理的"深描"，人类学动画的这种现状正好印证了德勒兹对电影的论断："（电影）不是在讲述一个故事，而是在展开一系列精神状态。"①

二、从记录到表达：人类学动画"陌生化"的影像艺术修辞

传统民族志电影大多是一种以追求"客观真实"为美学基础的"严肃话语"，其影像与现实的"索引性"关系决定了它更多的是作为一种记录"可见证据"的工具，这便要求影像必须如玻璃般，能使观者直接"穿透"媒介而看到其呈现的对象。这意味着越是弱化影像媒介的存在感就越能客观展示文化他者，从而彰显其学科工具价值，这使影像艺术修辞几乎成为民族志电影的禁忌。卡尔·海德便曾指出："我们必须首

---

① 〔法〕吉尔·德勒兹：《时间——影像》，谢强、蔡若明、马月译，长沙：湖南美术出版社，2004年，第 275 页。

先并且要不断地强调民族学性一定要优先于电影摄影的艺术性，当民族学的要求与电影摄影的要求发生冲突时，必须以民族学的要求为主。"① 显然，这种对影像修辞的"拒斥"仍是一种对他者的"拥抱"。但这一影像观念早已伴随"写文化"论争所引起的研究范式转向而发生改变，对文化叙述人为建构性的承认使得各种影像表征技巧开始作为一种策略性实践进入民族志电影。

但不可否认，纪实影像"物质现实复原"的本性终究在一定程度上限制着民族志电影的修辞手段，许多政治、文化禁忌和现实道德伦理也会影响影像的具象呈现。与此相较，尽管动画的非纪实本性在一定程度上放弃了对文化现场整体"气氛"与"默会知识"的复现和捕捉，但感官身体的"具身撤离"也使创作者更加专注形式表达。因此，越来越多的人类学动画开始在呈现基本文化事实的基础上建造主观、艺术的心灵景观。这种相较于"呈现什么"而更加关注"如何呈现"的趋势实质上是对影像媒介特性的凸显，它使观者在审视他者前必须首先审视媒介本身与媒介中所映射的自我，这便为审美传达与艺术"天才"保留了余地，它使文化现实呈现出俄国形式主义所说的"陌生化"效果。于是，现实世界以非现实的视觉形式予以呈现，熟悉的文化景观生发陌生的知觉体验，创作者个人的思想态度与情感反应便在形式的张力与反差中越发清晰。保罗·利科说过，"言说不仅是一种向自己翻译自己的日常行动（内在到外在、私人到公众、无意识到有意识等），而且明显是一种将自己翻译给他人的行为"②。在由"科学"向"诗学"漂移的过程中，人类学动画的影像"书写"彻底成为自我言说与自我解释的形象化言语。可见，人类学动画的"自我"转向不仅是主题内容上的自我关注，还是形式表达上的自我抒发，即它在呈现自我的同时也在通过"陌生化"的影像修辞来自我呈现。

---

① 〔美〕卡尔·海德：《影视民族学》，田广、王红译，北京：中央民族学院出版社，1989年，第24页。

② Ricoeur P. *On Translation*. London: Routledge, 2006, pp. xiv-xv.

　　"陌生化"首先表现在强烈的叙事冲动与多样化的叙事策略上。与记录不同，叙事不仅是对系列事件的再现，还是对事件素材的情节化组织。这意味着人类学动画的叙事者在准确复现文化体验的同时，还需将复杂、纠葛、多义甚至是模糊的文化记忆编织成一个具有时空统一性与逻辑一致性的"故事"，它必然涉及叙述者自身对事件的推论、想象与归纳。因此，人类学动画"讲述"的实质是对文化事实进行认知、分析、解释并赋予其意义的过程，倒叙、插叙、并叙、重复、悬念乃至虚构等技巧其实间接地反映了叙述者对文化现实独特的理解图式。例如，《和巴什尔跳华尔兹》通过对战士走向海滩这一片段的不断重复与穿插来展开角色的记忆探索，并暗示自我的断裂与创痛的反复。这种"自我叙事"（self-narrative）其实也是叙事者的自我认同与自我建构，因为讲述自我必须将零散的自我片段整合成具有连续性人格的完整自我，"在对其他人描述我的处境、做我自己是什么感觉时——我检视了自己的状况，并试图找到我的核心特质"①。

　　"陌生化"更体现在画面的形式主义风格上。事实上，除了在纪录片与科教片中作为历史还原或资料呈现辅助工具的动画影像，人类学动画确实更倾向于风格化的视觉修辞，即便是逼真写实也不是出于工具性的学科要求，而是创作者的主观设计。这与动画生成的人为性有着直接联系，安德烈·巴赞认为，唯独在摄影中，我们有了不让人介入的特权②，因此它排斥影像生成过程中的"具身"参与。而人类学动画却迎合这种人为介入，其对文化现场具身体验的"延异"与淡化或许正是为了制作层面的具身参与。手的具身舞动彰显着绘制者强烈的个人印记，笔触间所流露的是对形象的缕缕隐秘思绪，每一处艺术加工都是自我意识的彰显。因此其影像质

① Shotter J. Social accountability and selfspecification. *In* Gergen K J, Davis K E. *The Social Construction of the Person*. New York: Springer Verlag, 1985.

② 〔法〕安德烈·巴赞：《电影是什么？》，崔君衍译，北京：中国电影出版社，1987年，第11—12页。

感不是"浓稠"视觉信息的堆积，而是触知体验所雕镂的情感层次，它赋予色块、线条以精神的力度。例如，《瑞恩》将主角雷恩·拉金设计成一个只有半个头颅的怪异形象，头颅内部如同显示器般闪耀着表征情绪的斑斓色彩。尽管这种怪异造型造成了一定的认同障碍，但其与真实形象的偏离也使其具备了象征与隐喻的潜力。在画面空间上，这些人类学动画则更倾向于用写意线条勾勒 2D 世界，它们有意通过平面化构图压缩视觉空间，从而消解画面的纵深感与立体感。这其实是对中心透视的有意拒绝，它们反对像纪实影像那样依靠中心透视对画面空间的向外延伸为观者提供一种上帝视角，因为这种特权视点否定了来自不同文化间的视线交错，并使观者在无意识中以极度自我中心的偏见视角去"审查"所谓的异文化。它们更倾向于通过平面化的视觉风格去构建一种更平等的复合视点。

　　人类学动画的形式主义转向表面上似乎违背了民族志研究的学科规范，但其背后其实是从视觉形式层面对文化个体与文化现实关系的重新置配。常规、陈旧甚至是麻木的视觉经验已然无法深入洞悉变动不居的实在世界，传统的再现系统也已不能准确呈现复杂、多元的社会与文化现实。什克洛夫斯基认为，艺术之所以存在，就是为使人恢复对生活的感觉，就是使人感受事物，使石头显出石头的质感[1]。人类学动画与艺术"联姻"的实质是对传统民族志视觉惯例的解构，它通过创造视觉上的新奇体验，以使观者在对形式的持续警觉中实现对现实认知的深化与对文化身份自满态度的反思。可见，在由"具身感"向"陌生感"的认知模式转型中，人类学动画的自我呈现绝不是封闭式的自我陶醉，而是关乎群体与文化现实的洞见性表达，是一种内在地包含观影他者、注重"传播"效果的开放式自我呈现，其表达中暗含着更普世的人类学目标。

---

[1] 〔俄〕什克洛夫斯基：《关于散文理论》，北京：作家出版社，1984年，第15页。

三、从我到我们：人类学动画的受众传播与情感"唤起"

与重视客观资料收集与方法论严谨程度的传统社会质性研究方法不同，重视艺术表达与文本反思性的人类学动画显然更关注受众情感的共鸣，这使其游弋于学术研究与艺术创作的边界，缺乏稳定的定性标准。必须承认，人类学动画与传统质性研究相比存在一定弊端，如动画影像限制了作品的认识论价值，对个体记忆的过分依赖，使自我成为唯一的数据来源，叙事则是对生活的强行"结构"。但这种对可信性而非准确性的重视正是其魅力所在，因为对记忆的关注使多数人类学动画追求的已不再是在翔实资料的呈现中再现真实的文化现实，而是致力于产生一种真实的感觉，因而它与艺术一样必须在欣赏者的观看中才能实现自身的完整性。因此，对人类学动画这类更加"前沿"的"艺术型"质性研究方法的可信度评估标准应该更加侧重受众维度，这意味着相较于文化现场空间，人类学动画更加重视影像制作的媒体空间与作品欣赏的观影空间。

事实上，人类学动画关于沉痛民族历史或文化事件的创伤记忆首先是一种情感或情绪记忆，是当某种情境或事件带给个人强烈或深刻的情绪、情感体验时，就会引发其对情境、事件的感知和记忆[①]。它记录着创作者亲历创伤事件时的强烈情绪。人类学动画其实与自我民族志目标一致，它们寻求的不是具身体验中与被摄对象之间通感的建立，而是在观影过程中触发观众与作者间的通感，从而实现情感上的理解与连接。

上文所论述的影像艺术修辞其实也是为了更好地实现情感的唤起，当下人类学动画所重视的其实是影像观看过程中连续不断的情感体验与感官震撼，它意在使观众处于持续的"情动"反应之中。《利普塞特日记》

---

① 杨治良、孙连荣、唐菁华编著：《记忆心理学》（第三版），上海：华东师范大学出版社，2012 年，第 416 页。

等一些在影像呈现与蒙太奇运用上非常极端的人类学动画甚至有意弱化情节与行动，用无逻辑的快速剪辑破坏动作的完整流畅性与镜头匹配的一致性，从而使叙事时空脱节失序。于是，影像时空逐渐成为呈现情感流动的"非场所"（non-place），它使观者在断裂式的感知失调中体会创作者分裂、隐秘甚至是些许迷狂的情感起伏与精神波动。总之，当下的人类学动画所追求的其实是多重层次的情感感知与情感共鸣，它使影像不仅是一种再现手段，而且是连接创作者与观者的黏合剂。于是，观者从被动的内容接收者变成了主动的共同体验者，创作者是"我"，观众是"你"，而主题则是"我们"。可见，人类学动画在触动观者情感的同时也希冀构建一个平等、合作式的交流与对话场域，以进行个人经历与文化情感的揭示和共享。

这种"共享"必然包括对创伤记忆的共享。人类学动画创作者的文化创伤记忆是一种亲历性但却私人化的个体记忆，其创伤体验难以转化为集体记忆或社会记忆，更难以深化至道德反思与文化批判的层次。但作为影像媒介的人类学动画却为个人经历进入公共话语场域提供了渠道，它使个体记忆得以上升至伦理学家马各利特所说的"分享记忆"，从而具备作为公共议题或公共政治的普适性，"体验创伤"便成了一个具有深远规范寓意的社会学过程。《和巴什尔跳华尔兹》《我在伊朗长大》《德黑兰禁忌》等作品都将这种个人经历引申至国家甚至整体人类层面的文化创痛。可见，人类学动画对记忆的共享不是个人记忆的简单聚合与数量增加，而是在对观者情感的唤起中使个体的身体或精神创伤扩展为集体语境的文化创伤，使个人危机在宏观的文明反思与历史思辨中上升为民族、国家甚至人类危机。正如杰弗里·C.亚历山大所说："借由建构文化创伤，各种社会群体、国族社会，有时候甚至是整个文明，不仅在认知上辨认出人类苦难的存在和根源，还会就此担负起一些重责大任。一旦辨认出创伤的缘由，并因此担负了这种道德责任，集体的成员便界定了他们的团结关系……社会便扩大了

'我们'的范围。"①

在从"他"到"我"到"你"、再到"我们"的过程中，人类学动画超越了简单的艺术表达与自我关注，上升为一种具备文化内省高度的伦理实践。王汉生和刘亚秋认为，对记忆的关注"不仅是为了'对抗遗忘'，同时也是为了更好地理解'现在'"②，处理记忆其实是对过去、现在与未来关系的重组，它映射着人类迫切的现实需要。对文化创伤的表述也绝不仅仅是"神义论"意义上对苦难意义的找寻，它寻求的不是救赎，而是行动，是联结社会群体对整个现有文化结构的撼动，其影像内容所"刺穿"的是文明的根本矛盾。因此，它不再局限于狭隘的地域文化中心主义，不再止步于侧重认识论与知识论的传统人类学命题，而是进一步从目的论视角审视人类学知识的具体应用与终极价值，列维-斯特劳斯认为，民族志研究的目的与意义正在于帮助人类建构一个关于理想社会的理论模型。可见，在当前这个潜伏着各种矛盾冲突与文化危机的世界中，人类学动画有着更加宏大与长远的人类学目标，它怀着关怀与把握整体人类命运的胸襟，指向的是更美好、更完善、更有意义的文明前景。

结语

我们始终不应忘记，人类学本身就是一种对"人是什么"进行追问的方法。从这一逻辑出发，人类学动画不仅是作为知识或工具的人类学，而且是作为方法的人类学，它是对"人"的回归，它不仅从文化视角深入地研究人，更立足人的视野重新审视文化。因此，对人类学动画合法

---

① Alexander J C. Toward a theory of cultural trauma. *In* Alexander J C, Eyerman R, Giesen B, et al. *Cultural Trauma and Collective Identity.* Berkeley: University of California Press, 2004, p. 2.

② 王汉生、刘亚秋：《社会记忆及其建构：一项关于知青集体记忆的研究》，《社会》2006 年第 3 期。

性的确证不应过多纠缠于动画影像的真实与否，而应追问动画这一形式是否拓展了人类学研究的视野，是否从新的视角帮助我们深化了对人的认识。

模糊摄影：失去焦点之后的艺术

杨小彦

（中山大学传播与设计学院）

目前，人类存在的最早照片是尼埃普斯（Joseph Nicéphore Nièpce，1765—1833）在 1827 年（也有说 1826 年）拍摄的窗外景色，他在家里用自制的摄影机镜头对着窗外，在一块经过处理的平版上曝光了 8 个多小时，最后得到的是一张模糊的影像。这张被称为《勒格拉斯的窗外景色》（*View from His Window at Le Gras*）的虚朦照片，说明当时的摄影技术离成功还有相当大的距离，摄影处于成型过程中，远没有达到理想的效果。不久，尼埃普斯有了一个得力的助手与合作者达盖尔（Louis-Jacques-Mandé Daguerre，1787—1851），他们两人通力合作，寻找接近清晰目标的途径与方法。不过，尼埃普斯突然去世，他将所有资料交给了达盖尔。达盖尔继续做着各种有关的实验，最后，在 1838 年下半年获得了技术上的重大突破，并于第二年（1839 年）一月，在法国科学院院士、著名天文学家阿拉贡（Dominique François Jean Arago，1786—1853）的有力推动下正式对外公布。为了推广达盖尔摄影术，法国政府还买下了这一项专利，公开让全社会拥有。由是，这一年成为摄影术诞生的一年。

的确，和尼埃普斯当年所拍摄的窗外景色的照片对比起来看，达盖尔拍于 1838 年的《巴黎圣殿大道》(*Boulevard du Temple, Paris*)，无论在成像细节方面还是清晰度方面，都远远超过了前者，这说明摄影的技术标准是建立在清晰度之上的。不过，在达盖尔这张可能是人类第一幅城市街景的照片中，仍然留下了模糊的影纹。照片中的街道并非空无一人，因为曝光时间过长，无法留下行走中的人影，只有一个擦皮鞋的工人和他的客户，因为相对不动，其身影才较为清晰地留在了镜头之中。如果仔细观察这幅照片，街上行走的人群还是"有影可循"的，只是在过长的曝光中他们成为一抹暗影，让街道多少增添了些诡异的气氛。

　　和达盖尔同时发明摄影的还有英国人塔尔博特（William Henry Fox Talbot），他拍摄的方法以及获取影像的思路和达盖尔完全不同，达盖尔是独幅的，在银版上留下的影像，观看时必须与光线形成一定的角度，否则就会呈现为负像。塔尔博特的成像有正片与负片，先在透明纸上形成负片，然后再用负片印制出正片。塔尔博特称这一方法为"光的素描"（photogenic drawing），强调摄影是用光去描绘自然的一种方法。按照摄影史家内奥米·罗森布拉姆（Naomi Rosenblum）的描述，塔尔博特在 1833 年赴意大利度蜜月期间随手绘制了一幅钢笔画。正是这幅画让他萌生了一个想法，希望能找到一种方法把镜箱毛玻璃上的影像固定下来[1]。这显然是他发明摄影的最初动机。塔尔博特后来把该方法命名为"卡罗法"（calotype）看来是有原因的，因为"卡罗"（calo）是希腊语"美丽"（kalos）的意思，而摄影指的是用光去描绘优美的图画。在经过好几次技术上的突破之后，以正、负片为基础的卡罗法战胜了独幅银版照片的达盖尔法，成为摄影成像的主流，直到数码技术成熟之后才被取代。事实上，在摄影技术发明后的 20 多年里，摄影界流行的主要方法是达盖尔法，而不是卡罗法。几年前，笔者在美国加利福尼亚州的盖蒂博物馆看过一个摄影展，名叫《维多利亚

---

[1] 〔美〕内奥米·罗森布拉姆：《世界摄影史》，包甦、田彩霞、吴晓凌译，北京：中国摄影出版社，2012 年，第 27 页。

时代的影像》，其中正式展出了塔尔博特的纸基底片和据此印制与放大的照片，展览还包括那个年代重要的战地摄影开创者罗杰·芬顿（Roger Fenton，1819—1869）所拍摄的英国皇室照片。笔者认真对比同时期达盖尔法银版独幅照片和卡罗法纸基照片的质地，发现两者间的差别正在于清晰度上。因为那个年代纸基的透明度并不完美，而且还两次曝光，所以用卡罗法拍出来的照片，在清晰度上无法和达盖尔法相比。与塔尔博特同时代的科学家、对摄影发展做出重要贡献的赫歇尔爵士（Sir John Frederick William Herschel，1st Baronet，1792—1871）曾经致信塔尔博特，高度赞扬达盖尔法所拍出来的照片，在清晰度上如何地令人信服①。后来，当卡罗法的清晰度已经解决，利用一张负片可复制多张正片的优势才为人们所接受，达盖尔法因此而退出历史舞台。

与清晰度相对应的是对运动的捕捉，当感光度还没有达到一定速度时，清晰地拍摄运动中的物像几乎是不可能的。早期的肖像拍摄，所拍对象必须把后脑固定在一个架子上，用以减小抖动的可能，只有这样才能拍出相对清晰的照片。只是，按照这种方法拍出来的人像，人物表情不免僵化，目光呆滞。摄影技术从发明之日起，清晰度就是这一专业的基本准则，没有人想去挑战这一点；相反，对清晰度的追求正是摄影技术得以迅猛发展的内在动力。至于因清晰度而带来的表情僵化问题，使摄影乍一看起来"缺失"了某种艺术性，无法和绘画相比，则是没有办法的事。摄影面对艺术时的"自卑"，这大概也是重要原因之一。

捕捉运动中的正确姿势，一直是西方艺术追求的一个重要目标，静止的物体因为是静止的，可以从容观察、仔细分析、深入研究，但对运动的观察却带有某种可能的推理，是对动作的一种理性分解，涉及如何把过程放在静止的空间中，通过典型的动作暗示时间的存在。在这方面，古希腊

---

① 〔美〕内奥米·罗森布拉姆：《世界摄影史》，包甦、田彩霞、吴晓凌译，北京：中国摄影出版社，2012年，第634页"注9"。

雕刻家对于运动的塑造已经总结出了重要的经验，其中的经典无疑是米隆（Myron，前480—前440？）的《掷铁饼者》（Discobolus，大理石雕），尽管今天我们看到的只是复制品，但它对于运动过程的概括，选择一个承前启后的关键节点用以象征时间的存在，却成为此后类似创作的依据，甚至成为叙事的重要基础。19世纪浪漫主义画家热里柯（Théodore Géricault，1791—1824）平生酷爱骑马，同时也是画马专家，对马有长期的观察。他21岁时画的《埃普松赛马》（The Derby of Epsom，布上油画）是一幅杰作，为了更好地表现马在飞奔时的优美姿势，他画出的马正四蹄腾空地飞奔，前蹄向前、后蹄向后，创造了一种似乎让人信服的速度感。可惜，马在飞奔时的这个动作是错误的，不管是走路还是跑步，马的四个蹄总是互相交错配合，不可能像热里柯所画的那样四蹄腾空跨越。不过，确切地了解马的运动姿势却必须靠连续摄影，通过分格拍照的方式获取马在奔跑时的姿势。1872年，以拍摄连续摄影知名的英国摄影家麦布里奇（Eadweard J. Muybridge，1830—1904）应美国加利福尼亚州中太平洋铁路公司总裁利兰·斯坦福（Amasa Leland Stanford，1824—1893）之邀，拍摄了一组马在奔跑时的连续照片。斯坦福正为马的奔跑姿势和别人争论，为了证明他的观点，专门聘请麦布里奇过来，把他饲养的名叫"奥斯登"的马作为模特，进行连续拍摄，以求取最后结果。等照片拍出来之后，关于马在奔跑时究竟是否四蹄腾空、如何腾空，结论也就一目了然了。通过连续拍摄，我们了解到马在奔跑时虽然也有腾空的时候，但具体姿势却不会像热里柯所描绘的那样。分格照片清楚地表明，马在奔跑时，总有一条腿支撑在地面上，以维持运动中的身体平衡。有意思的是，1969年10月在中国甘肃武威市雷台汉墓出土了一匹东汉时期的铸铜奔马，姿态栩栩如生，三蹄腾空，剩下一只蹄子正好踏在飞燕身上，完全符合马奔跑时的基本姿势。

麦布里奇的连续摄影预示了电影的诞生。很快，爱迪生（Thomas Alva Edison，1847—1931）和卢米埃尔兄弟（Auguste Lumière，1862—1954；

Louis Lumière，1864—1948）几乎同时发明了活动电影机，使人类继摄影之后又获得了一种重要的视觉表达方式。

运动摄影使摄影从独幅走向多幅，静止影像发展为活动影像，两者的观看方式完全不同，对清晰度的概念也有本质的差别。独幅照片所呈现的模糊性，在连续影像中因运动的原因而不再成为问题，这一观感反过来也影响了人们对于独幅照片模糊性的认识。杜尚（Henri-Robert-Marcel Duchamp，1887—1968）画于 1912 年的《下楼梯的女人》（*Nude Descending a Staircase*），某种意义上可以看做是对单一画面表现连续动作所呈现的效果的经典答案，只是人们对此很不习惯，批评说，画中根本就没有什么美丽的裸女，有的只是一堆交叠在一起的单调难看的木片而已。

对模糊摄影起关键作用的是活跃在 19 世纪中叶的家庭妇女卡梅隆（Julia Margaret Cameron，1815—1879）夫人，正是她的敏锐与果敢，以诗人的情怀看待拍摄对象，才最终使一个本来有违摄影清晰度的技术错误演变成极富表现力的"艺术语言"，并赋予摄影与其特性密切相关的"艺术性"。

1863 年，卡梅隆夫人 48 岁的时候，她的儿子和女婿把一套复杂的照相设备作为生日礼物送给了母亲，从此卡梅隆夫人一发而不可收，全身心投入到摄影当中，直到 1879 年去世时，她已经拍摄了 1000 多张照片。

卡梅隆夫人生前注重资料的保存，所拍照片大多都拿到英国版权局去登记版权，所以她的大部分作品得以完整留存至今，让我们得以一窥这个家庭妇女倾其后半生所进行的摄影创作。其实，在从事摄影之前，卡梅隆夫人就是一位散文作家和德语翻译家，有着多年的写作经验。加之她先生是一位颇有名气的法学家和殖民地高官，所以她周围经常围绕着一批知识精英。比如，与其同时代的英国著名诗人兼戏剧家亨利·泰勒（Sir Henry Taylor KCMG，1800—1886），作为其邻居和朋友，两人有着长年的交往。因为这个原因，卡梅隆夫人也为这位维多利亚时代的文人留下了一系列的肖像，甚至泰勒还经常按照卡梅隆夫人的要求，装扮成她所需要的角色，成为拍摄的模特。达尔文（Charles Robert Darwin，1809—1882）也是经由泰勒介绍而去拜访卡梅隆夫人的，并因此留下了三张宝贵的肖像。查阅卡梅隆夫人的作品全集，发现她在获得女儿和女婿赠送的摄影器材之前就已经有过若干年的摄影实践，尽管数量很少，这说明她对于这一种视觉手段原来并不陌生。重要的是，早在1836年，卡梅隆夫人就认识了赫歇尔爵士。了解摄影史的人都知道，赫歇尔爵士在摄影发明史上起到过重要的作用，他发现硫代硫酸钠（俗称"大苏打"或"海波"）具有终止溴化银氧化的作用，由此发明了定影剂，从而有效地稳定了影调的表现层次，用以提升照片的质量。所以，当卡梅隆夫人成为摄影家的时候，她同时也为这位著名的科学家留下了让人印象深刻的肖像照片。

重要的是，卡梅隆夫人的生活本身就充满了艺术性，她是那个年代所生活地区的艺术沙龙的组织者，由此结识了不少同时代的艺术家。比如，象征主义画家乔治·费德里科·沃茨（George Frederic Watts，1817—1904）就和她交往甚密，还为其画过一幅油画肖像，作品今天仍收藏在英国国家肖像馆里。卡梅隆夫人的侄女朱丽娅（Julia Prinsep Jackson，1846—1895）年轻时长得优雅端庄，很快成为沃茨和拉斐尔前派画家的重要模特，除了沃茨以外，爱德华·伯恩·琼斯爵士（Sir Edward Burne Jones，1833—1898）和罗塞蒂（Dante Gabriel Rossetti，1828—1882）都曾以她为模特作画。朱丽娅是20世纪上半叶英国重要的意识流小说家伍尔芙（Adeline Virginia Woolf，1882—1941）的母亲，而伍尔芙又是把卡梅隆夫人推向社会使之获得承认的重要人物之一。这一切都说明卡梅隆夫人在审美上和当时的潮流一直保持着某种内在的联系，这构成了她拍摄作品的风格源头。今天我们审视卡梅隆夫人的摄影作品，尤其是其中一些以宗教为题材的，以及为一些书籍专门制作的照片，其中洋溢着的正是一种典型的维多利亚时代的伤感与抒情的气息。

不过，就摄影趣味而言，卡梅隆夫人一开始就在某种程度上偏离了当时的主流，尽管她在从事摄影的第二年就加入了伦敦和苏格兰摄影家协会，并将作品送去参加展览。不过，在展览会上，她的作品却受到了同行的批评，原因是她所拍摄人物普遍存在着的"失焦"现象，虽然表情生动，但形象却模糊不清，甚至有移动的痕迹，这显然违反了摄影对清晰度的技术要求。同行告诫她，必须解决这个问题，否则作品是不完美的。但是，卡梅隆夫人明确地拒绝了这一要求，她辩解说，一旦发现清晰度会损害眼前的美丽表情时，她就不再去对焦，而宁愿让模糊的影纹留在照片上。她把这一模糊性说成是"神韵"。几乎没有人能够理解卡梅隆夫人的选择，因为失去焦点是摄影专业不能容忍的错误，对于业界来说，没有清晰度，摄影将变得毫无意义。今天我们回望这一段历史，结论恰好相反，如果卡梅隆夫人遵从那个年代对于摄影清晰度的要求，也许摄影史就会少了一位真正的大师。

卡梅隆夫人生前是一位家庭妇女、一位业余摄影家，那个年代知道她事业的人并不太多，去世后也一直被埋没在历史的积尘中，无人知晓。在努力让世界认识这位伟大的摄影家方面，她的侄女朱丽娅，以及朱丽娅的女儿、著名作家伍尔芙起到了关键性作用。1886 年，朱丽娅在编撰《牛津国家人物传记大辞典》时，把卡梅隆夫人的简历放了进去，使她得以跻身于英国文化名人之列。1926 年，伍尔芙和著名艺术批评家罗杰·弗莱（Roger Fry，1866—1934）一起整理了卡梅隆夫人生前的摄影作品，并以《维多利亚时代的影像》为名举办展览，并编辑出版了其摄影作品。罗杰·弗莱在为画册撰写的文章中强调，如果英国国家肖像馆不给卡梅隆夫人做个人展览的话，那么受损失的将是英国[1]。

作为第二代女权主义的代表人物，同时又与卡梅隆夫人有血缘关系的伍尔芙，极力推崇其先辈卡梅隆夫人，这是完全可以理解的。卡梅隆夫人在那个无法拍摄出清晰表情的年代，凭着对艺术的直觉做出了一个重要的决定，宁愿影像模糊也不愿意放弃生动的表情。这一选择使她脱颖而出，

---

[1] Cox J, Ford C. *Julia Margaret Cameron: The Complete Photographs*. New York: Oxford University Press, 2003, p. 1.

站在了时代的前列。到了伍尔芙的年代，拍摄清晰而生动的表情这样一个涉及感光度的问题，从技术上大体上已经解决，但这时人们所发现的既不是清晰度也不是生动的表情，而是模糊本身的力量。也就是说，模糊影像本身就是一种属于摄影才有的独特语言、一种与观看方式密切相关的影像叙述方式、一种具有独立价值的影像风格。伍尔芙是先锋作家、文学领域意识流写作的先驱之一，通过刻意打乱古典时代的叙述方式而创造了一种全新的时空逻辑性，让文字依循心理的无序而自由流动。从写作上看，这难道不也是一种模糊性的表现吗？伍尔芙正是在用一种叙述上的模糊性去对应心理中的梦幻感，让写作脱离人们所熟悉的故事框架而获得语言上的独立价值。

罗杰·弗莱是研究印象派和后印象派的艺术史家与批评家，正是他坚定地把印象主义绘画引进英国，从而引发了英国画坛的巨大变革。更重要的是，罗杰·弗莱还是研究塞尚（Paul Cézanne，1839—1906）的权威，塞尚的价值正是通过他的深入研究而得到有效的彰显，从而为塞尚成就"现代艺术之父"之名奠定了坚实的基础。从早期印象主义到新印象主义，也就是点彩派，再到后印象派的塞尚、高更（Paul Gauguin，1848—1903）和梵高（Vincent Willem van Gogh，1853—1890），从绘画角度看，走的正是一条通过逐渐的分析手段而日益有效地瓦解古典时代的画面秩序的路子，让固有色和物象轮廓消隐在空气的颤动之中，让笔触，也就是"笔法的生动性"上升为绘画的主体。印象主义的这些特征，同样可以对应于摄影中的模糊性，使得两种表面相异的视觉表达手段具有某种内在的同一性，从而在彼此之间产生一种隐蔽的联系。从历史看，印象派的出现确实和摄影有着超出人们想象的特殊关系。1874年，第一届印象派画展——"无名画家雕刻家展览"，正是在法国著名摄影家纳达尔（原名 Gaspard-Felix Tournachon，1820—1910，纳达尔是其创作漫画时所用的笔名）在其巴黎的豪华工作室里举办的。纳达尔是那个年代闻名遐迩的摄影家，专为巴黎乃至法国的名人拍照，如果那个时候有人没去让他拍肖像，那只能意味着这个人还不够出名。作家雨果（Victor Hugo，1802—1885）写信给纳达尔，他知道只要把纳达尔的名字写在信封上，邮递员就知道要寄往哪里。这件小事充分说明了，纳达尔当年在巴黎的显赫名声。

　　当时毫无名气的印象派画展却可以在有名的纳达尔工作室正式展出，这恰好说明纳达尔本人对于印象派的态度，尽管在他一系列让人难忘的肖像摄影中丝毫也看不到一点前卫的影子，在趣味上他严格地追随当时的学院派主流风格，符合上层社会对于自我形象的公共期待。今天我们已经知道，不仅在摄影发明之初，画家德拉克洛瓦（Eugène Delacroix，1798—1863）就已经开始大量使用照片，印象派画家德加（Edgar Degas，1834—1917）甚至把通过照相机镜头所形成的特征直接用在油画创作上，从而使他的画面构图表现出一种奇特的空间感。

　　20世纪以后，随着国际现代主义艺术运动的兴起，影像中的模糊性、失焦、一张底片因多次曝光而形成的叠影，其中有曼·雷（Man Ray，1890—1976）那样的前卫的艺术家的主动实验，也有威廉·克莱茵（William Klein，1928— ）把相机当作主动侵犯对象的工具，有意在低速状态下慢快门、晃动相机和闪光灯配合创造出一种奇异的影像效果，更有年轻的女性摄影家伍德曼（Francesca Woodman，1958—1981）面对镜头不间断地躁动以形成多重影像与模糊效果，传达出一种内心永恒的不安。他们都是在已经明确了模糊摄影的正面价值之后的一系列主动选择，目的是为摄影这一媒介寻找乃至创造种种超越现实的观念形态，颠覆摄影的纪实性质。这自然是模糊摄影的另一个故事了。

　　自从卡梅隆夫人主动选择失焦，让模糊的影纹成为摄影的一种视觉语言后，模糊摄影就不再是一个技术性的错误，而变为一种审美的主动选择，一种在摄影发展当中，为确立自身的主体地位而做出的真正努力。今天看来，这一努力是如此成功，以至让我们对摄影有了与传统完全不同的认知，其中所提示的社会史，已然超越单一的摄影而成为书写历史的一部分，只是这一部分仍然以视觉性为第一要义，用以证明自身的长久价值。

图像的驿站：中国摄影新生代态势浅析*

李　楠

（《南方周末》、广东摄影家协会）

不妨先来看一组貌似与摄影无关的数据：

1956 年，一兆字节数据存储成本约为 9200 美元（相当于现在的 85 000 美元左右），2019 年只需 0.000 02 美元；1950—2010 年，一度电可完成的数字运算量增长了约 1000 亿倍；2004—2014 年，传感器平均成本从 1.30 美元降至 0.60 美元；至 2021 年，物联网领域总支出达到 5200 亿美元；2025 年，物联网经济每年将高达 11.1 亿万亿美元；2035 年，低功耗芯片将达一万亿个，计算机化的联网小发明与控制它们的人数之比将远远超过 100：1①。

这一切意味着什么呢？越来越低的成本与门槛，越来越高的效益与影响力。毫无疑问，互联网已升级至 2.0 版：物联网时代。从万物相联到万物为媒，网络不再仅仅是一种信息载体、传播媒介和一个交互平台，它从身外之物潜移默化为我们内在的生活方式、思维模式和情感形式；我们在努力"网络生存"时的"网络化人格"已经和我们本来的人格难以分辨，

---

* 本文首发于《中国摄影》2020 年第 9 期专题"摄影毕业季"。
① 引自《万物皆有芯》，《经济学人·商论》2019 年 10 月号。

而且彼此塑造。人与物的关系、与他者/客体的关系、与自我的关系，均已发生深刻改变，并正在以超乎想象的速度持续深入地重构着我们的现实世界和精神世界：主体价值观的多元化消解了固有的评价标准，层出不穷的悖论性现实使得各种边界日益模糊，事实与真相的不断反转使得不确定成为日常，观点与意见的左右互搏则将独立思考降维成在这种剧烈动荡中勉为其难的表演……

而所有这些颠覆性变化，必然在摄影——这一与现实连接最为直接、即时的手段上鲜明呈现：无论是作为社交方式的朋友圈照片，还是作为信息与事实载体的媒介摄影，抑或是作为观念与风格表达的艺术作品，物联网时代的摄影图像成为当代最重要的景观之一，由此检视、梳理其特点与态势也就成为一种必然。

就总体而言，当下摄影在看似相反、实则统一的两个维度上同时行进。

其一，整体上打破唯一性。多元化的创作格局与评价体系取代了主流独尊和单一权威。不同类型、流派、风格的摄影在时间上或有线性传承，但在空间上却同时共存。

其二，个体上强调唯一性。与众不同、独树一帜的艺术追求取代了以谋求认同为目的的功利性动机。因此，摄影得以不断拓展自身的唯一性，一个最为明显的现象是：摄影（photography）向"基于摄影"（photographic）转化；照片（photo）、形象（image）、视觉（vision）等概念不断融合互涉，图像学（iconography）和图像阐释学（iconology）推陈出新；摄影作品不再仅仅是平面静态的影像，而常常以包含了图像、声音、运动、三维动画等多种元素的跨媒介作品的方式进行展示。摄影的 DNA 悄然重组，摄影的定义将被刷新。

摄影作品不再只是一个完成品、一个结果、一个终点，它们更像是一个向观看者发出的邀请、一条探索自身轨迹的线索、一个不知所终的起点。摄影家（艺术家）创作的目的不是结束，而更像是开始，即经由摄影前往更多的场域和议题，经历更多的未知和可能。

一、摄影的本体：独立性从模糊自身开始

这看起来像是一个悖论，但却是摄影内在生命力外显于时代语境的一种反映。摄影自诞生之日起便一直面临着关于"独立性"的诘问，从摄影是"艺术的小女仆"（波德莱尔语）、"没有围墙的妓院"（苏珊·桑塔格语）、"灵光消逝的机械复制"（本雅明语）、"照片的证明力胜过其表现力"（罗兰·巴特语）到"摄影是没有历史的"（于贝尔·达弥施语）等，摄影反而在未曾中断的质疑中不断强大，这本身足堪玩味。而当今之世，之所以说摄影的独立性从模糊自身开始，可从以下动态管窥。

（一）从确定到不确定：影像的片断性、瞬间性和多义性被理所当然地放大到极致

我们已然明了：摄影既不是对现实进行客观记录，也非凭空而来的主观表达，而是将现实进行最大个人化——再造一个与现实平行的现实。因此，最重要、最真实的并非眼见之物，而是眼见之物与内心反应之间的关系。摄影，说到底，就是表达这一关系的过程。

进一步说，因为影像反映了人们对于拍摄对象约定俗成的理解和心理智识上的反应与评价，包括某种符号化的象征。两者结合，使影像产生了一种"真实"的感觉。但这种"真实"是可以根据各种"意图"被使用的。因此，图像与对图像的阐释是两回事情。敏锐的艺术家往往充分利用这种特性赋予作品超越普遍经验的言外之意，或者说有意将不确定性最大化。而有趣的是，观看者仍然有可能创造性地背离作者设置的议程和主题，再次将作品的意义个人化，如产生连环不断的波纹效应——这正是当代艺术的迷人之处：当不确定成为最大的确定之后，自由而曼妙的舞步便得以有足够的理由挥洒自如、大放异彩了。

同时，现实社会的各种消解、模糊、反转、动荡也必然促使艺术家与此同步，并将摄影的片断性、瞬间性和多义性放大到极致。

只需稍做观察，便会发现当代摄影作品常常由碎片化的图像集结而成，这些碎片不但在内容上分解发散，有相当一部分还刻意在语言形式上参差不齐：黑白彩色的混用、不同画幅的混搭、各种类型气质的混杂——它们和出现在照片前面的观看者一样，仿佛也是兴之所至的结果。

即使是面对一个事件、一个主题、一个对象，作品的呈现也不再是高度集中、严谨整饬地在一个方向上循序渐进、连贯始终——每一张图片之间有着不可逆转与不可替代的紧密联系，总体上形成了一股向核心聚拢的向心力，并以展现事物的完整性和明晰指向为目的；取而代之的是，零乱、松散、随意、处于不同表达维度和内容层级上的图片的堆积蔓延，乍看之下面目不清、语义模糊，每一张单独的图片都因缺乏足够的外部规定而成为一个无法定论的画面。这种有意为之，既是艺术家对现实世界的本能响应，也是艺术实践对艺术本体发展的积极探索。

例如，2020 年 7 月揭晓的第二届"摄影毕业季"入选作品《安全屋》，以静物摄影的方式探讨安全话题，体现这一基本需求在当代生活中难以完全满足的无力与焦虑。作品主题即是指向现实的不确定性，表达方式同样在传递强烈的不确定性，即对安全屋中物件有效性的怀疑、对安全物品本身"危险形象"的呈现、对安全屋组件廉价感的暴露，无一不在回应着对安全的渴求与失望。宛如《安全屋》分解说明书一般冰冷、怪异的画面乍看之下毫无联系、不知所云，因此可以引发观者的不安全感，而这样的效果，正是作者的意图。

（二）融合与依赖并存：跨媒介复合型项目的效应叠加与图像抽离之后的意义悬置

当代摄影作品越来越多地以跨媒介复合型项目出现，静态图片只是其中一个组成部分。身处多种媒介与材料组合建构的展示空间中，观看者不仅是在观看一幅幅画面，而且是在身临其境地体验多重感官刺激，从而引发更为丰富活跃的联想与反馈。这种效应叠加无疑极大地凸显了作品的表现力，同时也建立了新的视觉样式。

在传统经典的摄影专题中，每一张图片都是精心拍摄的，都可以单独拿出来进行关乎摄影本体的视觉、意义分析；或者说，每一张图片都可以依靠自身的"摄影感"成立。但在当代"暧昧"而松散的图片中，如果将某一个图像抽离出来单独审视，则大部分语焉不详，甚至完全不知所云，难以独立存在。这种意义的悬置只有依赖于图片的集合，即影像群聚产生的场域效应方能得到解决：图像只有被置于特定的结构之中，置于和其他图片串联而成的整体之中，才具有意义；否则，它只是一个孤立的碎片。或者说，每一张图片都是不完整的，都是片断的片断，只有在组合关系中才有意义。

因此，当代摄影的独立性是从模糊自身开始的，它以貌似模糊的方式争取更加灵活广阔的延伸空间，它要求艺术家具备更加系统化的思维方式、更为强大的媒材综合使用能力，以及不拘一格的实验精神。

我们以"TOP20·2019中国当代摄影新锐展"入选艺术家陈海舒的作品《气泡》为例说明。这组作品虽然针对的是瑞士水资源污染和利用的现实问题，但却是一个围绕"水"展开的虚构故事。项目使用了照片、声音、视频以及现有的数据、档案，表面看似乎只是一堆异质材料的组装，任意抽出其中一种元素都令人费解。而且，作者不但没有附加任何解释或提示性的说明文字，反而采用科幻小说《索拉里斯星》里跳跃晦涩的字节以片断串联整体，使之更加疏离难明。但所有这些都是精心设计的：经历过莱茵河污染事件之后，瑞士开始重视环境治理与资源利用，于20世纪初在全境实施大规模的水利工程，并不断研究水体与生态的关系，从而重塑了整个国家的生态环境、社会结构与日常生活。水，不仅是一个国家的资源，也是一个国家的命运，而《索拉里斯星》讲述的就是一个被神秘大洋覆盖的星球上发生的故事。陈海舒通过想象设置了一个历史与现实投影其中的水域，在那些凌乱飞溅的浪花之下，体现的是一种静水深流同时暗潮涌动的张力。

这当然也是真实的。显然，此刻真实不再是一个结论，而是一种姿态。

二、摄影的逻辑：网络化生存在视觉创作上的反映

互联网在内部深层次地改变着我们，反映在摄影上，一个不容忽视的表现就是摄影的逻辑结构与网络系统"同构"，简述如下。

（一）链接式的线索延展

上文提到，当代摄影作品中图像之间的关系若即若离，使每张图片看起来都像是一个与其他图片并列的片断，而非层层递进的完整链条上必然出现的一环；另外，这些片断的意义又必须强烈地依赖整体系统的赋予，仿佛被一种无形的力量所统辖。这看上去十分矛盾的模式是否似曾相识？

没错，这基本上和我们在互联网上进行搜索、浏览、阅读的路径重合：我们往往有目的地从一个关键词、一个知识点出发，然后通过搜索得到不同链接，每一个链接又成为下一个起点，并产生新的关键词。在不断重复这个动作的过程中，新的链接和关键词不断出现。这种触发式的邂逅，使得相关性成为一种持续发散。

因此，作品的线索延伸和推进不再是按照某种可预期的轨道定向前进，但有迹可循，如时间的流逝、空间的变化，或是情节的起承转合，等等。它更像是茫茫大海上从一座岛屿到另一座岛屿的旅行，每座岛屿都有所停留，但终会匆匆离去——不是为了找到一个落脚点停下来，而是要尽可能地前往更多的岛屿，领略不同的风景。

所以，当代摄影作品常常有着更为自由丰富的表达方式与议题关联；

但是，它们也像是一件在某个节点上有待更深入挖掘的未完成的作品，可以随时续写、无限延伸。

这就如同网络漫步，常常带给我们无尽的意外惊喜，但是习惯性不假思索地接受现成答案，以及无视这些答案之间实际存在的矛盾与混乱，也在某种程度上剥夺了我们深度思考的权利及能力。

（二）以自身的感觉、意识、关系作为搜索关键词

以什么作为关键词是逻辑结构的关键。显然，整个逻辑起点与"我"的切身体验直接相关，如"我"的感觉、经历、意识，"我"与对象的关系、对对象的认知，等等。从"我"出发，就是那种"无形而统一的力量"。

事实上，在"TOP20·2019 中国当代摄影新锐展"最终入选的 20 组作品中，直接以"我"的生活经历作为关键词的作品就有 7 组：王翰林的《内啡肽的火焰》——我的父亲，石真的《Kwei Yih》——我的记忆，刘书彤的《刘书彦-刘山保-刘书彤》——我与自己，汤凌霄的《处女座》——我与女儿，张博原的《我的塔里木》——我与故乡，陈亚男与吕格尔的《生命之环》——我的城市，汪滢滢的《洄》——我与父母。这种发自于"我"的集体乡愁，其实是对于不确定的未来的一种反向怀疑、批判与挥之不去的惆怅。

还没有老就开始怀旧了，这只是新锐们表面上的情感纠葛。和前辈们对于农耕文明和乡土情结的乡愁不同，他们的乡愁不是源于分离，而恰恰是源于身在其中——在一个快速多变、矛盾丛生的漩涡中身不由己，所有的去途都晦暗不明，唯有来路依稀可寻。一次次返回的结果，是让自己终有勇气坦然当下、直面未来。

作为中国当代摄影发展颇具代表性的样本，"TOP20·中国当代摄影新锐展"自 2011 年始，截至 2021 年已举办 5 届。纵观其入选作品，莫不越来越与"我"有关——这个"我"，不仅是作为创作主体、意识主体存在，

而且是作为一种活生生的充满独特个性与经历的个人化存在。如陈海舒，正是在瑞士驻留期间实地观察和体验到水对于这个国家深刻的影响而创作了《气泡》。而另一位"80后"女性艺术家张樱瀚，以4英寸×5英寸①大画幅相机创作了宏伟壮阔的《人为黄土》，其动机源于少年时代对黄土地文明的向往，而整个创作的过程中，她自述就是"寻找自己与这片古老土地之间关联的旅途"。

而同样作为新生代样本的第二届"摄影毕业季"20组入选作品中，"我"也在反复出现：韩佳龙的《2020春天的我们》——我的命运，黄嘉慧的《治愈我》——我的家庭，朱慧杰的《笑忘书》——我的伤痕，孙文婷的《LSG女孩》——我的困境，翁琳琳的《迹化》——我的情结，孙翠霞的《沈女士》——我的母亲，胡寰宇的《潼江记》——我的故乡。在这些更为年轻、即将完成个人身份的彻底转变——真正进入社会的摄影专业毕业生的作品中，"我"的乡愁还包含了永远定格在身后的青春。这是不可避免地要满怀乡愁进入人生分水岭的一代人，他们对于个人生命中的创伤体验和本能的修复诉求，不再压抑与逃避，而是在艺术创作中将其释放、凸显——"我"既是主体又是主题，以此完成对自我的探索与疗愈。

（三）网络世界的素材化与虚拟世界的距离感

将网络世界直接作为素材，采用各种科技手段进行创作，利用这种"科技感"的视觉演变过程与"未来感"的最终成像效果，表达对物化人欲的反思、对技术无限渗透导致的边界模糊的警惕、对算法隐形操控催生的无意识服从的揭示等，也是近年来新生代影像的一种发展趋势。某种意义上，这反映了创作者对自身处境与前景充满矛盾的感受与想象：科技的高速发展带来切实可感的昌明与进步，同时，也使人类日益工具化、程序化、模

---

① 1英寸=2.54厘米。

式化。生命质量并没有理所当然地与物质的极大丰富成正比，反而疲态尽显、危机四伏。真实体验与虚拟世界之间的距离可谓咫尺天涯，同时，虚拟世界中的时间感和空间感，又在悄然替换着现实的坐标，改变着观看与思维的尺度。

例如，青年艺术家迟磊的作品《此刻星辰不同往日》与吴雨航的作品《漩涡》，二者从不同角度探讨了"数字化的社会"与"社会化的数字"之间复杂而吊诡的关系；而他们的相似点则是，都通过精心设计的不同媒介介质的转化实现不同语言形态的转译，将真实材料处理成虚拟图像。这种间离与陌生化——来源于虚拟世界的距离感，瞬间推远了我们，迫使我们在"漩涡"中重新打量"此刻星辰"，"不同往日"的结论既表达了一种伤逝，也体现着一种期待。

三、摄影的传播：小图像时代的博弈与对抗

当图像的价值必须在传播中实现，传播就成为一种隐形标准：那些特别适合于网络传播和屏幕观看的图像，便会赢得更多的生存机会。适者生存，传播方式反过来也影响和改变了创作方式。

（一）小图像时代与大尺寸作品

毫无疑问，随着手机等移动终端日益在人类生活中占据重要位置——手机本身也成为拍摄工具，我们迎来了"小图像时代"——图像要足够小、足够轻量，才能在网络世界毫无障碍地快速流动，也才能在小巧的手机屏幕上吸引眼球。因此，视觉简洁、主体突出、色彩冷静、具有陌生感和新奇感的图像较具优势。而那些关系复杂、遍布细节，需要放大后用更长时

间去品味、理解的图像，却不同程度上陷入尴尬境地。

显然，适于快速浏览的图片比必须认真凝视的图片需要低廉得多的物质成本和精神成本，让本就信息过载的人们无须启动复杂的思考，便可获得当下的满足。这一变化，在图片刚开始由纸媒向网络转场时便已埋下伏笔。

其一，同一作品的照片数量明显增多。一个报纸版面刊发一组摄影专题需要 7—8 张图片，而平移到网络后则要增加到 15—20 张。这是由空间迅速扩容导致的：在海量的网络世界里，低于 15 幅的专题几乎无法建立存在感，必须以成倍的体积增量去换取对空间的充分占有。因为只有占领了足够的空间，才能被"看见"，才有足够的点击量去产生影响力。

其二，读图方式由整体通览向单张翻页转变。报纸版面总是以一个平面整体进入读者视野，图片编辑通过图片的大小、位置、关系等设置阅读的层次、方向和秩序。同时，读者也拥有相当的自由度，阅读动线可以由自己选择。事实上，没有两位读者对同一作品的阅读轨迹是完全一样的。

网络读图，是线性单张翻页模式：所有图片都同样大小，同样居于屏幕中心，读者一次只能看一张图片，而且无法直接前往感兴趣的内容。消弭了层次、方向和差异性的阅读路径没有给读者太多的自主选择的机会。

虽然这是由图像载体编码模式不同导致的，但正是这经年累月的持续作用，塑造了今日图像网络传播的最初模型。传播改变图像——"小图像"，就是摄影本体与逻辑的剧烈变化在传播端的表现。

值得注意的是，与此同时，一批当代艺术家却选择与"小图像时代"坚决对抗。他们使用技术相机，以尺幅巨大的作品拒绝浏览式观看和程式化解读，拒绝在大量同质性重复中盲目从众。他们以大到无法匆匆一瞥、无法视若无睹的画面和极其精细复杂的视觉构成宣示："摄影的观看"与屏幕里的"压缩景观"之间有着不可调和的分野。

对抗与否，某种意义上都是一种必然。因为艺术自有其双重性：反映时代与对抗时代总是如影随形。

在"TOP20·2019 中国当代摄影新锐展"展览现场，入口处是艺术家张兰坡放大到 3 米的作品《巨人传》，与其他入选作品的尺寸形成了鲜明对比，这种无法忽视的重量感特别引人注目。而此前张兰坡在网络上分享自己的作品时，无一例外地每次都要附上局部解图，以尽可能地让作品"被看清"。

"大起来"与"小下去"包含着对摄影不同的理解与诉求。大与小并不是好与坏的标准，重要的是，作品的尺寸是否与作品本身匹配，是否由衷地表达了自己。

（二）传播由占有空间转变为占有时间

近年来，影像日益成为当代艺术的主导性媒介，我们常常说到的新媒体（new media）主要是指录像艺术（video art）和动态影像（moving image）。随着"后媒介时代"的来临，传统的媒介划分似乎已没有意义，无论是混合媒介还是跨媒介艺术实验，包括较为极端的非艺术媒介，都在提示我们，媒介的边界已然不是壁垒分明，它们同样处于动态融合之中。

于是，我们会发现越来越多的摄影作品包含了动态影像或视频，或者干脆就是一个视频装置。这表明，图像传播由空间维度转移到时间维度；传播的目的不是分享，而是占有。

静态影像无论是出现在纸上、墙上还是网上，观者都是在一个特定空间里与图像发生关系的。当人们一边移动一边观看图像时，可以说是封闭中有开放，被动中有主动，规定中有自由。

而动态影像占有的是观看者的时间。一方面，视频的意义必须依靠一帧帧图像在时间上的承前启后、此消彼长来实现；另一方面，时间永恒的单向度决定了开始、结束、快进、倒退以及暂停其实都是同一个水平线上的往复运动。空间可以同时存在、反复置换，但时间一旦被占有，便很难抽身。这就是各种视频号让人刷得停不下来的原因。

因此，当下媒介只有一个竞争目的：如何尽可能地占有受众的时间。因为掌控了一个人的时间，基本就掌控了这个人。那些坚持创作大尺寸作品的艺术家，从某种意义上说，是在坚持将观看拉回到空间，让速度归零，让浏览归为凝视，从而使受众与图像产生更深刻的联系。

如果试图在空间和时间的双重维度上建构作品，便要求静态图像与动态图像有较大的差异性，各说各的话，方能体现异曲同工之妙。然而目前大部分视频只是照片部分的重复，只是让"不动"的照片"动"了起来，几近多余。真正多样化的作品系统是无法依靠简单叠加支撑起来的。

如何将图像价值在传播中最大化，是艺术家必须重视与研究的功课。当代摄影所要求的不仅是新方法、新手段，而且是更为精准的定位与关系。真的像组装零件一般去拼凑作品，为当代而当代，是行不通的。

综上所述，对于中国摄影新生代而言，图像更像是一个四通八达、充满奇遇的驿站，既可出发，亦可到达，视通万里，思接千载，游目骋怀，不可限量！

当然，他们的摄影也受到诟病，如图片缺乏影像感，过于碎片化和平面化，形式大于内容，成为新的模式套路，现实表现力薄弱，等等。他们当然不可能是完美的，他们也只是来到图像驿站的行路人，也会成为被颠覆的对象。作为当下的实验者，他们应该庆幸：这在艺术发展历程中，几乎可以说是一种必然。

因此，对于当代摄影而言，比语言样式上的探索更为重要的问题是，在这样一个嘈杂却又孤独的世界里，如何解决主体、社会、思想三者之间的关系。语言样式的发展应该是这种关系的某种结果。

正如阿多诺（Adorno）在《文化批判与社会》中提到，社会越是成为总体，心灵就越是物化，而心灵摆脱这种物化的努力就越是悖谬，有关厄运的极端意识也有蜕变为空谈的危险……绝对的物化曾经把思想进步作为它的一个要素，而现在却正准备把心灵完全吸收掉。只要批判精神停留在自己满足的静观状态，它就不能赢得这一挑战。

互联网的下一站是哪里？图像的下一站又在哪里？人类的下一站呢？可以肯定，未来必然超乎想象；而人类之所以需要图像，说到底，正是为自己的想象提前呈现一个栩栩如生的形象。

古代壁画高精度红外线数字化保护

付常青　吴　勋

（广州美术学院视觉文化研究中心，
广州汉阈数据处理技术有限公司）

一、概述

古代壁画是附着在墙壁上的艺术，人们直接在墙壁上创作的绘画被称为壁画。作为人类历史上最早的绘画形式之一，壁画不仅起到了对建筑物以及环境进行艺术美化的作用，而且记录下了人类早期的文明活动信息。如今随着数字技术的不断普及，新媒体开始进入我们的生活，叙事方式由原来单纯地通过语言、文字、声音等途径的表达转向由多媒体技术支持的数字化的叙事。因此，壁画艺术也不可避免地受到来自数字技术的挑战，在新媒体高度发展的今天，高精度及红外线数字化的科技手段有利于我们对传统壁画艺术进行传承和发展。

1. 壁画现状

自然环境因素的变化和人类活动的影响，都会给壁画保存带来潜在的威胁。除去人为破坏等因素，由于墓葬壁画长期处于比较潮湿的环境，画面结构物老化引起壁画颜料层起甲、脱落；因光线作用造成壁画褪色、变色；潮湿环境引起壁画颜料表面受到微生物侵蚀，潮湿的保存环境引起诸多壁画病害产生（图1和图2）。比如，大家熟知的敦煌壁画，其目前常见的病害有空鼓、颜料脱落、酥碱、起甲、白霜、裂缝、疱疹状脱落、霉变、地仗脱落等。

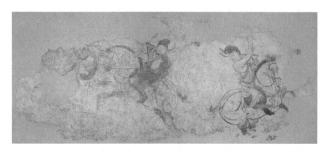

图 1　陕西历史博物馆藏壁画《马球图》，笔者摄

图 2　西藏日喀则色多坚寺香巴殿东北殿西壁《萨迦上师图》（局部），笔者摄

2. 古代壁画的数字化保护

壁画作为文化遗产是一种既不能再生也不可能永生的文化资源，难免受到自然环境和人为因素的破坏，如何进行有效保护是一个世界性难题。数字影像技术可以实现对象内部信息的获取与保存，为古代壁画的信息共享、保护修复、学术研究、数字展览、参观鉴赏与开发利用等提供准确的数字化素材，对壁画的保存具有革命性的意义和价值。

（1）意义。对古代壁画进行高精度数字化处理，首先是为了储存珍贵文物信息，使之得以永久真实地保存；同时为壁画研究提供准确详细的信息资料，对于壁画保护与修复等工作，具有十分重要的意义。

（2）价值。可制作数字化壁画供游客欣赏参观，为保护壁画提供技术保障。采集好的数据可以用于博物馆数据存档、专家学者研究、文创产品设计等。

3. 红外采集方法

在壁画数据采集之前我们需要进行设备的调试，对拍摄的范围进行灯光调整，确保在拍摄范围内光的输出性均匀、一致。

先用以色列利图（Leaf）公司生产的电荷耦合器件（CCD）影像传感器数字后背对壁画进行高清常规影像采集，再用多光谱数字后背对壁画进行红外影像采集，由于不同光源发射出的红外线波段长度不同，加上不同物质能被红外线穿透的程度也有所不同，因此我们使用10块不同波段的红外线滤镜进行采集。后期，我们将不同波段的红外线数据进行对比合成，从而得到叠加的高清影像。

遇到大幅面的壁画时，我们应将设备架在导轨上，分层、分段进行移动，以实现分幅拍摄采集，两张之间重叠率要达60%以上。后期要利用计算机软件进行冲图、拼接，从而达到使大幅面壁画高精度数字化的目的（图3和图4）。

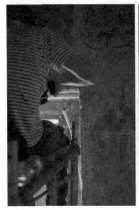

图 3　技术人员在莫高窟进行壁画采集工作，笔者摄

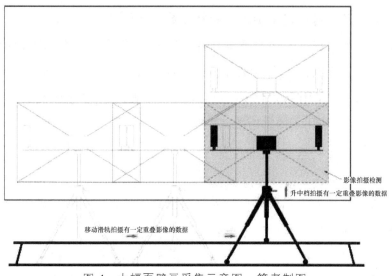

图 4　大幅面壁画采集示意图，笔者制图

4. 设备介绍

红外采集所需设备见表 1。

表 1　红外采集所需设备

设备图片	名称	简介
	镜头	施耐德高分辨率镜头（0.55 微米的分辨率，全世界仅有 3 款同样精度的镜头）
	Leaf 数字后背	以色列 Leaf 公司生产的 8000 万像素数字后背

续表

设备图片	名称	简介
	红外线 数字后背	多光谱红外线 广域数字后背
	金宝（CAMBO） 工作参考系统 （WRS）机身	荷兰 CAMBO WRS 机身
	云台	意大利云台
	相机脚架	法国 G 系列

续表

设备图片	名称	简介
	康素（HENSEL）闪光灯（Lightstick）笔灯	德国闪光灯 灯光中不含紫外线（UV 波段），对文物没有损伤
	电脑	Mac Pro-Apple CPU 类型：Core i7 处理器 三级缓存：6M 内存容量：16GB 1600MHz DDR3L 物理分辨率：2880×1800（220ppi）
	横杆	可以在相机脚上架 2 个灯光及采集装置
	皓亮（Heliopan）螺纹式滤镜	德国 Heliopan 螺纹式滤镜（各波段共 10 片）
	测光表	日本世光（Sekonic）测光表
	测距仪	德国徕卡（Leica）测距仪

续表

设备图片	名称	简介
	色卡	爱色丽（X-RITE）ColorChecker Digital SG 140 色
	康素柏思电源箱	600 焦耳的储存能源；回电时间为 0.03～0.95 秒；重 5.4 千克的完全充电的锂离子电池，具有优良的锂离子电子能量密度，最大闪光输出 450 次，最小闪光输出 30000 次，50 分钟充电 80%，不对称输出，灵活调整，7 级光圈调整，每级可做 1/10—1/1 级光圈的细调，控制闪光灯的输出量，并控制造型灯

5. 设备优势

以下笔者对红外采集所需设备择其要进行介绍。

1）Leaf 数字后背

以色列 Leaf 公司生产的 CCD 传感器 8000 万像素数字后背——奥图视-Ⅱ 12 具有较高的分辨率，可获得高品质的影像质感，光学分辨率达到 350dpi，并能够提高工作效率，影像质量源于高像素、高分辨率、高色彩编辑及还原能力，此款数字后背加入了可旋转 CCD 设计，为采集古代壁画信息带来方便。只需一次曝光就可采集到单帧 480MB 的高比特数字影像。尺寸为 53.7 厘米×40.3 厘米的中画幅 CCD，其惊人的影像细节超越肉眼对图像的感知，因单次曝光，所以其曝光的稳定性及实际有效像素具备影像方面的优势。

2）红外线数字后背

多光谱红外线广域数字后背是在 Leaf 十分成熟的 Credo 60 及 Credo 80 后背的基础上，新设计出的适用于多种特殊光谱影像采集的数字后背。

适用范围为 0—1200 纳米的光谱下所拍摄的紫外线、可见光、红外线效果影像，如红外摄影、黑白摄影、彩色摄影、紫外摄影。只需使用不同光谱波段的红外滤镜，即可拍摄出人眼不可见的红外光波影像；多光谱红外线广域数字后背同时适用于科研及紫外摄影鉴证。多光谱红外线广域数字后背采用 Leaf 已经应用了十多年的戴尔沙 CCD 传感器，有 6000 万高解像力，CCD 传感器比 CMOS（互补金属氧化物半导体）传感器更有质感，具备色彩管理流程，可配置 ICC Profile 概貌色彩曲线，用户可自定义相机 ICC 概貌色彩曲线。

施耐德 120 毫米光学镜头：镜头的光学分辨率达到 0.55 微米、120 毫米的焦距。光圈范围为 F5.6—F64，最近对焦距离 0.26 厘米。

3）CAMBO WRS 机身

CAMBO WRS 机身移动时精度高、稳定性好、方便携带。采集拍摄时保证镜头焦点透视不变，CAMBO WRS 机身与数字后背配合可以实现横移左右各 20 毫米、上下各 20 毫米的移轴范围。数字后背所配置的 LCD 显示屏可以实现实时精确对焦。

4）HENSEL Lightstick 笔灯

HENSEL Lightstick 笔灯不含紫外线，采集过程对文物没有损伤。其显色指数为 97%，色还原能力强，功效准确稳定，能保证每次闪光输出一致。两次闪灯之间回电时间为 0.1 秒，闪灯持续时间最高为 1/5800 秒（需要外置 300 瓦·秒①造型灯以提供对焦时的舒适照度）。

5）Heliopan 的螺纹式滤光镜

德国 Heliopan 的螺纹式滤光镜采用树脂镜片，德国 Heliopan 还为其他品牌的滤光镜生产滤光镜接环。它的荧光系列滤光镜可以校正室内拍摄时的绿色调，新型 SLIM 超薄系列滤光镜用于广角镜头，能够避免出现四角发虚的现象，降低了产生暗角的概率。

---

① 1 瓦·秒=1/3600 000 千瓦·时。

由于不同的光源（常见 Led 连续光源、太阳光源等）照在同一摄体上所反射出来的红外线波长不同，被摄体被红外线穿透的程度也不同。

二、红外高精度影像数据

1. 什么是红外线

红外线是太阳光线中众多不可见光线中的一种，又称为红外热辐射。红外线是一种电磁波，具有与无线电波及可见光一样的本质，红外线的波长为 0.77—1000 微米，按波长的范围可分为近红外、中红外、远红外、极远红外四类，它在电磁波连续频谱中处于无线电波与可见光之间的区域。

2. 红外线在影像数字化领域的应用及发展情况

红外线成像的原理和黑体的红外辐射规律有关。所谓黑体，简单地讲就是在任何情况下对一切波长的入射辐射的吸收率都等于 1 的物体，也就是说完全吸收。自然界中实际存在的任何物体对不同波长的入射辐射都会产生一定程度的反射（吸收率不等于 1），所以黑体只是人们抽象出来的一种理想化的物体模型。但黑体热辐射的基本规律是红外线研究及其应用的基础，它揭示了黑体发射的红外热辐射随温度及波长变化的定量关系，同样，这也是我们研究红外成像的基本出发点。

很多人对于红外线摄影照片表现出来的色调和影像的质感感到惊异，其实这并不奇怪，因为红外线与可见光相比，其特点是色彩更加丰富多样。由于可见光的最长波长是最短波长的 1 倍（380—770 纳米），所以也叫做一个倍频程。而红外线的最长波长则是最短波长的 1000 倍，即具有 1000 个倍频程。因此，如果可见光能表现自然界中的 7 种颜色，则红外线便能表现 70 种，因此具有极其丰富的色彩表现力。另外，红外线还具有良好的穿透性，如可穿透烟雾、水汽等，因此在航空摄影、军事摄影和其他题材摄影中有着不可替代的地位。例如，航空摄影可以利用红外线发现树木、地脉甚至矿藏；医学上可以用于人体组织的穿透；科研及工程摄影可以用于鉴别印色、穿透织物；普通红外线摄影可以利用其所具有的发散性产生虚幻的图画效果；等等。

由于红外线光谱感应范围较广，因此无论是传统红外线摄影还是数字红外线摄影都需要一个阻挡可见光及紫外线辐射，同时又可以透过红外线的特殊滤光镜，即红外线滤镜（infrared filter），并且根据经验和感光材料的光敏范围来确定与选择红外线滤镜的滤光系数。红外线滤镜在这个过程中起到的作用类似于低通滤波器的作用，即让所需要波长的红外线通过，而将其他波长的光线阻断。

在传统摄影中，目前我们生产的黑白、彩色增强类感光材料可以满足绝大多数普通摄影的要求。而对于某些特殊的用途，如红外线摄影，则需要通过提高胶片乳剂的波长敏感度来提高它对于红外线的感光度，以满足人们的要求。

3. 红外线高清成像技术在文物领域的应用

在文物考古和修复存档工作中，常常会遇到因污染或年代久远引起的材料变质而使得一些古代的简牍、字画、壁画等上面的字迹、线条模糊不清、无法辨识的情况，这给研究工作带来困难。设法辨识这些模糊的图像信息一直是文物研究工作者追求的目标。红外线高清成像技术在这方面有较好应用。

在采集之前我们需要进行设备的调试，对拍摄的范围进行灯光调整，以确保拍摄范围四个角的光输出一致。红外线拍摄采集需要我们将选好的红外波段滤镜放置于镜头前进行拍摄，遇到大幅面的壁画我们将设备架在导轨上进行移动分幅拍摄采集，两张之间重叠率须达60%以上。后期利用计算机技术拼接还原，从而做到大幅面红外穿透，实现高精度数字化的目的。

4. 高精度红外线穿透采集案例

➢ **案例1　青海省文物考古研究所出土棺板画泥沙覆盖红外线穿透复现**

在我国青海德令哈市一带，考古研究者发现了一批从墓葬中出土的棺板画。这批棺板画上面彩绘有众多人物形象和不同的场景片段，是学术史上吐蕃时期美术考古遗存一次较为集中、较为丰富的发现（图5和图6）。

图5　青海省文物考古所内棺板画采集工作　　　图6　数据采集后期，笔者摄
　　　　现场，笔者摄

（1）冲图

1）运用LC11软件，将采集好的数据，按采集时已命名的文件夹类别一个一个冲图（图7）。

图7　原始图像转换（冲图）

2）将图片冲为 16 位 TIFF 高分辨率图。

（2）后期拼接

1）创建无缝全景图。

2）裁剪图片，保留重要信息内容。

3）智能锐化处理。

4）处理好图片，保存为 TIFF 高分辨率图+jpg 小图的形式。

（3）数据效果对比

不同波段的红外线探查结果，如图 8 所示。

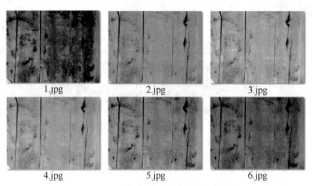

图 8　不同波段的红外线探查结果

　　由于棺板常年埋在泥沙里，泥沙已侵蚀到了木板的纤维里，这给文物工作者研究棺板上的绘画带来了很大的阻碍。运用红外线技术，我们可以清楚地看到被泥沙覆盖的图像信息（图 9 至图 11）。

图 9　棺板画在正常光源下的高清数字化影像　　图 10　棺板画在红外线光源下高清数字化影像

图 11　棺板画中的高精度影像细节

> ➤ **案例 2　复现唐卡构图起稿线**

唐卡是藏族文化中一种独具特色的绘画艺术形式。唐卡用明亮的色彩描绘出神圣的佛的世界，具有鲜明的民族特点、浓郁的宗教色彩和独特的艺术风格；传统上材质全部采用金、银、珍珠及玛瑙、珊瑚、松石、孔雀石、朱砂等矿物质，并以藏红花、大黄、蓝靛等植物为颜料，以显示其神圣。这些天然原料保证了所绘制的唐卡色泽鲜艳、璀璨夺目，虽经几百年、上千年的岁月，其色泽仍旧艳丽、明亮，因此被誉为中华民族绘画艺术的珍品，并被称为藏族的"百科全书"，也是中华民族民间艺术中弥足珍贵的非物质文化遗产。

起稿，藏语称"姜瑞"，起稿的原则是必须严格按照绘制佛像的量度。所谓造像量度，是说绘制唐卡中的中心人物或佛像必须根据一定的比例关系画出比例格，其他的则可自行安排，但一般要保持对称。红外线穿透采集起稿线，对研究唐卡画派、画风、画技、起笔落笔具有考古价值。

由于红外线比可视光的波长长，因此，红外线可以到达唐卡色彩原料底部；另外，唐卡上颜色不同，红外线穿透的效果也不同。这次起稿线采集我们使用的光源与正常使用的光源相同，还在镜头前设置了滤光镜。

最为明显的色块效果对比，如图 12 至图 15 所示。

（a）正常影像　　（b）康素单灯红外　　（c）太阳光红外　　（d）造型灯红外
　　　　　　　　　　　影像　　　　　　　　影像　　　　　　　影像

图 12　色块 A3 效果对比

 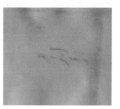 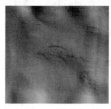 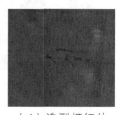

（a）正常影像　　（b）康素单灯红外　　（c）太阳光红外　　（d）造型灯红外
　　　　　　　　　　　影像　　　　　　　　影像　　　　　　　影像

图 13　色块 C1 效果对比

（a）正常影像　　（b）康素单灯红外　　（c）太阳光红外　　（d）造型灯红外
　　　　　　　　　　　影像　　　　　　　　影像　　　　　　　影像

图 14　色块 C4 效果对比

  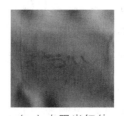 

（a）正常影像　　（b）康素单灯红外　　（c）太阳光红外　　（d）造型灯红外
　　　　　　　　　　　影像　　　　　　　　影像　　　　　　　影像

图 15　色块 D1 效果对比

三、对敦煌莫高窟、西藏布达拉宫、甘肃炳灵寺等古代壁画数字化数据利用的建议

（1）数据存档。数据不会因自然灾害而受到损坏，可复制备份，可以做热备份及冷备份，以确保数据安全。

（2）数据运用。可以用来进行图片展示和多媒体展览，以便让更多的人通过互联网平台欣赏到这些珍贵文物。数据利用途径如表2所示。

表 2　数据利用途径

类别	途径
数据展示	可用于数字展览、数据展示
专家研究	专家及学者做研究考察等
出版	书刊出版等
网络应用	博物馆官网、微信公众号、网络论坛等
互动	展览时与观众进行互动

（3）古代壁画数字化数据是建设数字博物馆的"原材料"。

数字博物馆是以藏品信息库为核心，为文物收藏、专业研究、保管管理、修复保护、陈列展示、宣传教育、馆际交流等而构建的一个高效组织、管理、检索的信息管理平台。建立文物数据库，对文物的保管、研究和陈列具有重要意义，也是数字博物馆建设的核心部分，能大幅度提高博物馆藏品的保管水平和利用水平。

科技在博物馆展示中的应用——南汉二陵博物馆的探索实践

朱海仁　苏　漪

（广州市文物考古研究院）

南汉二陵博物馆是依托于考古遗址建设的博物馆，主要通过考古出土的文化遗存（包括重要遗址和文物）来保存和展现一个地区或城市的历史记忆。如何把考古材料研究、解读和展示利用好，需要考古工作者和博物馆展览策划人员的共同努力，他们需要在展品选择、主题设计和辅助展品设计方面精心考虑，还要利用科学技术生动形象地展示文物。为此，南汉二陵博物馆的展厅中使用了多种科技手段，通过对文物三维信息的采集与应用、多媒体视频的制作与展示、互动游戏、光影效果等丰富的展示方式，更多地挖掘、诠释文物的历史文化内涵，实现遗址和文物视觉形象的直接展示与传播，满足公众多样化的感官需求，以便让观众通过直观形象全方位认识和感知文物背后所讲述的故事。

博物馆是指以教育、研究和欣赏为目的，收藏、保护并向公众展示人类活动和自然环境的见证物，经登记管理机关依法登记的非营利组织。[①]欣

---

① 中华人民共和国国务院令第 659 号《博物馆条例》。

赏展品是博物馆的一项重要职能，在博物馆的发展历史上，随着博物馆功能的不断完善，博物馆逐渐从私人收藏的珍宝室发展成为公众欣赏的重要场所，不仅为公众提供文化物质产品，还为公众提供满足精神需求的产品。

人的感觉包括视觉、听觉、触觉、嗅觉和味觉，其中视觉是人体获取信息的重要来源。眼睛是人们参观博物馆过程中运用最多、最主要的感觉器官，可以说，视觉是观众参观博物馆时获知信息的最主要渠道，也是影响观众对博物馆印象和评价的最主要因素。视觉对象是形成视觉印象的主要影响因素，博物馆内的视觉对象在于展厅内陈列的展品。因此，提供观赏性强的展品和丰富展品的观看样式是博物馆为公众提供欣赏服务的必要途径，也是博物馆展览信息实现有效转化传播的重要途径。

现代科学技术的运用将博物馆中的静态展览转化为动态陈列，有利于提升博物馆的展示效果。现代科技的应用在视觉上凸显展品特色，增强展陈的观赏性、知识性和互动性，避免单一视觉模式导致的视觉疲劳，同时也可以消除博物馆的时空限制，扩大博物馆服务对象的范围，为博物馆实现公众教育、研究和欣赏服务提供了更为丰富和多样化的方式，并成为博物馆一种新的传播和宣传手段。

一、文物三维信息的采集与应用

文物三维信息的采集是指通过相机、三维扫描仪器等采集文物尺寸、结构、颜色、表面纹理、文字等信息，并建立文物的数字化模型。采集文物的数字化信息，具有真实、无损、完整、精细等优点，应用于博物馆的展示、研究和宣传活动中，是科技手段在博物馆内应用的普遍事例[①]。

"汉风唐韵——五代南汉历史与文化"是南汉二陵博物馆的重点展示内

---

① 魏薇、潜伟：《三维激光扫描在文物考古中应用述评》，《文物保护与考古科学》2013 年第 1 期。

容。南汉国作为五代时期以广州为都城的封建地方政权，历三世四主，共55年（917—971），全盛时期疆域包括今广东、广西、海南全境以及湖南、贵州部分地区。据目前已经公布的材料，除了南汉国都城广州现存及考古发现大量南汉国遗存外，广东的肇庆、阳春、韶关、梅州、东莞，广西的桂林、贺州、梧州、玉林，福建的福州等地也保存有南汉国时期的佛寺、造像、古战场、墓葬等文物古迹。此外，东南亚的印度尼西亚海域打捞的"印坦沉船"，是五代南汉国发展海外贸易的重要物证。由于南汉国范围大、文物分布范围广、文物移动难度大等现实原因，南汉二陵博物馆集齐全部南汉文物并实现文物实体展示的难度较大。

因此，为尽可能全面收集反映五代时期南汉历史面貌的文献、考古遗存及文物古迹资料，同时也为保留南汉文物的完整信息，南汉二陵博物馆除了在广州市内广泛收集资料外，还先后赴广东的韶关、梅州、肇庆、阳江、东莞，广西的贺州、桂林、梧州，江西赣州，福建福州等地实地调查、收集资料，并与广东省博物馆、广州博物馆、南越王宫博物馆、广州光孝寺、东莞市博物馆、韶关乳源云门寺、韶关南华寺、梅州千佛塔寺、梧州市博物馆、贺州市博物馆等单位联合开展了南汉文物的三维数字化扫描工作，在不破坏文物的前提下全面完整地采集南汉文物的数字化信息。

采集后的南汉文物三维信息经过处理，可用于展厅内的多媒体触摸查询系统。例如，南汉时期佛教的铁塔和铜钟，观众可触摸显示屏，对其进行放大、旋转、查询，以浏览文物信息、欣赏文物的造型艺术、观赏文物的部分细节、补充肉眼观察忽略的部分、加强细节研究，并联系文物和史实，了解文物背后的故事。

采集后的三维信息不仅可用于展厅内的多媒体查询系统，还可以结合3D打印技术，将有需要展出的文物打印出来放置于展厅内，同时还能对残缺严重的文物进行修补。例如，十六狮柱础石原物只有两头狮子较为完整地保存下来，但运用三维技术在电脑中对其他残缺的狮子进行复原修补后，就形成了完整的柱础石模型，可以将其打印出来用于展示。

二、多媒体视频的制作与展示

考古纪录片记录了考古工作过程和成果，以科学史料作为依据，以专业阐释作为支撑①，在原有视频的基础上整理、剪辑、制作，运用现有科技还原遗物、遗址、遗迹的三维模型，讲求纪实性、文献性、知识性、故事性，直观地表达和反映遗址与文物背后的故事，是考古成果与艺术形式相结合的产物。

公众考古活动中心弧幕展厅展现的是扬帆通海的纪录片。通过考古发现的南越国宫署遗址、南越文王墓及大量出土文物，留存至今的光孝寺、南海神庙、怀圣寺光塔和清真先贤古墓，以及丰富的历史文献，表现广州在约 2000 年的城市发展过程中与海上丝绸之路的密切联系，讲述广州自公元前 214 年建城之始，一直作为海上丝绸之路东端的重要港口和商业都会闻名于世，实证广州是海上丝绸之路的重要发祥地。

"奇特的文物医院"通过实拍广州市文物考古研究院文物保护科技研究部工作人员日常文物修复工作的场景，记录博物馆工作中修复文物的过程，向观众展现展厅中展出文物的出土状况和最终展出成品的巨大区别，反映文物修复工作者在文物诊断、清理、修复过程中作为"医生"所发挥的巨大作用。

考古纪录片的展现形式除了使用单一的投影屏幕播放外，还可以作为前景结合展柜内的展品播放。这种多媒体展示柜的本质是在展柜的基础上加上了交互显示技术，能够拓展延伸展示更多的信息内容，这种技术在一定程度上丰富了动态展示手段，增强了观看的趣味性和吸引力。例如，南沙人头像的复原部分，展柜内放置的是已经复原完成的南沙人形象，展柜前的透明投影屏则向观众科普南沙人出土的位置、埋葬的环境及其头像复原的详情，可以使观众直观地接受柜内展品所传达的信息，直接了解展品

---

① 王沛、高蒙河：《考古纪录片的类别和特性》，《南方文物》2017 年第 2 期。

的由来。

除考古纪录片外，动画也是一种简单直观、生动有趣的展示形式，其通过展品背景、剧情设定等环节制作短片，以浅显易懂的讲述，使观众产生感性认知。南汉二陵博物馆创造了自己的 IP 形象——一位身穿考古服装、配备照相机、有着丰富考古经验的老师，以及一位手拿绘图纸、身背考古工具包的学生。其形象不仅出现在博物馆公众考古活动中心内，还融入科普视频和互动游戏中，通过两位形象鲜明的考古工作者的互动和对话，推动剧情和游戏的发展，宣传与考古相关的内容及其价值和意义。例如，模拟体验区内播放的一段动画视频——《考古是什么》，通过 IP 形象人物生动有趣的讲解，引出考古"考"什么的问题，形象地普及考古工作者贯穿整个考古过程中思考的问题，即这些是什么（what）、这些东西是什么年代（when）的、这些东西属于什么人（who）、这些东西在什么地方（where）、这些东西为什么（why）会出现、这些东西怎样（how）制造，同时也促使观众对之进行思考。

中国风动画具有古典美的优势，其风格与历史类博物馆的展示主题相契合。《大通烟雨》二维动画就是通过国画风动漫，演绎宋代大通寺烟雨井的一段传说故事，反映"大通烟雨"在宋、元两朝作为羊城八景之一的胜丽，表现大通寺建造、破坏以及被考古发现的历史。

三、互动游戏

互动游戏用于博物馆的展示陈列中，吸引力远远强于单纯的文字说明和图像材料，可以增强观众的参与感、互动感和体验感，拓宽观众的年龄分布层次，增强展示的趣味性。互动游戏不仅用于博物馆的展示陈列中，还应用于博物馆的宣传教育活动中。历史类博物馆互动游戏的开发需要结合博物馆的文化特色，将博物馆与电子游戏相结合，开发出将历史文化元素融入背景画面、形象和情节的游戏，主要分为角色扮演游戏、模拟游戏、创意游戏和益智游戏①。南汉二陵博物馆公众考古活动中心设置了类型丰富的小游戏，吸引各年龄层的观众，可以让观众在游戏中学习、接收相关信息。

田野考古小游戏：通过卡通 IP 形象的活动，展现田野考古工作的完整过程，包括调查、勘探、发掘，反映出考古学家如何通过一步一步地探索发现遗物、遗址、遗迹的年代、性质。

3D 翻翻书：通过电子立体书籍，以卡通原始人的形象展现不同生产工具的用法，包括鱼竿、燧石等。

文物医生：通过点击选择正确的清洗、拼对、黏接、配补、颜色工具，向观众反映文物修复的内容、操作步骤等。

垃圾在"说话"小游戏：考古学家会在垃圾上花大量的时间，垃圾能说明遗址居民的生产生活情况。该游戏假设了一位来自 2200 年的考古学家，在广州城区一处房址附近发现了一些垃圾，并从垃圾中提取信息，获知当时的社会状况，如交通状况、生产生活、对外贸易等信息。

四、光影效果

光影会直接影响人们的视觉，影响观众对展览的感觉，现代多媒体技术的发展丰富了光影的呈现方式和表达方式。在博物馆展厅内使用光影模拟造型，根据展陈的需求和特点，利用光影和音效渲染展览主题和气氛，使得陈列展览有声有色、活灵活现，使观众的心理情境融入展示情境，给观众带来多元化的视听感受和观展体验，能极大地提升展览效果。

① 胡玥、姜友斌、柴惠芳，等：《文化传承视野下博物馆电子游戏的设计——以浙江教育博物馆电子游戏"文明之旅"为例》，《现代教育技术》2018 年第 1 期。

南汉二陵博物馆在展览中不仅注重光线对展品保护和展示的影响，还将光影引入博物馆的场景和地面，与展示部分的主题相结合，不仅使原本单调、乏善可陈的画面生动起来，还能直观突出展示部分的主题内涵。例如，"云山珠水间——考古发现的广州"展在先民择地而居的部分运用树的投影，结合这一部分自然环境的主题，让观众置身于当时人类居住的原生态环境中，可以更好地了解旁边展柜内与当时人类居住环境有关的文物。扬帆通海部分的水波纹光影更是融合"水"元素的特征，结合展柜内的陶船文物，并播放水波浮动的声音，反映古代人民建造船只，在河海中扬帆时波浪起伏的场景。

综上所述，现代科学技术已经成为博物馆展示的重要组成部分。博物馆中的科技展示要结合博物馆的文化特色，根据展览主题和内容表现的需要进行转化和适应，服务和服从于展览主题和内容的需要；展示的内容要以客观真实的学术研究和资料作为支撑，既要考虑知识点和信息点，也要兼顾通俗性及生动性；展示的设计要与展陈总体形式设计相融合，与建筑空间进行协调和配合，自然地融入展厅空间。

现代科技手段应用、服务于博物馆，有利于解读、挖掘并传播展览主题和展品内容；有利于营造参观环境，增强展览的观赏性，减缓观众的疲劳感，实现欣赏职能；有利于增强展览的参与度，使观众成为参观的主体。因此，笔者认为有必要加强对现代科技手段在博物馆展示中应用的探索和实践，发挥好现代科技手段对博物馆展示的推动和提升作用，促进博物馆整体展示水平的提高。

参 考 文 献

邵旦. 2014. 解析博物馆数字视觉媒体与文化传播. 科教文汇(下旬刊), (4): 215-216.
王宏钧. 1999. 博物馆的动态陈列和高新科技运用. 中国博物馆, (3): 65-72.
赵晨. 2008. 多媒体展示技术在博物馆的应用. 天津科技, (2): 61-62.
郑奕. 2008. 多媒体技术在博物馆展示中的应用及规划要求. 文物世界, (4): 65-67.
周玫. 1988. 博物馆视觉环境与观众视觉疲劳. 东南文化, (1): 109-113.

艺术的科技与科技的艺术——浅析第六届广州当代艺术三年展主题展

吕子华

（广东美术馆研究策展部）

相隔一年多再次回首第六届广州当代艺术三年展（简称广州三年展），似乎给了笔者更多的时间对此次展览进行反思。每一届广州三年展如同一次检阅，使我们得以观察和记录过去三年中社会和艺术生态的变化，如果以 2018 年为节点，那么在过去的几年中，随着 5G 基站的建设以及相关设备的成熟，5G 网络技术已经迅速向商业及民用领域推广，与之前的互联网出现、移动智能终端的普及一样，5G 网络技术的应用必将给人们生活的各个方面带来巨大的变化。纵观整个历史，人类从来没有像今天一样不停地调整生活节奏与提高自身技能以适应科技的发展。在此环境中，人类的社会生活被网络数字科技重重包裹，所有目标和手段、行为和语言不断地被数字化，如果人类已成为一种数字化的存在，那么科技也不再仅仅是一种被使用的媒介或工具。在后人文主义或后人类主义的语境里，人与技术并非一种主客关系，而是一种共同主体的关系——人应被当做科技世界中的一个分子来考虑，而不仅仅是唯一具有话语权和追求自由权利的主体。那么，科技与艺术之间也不应该存在所谓的从属关系，它们互为内容、互为手段。数字技术的出现使人类获得了一种新的介入艺术的方式，虚拟现实技术、增强现实技术、交互技术等新兴科技手段被广泛地运用到艺术设计之中，为我们创建出全新的创作理念。而科学知识又通过艺术的认知模式和审美表达获得更加多样的传播途径，从而获得更加自由的发展空间。

第六届广州三年展发生在一个科技无孔不入的年代，不禁让人反思生活与科技的种种关系。所有动人的展览无不跟人类的情感和生活联结起来，这一次我们希望透过展览回顾科技与艺术之间的关联，当下人类是如何看待科技带来的问题的，科技又如何给未来注入更多的可能性。正如第六届广州三年展的主题"诚如所思：加速的未来"，美国工程师范内瓦·布什（Vannevar Bush）在 1945 年所畅想的未来生活已经到来，并且以快速迭代的态势影响着当下及未来。不难发现，主题本身就蕴含了"过去""当下""未来"的三大面向。策展人将展览划分为三大板块："堆叠——数字中的艺术""同类演化""机器不孤单"，分别从"数字化""人类与非人类""机器"的角度阐述这个"诚如所思"的世界，参展者都是各自领域的专家学者，在此笔者并不打算重复他们的观点，而是从一个宏观的时空维度中再次审视这一批艺术作品带给我们的启示。

一、回望历史

从一个展览回顾所有艺术与科技的问题，显然是不可能的，更准确地说，第六届广州三年展谈论的"技术"是立足于信息化时代，以艺术来探讨人与数字、人与生态、人与机器之间的关系的，那么如何界定信息时代的开端？从展览的角度来讲，先导性的文字非常重要，在参观展览的入口我们首先向观众展示了一面关于数字代码编年史的墙面（图1），整个墙面回顾了1820—2018 年，计算机技术在发展过程中具有里程碑式意义的信息。比如，从第一台进行四则运算的工业计算器的出现，到编程语言的产生，再到人类围棋高手首次被"阿尔法狗"打败等。观众在前台领取 iPad，扫描墙上对应的二维码，即可通过增强现实技术观看相应的数字代码短视频。

图 1　关于数字代码编年史的墙体
图片来源：由卡尔斯鲁厄艺术中心赫尔兹实验室提供

在这段跨越两个世纪的数字历史中，人与数字的关系发生了巨大的变化，以至于人类对待科技的态度也发生了微妙的改变。马克思认为，人的发展是与社会生产发展相一致的。如果科技包含在社会生产力之中，那么人的全面发展就离不开科技的发展。而如今却有另外一些声音认为，要警惕科技对人的异化，如人对机器的过度依赖、网络带来的社交异化、科技与伦理的矛盾等问题，似乎科技正在走向人们对其期望的反面。具有讽刺性的是，人类从使用技术的那天开始就失去了不使用技术的自由，我们也只能用技术克服技术本身所带来的不自由。从艺术发展史的角度来说亦是如此，借用法国哲学家贝尔纳·斯蒂格勒（Bernard Stiegler）的概念就是，从人类用树枝在岩洞上画下第一笔开始便中了技术（书写）的"毒药"，并且只能从技术这个"药罐"中得到解药。①英国艺术史学家 E.H.贡布里希（E. H. Gombrich）

① 陆兴华：《克服技术-书写的毒性——斯蒂格勒论数码性与当代艺术》，见〔法〕贝尔纳·斯蒂格勒：《人类纪里的艺术：斯蒂格勒中国美院讲座》，陆兴华、许煜译，重庆：重庆大学出版社，2016 年，第 21—24 页。

在描述 15 世纪后期透视法在意大利绘画中的运用时，也曾感慨这种技术虽完美地呈现了空间的纵深感，使绘画更接近真实，但它却使艺术家在一定程度上失去了中世纪绘画里图案布局的自由，人物摆布的问题也不那么好解决。"艺术家的手段和技巧固然能够发展，艺术自身却很难说是以科学发展的方式前进。某一方面的任何发现，都会在其他地方造成新困难。"①现代艺术的发展亦是如此，摄影技术精准的再现使我们重新认识运动的原理，同时也给具象绘画以沉重打击，触发艺术的裂变，以至于加速了艺术家的观念建构。

如今，艺术家依然游走在技术的"毒药"和"药罐"之间，哈润·法罗基（Harun Farocki）关于虚拟游戏的研究——"平行 I—IV"深刻地讨论了人在电子技术中的自由问题。作品一共分为四个部分，第一部分展示的是游戏图像风格变化的简史，也可以说是一部计算机图像技术的简史，从 20 世纪 80 年代的"俄罗斯方块"开始，回顾了计算机游戏中图像的演变过程，直到现在的 3D 成像逐步取代电影实景图像，成为图像制作的基本模型。成像越来越逼真，未来图像生成也许不再依靠人类，算法已经能够精准地计算、测绘图像，我们如何在数码时代图像加速生产中建立主体，这成为一个新问题。"平行 I—IV"更重要的部分是探寻游戏空间独特的运行逻辑，看似没有边界的虚拟世界其实存在着种种设定的界限，人物角色之间的互动和人物的肢体动作也必然遵循着一定的法则，如果我们反其道而行之会如何？我们是否曾经想象过游戏规则以外的"自由"？法罗基提出的问题直指技术所产生的图像是如何影响并定义我们的意识和习惯的，这也是他多年来创作的主旨。

二、审视当下

无论愿意与否，我们都从来没有被如此地关注及记录过。无论走到哪

---

① 〔英〕E. H. 贡布里希：《艺术的故事》第十三章《传统和创新（一）意大利，15 世纪后期》，范景中译，杨成凯校，南宁：广西美术出版社，2015 年，第 260 页。

里，随处可见的摄像头都在注视你的行为；当你浏览网页，你的行为喜好被服务器保留；当你用手机导航时，你每天的行动轨迹被默默记录下来。每个人都被科技解构成数据保存于某处，被研究及学习着。

在虚拟的网络空间里，我们都被数字化了，信息和躯体通过传感器的数据转换，以一种中介的方式被感知，因此在科技世界里——人即代码。正如贝恩特·林特曼（Bernd Lintermann）和彼得·魏博尔（Peter Weibel）的参展作品 *You：R：Code*，它可以翻译成"你的代码"或者"你是代码"，因为它本身就蕴含着这两层含义。观众之所以喜欢这件作品，笔者认为，很大程度上是因为他们构建了作品的一部分。参观者会体验到不同类型的数字转换，从镜像最开始时的自己，一种最真实的、最原始的虚拟成像，逐渐地转化为数据体，包括扫描之后的你、社交网络上被数据分析的你、被标签条码化的你，直到最后被简化成为一组工业可读的黑白代码。从生物学的角度讲，我们自身也是由代码组成的，比如说我们的基因代码。遗传代码构成了生命的算法，从出生起就决定了我们是谁，那么虚拟空间的代码算法则从另一个维度定义着我们。所有的网页都在向你推送你感兴趣的商品；短视频 APP 中你所刷到的每一条视频都是你喜好的；语音助手的声音都来自你喜欢的明星。于是，人们不停地买买买，捧着手机刷起视频笑个不停。电影《她》中的情节将会成真，人们再也不需要主动思考，张大嘴等待喂食即可。

"到底什么才是对我好的？"这个问题的答案变得越来越模糊，人们似乎永远地迷失在"我需要"和"我想要"的选择中了。

澳大利亚艺术家塔葛·布雷恩（Tega Brain）创作的《深沼泽》（*Deep Swamp*）也同样陷入了两难选择之中，作品模拟了热带沼泽地的生态循环系统，通过摄像头，人工智能芯片一方面实时检测展厅中"沼泽地"的环境状况；另一方面，不断地通过网络分析沼泽地应该具备的生存条件，以便根据现实情况对作品进行自动调整。然而，另一个人工智能软件则是一位"艺术家"，它试图把《深沼泽》打造成一件艺术品，偶尔变换光线和声音以引起人们的注意。这两种人工智能的模式，一个想制造天然的湿地环境，另一个则怀揣着艺术家的梦想，两个"角色"不断地在博弈、竞争与合作，每隔几分钟，它们就会调整一次灯光、水流、雾气和营养素，打造适合不同用途的环境。可是，当人类跟这样的生态环境发生关系之后，又产生了新的问题。"作品"本身是一个生长的过程，所有养殖的生物在三个月的展期里必然会发生变化。比如，植物会受到脱水和被侵蚀的困扰，这时候我们是否应该人为地进行干预？这个话题在工作团队内部也进行了激烈的讨论：有的同事认为，应该使用农药，以防止植物大面积枯萎；有的同事则认为，应该创造更加良好的环境，植物就能自愈。何为最优方案？当我们考虑"最佳"或"更有效"的时候，这到底是"对谁最好"的方案？由作品延伸至对于伦理道德的拷问，也经常出现在环境治理和古代文物艺术修复的抉择上，而人工智能的介入是否能提供解决该问题的新可能，还是会令事件变得更加复杂？这是艺术家留给我们的开放式的问题。

三、预见未来

如果人类的定义不断被各种算法推演，那么人类的未来在哪里？如果人工智能通过不断地学习找到所有最佳的解决方案，那么人类在其中属于怎样的存在？

既然提到了生物和技术的话题，我们就不能不提到美国艺术家林恩·赫什曼·利森（Lynn Hershman Leeson）的作品《无限的引擎》（*The Infinity Engine*），尽管她现在年事已高，但依然保持着旺盛的创造力，她的电影和装置艺术里反复出现的一个话题是身体与科技之间不断变化的关系。她审视了各种新技术工具，从人工智能到生物工程，分析了这些技术对我们私人领域、个人身份和个性，甚至生与死所产生的影响。

《无限的引擎》是艺术家仍在进行中的关于基因工程和生物工程的项

目，当中包含许多部分，作品必须在特定的情境中进行展示。用现在很流行的一个词来说，她的作品是"沉浸式的"，进入作品就如同进入了一间基因实验室——生命科学的发源地——其中一个房间的背景充斥着大量的基因杂交作物和动物的相关资料，还有生物学家关于转基因、3D 生物打印机打印的人工器官，以及关于 DNA 这个无穷大的信息储存媒介的访谈片段，观众可以在此获得一些关于生命科学的前沿信息。最后一个房间，展示了一面巨大的壁纸，上面两根注射器模拟的是米开朗琪罗《创造亚当》的壁画中上帝的手指与亚当的手指相触碰时的场景。这是一种意味深长的结束方式，艺术家同样留给观众一个开放式的问题：整个装置展现了自然生命和人造生命之间的边界在合成生物的时代里变得越来越模糊，科学技术的发展仍在不断拓宽知识的边界，但人类的边界在哪里？如果说上帝创造了人类，那么现在的基因工程和基因编辑会把人类引向哪里？所有生命的未来又在哪里？

展览所触碰的问题既深刻又宏大，有人可能会质疑，所有的问题可能都得通过科技这个"药罐"才能得到解决，那么，艺术的作用是什么？人类对未知世界探索的欲望使"人"这一物种与其他动物剥离，但同时也给人类本身带来了无穷无尽的困扰。从对自然世界的认知到"我们从哪里来，到哪里去"这般宏大的哲学问题穷尽着人类的智慧，也无时无刻不在推动着人类社会的进步。人类是贪婪的，一方面，通过发展科技来满足自身无休止的欲望；另一方面，从未停止对自身精神世界的探索和追求。历史上两者往往是不平衡甚至是相互矛盾的，在经济快速发展和科技高歌猛进的发展趋势下，人们的灵魂显得更加无处安放，不安于失落的人们倾向于通过表达及宣泄的方式来抒发情感，精神世界与物质世界的差距越大，表达得也愈加激烈。相当多具有鲜明时代特性的艺术作品即诞生于这样的背景之下。

或许艺术的作用就是在一个时代中，使人们的物质世界和精神世界处于一种微妙的平衡之中，也未可知。

当代建筑展览与中国建筑策展学展望*

李翔宁　　莫万莉

（同济大学建筑与城市规划学院/*Architecture China*）

与艺术展览相比，建筑展览是一种较新的展览类型。在中国，带有策展意识的建筑展览在 2000 年左右才刚刚出现。尽管如此，建筑展览因其与建筑实践、理论研究和城市公共生活的密切联系，在短短约 20 年间形成了一种新兴而繁荣的文化景象。在回溯建筑展览的历史和当代中国的建筑展览现象的基础上，笔者希望通过本文对中国建筑策展学进行展望。

本文通过对建筑展览的历史回溯，指出其对推动建筑实践发展和理论体系构建的重要价值，以及对设计思想传播和城市文化身份营造所起到的作用。在回顾当代中国建筑展览发展历程的基础上，本文对中国建筑策展学的前景做出六点框架性展望，通过专业的建筑策展机构、图纸及模型档案收藏机制、建筑与艺术教育中的相关策展课程，完善建筑策展的知识体系，推动建立建筑策展的研究生态，在全球舞台上展示当代中国的城市发展与建筑实践的成果。

---

* 本文首发于《美术观察》2019 年第 8 期。

1. 建筑展览的历史回溯

曾任纽约当代艺术博物馆建筑策展人的巴里·伯格多尔（Barry Bergdoll）认为，1760年是建筑展览的元年。①在那一年，一群英国建筑师第一次在伦敦集市向市民们公开展示他们的设计方案。伯格多尔的观点显露出建筑展览的几个重要特征。首先，建筑展览不应仅局限于行业协会或是建筑学院，而需具有开放性和公共性。其次，与艺术展览不同，建筑展览的"展品"往往是不在场的，它依赖于图纸与图像等再现手段来呈现一座在别处的建筑。最后，它往往与特定的话语诉求相结合，通过展示的方式对建筑作品或是思想进行传播。这些特征使得建筑展览成为自现代主义建筑运动形成以来，建筑师呈现和传播设计思想的重要手段，而策展人的角色则往往由建筑师自己担任。

专业建筑策展人的出现源自艺术博物馆中的建筑展览部门的设立。1932年，世界上第一个致力于建筑展览的策展部门在纽约现代艺术博物馆建立，策展人由建筑历史学家、评论家或理论家等担任。他们敏锐地把握现当代建筑的发展趋势，并通过诸如"国际风格"（international style）、"解构主义建筑"（deconstructivist architecture）等展览对建筑实践和理论研究的转向起到了关键的引导性作用。

在艺术博物馆之外，另一种机构化的建筑展览制度在20世纪80年代逐渐成形。脱胎于艺术双年展的威尼斯国际建筑双年展，于1980年7月首次举办。每届双年展均通过主策展人制度，提出清晰的策展议程，回应当下建筑发展所面临的问题，并提出可能的解决策略。威尼斯国际建筑双年展不仅是一场展览，而且往往与一座城市的文化身份和公共空间的营造息息相关。因此，进入2000年后，全球不少城市及地区开始纷纷设立建筑双年展机制，如圣保罗国际建筑双年展、芝加哥建筑双年展、深港城市/建筑

---

① Pekonen E L, Chan C, Tasman D A. *Exhibiting Architecture: A Paradox?* New Haven: Yale School of Architecture, 2015.

双城双年展等。

对建筑展览历史的简要回顾，显示出策展意识对推动建筑实践与理论发展、城市文化身份塑造与公共空间建立的重要作用。放眼全球，不同国家往往通过艺术博物馆中的建筑策展部门、建筑学院中相关课程甚至专业的设立以及特定的双年展品牌来促进建筑文化的繁荣，提升本国建筑师的认可度，推进建筑理论话语体系的建构。

2. 建筑展览在中国

在过去约 20 年中，中国建筑与城市的发展令全球瞩目。伴随着城市化进程的加快和一批优秀建筑师的涌现，具有策展意识的建筑展览开始在中国出现。它们或反思着城市问题，或力图在建筑实践中引发新的讨论和探索。譬如，王明贤策划的"中国青年建筑师实验性作品展"（1999 年）和吴亮策划的"变更通知：中国房子/建造五人文献展"（2001 年）既标志着2000 年左右"实验建筑"作为一种实践类型的登场，也在彼时引发了激烈和意义深远的讨论。近年来的深港城市/建筑双城双年展和上海城市空间艺术季的设立，则为讨论城市化现象、城市更新等重要议题提供了契机。

策展并非仅是一种工作方法和视觉的呈现，更是一种思考方式。由此，建筑展览不仅是对当下建筑实践活动的再现，还是对它的梳理和研究。在笔者策划的展览中，包括上海城市空间艺术季（2017 年）的"连接 this Connection——共享未来的公共空间"、"西岸 2013 建筑与当代艺术双年展"（2013 年）、"城市边缘"深圳/香港双城双年展（2013 年）等大型双年展，往往力图通过清晰的策展理念与展览结构，回应城市问题，并推动公共空间的营造。而如"我们的乡村"（第 16 届威尼斯国际建筑双年展中国国家馆，2018 年）、"走向一种批判的实用主义：当代中国建筑"（2016 年）等于海外展出的展览，则往往依托研究，系统性地对当代中国的建筑实践进行梳理和提炼，从而使得其中的经验和话语能够在海外进行传播、引发讨论、获得认可。

然而需要指出的是，尽管近年来建筑展览在中国呈现出繁荣的景象，但其不足之处依然存在：一方面，与国外艺术博物馆中的建筑展览部门相比，建筑展览在中国往往是一时一地的事件，缺乏与之配套的档案整理及图纸、模型收藏机制；另一方面，当下的建筑展览往往更重视作品本身的呈现，而对作品背后的思想脉络以及不同建筑师的作品之间的谱系关系的研究和呈现较为缺乏。这使得一些建筑展览策划者在策展意识上较为落后，对建筑理论话语的构建和建筑实践的推动作用较弱。

3. 展望中国建筑策展学

2018 年，中国美术家协会策展委员会主办的首届"策展在中国"论坛暨 2018 年中国美协策展委员会年会中，中国美术家协会副主席、中央美术学院院长范迪安呼吁中国策展人把握好中国策展的文化逻辑，归纳中国策展的实践方式，系统梳理中国策展的学术体系，致力于中国策展学的建立。恰逢这一契机，笔者在此试探性地对中国建筑策展学的前景做出以下展望。

（1）建议在中国美术家协会策展委员会下设立建筑策展工作小组，推进美术馆系统中建筑展览部门的设立。纵观全球，如纽约现代艺术博物馆、巴黎蓬皮杜艺术中心、罗马 Maxxi 博物馆、芝加哥艺术博物馆等具有世界影响力的艺术博物馆机构往往都设有建筑展览部门。专业建筑展览机构的设立有助于形成稳定的策展、档案收藏及研究出版机制。

（2）建立建筑图纸及模型档案收藏机制，推动建筑展览研究生态的建立和发展。正如前文指出的，当下的建筑展览往往是一时一地的事件，较难形成长远的公共影响和推动建筑历史及理论的研究。观察诸如纽约现代艺术博物馆的建筑展览部门，它们往往以展览为核心，结合教育部、研究部、图书馆、档案馆、出版部，完成对现当代建筑的收藏、研究、出版和公共教育工作。建筑图纸及模型档案收藏机制的建立既能对当代建筑文化的发展发挥导向性作用，也为建筑历史及理论研究的深入提供了坚实的基础。

（3）凝练策展经验，建立完善系统的建筑策展学知识体系。"学"意味着一种知识体系的建构。尽管建筑展览是一个较新的展览种类，但关于建筑展览的历史、展示技术和叙事方式等业已在海内外引发了诸多具有深度的讨论。耶鲁大学、哥伦比亚大学等曾举办关于建筑展览的系列研讨，并将成果结集出版。①在国内，《时代建筑》《新美术》《新建筑》《装饰》多次刊登关于建筑展览的讨论文章。②笔者则曾主持国家自然科学基金课题"我国建筑博物馆创制、博览模式及信息保存与再现技术研究"。这些研究、讨论与出版为建立一个系统化的策展知识体系，奠定了良好的基础。对现有成果的梳理和海外研究的翻译、引介，可从建筑展览的历史、特征、类型、重要案例、展示方式、传播价值，以及其和建筑历史及理论研究、建筑批评学的关系等方面，完成建筑策展学的知识体系建构。

（4）推进建筑及艺术教育中的建筑展览及策展课程的开设。"学"也在于知识的传播与普及。不少国外一流大学中往往设有建筑展览相关课程，如哥伦比亚大学设有建筑策展实践的研究生学位研究项目。展览及策展课程有助于培养学生的问题意识和思考能力，加深其对建筑历史及理论的理解，同时也为艺术策展提供空间设计的经验。

（5）结合建筑理论话语，建立建筑策展的学术研究机制。"策"不仅是简单的展览组织，也意味着问题的提出、脉络的厘清和话语的生产。在过去几十年间，中国在城市建设和建筑设计领域的发展令世界惊叹，但却往往缺乏对现象的梳理和理论的提炼。建立起有效的建筑策展的学术研究机

---

① 例如，耶鲁大学曾于 2011 年举办建筑展览研讨会，会议研究成果 *Exhibiting Architecture: A Paradox?*（《展示建筑：一种悖论》），并于 2015 年出版成书。其他建筑展览相关出版包括 *Place and Displacement Exhibiting Architecture*（《地方与移位：展示建筑》）、*Architecture on Display: On the History of the Venice Biennale of Architecture*（《展示中的建筑：论威尼斯建筑双年展的历史》）、*Architecture Production and Reproduction*（《建筑的生产与再生产》）等。

② 早在 2003 年，《时代建筑》便借 2002 年上海双年展的契机，刊登若干文章对上海双年展中的建筑展览部分及现代主义建筑的展览史等展开讨论。此后，《装饰》《新美术》《新建筑》杂志也曾多次刊登建筑展览相关文章。

制，有助于把握和引导建筑实践的动向，树立当代中国建筑的主体意识。在哈佛大学举办的"走向一种批判的实用主义：当代中国建筑"展览中，笔者借由展览的形式，提出了"批判的实用主义"概念。这一概念源于笔者对中国当代的建筑实践的长期观察与理论思考，也是对笔者早先提出的"权宜建筑"的进一步发展①。它准确地把握了当代中国建筑师在过去 10 多年间所面临的短、平、快的实践状态和设计理想之间的张力与可能性。这一理论话语也在展览期间于哈佛大学举办的研讨会上引发了国内外建筑历史学者与理论家的深度讨论。

（6）凝练当代中国建筑的发展经验，在海外展览中讲好中国故事。展览往往会产生较大的传播效应和具有较强的感染力。在全球化背景下，在海外策划与当代中国建筑相关的展览有助于在不同国家和地区的建筑文化之间建立对话，并能彼此分享经验。在第 16 届威尼斯国际建筑双年展中国馆展览中，笔者试图通过文、旅、居、业、社、拓六大策展板块呈现当下中国建筑师在乡村的实践全景。乡村问题是一个全球性的问题，由此，这次展览所呈现的实践方法与经验也为其他国家和地区对于乡村的讨论提供了新的路径。德国学者、建筑策展人爱德华·柯格尔（Eduard Kogel）就撰文指出，借力数字建造技术的中国乡村建设经验可为欧洲乡村建设提供可资借鉴的思路②。

从建筑展览到建筑策展学，它意味从实践维度走向一种具有系统性的思考维度。尽管需要开展的工作还很多，但笔者希望上述六条框架性展望能为之提供一些可资借鉴的思路。

---

① 李翔宁：《权宜建筑——青年建筑师与中国策略》，《时代建筑》2005 年第 6 期。
② Kogel E. Das hinterland im fokus. *Bauwelt*, 2018, (10): 44-45.

意识的具象——展览作为一种空间装置论文[*]

邓圆也

（广州美术学院视觉文化研究中心、同济大学建筑与城市规划学院）

2017 年 11 月至 2018 年 3 月，笔者与莫万莉、林琳策展的空间装置论文（installation essay）——"甜蜜的家"，在上海当代艺术博物馆，以建筑装置展、艺术作品展和跨学科文献展的视觉形式，组合论述了一个人类学导向的问题：家真的甜蜜吗？[①]如果使不可言说的公私、内外和表里关系实现空间化，并且在空间上也呈现其内容之间的逻辑性，那么把对人类学、社会学、建筑学的思考研究和田野调查转换成有空间层次、内容进深和探索趣味的展览空间语言，通过建筑设计制作一个具有时间感、事件性和参与感的空间机器，可能是一种有效方式。

笔者尝试通过这个空间装置论文，逐步拆解通识中对家庭的私密性的幻想，重新讨论公共与私密的界限。巴什拉（Bachelard）提出的"幸福空间"（l'espace heureux），即将家描绘为"幸福、安全、宁静、私密"的意象。但事实上，这种意象本身即构成了一种意识霸权[②]。政策制度、社会

---

[*] 本文首发于《典藏·今艺术》2019 年 8 月刊，收入本文集时有所修改。

① 本展览获上海当代艺术博物馆第四届"青年策展人计划"首奖，策展人获邀到法国 Le Consortium 博物馆驻留。

② Bachelard G. *The Poetics of Space*. Boston: Beacon Press, 1994.

规范、媒体话语和大多数现代空间规划在持续地反复论证后，认为家是甜蜜且属于私人生活范畴的。人们被规训出对家的"甜蜜"和"私密"的渴求，这种渴求被内化且理所当然化。人们也被家作为"安全，受庇护的，平等自由"的意象不断规训着自身，使所有与此意象相左的情况被认为是非常规的，是需要被遮掩和粉饰的。家是占有的空间、庇护的空间、储藏钟爱的空间，而家的明暗中却也蕴含着敌意的空间、斗争的空间、消磨折损的空间，是折射既定社会意识和事实的空间。劳动甚至生育的现代性替代物，究竟是对个人生活的解放，还是消弭？一些人类学研究案例和艺术家作品对此意象质疑。而本展览意在以相对中性的态度去深入挖掘，把这些松动边界的东西整合，并通过设计的手段将事实"拟体化"。于是，"甜蜜的家"对展览空间赋予了相应的家庭空间意义，并对观众的流线和行为进行引导与限定，制造出能引导吸纳、停留、压迫、穿行、密闭等行为的空间结构，希望观者以"偷窥"的方式观看展览，寓意刺探家的"隐私"。当空间本身变成一种叙事与讨论，我们相信展览和观看者的身体是互动的。

展览空间由"规训之墙""甜蜜之茧""窥视之锥"组成。"规训之墙"——规则排列的展墙，以稳定和冷漠的空间结构排列文献，文献内容来自数十位建筑学、地理学、社会学、人类学、社工、政治学、历学、艺术史等领域的研究者，以民族志、社会新闻以及图像与音声创作等方式叙述历史和现实中的家庭空间与社会案例。"甜蜜之茧"——镶嵌在展墙之间的五个异形空间，由五组建筑师设计搭建，内置五位女性艺术家创作的影像、表演等作品，"茧"象征着家庭的内向性、私域感和想象空间，包括了五个与家庭相关的主题空间：劳动空间、亲密空间、伦理空间、非核心家庭空间与疗愈空间。"窥视之锥"是穿透这几层空间层次的开洞方式，"规训之墙"上的开口层层递进而形成"偷窥"的视线路径，限定了观众的参与和解构视角，路径不断穿过墙与茧（图1）。

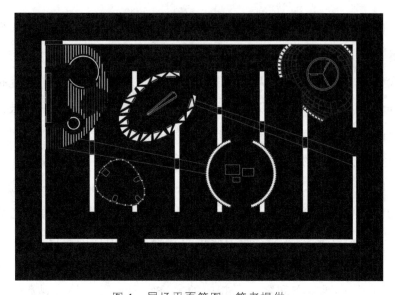

图 1 展场平面简图，笔者提供

注：从右至左分别是劳动空间、伦理空间、亲密空间、疗愈空间和非核心家庭空间的装置与艺术品区块

核心的艺术作品表达意象的内核，而与之匹配的空间则由建筑师来设计执行。五个空间拟态了圆形的茧。我们希望回到"庇护所"的源头——山洞、地洞、巢穴、昆虫的茧等，圆形是属于大自然的曲线，而方形的居所是现代化的产物。圆形的茧象征的是"家"的初衷——保护和保育，也寓意了家在认知中的一种恒定的内在形态。毕竟，我们没有那个能力，也没有那个权力去瓦解一个体制。我们只能试图挖开一些小口，让大家看到家的不同侧面。一个茧包裹一个艺术作品，并对应一堵墙。当人在看到艺术作品的同时，也能看到一些具体的文献。文献以密集、均质、排山倒海的方式构成信息墙，一旦靠近墙体，就会被"压迫"着多多少少看到些信息。这样的做法打破了传统的展览方式。一般而言，美术馆中的展件被圣洁的光打亮，观者会自然而然地认为它具有意义。但是，这样所了解到的意义是有限的。所以，在"甜蜜的家"里，每件作品背后的意义和背景都被提取和物质化，并和作品并置呈现在眼前。观众在读取意义的时候，可能会体悟到新的意义。

　　展览根据不同的议题——劳动、亲密、伦理、疗愈、非核心家庭，从各个系统、各个方面去规划文献的类别。而五个主题空间的议题及其内容试图不断正证、反证或互补我们对家庭的想象。下文会一一予以阐释。

　　劳动空间的设计始于法兰克福厨房的户型图。美国家政专家克里斯蒂娜·弗莱德里克是 20 世纪尝试将泰勒主义的高效、理性化原则用于私人领域的代表人物[①]。沿用这套理念，玛格丽特·舒特-利霍茨基设计了法兰克福厨房，她在设计过程中考虑了高效的厨房操作流程以及相对适宜的造价。这是第二次世界大战结束后经济恢复期一种典型的住宅原型，也是常见的现代公寓里的厨房原型，最终使厨房具有更加有秩序、规律、高效的功能，是建筑历史上的一个里程碑。第二次世界大战之前的厨房几乎是被墙与其他空间阻隔的独立空间。在这样一个空间里做饭、劳动，其他家庭成员是无法观看到的。设计师原意是希望通过厨房革新，优化家庭妇女繁重的家务劳动流程，在此过程中有与他人交流的机会，并使其有更多的时间投入到其他活动中。这样做却导致了另一种结果：合理化之后的狭小的厨房空间加剧了劳动空间在家庭空间中的隔离。作为劳动空间的大多数时候的使用者——家庭主妇在此与其余的家庭生活隔离开来，而她们的劳动也往往随之被隐匿在这一狭小的、封闭的空间中。如今，在家工作、直播变现、家务市场化等，对传统的劳动空间进行了逆转。技术也造就了一批劳务替代物，如"男友级"吸尘器、干衣机、人工智能一体化厨房等，对家庭劳动空间的定义和具体内容造成了巨大冲击。劳动空间、劳动工具的优化让家庭劳动者（大多数时候是女性）的劳动变得有秩序的同时，是否强化了她们自身的服务性和功能性，女性的家庭服务角色是不是被进一步强化了？如今，家居劳动商品化程度不但没有减轻，反而加深了。

　　在相应的文献展中，我们收录了乌托邦的、前未来主义等的厨房规划

① Christine Frederick. *Household Engineering: Scientific Management in the Home*, Forgotten Books, 2015, pp. 87—99.

方案，以及反映现实劳动的纪录片，如 1885—1894 年玛丽·霍兰德和阿尔伯特·欧文的《太平洋城规划》①。"劳动之茧"由金属结构框架与保鲜膜搭建，以早期手工编织为灵感，寓意劳动空间的新旧时代混合及其同质性。整个搭建过程由学生志愿者与没有建筑经验的志愿者共同完成。内置的作品为艺术家叶甫纳的《直播计划——宅之书》，利用厨房等家庭空间作为弹幕直播空间，模拟新型家庭劳动现场，以高度变现的居家直播来对照无偿的家庭劳动。叶甫纳的视觉表现手法体现了当下亚文化中十分流行的二次元鬼畜风格，与规矩无趣的家务劳动形成强烈反差。叶甫纳以一种解构的方式探讨当下厨房和女性之间的关系。所以，我们认为叶甫纳的作品非常具有代表性，特别是在亚文化中非常具有代表性。

展墙上是张然的《妇女生活影像集》，影像集中收录了张然拍摄的许多使用过的百洁布和洗碗前的水池一景。面对不同的锅碗瓢盆，经过张然的集合的摄影和整理，将人们的工作量和日复一日的劳作场景悉数呈现。人们设想从原始的劳动空间当中解脱出来而进入一个所谓的现代化的厨房空间的过程，同时也是进一步自我规训、进一步自我限制的过程。劳动工具越来越方便，是否意味着你的劳动量也在悄悄地增加呢？

伦理空间中的"伦理"可以被看做逆自然的存在。人类社会制造了伦理，超越了自然原始的本能。但是，伦理的禁忌和打破禁忌几乎是同时存在的。伦理问题不仅是私人的，也是公共的。本部分文献案例中重点展示了：中国的辅助生育技术的程序性瓶颈；在围龙屋这类传统家空间中，对女性的伦理约束和侵犯在空间中就被界定和强化。伦理是天性、文化、制度之间的对峙与抗衡，服从或规诫于伦理的空间则是人造的多重温床，秘密都在细节之中。"伦理之茧"（图 2）由尹舜和姚微微通过杜邦特卫强和金属材料搭建，以手工折纸为原型构成充满褶皱的子宫般的茧型空间。因

---

① Hayden D. The grand domestic revolution: A history of feminist. *In Designs for American Homes, Neighborhoods and Cities.* Boston: The MIT Press, 1982, pp. 128—140.

为纸张具有一定的柔韧度和可塑性，建筑师以一种抽象几何的方式将空间塑造出类似子宫内腔的皱褶感。而内置的艺术作品来自艺术家胡尹萍的《谢谢：自由生育计划》，该作品是一个由艺术家在各地搜集的"偏方"集成的自由生育计划，展示了一套如何生男生女的"科学"方法，体现了人类在自然生产中所具有的强烈的控制欲望，而这种控制来自于多种社会因素。

图 2　　"伦理之茧"，笔者提供

伦理对于人类来说是一个非常复杂的问题。从原始社会开始到现在，伦理在不断更新、不断地被讨论，也不断地被冲击着。在社会上，人们就某种伦理标准达成共识，但实际上当关起门来时，每个家庭中都有自己的伦理，也或许都有自己打破禁忌的方式。通过《谢谢》这部作品，笔者希望通过看似"科学"亲缘关系的制造方法论，旁证家庭的伦理其实并非浑然天成或理所当然的。

亲密空间是各种家庭关系的密集发生地。在家庭关系当中，夫妻、手足、亲子关系，理论上来说应该是和谐的、包容的；但事实上这些关系中也掺杂着羁绊、疏离甚至对抗……文献展中的亲密案例展示了这种多样性。例如，为应对 20 世纪 30 年代社会结构转型期的快速变化，日本建造了同润会·大塚女子公寓，制造了一种局限的性别亲密空间；基于对现代社会中越来越疏离和诡辩的恋爱关系的思考，产生了诸如张羽上《交叉点上的家》这样的虚拟方案。相应的文献案例则揭示了这种亲密关系的多样性。这部分展览包括了曹斐的自述体短文——从婚后妇女的心理和生理隔离状态，到《纽约公寓》画作中貌合神离的男女；从莱维敦刻意设计的亲密氛围，到人民公社打破私人界域、制造集体"亲密"的空间样式等。

　　"亲密之茧"（图 3）由建筑师戚山山以木材和镜面为材料搭建，形成一个以三角体为基础的多维组合空间，创造审视和体验"亲密"的多重视角与维度，亲密关系的多样性在看似圆润围闭、实则刀锋林立的空间中，被镜面不断加强和审视。其中，艺术家马秋莎的作品《自画像》《睡美人》《从平渊里 4 号到天桥北里 4 号》均与艺术家自身成长经历有关。她在作品中探讨了女性跟社会、跟自己、跟他人之间的关系。对亲密的关系的接受、怀疑、忍耐和被刺痛在作品中以令人心疼的方式展现，给观者带来几乎平行的创伤感。与许多年轻人一样，艺术家背负着父母的期望，在亲密关系中，其实隐藏着权利关系，而这种权利关系往往还与情感纠缠在一起。因此，这其实是一个非常沉重的话题。

图 3　"亲密之茧"，笔者提供

　　马秋莎的《自画像》包括 59 幅 8—18 岁的自画像作品，这些画像被悬挂在空间的内圈里面和被分割的镜面剖面上。当人走过这个环圈的时候，你可以看到艺术家自画像颜面变化的过程，也可以从镜面当中看到一些隐隐约约的、模糊的反射画面。把艺术品空间化的过程，也是将认知空间化的过程。

亲密关系也存在于超越家庭的案例中。例如，人类在创建社会体系的历史中，有许多乌托邦的设想。这些设想试图打破以单偶制家庭单元为基础的关系交换模式。当你变成一个乌托邦居民时，你的亲密关系之网不仅需要编织夫妻、父母、小孩的部分，还需要包括社区单元里面的战友或者同志，甚至是整个社区。在福绥境和安化楼的例子中，可以看到采用类似理念的空间都取消了私人厨房和洗手间。除了睡觉的地方外，其他的空间都是共享的，形成一个类似蜂窝或蚁穴一样的社会组织，人们在高度社会化的基础上建立起亲密关系。

疗愈空间是家庭生活中唯一能够真正与同居者相隔离的私密空间，是在常规上不应被侵犯的私人领域。在现实居住空间中，它往往指厕所/浴室，这或许是现代普通家庭中唯一自带隔离禁忌的区域。使用者可以封闭在内，不受打扰，做一些私密的事情，获得短暂的喘息。本部分的文献展展示了艺术和大众文化媒介中的浴缸、马桶、家人在房门外时的无人时刻，身处其中的人们如何进行自我疗愈和自我安慰，并通过一手访谈资料等，审视人们如何在有限的空间中获取安全感。

"疗愈之茧"是由建筑师马圆融以夯实的卫生卷纸和金属框架为材料搭建的，将卷纸转变为一种材料单元，柔软的卷纸本身所具有的亲密性与艺术家影像视频的怀旧性在心理空间和物理空间上发生共振。纪录片导演韩夏的《20TH》通过家庭 DV 式的影像，表现 20 世纪初的人们和家有关的日常生活、私密记忆和非分之想，放置在当下回看时，模拟一种在茧中独自回忆和验证的状态。但同时我们希望这种所谓私密的状态能被窥探，于是建筑师将厕所里卷纸当作材料。卷纸象征着柔顺、亲肤、亲密的感觉，她把这些卷纸打湿、叠压起来，垒筑成一个包裹的茧。茧内部摆放了马桶作为座椅，仿效人们在厕所中发呆的场景，坐下后则能观看韩夏的影像作品（图4）。

图4　　"疗愈之茧"内部和正在播放的《20TH》，笔者提供

非核心家庭空间是指非核心家庭结构（一夫多妻、一妻多夫、兄弟共妻、走婚等）所居住和活动的空间。在传统主流的核心家庭结构（夫妻+后代）之外，非核心家庭结构消解了人类家庭关系的多样性，体现了人类自身的特点[1]。人类社会除了单偶制度外还有很多婚配方式，由这些独特的婚配习俗产生了如花房、小耳房、马斯古姆泥屋这类非核心住宅。直至现代，仍有类似摩梭人、萨拉威人、图阿雷格人、加罗人等以母系、母权为主的社会体存在。该部分的文献展力图展示另一些家庭构成、另一些世界观、另一些可能性。"空间之茧"是由周渐佳和李丹锋利用阳光板与金属材料搭建出一个流线曲折的茧形空间，通过特定的形式语言把进入"婚姻"的序列感和仪式感转译并强化。"空间之茧"的设计模拟了罗马教堂的神圣仪式空间，动线设计将人类学的"通过仪式"实体化，并分为穿行、凝神和反思空间。内置艺术家曾不容和邓菡彬的作品《正在发生》挖掘了"婚姻制度"潜在的政治行动意义并试图超越其契约性。在茧中，参观者可以

———————————

① Pothan P. 1992. "Nuclear Family Nonsense" in Third Way. *Hymns Ancient & Modern*, 1992, 15(7): 25-28.

现场在电子神父的见证下，选择与任意人或物举办一场虚拟婚礼，并领取"结婚证"。

文献展中讲述了一些比较特殊的社会案例，以探讨基于欧洲中心二元结构的母系/父系、自然/文明——女人对应自然、男人对应文明这样的说法，其实在更广义多元的社会体当中这些并未得到承认。性别的角色和权力关系其实并不那么重要，生理性别只不过是多重权力因素中的一个限定因素而已，在一些社会个案当中是可以协调的。社会学家谢宇认为，中国的家庭其实处于变化之中。这是一种无声的、缓慢的变化，但也是一种巨大的变化。传统的家庭是父系的，是一个大家庭，由许多核心家庭组成联合家庭。但是这样的家庭模式已经一去不复返了①。但是到底是往哪走呢？我们还在研究当中。

"甜蜜的家"也在想、在看。家庭空间关系始终具有多义性——劳动分工、亲密关系、抵抗与暴力及它们的现代性替代物等，从各个方面来解构家庭公共性的反义词——隐私性。事实上，公共性从未从家庭离场，而私密性也只是种幻觉。父权资本主义对定义家庭劳动分工和家庭关系的核心影响迄今从未消失②。高度现代性所显现出的对理性的强调、对环境的控制、对科技的应用，都表现出显著的男性化特征。更进一步讲，公共与私密这组对照在空间界限上是颇不清晰的，家庭的私密性其实持续充斥着公共张力和社会规训，它们表现为伦理约束、情感压抑、不平等剥削、日常禁忌、暴力、思维冲突等，甚至是日复一日的琐碎的家庭劳动模式等。通过基于该母题的空间化展览案例，我们见证正在家庭中崩盘的现代设定：公私分界、生产格局、权力话语、浪漫关系、自由平等博爱等神话。

---

① 谢宇：《中国的家庭和婚姻正在发生巨变》，《知识分子》专访，https://mp.weixin.qq. com/s/z68Jp_yi1A4YNIB2plairg，访问日期 2016 年 6 月。

② 〔日〕上野千鹤子：《父权体制与资本主义：马克思主义之女性主义》，刘静贞、洪金珠译，台北：时报文化，1997 年，第 47 页。

遗产的增值：中医"内景反观"在西方的附象与误读

贺　霆　邓启耀

（法国西学中医成果研究会，
广州美术学院视觉文化研究中心）

中医的独特思维方式和医疗实践，经西方一些学者和从医人员的研究和运用，成为西方汉学的一个分支——西学中医。西学中医对中医中某些容易让西方人产生怪异观感的工具性图像进行了后现代式重构，使其看似更接近中医。中医思维中的"内景反观"，以意附象，将物象意象化，也就是把"内景"外化为象征性的可见图像、把病理"病象化"、把物象（药材）意象化、把深层理论外化为表象，通过同构对应的各种生动的"附象"进行类比处理。西学中医对中医的解读、意象主义诗歌对中国古诗词的认知，都属于跨界的解读，即面对另外一种解释系统和实践模式所产生的文化震撼，引发想象力、创造力进行再生产，并由此重构自己的艺术和学术创意。在视觉人类学看来，中医和艺术一样，具有某种同构性。

楔子： 2019 年底，法国高等社会学学院人类学博士、西学中医成果研究会秘书长贺霆教授率一些西方学者和医疗从业人士，到广州参加广东省中医院的"杏林寻宝"活动，其间与其聊起西方学者和医疗从业人士对中医的认知，发现有许多和艺术思维相通的地方，于是按常例"雁过拔毛"，请贺霆教授到广州美术学院做了一场《传统中医与后现代艺术——西学中医带来的启示》的讲座。

贺霆教授返法之后，我意犹未尽，趁广州美术学院视觉文化研究中心为"'大视野'视觉文化国际论坛 2019：跨界的观看"征选论文之际，邀请贺霆教授从医学角度，对所涉视觉文化问题，再就"跨界的观看"做个笔谈。

一、"视觉的怪异"与"工具性图像"

邓启耀（以下简称"邓"）：贺霆教授，说实话，2019 年底邀请您到广州美术学院做那次讲座的时候，我心有忐忑，不知道这个跨度太大了的"观看"，会不会有些离谱。出人意料的是，美术学院学生和老师对这个跳跃很大的跨界竟然兴致勃勃，在讲座现场与您进行了热烈的互动。这种看似离谱的跨界，对于热衷创新、喜欢搞怪的艺术家来说，可能正中下怀。可惜讲座只有百十号人现场聆听，更遗憾没留下视频和文字。我不想"雁过无痕"，所以请您再拔几根"毛"（文字），以便与更多的人分享。更主要的是，想从学术上做一些回味。

贺霆（以下简称"贺"）：要说"毛"，本人自 1993 年就开始对法国及西方本土化中医进行人类学田野调查，发表的文章不算少，但怎样"跨界"才能附到您艺术视觉研究领域这块"皮"上，还是要花费不少脑筋。所幸我前年曾在南京艺术学院做过两场讲座，算是在我的学术生涯中最大的一次跨界。那次本来是应景：该院有一个纪念李时珍的项目，不过准备讲稿时发现话题可以更深入些，涉及异地文化传播、观念创新，也许能为国内艺术界提供新视角、新资源——所以把南京讲座内容发挥了一下，才敢在广州美术学院讲，承蒙邓老师厚爱再邀笔谈，就顺着这个题目往下说。

不过前几次讲座话题并非针对视觉文化，所以本次笔谈主要以"中医视觉"为例，重点在"跨界观看"：先请艺术界朋友跟我一起跨界去观看中医的特殊视觉，进而跨到西方看看它如何被当地居民二次观看并发生"炼金术"式的嬗变的，然后再以西方意象派艺术（诗歌）作为跳板，跨回艺术领域，探讨国内现代、后现代艺术发展可能的新途径、新角度。尽管如此，恐怕本话题与论文集中的其他文章之间的"跨度"有点大，请读者体谅。

邓：您自 1991 年开始对西学中医进行人类学田野调查，并于 2013 年在云南中医学院（现为云南中医药大学）创建了中医西学博物馆，研究成果在医学界、汉学界、人类学界、社会学界及文化传播界均引起广泛反响，在西学中医领域您是领军人物。我参观过您创建的中医西学博物馆，发现博物馆里收藏了许多有趣的实物、图片和中医经典译本。对于西方人理解和阐释中医时所体现的文化差异和产生的独特想象力，我感到特别好奇。您能否先介绍一下什么是西学中医？

贺：西学中医是指西方人研究中医所产生的学问，属于汉学的一个分支。西学中医之"学"，乃为名词，指西方（欧洲、北美洲、大洋洲等地区）当地居民研究中医（主要是针灸部分）时所产生的学问。它跟国内"西学中"不是一回事，是中医在海外的一个特例。国内民众对中医在国际范围的传播并不陌生，学界经常以 20 世纪 70 年代尼克松访华作为传播起点，国外形成的"中医热"也屡见报端，并常以此来佐证中医文化的复兴，新闻主角多是海外华人针灸师及来华学习中医的外国人。其实，早在 1929 年，法国外交官苏利耶·莫朗就开始传授他在中国习得的针灸术，并成为西学中医的鼻祖。西学中医与其他在西方的中医派别最大的区别就是主动地自我解读，而非被动地"原汁原味"地复制。它是由西方当地居民参照中医传统医典所载及亚洲地区（新文化运动前的中国、日本、韩国、越南、印尼等国）民间针灸业者所授，借助自己的文化资源，顺应当地需求而创立的各种理论、技能及其传授、传播体系。

邓：也就是说，西学中医并非简单的西方人学习中医，而是经过西方人的自我解读和认知，把中医变成了"西学"。换言之，叫"中医西学"似乎更合适？

贺：也行，我创建的中医西学博物馆及中医西学研究所之所以以"中医西学"命名，就是这个意思。西学中医是讲属于西学的中医知识体系，中医西学是指以中医作为研究对象的西学，一回事。总之"西学"是不能割裂的名词，不能将其误读为西医或西方人"学"中医。西学中医或中医西学的英文表述是一样的："Western studies on Chinese medicine"——无歧义。

讲到西学中医，其内部也是学派林立、各有千秋，但其共同点是：与国内中医特别是与当下形态相比，西学中医的中国元素更为凸显。如果说近代以来国内中医自觉或不自觉地在向社会其他"现代化"的部分靠拢，西学中医则恰恰寻求"中国化"来与自己所在的西方社会形成反差，使其看上去更为"传统"——这是我博士论文的结论之一：决定西学中医最终形态的文化规则是"相异得奖、相似受惩"（不料这句话却被国内一些中医爱好者曲解，变成批判中医现代化的依据，实在始料不及）。事实上，某些西学中医从业者的确对中国国内的"现代化"中医不待见，认为自己才是传统中医的继承人。

其实，西学中医对传统的追求是对自己文化——西方文化的批判。与其说是在学习模仿外来的中医及文化，不如说是借中医之名按照自己社会的镜像建造乌托邦，以此来消解现代性焦虑，所以我形容他们是在"借酒浇愁"。从这个意义上讲，西学中医可以被认为是一件后现代作品，而并非回归了传统的前现代作品，尽管表面上看起来是这样。这是我们笔谈话题的中心，也能从这里"跨界"去讨论艺术，特别是现代、后现代艺术的创新。

邓：这很像西方人类学家为了反思自己的文化，到非西方社会寻找反观资源的情况。现在中国很多人以西医为标准，认为中医是不科学的。

我认为，这类以某种科技文化类型为标准去衡量其他科技文化类型的做法本身就是不科学的。西医和中医属于两个不同的科学系统，在观察方式、思维方式、科学精神和实验技术等方面差异很大。西医是建立在数理逻辑、统一的规范化数据和实验科学技术基础上的医学模式；而中医是自然、社会、文化诸因素互有关联并有整体对应关系的医学模式，强调根据个体差异进行辨证施治，与现代正在受到重视的新医学模式有异曲同工之妙。

贺：您的这个话题有点"危险"。目前在国内，对于中医科学性的讨论还存在较大争议。我们的笔谈最好避开这个漩涡，只做事实判断，不做价值判断。

回到我们的话题"中医视角"，可以认定的事实是：中医本来是国人生活中所熟悉的医学模式，但在当下显得"奇怪"起来：由于中国社会的快速转型，中医的古代思维包括对人体、疾病及诊疗的叙述，在现代医学衬托下显得有些"另类"，如中医通过阴阳、五行视角对人体产生的医学工具性图像，有点像哈哈镜对真实景象的扭曲。这就是为什么自西学东渐至今，中西医之争愈演愈烈，而中医由于其"视觉"怪异，往往处于下风，因此非常需要政策支持。

邓：您说的"视觉怪异"和"工具性图像"，非常有意思，能否举例谈谈？

贺：最典型的应该是北京白云观碑刻《内经图》（图 1），将道家对人体的"观看"以视觉图像的形式表现出来。它与构成现代生物医学的解剖学、生理学的差别显而易见。

邓：确实超乎想象！我在少林寺上药堂看到的经络气穴铜像（图 2），虽然有经络和穴位"大小周天运行"等标识，在西医解剖学里却无法验证，但起码还有人体的基本模型。白云观碑刻《内经图》，则连人体模型都没有了，我们只能大致看出，它貌似侧面展示了人体各部位与自然物象或属性的对应或借喻关系。

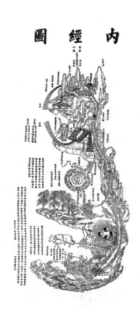

图 1　北京白云观碑刻《内经图》
资料来源：袁康就：《〈内景图〉与〈修真图〉初探》，《中国道教》2010 年第 1 期

图 2　经络气穴铜像
资料来源：邓启耀于 2014 年摄

　　《内经图》原为道家修炼内丹的图示，修道者已经从修炼内丹的角度做过一些解释。这显然是传统世界观在经脉理论和内丹养生实践层面的一个形象展示。据说北京白云观另外那个相似的木刻版本叫《内景图》，就是用来描述修道者在道的"无极化场"中，种种自我感受的内在景象①。无论是"经"还是"景"，都描述了在内丹修炼中，将经脉理论及其实践视觉化了的内在观想图景。中国传统文化医道合一，中医与道家思想有很深的渊源。所以，我很想知道医学界是如何对其"医学内容"进行解读的。您能不能结合相关中医理论，简要解释一下《内经图》，让我们这些非医学专业人士也能够听懂。

① 道一居士：《〈内景图〉与〈内经图〉》，《武当》2010 年第 4 期。

二、内景反观与附象

贺：《内经图》之所以也叫《内景图》，意思就是与肉眼所见的人体"外景"对立而形成"内景"。中医有一个很独特的学说，叫"内景反观"，认为通过修炼，可以看到身体的内部景观，包括气血运行的经络，因此有人证明《铜人明堂图》等显示的经络走向及穴位所在，就是中国古代居民通过内景反观的特殊视觉描绘出来的，所以用目前已知的正常的科学观察手段无法证实。

绘制这幅《内经图》的根据应该也是内景反观，所显示的是人体的上丹田、中丹田、下丹田等，以日常熟悉的山水人文景象隐喻人体，加上道家的特殊符号及隐语，最后综合形成内景视觉图像。如您所说，《内经图》主要用来指导只能观看"外景"的初学者如何修炼内丹，后者属于炼金术的一种，修道者妄想将肉身凡胎"炼"成长生不老。这幅图虽然不是在指导中医大夫扎针开药，但中国传统上讲究医道相通，导引气功等本来就属于中医，而传统上医者也需要练功行气。因此这幅《内经图》成为医家宝典。

邓：您说的这个"内景反观"点到关键处了！这里的"内景"，显然不是解剖学意义上的人体器官图示，而是气血在经络中运行的景象。这种景象，只有在活体中才能存在和被感知，而不可能通过手术或死体解剖的方式进行观看。那么，经络和气血运行这样的"内景"则显得渺然无象了，如何自我"反观"并呈现给他人观看呢？

在中国传统思维模式中，要对肉眼不可见的内在图景或肉眼不可及的宇宙结构进行"观想"，需要"附象"，也就是把"内景"外化为象征性的可见图像，借助或附着于山水人文的"外相"，将其作为进行内视或反观的镜像或喻象。比如，《内经图》中将图景附象于山水和粟粒，喻示"一粒粟中藏世界"，小宇宙等同大宇宙，丹头种子即整个生命之源；山水间坐一老人，以"白头老子眉垂地"之像，比附气从督脉上，再引导律液沿头面下降之意；下方比较明显的位置，画一人吆牛扶犁耕地，附象"铁牛耕地种金钱"，喻搬运肾气，种植金丹，并以"我家专种自家田"，主张身体中有可耕之田（再生力免疫力等），不用外求。这类附象，如果不在特定的文化语境中，是无法理解的。但对于中医医者、道教养生修行者来说，不仅可以理解，而且能够感知，并被用于养生实践。

中医的内景反观和道教以阴阳太极图象征天地人文系统、佛教以"一沙一世界"隐喻大小宇宙同构，甚至与文艺、武艺等领域的"意象""形意"等皆有异曲同工之妙。他们通过"外相"演绎"心法"，由此创制了工具性图像，充满了象征性。《内经图》貌似写实，却是想象与幻化的图景。所以，这种经过多重意识折射过的镜像，往往会呈现看上去怪异的图景。这种认知目标，大多需要通过包括视觉在内的感觉形态，以及形象思维、直觉思维来实现。在观念意识上，这些图景与中国传统文化及其世界观、人生观、价值观有机整合；在形式上，常常附象于其他物象，借助艺术手段，形意相生，形成奇异的画面。它使医学和艺术奇妙地结合在一起。

贺：中医对人体解剖、生理、病理的研究，以及对治疗机理包括药理、经络等的描述都在东渐的现代生物医学衬托下形成一种"怪异的视觉"。内景反观是否存在当然无法考究，不过大众眼中的这种"怪异视觉"也可以从另外的角度来说明其合理性：它是中医赖以运作的工具性图像，即中医自洽性（即哲学世界观—知识方法论—临床诊治术的一致）的视觉表达，旨在方便理解、传授和使用已被临床证明有效的经验，以及按照同样的逻辑探索尚未发现的临床解决方案。中医的这种表达与生物医学对人体、疾病及疗效的表达不同：后者当然也必须将这些表达作为完成自己医治目的的工具，但由于生物医学自洽性的基础是原子世界观，因此它的表达必须是客观可见的，所以我们今天看到的现代解剖图不但是生物医学的工具性图像，还对可见人体进行了准确描述。唯有更精确、更细微地描述人体，才能更好地为生物医学服务。但是，解剖学可以脱离医学单独成为一门科学，原因是实证方法论具有客观性。而中医的工具性图像只有在为中医服务时才具有合理性及存在的意义，因为它们本来就是在中医临床操作中通过思辨方法论被创造出来的。从这个意义上讲，中医可能比西方生物医学更符合医学的定义：整个系统不可分割独立，只为阐释医学的产生、存在；而后者是由不同的独立学科组成的，或许它们原本与医学并无直接关系。

因此，中医"怪异的视觉"其实是自己医学体系自洽性的结果，如同"客观的视觉"是生物医学体系自洽性的结果一样。国内中西医争论双方要是能明白这个道理，也许就不至于为中医是否科学而争论不休了。

三、中医"异象"的西行

贺：不过，我们在此关心的既不是中医视觉如何怪异，也不是如何将这种怪异合理化（如上面分析的中医的科学性或工具性图像），而是展示西方居民对中医"异象"的二次观察并分析其中的原因。

还回到《内经图》，在生物医学已经成为正统、主流的中国当代社会，原来道家对人体的"观看"反而让大众觉得古怪。因此，《内经图》除具有文物价值和艺术价值外，恐怕不会有人把它作为医学研究的范畴。可偏偏是这类已在中国社会被边缘化的传统知识，西方中医业者却十分推崇。西学中医业者若到北京，大多会去白云观"朝圣"，并购买此碑帖带回家挂在诊所墙上。

邓：我十分好奇，在接受了西方科学影响的一部分中国人，开始对中医经络图解感到"视觉的怪异"的时候，您的那些置身西方科学语境已久的西学中医朋友，又是怎样看待《内经图》这类具有隐喻性的图像的呢？

贺：真正想借助《内经图》来炼内丹、意欲化羽成仙的西方人不是没有，但在严肃的西学中医业者（他们大多有西医背景）中应该很少见。这里有一个相似的例子可以用来回答您的问题。

我在 2015 年在巴黎出席过一个研讨会，由法国资格最老的针灸学会举办，主题是研究马王堆汉墓出土的帛画——《升仙图》。这幅《升仙图》是辛追夫人棺木上的引魂幡，描绘墓主夫妇在各类神仙鸟兽引导和护送下升上昆仑仙界的场面，表现中国汉代人幻想中的永恒美好的灵魂归宿。在两天的研讨会上，10余名西医针灸师轮流介绍了各自的研究心得：T形的引魂幡在他们的"视觉"下是一个双臂张开的人体，而各种神仙鸟兽则对应中医针灸穴位；除了定位，那些神仙鸟兽的来源及神通正好隐喻了穴位的治疗功能。这令我惊奇不已：看来这些西学中医业者观看人体的"怪异视觉"不亚于中国古人。

邓：把中国古人在T形引魂幡上构想的三界空间，看成双臂张开的人体并将神仙、鸟兽隐喻穴位，这类解读很可能是误读，不仅说明西学中医业者的"怪异视觉"不亚于中国古人，也反映了他们对中国"天人合一""天人感应"世界观的理解，附象于《内景图》或《升仙图》之类媒介上的认知路径是多么地"中国化"。所以他们才会将这类具有象征性的工具性图像，变成顶礼膜拜的神品。

贺：我不能肯定他们是否都明白前述"工具性图像"的意义，也无法把握每个个体的心态。但从宏观上看，我们应该考虑社会发展对民众的影响，即在社会转型中，中国民众一般会希望中医的"怪异视觉"能够变得更客观、更科学一些，以便与自己不断变化的生活同步，特别是与生物医学等学科知识靠近；而西方民众的现代性焦虑则导致他们开始反思西方生物医学乃至整个西方文化，并希望突破当下的规范，中医的"怪异视觉"会使他们眼前一亮，从中得到启发。所以，我觉得中医在国内的发展困境，主要是社会转型的大环境造成的，而西方的"中医热"则是后现代社会语境使然。因此，我认为西学中医是一件后现代作品。

邓：的确，这种现代性焦虑反映了在现代化进程中，东西方民众对社会文化转型的不同认知焦虑。它导致许多后现代式的解构和重构在不同语境中发生。包括中医在内的中国文化，在现代化转型中面临的一些问题，中国人已有切身体会。比如，中医的西医化就是科学焦虑、技术至上和经济效益纠缠在一起而引发的问题；而西方人的现代性焦虑，则促使许多人向异域或传统寻找"净土"，如人类学家列维-斯特劳斯去美洲原住民所在地区寻找伊甸园，现代派画家从非洲艺术和东方艺术中寻找观看世界的灵感，意象派诗人对中国古诗意象的重构式阐发，等等。

四、意象重构：误读催化的文化炼金术

贺：说到意象，西方艺术史上曾出现过一个诗歌流派——意象主义，其产生、发展及意义与西学中医极为相似。20世纪初，在欧美以庞德（Ezra Pound）为首的一批诗人，因厌倦维多利亚式诗歌的刻板乏味、无病呻吟，而提倡形象、直白、简单的表达方式，看到什么就写什么。但这种跳跃式的写作方式非习惯于逻辑思维的欧洲人所长，意象派诗人因此为跳不出传统的牢笼而苦恼。直到发现日本俳句以及它们的源头中国古诗，他们才得以在理论上及创作上获得突破，形成完整的流派。

与西学中医相似的，不仅是意象派借助东方传统完成对自己传统的批判与超越，和西学中医创始人一样，意象派诗人们也并非日本或中国文化的虔诚崇拜者，只是借助自己掌握的有限的汉语或较低的翻译水平（史料称往往是较为拙劣的译作）来揣摩原诗，激发自己的创作灵感。

中国古诗嬗变为西方意象派诗还只是"双重炼金术"的第一步。同时代的中国文人受意象派诗歌的影响，完成对诗词传统的突破，形成新文化运动的产物：新诗。其影响一直延绵至今，比"老师"意象派诗要"长寿"得多。如此便形成艺术传播史上奇妙的一章：在西方中国古诗激励当地诗人创造出反传统的意象诗，而后者"反哺"中国——产生新诗，从而打破了原来中国古诗传统。更奇妙的是，中医也经历了两步完全相同的"炼金术"：从传统中医嬗变为西学中医，而后者在近年来逐渐为国内中医界所熟知，形成与"体制内"中医大不相同的学派。这也是我们西学中医研究会

的工作之一，西学中医研究会已经在国内举办了九期西学中医培训班，介绍了 4 个不同学派。不过，目前最成功的要算南宁引进的英国五行针灸及上海引进的法国古典针灸。它们在临床诊治上完全不同，但在国内新环境中产生的效果很相似，即注重医者与患者的心、情互动，由于符合当下社会需求，这两种疗法发展迅速，除有利于增进居民心身健康外，它们已经超越医疗范围，可作为陶冶个人情操、改善人际关系、稳定社会生活的手段。所以可以视为"炼金术"的第二步：西学中医在传回中国后又产生了不同的价值。

邓：我刚刚在微信上看到上海交通大学有个建筑艺术方面的讲座，题目是"后现代主义在中国：一种生产性的误读"（主讲人：王颖）。讲座预告介绍：20 世纪 80 年代引入的诸多西方建筑理论中，后现代主义曾引起学界高度关注。此次讲座内容主要是考察当时的后现代建筑出版物如何被选择和翻译到中国的，其中特别关注和分析了查尔斯·詹克斯的系列文本写作方式及其中文翻译过程，并进一步论证尽管詹克斯等的文献译本存在某些翻译错误，但却以一种间接的方式帮助中国建筑师摆脱了复古主义的桎梏，突破了原有思维的局限。①她讲的这个"生产性误读"和您说的"炼金术"式的误读，都注意到跨文化传播中因"误读"而引发的创意。不过，误读也是一种解构，解构了再重构，倒也符合后现代主义的文化精神。

贺：医学和艺术分属不同领域，却暗示了人类文化传播的普适性的可能：除"原汁原味"地吸收某些异域文化内容，后者也可以在传播中发生"炼金术"式的变化，如内经、八卦成为西学中医，唐诗、宋词、元曲成为意象诗歌。这里用"炼金术"进行比喻并非指金属变化后的贵贱——西学中医疗效未必优于岐黄之术，其意象诗歌造诣未必无法超越我国，而是表

---

① 王颖："后现代主义在中国：一种生产性的误读"，上海交通大学设计学院建筑学系研究生系列课程讲座，2020 年 4 月 28 日。

达中国古代遗产如何能够在特定条件下催化异族居民的想象力、创造力，并能突破自身文化束缚，化茧成蝶。"含金量"反映的是人类的想象力、创造力。因此，相较于一种文化在本地循规蹈矩、薪火相传的"化学"模式，以上两则跳跃式传播显然属于汪洋恣肆的"炼金术"。

邓：这就是跨界交流的目的。了解他者的文化或其他领域的知识，不仅是为了认知异质文化的价值和跨学科知识体系，也是为了突破自身的文化束缚和学科局限，激发新的想象力和创造力。对异质文化和其他领域知识的了解会有偏见和误读，但如果此"偏"正好"见"到人之未见，此"误"正好"读"出一种生产性的"炼金术"，不也是很有意思的事吗？从西学中医和东方艺术意象的这种"劣译"与后现代式"误读"中，我们既可以看到对原作发散式的解构和重构，看到别出心裁的有趣而荒诞的结果，也可以发现不同文化、不同学科的异质同构乃至创意建构。

我有一个不一定合适的类比：如果说中医和艺术具有某种同构性，那么跨界的解读则会产生意象的某种重构。

元代诗人马致远有一首非常著名的散曲《天净沙·秋思》："枯藤老树昏鸦，小桥流水人家，古道西风瘦马。夕阳西下，断肠人在天涯。"枯藤、老树、昏鸦、古道、西风、瘦马、夕阳，还有秋，全是阴性的、衰落的意象；加上小桥、流水、人家这几味让人回味缠绵的温性"甘草"，熬成一剂"断肠人在天涯"的思乡伤怀汤。同是元人的白朴，所写《天净沙·春》却是另外的意象："春山暖日和风，阑干楼阁帘栊，杨柳秋千院中。啼莺舞燕，小桥流水飞红。"一样的小桥流水，但小桥流水之上全是莺歌燕舞、飘绿飞红。满满的"阳气"正能量，却因平庸而无人记得。不过两首诗有一个共同的特点，那就是都附象于视觉感很强的物象上，通过蒙太奇式的画面组合使其意象化，从而构造出有意味的不同意境。

中医关于病理的描述，也充满了大量可感而不可测、有用而无法证的意象。中医的诊断和中药的配方，多把病理"病象化"，把物象（药材）意象化了。比如，针对"肾阳不足，命门火衰，祛寒畏冷"的病象，就要解决阳虚的问题，用熟地黄、炮附片、肉桂、山药、酒萸肉、菟丝子、鹿角胶、枸杞子、当归、盐杜仲组合，温补肾阳、填精止遗，是谓右归丸；而同样是肾的病象，但原因是"真阴肾水不足"的，就要解决阴虚的问题，则用熟地黄、菟丝子、牛膝、龟板胶、鹿角胶、山药、山茱萸、枸杞，即有壮水、滋阴、培左肾之元阴之功效，是谓左归丸。中医强调阴阳平衡，故药方不会走极阴或极阳的极端。在阴阳都可接受的平性药材基础上，把阳性（或热性）的炮附片、肉桂等，换为阴性（或平性）的龟板胶、牛膝等，立刻"左右"相别了。这种处方，没有西药关于药物精准剂量的表述，用的都是一些感官性、空间感很强的物象或意象性词语，如左右（附象于男女）、阴阳（附象于日月）、寒热（附象于水火）、虚实（附象于沉浮）、命门（附象于人体）等，加上滋阴、润燥、培元、收敛、发散等富于动作感的形容，连我这样的外行，读处方都会读出哲理或美学般"有意味的形式"来。其间奥妙，不在中国传统文化语境中，很难体会。

当然，在中医专业的人看来，我关于中医药的这番冒昧的外行话，一定来自误读，最多只是看到点肤浅的表象。但据此，我已能体会到意象派诗人读到翻译拙劣、不成语法，只有图像叠合、意象幻化的东方诗歌时的新奇感；我也仿佛理解了中医和艺术的同构性，它们都是以意附象，将物象意象化。中医西学的西方学者，在跨界的解读中，面对另外一种解释系统和实践模式产生的文化震撼，则会引发想象力、创造力的再生产，并由此重构了自己的学术创意。如果从视觉人类学的角度来看，我认为，把病理病象化、把物象（药材）意象化、把深层理论外化为表象，对各种生动的意象进行类比，是不是很有艺术气质？

五、西学中医对艺术界的启示

贺：您的类比很有创意，有些应该也是得益于外行对中医的"误读"吧？我想这些"毛"很有必要附到中医、西学中医研究的"皮"上去——这其实是您的本行"医学人类学"。既然跨界到艺术了，作为医学学者，我也冒昧地来解读一下。西学中医研究如果能够对艺术界有所启示的话，我想主要包括以下两方面。

1. 对艺术家的启示

对上述西学中医及意象派诗歌两个例子最直接的借鉴，也许是国内艺术家依循这条途径的反方向去西方文化的源头寻找灵感的尝试。艺术家的噩梦是想象力、创造力的丧失，对于现代、后现代艺术来说更是如此：不断破解才有生命力。而面对西方同行眼花缭乱的后现代创作，国内大多数艺术家恐怕想勉强跟上都难，遑论创新。比如，前几天我给您发过一组关于中医主题的现代雕塑作品照片，您的"误读"有理有据，令人忍俊不禁，可见艺术表现的形式及传达的思想可以有多种解读方式。根据以上两例，我建议国内艺术界不要再跟风模仿，而是逆流而上：去观看西方最传统的艺术，像西学中医业者及意象派诗人那样，立足于自己心头萦绕的"焦虑"，把西方艺术最古老的部分作为催化剂，像他们通过吸取中国古代文化精髓获得想象力和创造力一样，完成"炼金术"式的（后现代）艺术创作，并由此形成不同于所有西方现代、后现代艺术的独立学派。

在这里我提醒一下：这样的西方之旅与寻常的进修"朝圣"截然不同，学习研究西方传统艺术并不是终极目的，"真实的"西方艺术反而不重要，它在艺术家自己心中激起的感受，哪怕是（或者特别是）"误读"，才是想象力、创造力产生的源泉。只有主动地去"郢书燕说"，自我解读出来的内容才有意义，要是输送回来一堆原汁原味的西方传统艺术，反而可能会成为笑柄。

另外，我们可以考虑对西方"中国风"的作品进行二次开发：被西方艺术家解读后的中国传统艺术作品，在当时当地成为洛可可画派的源头之一，该例证是否可以让今天的国内艺术家有所借鉴，如同西学中医、意象派诗传回国内一样，再发生一次炼金术式的嬗变，产生新的价值乃至创立新的学派呢？

2. 对艺术研究的启示

我对西学中医的研究主要是基于人类学田野，因此也成为国内人类学界少数几位研究西方社会，特别是研究西方主流文化的人类学者之一。2019年11月，我应邀到广州美术学院讲座时，有机会参观了跨媒体专业师生的展览，对人类学进入艺术院校感到很惊奇，这为当晚的讲座增添了不少底气。不过，就目前情况来说，艺术院校人类学的研究对象恐怕主要还是国内的少数民族或乡村，这与中国人类学界总体情况一致。西学中医的人类学研究方法对中国人类学者去西方社会做田野具有启发意义，而艺术院校很有必要先行一步。这是因为自中国社会近代转型以降，西方包括西方艺术成为国内艺术家学习的对象，成绩斐然，但绝少有人把西方艺术作为人类学的研究对象。也就是说，对于西方及西方艺术的内容，国内艺术学院师生耳熟能详，但很少有人以研究者的身份把它们当作少数民族或非洲居民那样的异文化对象去进行人类学研究，发现它们的"古怪"之处，然后通过至少一年的参与性观察及深入访谈，获得与当地居民一样的"主位"眼光，从而将原来"古怪"的文化艺术现象合理化，最后转述给同胞，使不同地域文化形成互通。

我建议，像这样的研究最开始可以选择西方"中国风"艺术，以及西方居民居住空间内的"中国艺术"作为研究对象，以便最大限度地利用研究者的中国背景，方便进入田野。我在西方与西学中医业者的交往已较为融洽，很容易完成参与性观察及深入访谈。

艺术院校若能派遣学者前往西方社会开展人类学研究，不但能获得西方艺术的第一手田野资料，填补该领域空白，为中国人类学界开展西方社会研究树立榜样，还能建立中国艺术家的主体身份，与西方学者平等对话，将对人类学的发展产生深远影响。

邓：这个建议值得我们重视。改革开放以来，中国画家的确是较早走向世界的，但仅限于思想的交流和技法的学习，还谈不上人类学式的田野考察。从 20 世纪 80 年代的狂热模仿，到现在逐渐回归本我，艺术个性开始凸显。随着人类视野的开阔，艺术创作不仅跨媒体也跨学科。一些有想法的艺术院校，广泛汲取来自不同领域的营养，新意迭出。现在的"跨界"，已经成为寻求学科发展路径的现实需求。不仅不同学科需要"串串门"，各学科也在积极自我拓展。比如，人类学的跨学科建构，已经跨越文、理、医、艺界限，形成很多有趣的研究方向。比如，在民族志书写方面，人类学突破了以往的窠臼，形成文本表达多样化的格局。人类学与影视、绘画、音乐等艺术的交融所形成的成果尤为引人注目。我看艺术家要和人类学家频繁合作，不仅眼光向下，到基层社会或边远地区写生、做调查，艺术介入乡村建设、民间记忆口述史，与村民共享艺术和学术成果，而且眼光向内，用影视、绘画等艺术形式书写民族志。比如，受新冠疫情影响不得不开网课，广州美术学院跨媒体艺术学院的两位年轻老师，合作讲授"艺术与人类学"课程，题目是《家：衣食住行思中的谱系——"艺术与人类学"课程总结》，让学生从自己家庭谱系和亲人入手，在衣食住行等生活细节中思考艺术与文化的关系。[1]有条件的，还可以到国外拍摄、办画展、做社会调查，您对法国中医以及西学中医的人类学考察研究，就是一个

---

① 陈丹、周钦珊：《家：衣食住行思中的谱系——"艺术与人类学"课程总结》，广州美术学院跨媒体艺术学院 2018 级实验艺术班，2020 年 3 月 2 日—3 月 27 日，来源：广美跨媒体艺术学院公众号。

范本。

中医和传统文学艺术是在几千年的认知和实践中形成的。传统中医在"道"的层面，也就是在哲学层面，探讨人与自然的本体论结构并形成了完整的学理架构体系；在"术"的层面，也就是科学技术层面，同样形成了自成体系的诊断评估方式、药理效用检测和具有可操作性的技术（如针灸）实践。它把人看做一个由可见（肢体脏腑）和不可见（气脉经络）系统有机互补的整体，甚至把人和自然置于一个互有关联的整体结构中。它关于病理、药理及其治疗的理论和实践，具有很强的意象性。但它却又并非止于"说玄论道"，而是实实在在落地并形成了有实效的医术。虽然随着西医的强势介入，我们对中医的认知有失公允，但这并不奇怪，这也是中国在现代化进程和社会文化转型中必然会遇到的问题。只要保持科学精神和理性，就不应该只持有一种标准，而把其他的科学体系视为异端。

作为视觉文化研究者，也冒昧地向中医医者建议，如果传统中医的"工具性图像"能够借助现代科技和现代艺术手段，做些不那么艰涩的科普性阐释，它的合理性、科学性及存在意义，就会更容易被大众了解。这不是将中医"稀释"在各种仪器中，而是让工具托举中医。现在的人为什么会对《内景图》这样的图像产生"视觉的怪异"感，是因为随着文化的发展和社会的转型，传统"三观"发生了改变。视觉怪异感的产生，应该是由过去所附之象与现代人对建立在人体解剖基础上的观看和认知差异造成的。过去的附象，借喻性太强，需要靠经验和直觉方可领悟。但如果通过新媒体艺术和技术，以真实感很强的"拟象"建模，经络和气血运行这样过去不可见的"内景"也可以被直接观察到。中医那些只可意会的意象便不再玄奥。当然，附象和拟象、直观和反观，在认知上的差异和各自的微妙之处，还是不可互相取代的。比如随着现代科技的发展，《内经图》的观测性实用价值可能已经减弱，其所附之象在科技时代显得古怪，但是作为古人认识和把握世界的一种方式，它的文物价值、哲学价值、艺术价值甚至部分的医用养生价值，依然引人注目。

贺：需要再次强调的是，尽管西学中医业者的某些观念、行为表面上看起来比国内的中医更"中国"、更"传统"，但实际上却是中国传统文化在异域的一个后现代作品。原产地的文化产品，穿越时间、空间后会发生炼金术式的嬗变，激发当地居民的想象力、创造力，帮助他们突破本土文化的禁忌，这种现象在人类文化传播史上并非孤例。观察、解读西学中医以及相似的案例，有助于我们正确认识我们的科学和艺术传统，以便开发出具有创意的多元化资源。

邓：我俩谈的，其实都属于中医和艺术领域的常识。有意思的是，它们都是从各自小圈子里跨出来，看看别的领域，看看别人跨到我们这个圈子后是怎么看的，看到了什么。哪怕是误读，却也可以看到具有不同文化背景的人所产生的文化差异、认知差异和思维差异，看到科学技术和艺术一样，不能独尊某术。

"误读"在文化交流中永远存在。对他者文化的误读，会产生误解甚至文化冲突，但也会引发灵感和创意。这真有点儿像钱钟书小说《围城》所暗喻的：城外的人想进去，城里的人想出来。或许，就在"出城""进城"摩肩接踵的磕磕碰碰中，一些禁锢被破除了，一些创意的灵感火花出现了。外国人对中医和诗歌意象的误读，催生了中医的西学和现代艺术的意象派创作。中国人对于西方后现代理论的误读，也可能和建筑艺术领域的情况一样，会以一种间接的方式帮助中国建筑师克服复古主义风格的桎梏，摆脱传统思维的局限[①]。

跨界的观看在于打开视野，哪怕是"误读"，也具有不凡的意义。

贺：所言极是，"醉翁之意不在酒"。这次笔谈的名头虽然是中医，但

---

① 王颖："后现代主义在中国：一种生产性的误读"，上海交通大学设计学院建筑学系研究生系列课程讲座，2020 年 4 月 28 日。

无法也无意就此展开；西学中医的创新解读也仅举一例，难以管窥全豹。不过，从以上西学中医及意象诗的例子中我们了解到，文化"炼金术"发生的条件，首先是要具备合适的"反应釜"，即当地的社会环境：对于西学中医来说，是西方后现代思潮对工业化及过度医疗的反思；对于意象诗来说，则是要改变维多利亚时期诗歌华丽繁缛的艺术风格。他们都要找到合适的"原料"，西学中医业者受到传统中医的启发，意象派诗人受到唐诗宋词的启发。其"催化剂"都是误读："原料"与"反应釜"之间时间、地理、文化的差异越大，误读就越丰富，炼金术反应就越容易发生，最终形成与"原料"截然不同的产品。

我们想借此说明的是，某一种文化产品可以在另一种文化环境中被阐释出新意，这条思路对艺术创作会有帮助，特别对搞现代、后现代艺术的朋友肯定大有助益。而对于中医界朋友来说，在工作结束后阅读本文一来解闷，二来明白中医的价值其实并不止于医疗。

警察在死亡现场的视觉阈限分析

邵一飞

（广州市天河区作协）

本文主要研究死亡现场对于人的视觉的冲击及其后果。本文认为，任何一个死亡现场，首先都会诉诸视觉，成为一个特殊的视觉事件，并由此引发更深层次的系列反应，出现特定的视觉阈限，如物理阈限、生理阈限、心理阈限、情感阈限、认知阈限等。这些阈限成为导引思维、思想的契机，并可能演化为一种对于死亡的哲学认知、一种对于生命与死亡本质的现象学认知。

引言

死亡是包括人类在内的所有生命的必然终结，区别仅仅在于死亡的方式、形式及意义各不相同，认知及价值观也不同。死亡必须有现场，否则死亡就不存在，只是一种意念的存在。而且，所有的死亡都有一个视觉化的现场，并首先成为视觉事件。这个视觉化现场、视觉事件，成为切入死亡命题及其哲学思考的一个总的技术性端口，并衍生出相应的哲学认知，积淀相应的价值观。在所有的死亡现场中,涉及刑事案件的死亡最为特殊,突发性、人为因素、不可知因素、罪因及变态心理等构成了这种死亡现场的特殊视觉,产生了特殊的视觉效应。无论现场情状还是质的感受,与一般常态的死亡现场均迥然不同,其所包含的认知意义和生命价值观自然也有所不同。研究这种刑事案件死亡现场的视觉意义,可以探索人类的认知心理及对生命的哲学思考。

刑事案件中的死亡,是一种刻意的人为侵犯所致。限于刑事案件死亡现场的特殊性、敏感性及法理性等原因,以及心理接受的问题,本文对死亡现场的表达,仅作文字描述,而不提供相应的现场图像和图片,以及相关数据。这些关于死亡现场的图像和图片,大致也在人类认知的可能性范围之内,并无十分特别之处,但均具强烈的视觉冲击力。另外,本文所描述的所有死亡现场,均为笔者亲历。

一、基本概念界定

本文的研究内涵,涉及"死亡现场"(scene of death)、"视觉阈限"(visual threshold)、"视觉事件"(visual event)、"作为社会事件的死亡想象"(imagination of death)等 4 个基本范畴和概念。这几个基本范畴和概念,关涉意念建构和经验重组,所以既是视觉文化的,又是哲学意义的。本文末尾落脚于"现象学"的解释,意在挖掘视觉文化背后隐藏的哲学意蕴。死亡应当是视觉冲击力最强烈、最持久的一种人文图观,一种最顶层的、终结性的图观。生命终结的图观成为视觉认知的对象,当然具有特殊性和前瞻性。

(1)死亡现场。广义的"死亡现场",是指一切生命体死亡时的所在场地,具有物理性特征,而且有一个较为清晰的地理和人文边界;狭义的"死亡现场"是指人死亡时所在的场地,是一个具体、细节性的地点所在,如公共场所、医院、单位、山林、野外、住所、交通工具以及异国他乡等,其物理范围是紧缩的、点对点的，边界十分清晰，不是开放的。本文所研究的死亡现场，主要是指凶杀案件的现场，并非社会意义上的一般死亡现场。死刑的执行现场，也不是本文的研究范畴。因此，本文所提"死亡现场"，亦可意译为"scene of the homicide"，即"凶杀现场"。总的来说，被他人侵犯致死的发生地及事发遗体所在地，就是本文所研究的死亡现场。一般而言，死亡现场必须具备场地、物件及遗体等三个基本要素，其中遗体是现场视觉形式的中心要素，也是视觉建构的主体要素。没有遗体的死亡现场，主要有两种情形：一是遗体失踪，如在沙漠、洪水、河流、海洋、海啸、火山爆发、地震、地陷、溶洞、泥石流中死亡而找不到遗体的；二是遗体无法还原，如被巨兽吞噬的、被药剂腐蚀溶化的。虽无遗体，但死亡的具体建构意义仍然存在，如环境、地点、方位、遗物、相关人、猜想、怀念及传说等，视觉意义也仍然存在。

（2）视觉阈限。"视觉阈限"一词，亦称"感觉阈限"（sensory threshold），与生理学的刺激点及其强度、范围相关，是对某种情形下器官感觉临界值及其范围的一种表述。这个概念常被运用于人类学及民俗学等领域来研究人生礼仪的"过渡仪式"（法国范·盖纳普及英国维克多·特纳等），是指人暂时消除社会身份后进入特定仪式环节的时空及身份的临界点或称边界。在心理学领域，视觉阈限主要指人在视觉刺激下心理承受力的临界值及其范围。本文主要从心理学、人类学和民俗学的角度，分析死亡现场的情状，来说明"视觉阈限"的概念意义。在这个特定背景下，"视觉阈限"是指人在面临死亡现场的视觉物理刺激时所产生的生理、心理、情感及认知等方面的反应和表现形式，以及临界值、范围等。面对死亡现场时，视觉刺激接近临界值时，人会按照习俗文化的惯例来解决自身及环境的问题，如哭泣、哀号、诉说，并产生仪式和相应的肢体语言。视觉阈限因人而异、因情而异、因时因地而异，同一个死亡现场，不同的人会有不同的阈限，因此表现也各不相同，如同情、悲伤、痛苦、崩溃等；在动作行为方面，会选择离开、躲避、寻求帮助等。"视觉阈限"的生物和心理逻辑，是观于眼、感于心、动于身的，在死亡现场的连锁反应中，动作行为是终结性的反应，主要有离开现场、避开遗体、诉说求助等。大致来看，本文所研究的死亡现场，主要有旁观者、亲友、家人、记者、医生、警察等五种视觉阈限，其临界值各不相同，另外还有年龄、性别及文化的差异。从阈限值来看，警察的视觉阈限值最高、承受力最强，旁观者的最弱。

（3）视觉事件的内涵。"视觉事件"是指视觉接受、感知外界刺激后所产生的连锁反应及其表现形式。死亡现场的视觉阈限与死亡所激发的反应相关，特别是与死者身份、死亡形式、遗体情状、背景及死亡意蕴等因素关联。这些因素一旦被激发，即成为视觉事件。因此，我们可以认为，这种特殊的阈限是关于死亡的一种直觉式反应，也是知觉和认知反应。死亡现场是死亡的最初的物理点，是原生态的图观，尚未被主观意图包装；而这之后，死亡就会被习俗及文化包装、装饰，成为一种社会仪式，参与者的身份和作用随后也会发生很大变化。作为一种视觉事件，死亡现场在视觉的组织下，建构为一个特殊时空的文化共同体（cultural community）。一是物理空间。由环境、场地、物件及遗体所组成的特殊物理空间，这是一个有形的意识结构，构成视觉事件的主要物理依托。二是特定关系。由参与者身份、逝者身份、意义背景（身份猜想、原因探究及故事传说等）所组成的特定关系，这是认知的出发点，并构成视觉事件的过渡环节。三是死亡认知。由现场情境所激发的对于死亡的认知，这是关于死亡认知的文化共同体的价值所在，也成为视觉事件的意义落脚点。而这个特殊时空的文化共同体，就是视觉事件的基本内涵，以及价值指向。从视觉角度看，任何一个死亡现场都是一个特殊的、多元的文化共同体。

（4）作为社会事件的死亡想象。死亡现场一旦形成，被视觉参与、介入，即成为社会事件，其性质就发生了改变，由隐秘转为公开，外部意识因素渗入，成为视觉化事件，并融合了对于死亡的各种想象。个性想象与公共性想象，形成意识的结构性想象，并由此对死亡形成深度认知。视觉所起的作用，就是将事件社会化、公开化、解析化。而对于死亡的认知与

想象，首先源于死亡现场的图观，大致按照这样的程式进行：他人的死亡
—亲友的死亡—自己的死亡。这是对死亡由浅入深的一种意识递进式想象，
其深度与广度取决于视觉者与逝者的关系，他人之逝、亲友之逝，以及由
此衍生的自己之逝，其想象是完全不同的。就旁观者、亲友、家人、记者、
医生、警察等五种视角而言，其所激发的认知也有很大差别。由此，基于
对死亡现场的图观认知，即可构建起一个想象的共同体，这是属于意识范
畴的共同体，而这正好就是视觉化之后的文化积淀。在大多数情况下，这
些认知都是对于死亡的恐惧，但并未上升到理性的高度，并未真正形成对
自我死亡的认知，逃避在思维中仍然占主导地位。较少有人能够从中得到
启示，从而调整自己的人生行为和规划。人类理性地对待死亡这一必然归
结，似乎仍然停留在比较原始的思维阶段，即本能阶段。因此，关于死亡
的想象，似乎永远停留在规避、恐惧、茫然无措的境地，即使面临无数次
的死亡现场，可能也提升不了其生命和生存的质量，关于死亡的思维仍然
在低位运行。因为死亡想象的低价位性，所以生命和生存的质量是难以得
到明显提升的。其实，关于死亡的想象是最高的想象，也是所有视觉文化
中最有分量的一种内涵。

二、视觉阈限的基本类型

死亡现场的视觉阈限主要受制于物理、生理、心理、情感、认知等五
个因素，其内涵各不相同，却又互相联系、互为因果。

（1）物理阈限（physical threshold）。从法律角度讲，死亡现场的所谓
"物理阈限"就是指证据所在，如人证、物证、书证等。从视觉角度看，主
要包括现场的环境、建筑、物件、遗体、相关人、颜色、形状等。这是一
个可直视的、客观存在的、有形的物理空间。有时候，因为一个死亡事件，
一栋大楼、一条街道、一个村落、一个社区都可能成为视觉阈限的范围。

人们接触死亡现场，首先面对的是物理阈限，现场的遗体、所有物件及环境因素，都会被视觉包围和装饰，并被渗入特定的意识，而某些物件或遗体的情状，则可能诱发深度视觉反应，成为临界值或临界点所在。简单地讲，"物理阈限"就是现场存在的客观刺激点所在。一些死亡现场，除了警察和医生外，可能其他人见了都会因恐惧等原因而退缩，甚至不敢听别人描述现场的任何细节，害怕引起不良反应。其中，尸体是死亡现场的视觉中心，也是最核心的物理阈限。

两种人不怎么怕尸体，一是医生，一是警察。警察经常要和尸体打交道，怕也没有用。深更半夜的，说有了凶杀案，就得马上去现场，然后仔细观察尸体，望闻问切，像老中医一样，翻来覆去地研究尸体的各个部位，分析说明尸体在彼时彼刻出现的各种原因，判断到底是什么人让这个大活人变成了布满斑点的尸体的。如此操练的次数多了，尸体也就成了一件很寻常的物什，如遗弃在什么地方的小摆设一般。医生的职责是尽量阻止世界上的活人变成尸体；而警察的职责是寻找一部分活人成为尸体的原因，并找出那些使人成为尸体的人。对于医生来说，尸体是一具标本，可做教具；对于警察来说，尸体是一件比较大型且有可能散发出强烈异味的证据，是凶杀案立案的主要物质基础。

只要当上了警察，特别是刑事警察，就要经常面对尸体，并且根据尸体损伤以及腐败程度展开逻辑推理。与各种类型的尸体打交道多了，警察之间就形成了一些比较特殊的"共同话语"，这些"俚语"只限于极少数场合警察私下"使用"，并非正式流行的"通用语"。警察的工作是很紧张、很匆忙的，没有时间对尸体的名称进行详细考究，说一些形象化的名称，并非对死者的轻慢，纯粹为了简单省事。一说"俚语"，大家就都知道今天出发到现场时要做些什么准备了，心里有底好做事。①

---

① 邵一飞：《尸体》，原载《南方都市报》2001 年 1 月 15 日，第 A19 版，邵一飞"警事通言"专栏，引自笔者自编微型纪实小说集《抛浪头》，第 21 页，略有改动。

笔者认为，从习俗的角度看，警察也是一种职业，也会产生"行话""俚语"及行规，这是行业成熟的社会性标志。而从阈限等级的角度分析，死亡现场的物理阈限由强到弱，可以这样排序：尸体、血迹、凶器、逝者用品用具、其他物件。同时，尸体所在的场所也是一个深度的阈限，人们往往会将整间房屋、整栋楼都视为恐惧物什。一看见，就会联想起死亡；即使日子久了，一想起，仍会恐惧。

（2）生理阈限（physiological threshold）。生理阈限是指人接触、面临特定环境时引起相应生理反应的临界值或临界点。因为体质、心理、经验及所处环境等不同，每个人的生理阈限也是不同的。死亡现场的环境、物件、遗体、气味、颜色、形状等，会引起视觉者的许多生理反应，如紧张、头晕、腹痛、呕吐、便秘、颤抖、发冷、冒汗等，甚至还会连续几天出现厌食、失眠、梦呓等情况。相较而言，在面对死亡现场时，警察的生理阈限较高，不容易被激发；而其他职业从业者的生理阈限较低，易于激发。但是，在某些情况下，警察的生理阈限也会降低。

警察除了和罪犯打交道外，还要经常与各种各样的尸体打交道，单凭在凶杀现场镇定自若地处理那些因各种原因死亡的尸体的态度和神情，警察这个职业就具备了令人敬畏的条件。

凡是在刑警队做过的人，几乎都有过呕吐的经历。这种恶心或者呕吐的滋味，主要来自现场的尸臭，这是一种无与伦比的气味，足可以令初闻者终生印象深刻。与医院里面的那些正常病逝者相比，刑警所面对的那些尸体往往令人恶心难受得多，因为这些都是非正常死亡的，有些尸体，日子已经很久远了，简直就是恐怖无比。2000 年 11 月笔者记录了这样一个现场：

某出租屋里发现了一具女尸，是出租屋屋主首先"闻"到的。事发当日，屋主来收租金的时候，在一楼就闻到了一股腐臭，类似于夏天里死蛇的味道，令人直想呕吐。循着这味道一直往上走，发现五楼的单间房门紧闭，隔着门缝，屋主发现了尸体。接着，屋主就蹲在地上猛烈呕吐起来，一边呕吐，一边朝楼下狂奔。

第一批警察先期赶到后，打开了五楼的房门，初步查看尸体后，封锁了现场，但有人已经开始蹲在旁边剧烈呕吐了。刑警队的人来了，刚走到三楼，也有人忍不住了，就一边呕吐，一边上楼。当走到五楼的现场时，已经有人因为恶臭难闻而头晕目眩了，甚至有人一屁股就坐在了楼梯口的台阶上，吐得连眼泪都流了下来。

原来，打开房门后，恰好刮起了风，所有的臭味一下子都从屋子里面"冲"了出来，连闻惯了这种臭味的老刑警也有点顶不住了。

从凶杀现场回来，刑警的衣服已经熏染了尸体臭味。回家后，也不敢把衣服放在洗衣机里洗，怕把臭味"传染"给家人，就赶紧把衣服脱下来，泡在别的什么盆子里面，自己偷偷洗掉，然后晾晒在别的地方。①

笔者认为，任何一个职业都有生理阈限，警察的生理阈限除了体能极限外，剩下的就是这种抵抗现场恶臭的生理性能力了。对于凶杀案的死亡现场来说，不仅看得见的物件是特殊刺激点，闻得着的气味也是一个特殊的物理阈限所在。到了现场，所有的感觉器官都会主动打开和接收信息，阈限就在这些刺激性信息的框定之中。在死亡现场，凡是看得见、摸得着、闻得到，甚至想得到的东西，都可能成为一个人的阈限所在。

（3）心理阈限（psychological threshold）。心理阈限是指人在接触、面对特定环境时引发、激发相应心理反应的临界值或临界点。我们的视觉总是想选择快乐，而规避哀伤，但是很多时候，视觉不是我们自己的，而是世界的、环境的，带有某种不可知的强制性。视觉是一种独立的存在，具有无形的强制力。我们往往会在不经意的时候，或者在迫不得已的时候，被神秘的外力所强制，而去观看一些我们并不愿意观看的人文图观，如死

---

① 邵一飞：《呕吐》，原载《南方都市报》2000 年 11 月 13 日，第 A19 版，邵一飞"警事通言"专栏，略有改动。

亡及其现场。有很多死亡现场，只有职业警察才能够长时间身处其中，常人是无法"身临其境"的。当现场诉诸视觉之后，就是心理承受力的问题了，在这方面，警察的心理承受力最强、阈限最高。2001 年 2 月笔者记录了这样一个现场：

有个男人死了，在出租屋里面。

巷子很曲折，他们一路拐弯抹角地走着。刚走进一楼的门口，鼻子里面立即就闻到了一股强烈的味道，很像杂货铺卖的那种陈年咸鱼干，腥、臭，刺激得很。

一名提着笨重的勘查箱的刑侦技术员说，这就是尸臭的味道。如果不说的话，常人闻到这种气味，绝对想不到竟会是尸臭，最多以为是谁家的咸鱼太多，已经发臭了。

楼道非常狭窄，墙角蜘蛛网密布，过道潮湿黑暗，只能勉强容纳一个人走过。如果同时有两个人上下楼梯，得先有一个人站在拐弯处避让，否则绝对谁都过不了。总共四层楼，屋主只在二楼楼梯口安装了一盏不超过十瓦的小灯泡，散发着十分怪异的光。一楼有门，可采自然光；四楼到顶了，有个小门可通天台，也有自然光投射进来；只有二楼和三楼无光可采，必须安装电灯。所以，屋主不得不在二楼安了一盏昏黄如豆的小灯泡，三楼因此可以感觉到光。这是一个十分吝啬且精于算计的屋主，同时也看得出来，屋主缺德。

走到四楼时，鼻子里面的腥臭味更强烈了，喉咙里面有了干呕的欲望，但一下子呕不出来，只是干呕。

四楼有一间单房，面积极小，大约才四平方米，安放了一张单人床：一个身材高大的男人上身穿一件短袖运动衫，下身穿着一条黑色长裤，赤着脚，双手上举，仰面朝天，斜斜地躺在那张小床上，头部压在一个脏兮兮的枕头上，看不清最后的表情，露出来的手脚已经变色，是尸斑，颜色已经很浓重了。

勘查现场整整花了 4 个钟头。其间，因为气味太大，戴着面罩的技术员和法医轮流走上天台去换气，之后又钻进那间只有四平方米的小房间里继续折腾。

现场勘查结果：死者三十岁左右，身份不明，是被人用绳子勒死的，已经死亡一个星期左右了。在屋子里面，找到一封开头是"爸爸妈妈你们好"的信，信中说，他在外面一切都很好，遇到很多好人，并得到帮助，现在已经在一家外资工厂上班了，还说春节会回去，等等。这封信已经贴好了邮票，还没有来得及寄出去。黄昏的时候，殡仪馆的汽车就把这具已经高度腐败的尸体拉走了。一个生命离去，在异乡。①

警察所承受的，往往比其他职业要多一些。面对这些包含了许多社会意象的现场和尸体，警察除了努力破案，别无选择。一个警察的一生，可能要面对数十具、成百具，甚至更多的尸体，且均为非正常死亡现场，面对他人的死亡、面对这个世界的许多不确定性，要去寻找答案，为死者伸张正义。而相对于其他职业类型的人来说，类似的死亡现场，恐怕都会选择避而远之，心理、生理上的排斥与恐惧，可能会占上风。但是一旦被视觉化，就肯定会终生留下印象，无法忘却。问题在于，如何处置这些被视觉化之后的心理后果。警察可以在腐尸边上一边分析一边吃盒饭，其他职业类型的人可能很难做到这一点，甚至连想都不敢想，包括医生。这就是特定的心理阈限在起作用，不同的人有不同的阈限。究其原因，应当与职业的磨炼有关，还与职业操守有关。

（4）情感阈限（emotional threshold）。情感阈限是指人接触、面临特定对象时引发、激发的情感的临界值及其范围。死亡现场的特殊性会引发、激发视觉者的复杂情感，如同情、厌恶、惋惜、崇敬、憎恨、悲伤、愤怒、恐惧、绝望等，既有负面情感，也有正面情感。有些情感，还会包含族群

---

① 邵一飞：《腐尸》，原载《南方都市报》2001 年 2 月 9 日，第 C43 版，邵一飞"警事通言"专栏。

和地域性的意义，以及某种精神等，如屈原之死、岳飞之死、文天祥之死、闻一多之死等。一旦进入现场就会触景、睹物、思人，由此而必定生情。这种情感极为特殊：一方面，是短暂、瞬时的，离开现场就会终止这种情感的蔓延；另一方面，是一些长久、深刻的情感会滋生出来，有些还会对人的生死观产生强烈影响。如果是亲人之死，会哭泣；友人之死会悲痛，他人之死会哀伤。这就是普遍的情感阈限所在。对于警察来说，则在寻常的情感基础上，多了一层职业情感因素：对受害者的同情，对凶手的愤怒，对缉凶的责任感。同类之死，往往刺激度更高、更强、更持久，其阈限值会降到最低，稍微的刺激就会暴发情感。2001 年 3 月笔者依 1996 年 12 月 22 日案件以旁观者视角重现了这一现场：

在一个十分朦胧的黄昏里，路边小饭店的老板董伯目睹了一个惊心动魄的场面，令他终生难忘。

两名年轻的巡警开着警用摩托车在马路上巡逻时，发现不远处一间发廊的门口停下一辆无牌大马力的摩托车，两男一女共三名形迹可疑的人下车后钻进了灯光晦暗的发廊，里面随即传来阵阵浪笑声。

情况有些可疑。两名巡警决定上前盘查。

坐在门口的一个发廊女看见了马路对面的两名全副武装的年轻巡警，立即转身示意刚走进发廊的那两男一女快点逃走。这两男一女惊慌失措地冲出发廊，跨上摩托车，飞快逃跑。两名巡警立即驱车追赶，很快就追上了逃跑的摩托车，截住了逃窜的两男一女。

当两名年轻的巡警停车准备盘查这两男一女时，其中一人趁巡警身体尚未完全跨下摩托车之际，突然掏出枪来，朝两名巡警开了枪。此时，夜色正浓。

有人看见，两名巡警在跌倒下去的一刹那间，果断地把手伸向了腰间的手枪，紧紧按住后，顺势侧倒在地上，把手枪压在了自己的身子下面。一名巡警支撑着身子，举起对讲机，艰难地报告了突然发生的情况。一名巡警朝着歹徒逃跑的方向，仍顽强地爬行了十几米，身后留下了一条鲜明的血线！

当时，在指挥中心值班的女警察收听到了这样一段断断续续的呼叫声："××，我是××，我现在中弹了，我很累……"之后，无论值班女警察噙着泪怎样呼喊，都没有回音了。

很快，大批警察就赶到了现场，救护车也呼啸而来。在路边开小饭店的董伯意识到，这里发生大案子了！当许多警察阴沉着脸把两名巡警抬上救护车的时候，董伯站在自己店铺的门口，十分真切地看见远处的天边忽然红光一片，闪烁不已，现出了一种很灿烂的样子。现场地处闹市区，有很多过往的行人驻足围观，全部静悄悄地，不发一言。有人流泪。

不久，董伯看见报纸上登出一则消息：警方在执行围捕任务时，击毙一名持枪顽抗的歹徒，这名被击毙的歹徒曾在北方某大都市开枪拒捕，作案累累。①

笔者认为，同类之死往往会激发出最深层的情感，并产生连锁反应。有的时候，现场的一句话、一个眼神、一个动作、一个物件、一个传说，都会迅速产生情感关联。

（5）认知阈限（cognition threshold）。认知阈限是指视觉者在视觉化的过程中，形成理性思考所需要的刺激点及其范围。所谓"视觉化"，就是视觉者进入临界值前的缓冲解析过程，主要包括观察、感受和思考等。进入现场后，人的视觉阈限不断变化、递进，最终会形成死亡认知方面的结论。这个认知，无外乎三种基本情形：一是生命脆弱；二是人生无常；三是珍

---

① 邵一飞：《灿烂》，原载《南方都市报》2001 年 3 月 8 日，第 C51 版，邵一飞"警事通言"专栏。笔者注：本篇《灿烂》所反映的案件，发生在 1996 年 12 月 22 日晚。当晚 8 时 50 分，广州市公安局天河区分局巡警大队三中队小涂、小黄两名民警在辖区的五仙桥广日电梯厂门口附近，驾驶警用摩托车执勤巡逻，在盘查几名嫌疑人时，嫌疑人趁机突然连开三枪将他们击中。小涂心脏中弹，壮烈牺牲。小黄前胸中弹，子弹击穿身体，重伤。其后不久，该案持枪嫌疑人万某在江西农村的家中因持枪拒捕被击毙。抓捕过程中，当地多名武警、公安民警受伤，甚至有人牺牲。

惜生命。对于警察来说，其认知重点在于案件发生的原因，以及对其背后隐藏的人性因素的解读，如真假、美丑、善恶等。对于其他职业类型的人来说，大多停留在生死无常的层面，并未接触到人性的最深处，因为有些原因和细节只有警察才了解。而案件背后隐藏的东西，往往能让认知抵达人性的最深层。但是，警察很少对外人说这些案件背后的东西，最多在特定"圈子"里说说而已。

以下是笔者亲历的一个现场，根据 2005 年广州市天河区发生的真实事情记述，隐去了真实的人名、店名，写于 2005 年 8 月 28 日。

这间档口是卖手机和手机配件的，名字叫做"环宇手机店"，其实只有十二平方米，很小的一间店面。大约凌晨四点钟的时候，隔壁的"风味"小吃店老板娘妙玉起了床，准备售卖当日早餐盒饭和米粉面条。妙玉刚把几张餐桌摆出来，忽然就听见身后传来一阵异常的"噼噼啪啪"的爆裂声，循声望过去，只见环宇手机店内隐约有火光在闪烁，并有缕缕黑烟从档口卷闸门的底部缝隙里不断冒出来！

妙玉依稀记起来，环宇手机店内当晚还睡着几名年轻女工！

见情况紧急，妙玉赶忙叫自己店中的两个伙计一起去拍打那卷闸门，一边拍打，一边喊叫。此时，那道紧闭的门内也传出来十分惊慌的求救声和哭泣声："你们快救救我们呀！"门外的几个人就齐齐回答："我们正在撬门，你们怎么样了啊？"里面又哭着回答："我们快顶不住了，你们快点呀！"

妙玉和两个伙计一边喊叫，一边用一条生锈的钢筋死命地撬那卷闸门。刚抬起一条缝，把门弄开，里面的火苗子就猛烈地蹿了出来，根本无法进去施救了。屋内早已一片火海。屋外面的几个人，想尽办法，死命撬门。

但那门里面早已没了声息。消防车闻讯赶到的时候，只用了十几分钟，就扑灭了大火。环宇手机店内已成了一片黑黢黢的废墟。

五具焦炭般的尸体并排摆放在已成废墟的档口门前。在大火的迅猛烤炙下，尸体变成了很小的样子。其中一具尸体的双手高举，指向天空，似乎在诉说着什么。有人已在警戒线外面坐着哭泣，浑身颤抖，大约是闻讯赶来的死者亲属。

那店是一名外地老板开的，无证经营。五名被烧死的女工中，有三名是外省的，两名是本地的。其中一名女工只有十七岁，正处花季，刚从外省某偏僻小县城坐了三天三夜的长途汽车，来这间小店打工，上班还不到半个月，连第一个月的工资都没有来得及领取，就匆匆离去，魂断他乡。老板曾经许诺说，给她每个月八百块钱的工资，包吃包住。家乡的父母和兄弟还等着她寄钱回去贴补家用呢。

据说，起火原因很简单：电线短路。

"风味"小吃店的老板娘妙玉怎么也想不到：一场突如其来的大火，在短短几分钟之内，就把几个如花似玉的妙龄女子变成了几具焦炭般的尸体，几分钟前还隔着那道门在对话的呀。过了好长一段时间后，妙玉还是一想起来就后怕。没多久，妙玉就卖掉了"风味"小吃店的所有家当，回老家去了。临走，给店里的两个小伙计发了双份的月工资。

这是一个极为残酷的关于生命的视觉画面，也是时代的残酷写照。草菅人命，往往就发生在不经意间。这就是当代负面人性中最根深蒂固的顽疾、毒瘤所在。笔者当时第一时间赶到现场，消防警察穿着高筒靴站在废墟中，用铁锹铲东西，清理尸体周围的物品；勘查现场的刑事技术员戴着手套，小心翼翼地摆放烧焦的尸体，并用白布盖住，还用布设了围蔽。其他警察设置警戒线。围观的群众站在很远的地方。面对这样的死亡现场，任何人都不会无动于衷，所有的生理、心理、情感、认知都会被深度激发，尤其是对于生命与死亡的认知，会在瞬时获得最彻底、最深层的理解。

结语

笔者与知名生死学专家胡宜安教授讨论时，胡宜安教授认为，"显然，涉及死亡视觉建构中的阈限思维，而阈限思维难免造成对死亡的除魅与解构，如此现象学是取道还是旨归？死亡现场跟死亡现象学似乎有点内在扞格。试着想想：警察到达现场时，第一件事便是要保护现场，可是它内含着不稳定性。现场呈现出来的死亡可能是随时随地等待被建构的，这就不是原本的死亡了。这是一种悖论，可以通过现场这一视角揭示一个更加普遍的问题：死亡总被置于某种场域，并被建构着。"①笔者认为，死亡终结一切生命，是生命的最高形式，故可以作为一个独立的文化现象来考察，并应该首先从视觉文化的角度进行解构和建构，因为死亡最初的文本式表达总是一个直观的视觉现场，其后才被各种意义所包裹。现场—视觉—意义，这就是一个被解析和重构的过程，之后才有了死亡的文化内涵。

死亡现场是一个活态的视觉文本，不仅是社会人生的视觉图观，而且是生命哲学的前瞻图观。人们往往从他人之死中观瞻到自己之死，从而完成对生命与死亡的理性思考。因此，此时无声胜有声、道是无情却有情，死亡现场是最直观、最有效的生命教育课堂。从视觉的角度看，文字本身也是视觉和视觉化的对象。本文所引用的关于死亡现场的 5 个文字文本，是以文字的形式展示死亡现场的具体情形，是一种文字形式的视觉画面。因此，展示这 5 个文字文本，就是展示视觉画面。另外，本文是以警察的视觉和视角为主来阐述的，所以案例文本也注定隐藏了警察的视觉和视角，是警察文本。面对真实的死亡现场，警察的视觉和视角肯定会比其他人多一些深层次的内容，如理性、克制和坚忍等，这是与常人稍有不同的视觉和视角。英国理查德·豪厄尔斯在《视觉文化》一书中认为，视觉文化的

---

① 上述观点，为 2019 年 11 月 24 日晚笔者与胡宜安在五山立交桥拐弯处曜一城广场 3 楼某川菜火锅店面谈前的微信交流内容，之后两人又当面深入探讨了 3 个多小时。

社会分析范围实际上是宽广的，然而，在此所推荐的进一步研究的所有著作都建立在"视觉文化不会产生于真空社会"的共同主张上。因此视觉文化的分析家可以引导我们去分析社会本身①。如果视觉文化延伸到日常生活之中，并成为生活工具，那么可能会更有价值和意义。

① 〔英〕理查德·豪厄尔斯：《视觉文化》，葛红兵等译，南京：译林出版社，2014年，第97页。

中国影视人类学 2019 年回顾

朱靖江

（中央民族大学民族学与社会学学院）

　　人类学近年来在中国呈现蓬勃发展的态势，无论是学科体量的不断增加，还是学术价值的丰富阐释，抑或是学术研究对中国现实问题的深度介入，均取得了令人瞩目的成就。影视人类学作为人类学的分支学科之一，在 2019 年亦有较为活跃的学术表现,学界同仁面对迅猛发展的当代视觉文化积极应对，通过研究、教学、影像民族志创作和学术展映交流等形式建构学科共同体，不断激发该学科的学术活力。

　　2019 年，影视人类学在学术研究领域议题多元、成果丰富。首先是影像民族志与民俗学的结合，即在影视人类学的理论框架与方法体系中，对当代民俗文化进行更具深描意义的影像表达。在《广西民族大学学报》组织的"民俗影像"专题中，熊迅探讨影像作者与被拍摄对象的合作关系；陈学礼阐述民族志电影中文字与影像的叙事张力；张举文反思民俗影像创作的伦理问题；朱靖江对中国民俗类纪录片的发展进程进行了历时性的梳理与归纳，探讨了影视人类学在乡土中国文化表达中的价值。其次，影视人类学与动画研究、创作的交叉关系在 2019 年得到集中探讨,《当代电影》在"电影理论"栏目刊载了多篇有关人类学动画的论文：孙玉成、董佳佳探讨人类学语境下动画在阐释、描述与呈现文化事象中的具体实践；李刚、黎珂位论述纪实性动画影片以记忆再现、视觉传播和文化图景描述为路径的民族志书写；龚念、刘丹亚对 20 世纪后半叶穆斯塔法·阿拉萨内与让·鲁什的人类学动画实践进行了系统介绍，勾勒出人类学与动画电影之间长久的学术关联。上述研究展现出动画与新媒体参与人类学影像书写的新趋势。学界对影视人类学的学科发展史也进行了进一步的研究：梁君健细致探讨了让·鲁什的"电影通灵"观念，以及美国民族志电影导演罗伯特·加德纳的符号学、诗学创作导向；朱靖江则对 20 世纪 30 年代德国考察队在西藏拍摄的民族志电影以及 50 年代有关西藏民主改革的纪录片进行了学术讨论。此外，2019 年影视人类学的研究方向还包括虚拟现实、短视频等新媒体、网络影像与虚拟社区、影像记录与非物质文化遗产保护以及宏观视觉文化（仪式、器物、纹样）等领域，学术产出均可观，基本做到了兼顾学科理论与研究方法、历史脉络与当代实践、传统主题与新生现象的研究范式，并在多个交叉领域有显著的突破。

在 2019 年，中国影视人类学的学术交流与影片展映活动持续密集，其中以第三届中国民族志纪录片学术展、"文明互鉴"国际影视人类学论坛、首届华语音乐影像志展映以及"大视野"视觉文化国际论坛 2019 最为盛大。民族志纪录片学术展由中国民族博物馆与中国人类学民族学研究会民族影视与影视人类学专委会主办，北京大学、清华大学、中国人民大学、中央民族大学、北京电影学院以及国家图书馆相关机构联合承办，共有 55 部优秀中国民族志纪录片进行了集中展映与交流，并被中国民族博物馆与国家图书馆收藏。著名人类学家庄孔韶教授获颁影视人类学终身成就奖。同期由中国社会科学院社会学所主办的"文明互鉴"国际影视人类学论坛，邀请了国际人类学民族学联合会主席小泉润二教授以及挪威、荷兰、印度尼西亚、韩国、津巴布韦等国学者，与中国学者共同探讨影视人类学在当代世界的学科发展现状及其在社会文化层面的具体运用，是 2019 年体现本学科学术成果的国际盛会之一。由上海音乐学院主办的首届华语音乐影像志展映活动，在上海大剧院陆续放映和研讨了 40 余部影像作品，这是中国音乐学界第一次以影像展演的形式传播、交流音乐学的田野记录与研究成果，既将"音乐影像志"的概念传达给学界和公众，也拓展了原本基于文字或谱面展开的音乐研究之可能性。由广州美术学院主办的第一届"大视野"视觉文化国际论坛是近年来华南地区举办的最大规模视觉文化学术会议，与会学者近百人，研讨议题包括影视人类学、动画民族志、数字影像技术、视觉文献以及多学科的"跨界观看"等，特别是论坛与广州国际纪录片影展联动配合，在学术研究与艺术创作、产业合作之间搭建了一座重要的桥梁。除上述全国性学术活动外，杭州"西湖青年纪录片论坛"、成都"藏羌彝走廊影像艺术节"、北京"东北亚民族文化论坛"等都在不同层次上融入影视人类学的环节或学术理念，体现了本学科与周边学科日益密切的互动关系。

与大型论坛相对应，2019 年中国多所学术机构开展了影视人类学的系列讲座、展映、工作坊与创作实践活动，进一步彰显影视人类学的学术能动性。比如，南京大学社会学系邀请鲍江、陈学礼开设"影视人类学与民族志电影实践"课程，通过六周集中授课与摄制活动，学生完成了较为系统的学术训练。北京大学与云南大学在暑期开设"'云大-北大魁阁工作站重建'教学与实践工作坊"，组织两校本科生赴勐海县曼腊村进行影视人类学学习与创作，完成六部民族志纪录片的摄制，开阔了学生的理论视野和培养了其田野能力。浙江大学、兰州大学、中央民族大学、中南民族大学等高校在 2019 年均举办了影视人类学系列讲座与放映活动，邀请刘湘晨、朱晓阳、富晓星、梁君健等多位学者，在学校师生中普及学科的理论与方法，讲解民族志电影的学术价值与文化贡献。

在公共文化领域，影视人类学也发挥着更为显著的作用。民族民间文艺发展中心主持的"中国节日影像志""中国史诗百部工程"两项国家社科基金特别委托项目、国家艺术基金资助的"非物质文化遗产传承抢救性保护记录人才培养"、非物质文化遗产司举办的"2019 年度第三期国家级非遗代表性传承人培训班"、中国摄影家协会举办的"中青年摄影人才培养工程培训班"等多个文化保护与培训项目中，影视人类学均具有重要的理论指导价值。甚至在青海、广西、四川等地的乡村与牧区，当地村民也利用民族志纪录片的记录与表达功能，从事民族文化传承与生态保护实践工作。尤为值得一提的是，2019 年在全国院线上映的纪录片《大河唱》，以及之后上映的《寻羌》《书匠》《黄河尕谣》等，在影片的选题、调研与田野摄制方法等方面，都有力地实践了影视人类学的学术诉求与文化理想，做到了"把摄影机埋在土里"，这些影片也是中国人类学影像工作者存续文化遗产、沟通公众话语的代表性成果。

综上所述，2019 年，影视人类学的学科发展乘风破浪，学术成就蔚然可观，是当代中国人类学乃至社会科学不断前行的前哨之一。在新的 10 年当中，影视人类学一方面深耕学术土壤，扎根人类学田野，另一方面也将继续发挥其交叉、跨界的学术引领作用，倡导学者、影像工作者投身中国实践，必将在理论、创作、社会发展与文化建设领域继续发挥积极的作用。

文化承载者主观性——以杨光海民纪片《丽江纳西族的文化艺术》为例[*]

鲍 江

（中国社会科学院社会学研究所社会文化人类学中心）

一、笔者撰写本文的学理渊源

1. 远源

费孝通晚年对后学的教诲：我们看书不能不看人，要看是谁写的，什么时候写的，为什么这么写，为什么有这样的思想。只有弄清楚这些，才能理解作者、懂得作者①。

综观费先生一生学术成就，可以看到体现他学问境界变化的一前一后两类著述，前者即他自谓的第一次学术生命，包括青壮年时期作品和晚年时期部分作品，后者即"文化大革命"结束后他重入学术界所形成的作品。为了行文简洁，下文中称其为前费与后费。前费是学徒之作，后费是自立

---

* 本文获中国社会科学院社会学研究所创新工程资助。

① 费孝通：《费孝通全集》第 16 卷，呼和浩特：内蒙古人民出版社，2009 年，第 251—258 页。

门户的作品。前费是用"洋老师"所造的镜子照中国，从"洋老师"的概念视角出发阐释看到的中国。后费是反思著述，阐释费孝通自己与诸位"洋老师"、镜子与造镜者之间的关系，并将焦点落在人物上。世纪之交费先生发表了一篇又一篇反思性学术长文，诸如《个人·群体·社会—— 一生学术历程的自我思考》《人不知而不愠——缅怀史禄国老师》《从史禄国老师学体质人类学》《从马林诺夫斯基老师学习文化论的体会》《重读〈江村经济〉序言》《读马老师遗著〈文化动态论〉书后》《从反思到文化自觉和交流》《补课札记——重温派克社会学》《试谈扩展社会学的传统界限》《暮年漫谈》等①。

概括后费的治学方法，可以称之为深入生活、思想起飞，学术研究在深入生活与思想起飞两种实践反复回环中展开。一方面是行行重行行，深入生活，看世界；另一方面是悟，深入学术史，看社会和文化中的"我"。按后费的学术视域，我们社会人类学工作者就是要一路看生活，看真正碰到的具体的人，从这里边去找出一点儿真正的道理，这就是社会人类学的价值所在。离开了实际接触的人，是不可能有什么新东西出来的，人的真实生活里边隐含着人生智慧啊！它是理论之源。一言以蔽之，社会人类学的研究对象是生活，是具体的人。

以具体的人为研究对象的社会人类学对于学术史的接受，有必要超越"作品"本身，并将之拓展为"作者·作品"。综观费先生写人物的作品，"时代·学人·时代"的连续体构成作品主线，阐发时代召唤学人、学人引航时代的学术生活。在这里，时代不是人物展开自身生活的背景，相反，是其根本相关项，是其生活世界的核心内容。在这里，学人、学术史被纳入对象化的范围，并在具体人物与具体时代的架构下获得学术实践动力。在这里，读者可以接收到的信息不仅包括学科观点以及透过学科观点所发现的民族志事实，还包括观点提出者及后继者生活世界的交错。

---

① 费孝通：《费孝通全集》第 14—17 卷，呼和浩特：内蒙古人民出版社，2009 年。

2. 近源

惠能《六祖坛经》："心迷法华转"与"心悟转法华"有天壤之别，使人顿悟"人"与"文化"在语言尽头的关系——"文化创造人"与"人创造文化"二律背反统一。

《六祖坛经》是佛教文化传入中原后的一部经典坛经。该书以惠能人生史为线索，阐发佛学奥义。惠能原籍岭南，以砍柴、卖柴谋生，不识文字。他在一次卖柴途中，偶然听人诵读《金刚经》，当下即顿悟其奥妙。其后，他离家寻访禅宗五祖，历经曲折得其衣钵，成为禅宗六祖，度人无数。佛学以"去差别"为本体，解构一切人为设定的绝对性。"心迷法华转"为教条化的人与《法华经》的关系；"心悟转法华"为佛学本体当有的人与《法华经》的关系。《六祖坛经》转法华故事如下：

又有一僧名法达，常诵《妙法莲华经》七年，心迷不知正法之处。来至漕溪山。礼拜，问大师言："弟子常诵《妙法莲华经》七年，心迷不知正法之处，经上有疑。大师智慧广大，愿为除疑。"

大师言："法达，法即甚达，汝心不达。经上无疑，汝心自疑。汝心自邪，而求正法，吾心正定，即是持经。吾一生已来，不识文字。汝将《法华经》来，对吾读一遍，吾闻即之。"

法达取经，对大师读一遍，六祖闻已，即识佛意，便与法达说《法华经》。六祖言："法达，《法华经》无多语，七卷尽是譬喻因缘。如来广说三乘，只为世人根钝；经文公明，无有余乘，唯有一佛乘。"

大师言：法达，汝听一佛乘，莫求二佛乘，迷却汝性。经中何处是一佛乘?吾与汝说。经云：诸佛世尊，唯汝一大事因缘故，出现于世。此法如何解?此法如何修?汝听吾说。人心不思本源空寂，离却邪见，即一大事因缘。内外不迷，即离两边。外迷著相，内迷著空，于相离相，于空离空，即是不空。若悟此法，一念心开。出现于世。心开何物?开佛知见。佛犹觉也，分为四门：开觉知见，示觉知见，悟觉知见，入觉知见。开、示、悟、入，上一处入，即觉知见，见自本性，即得出世"。

大师言："法达，吾常愿一切世人心地常自开佛知见，莫开众生知见。世人心邪，愚迷造恶，自开众生知见；世人心正，起智慧观照，自开佛知见。莫开众生知见，开佛知见，即出世。"

大师言："法达，此是《法华经》一乘法。向下分三，为迷人故。汝但依一佛乘。"

大师言："法达，心行转《法华》，不行《法华》转；心正转《法华》，心邪《法华》转；开佛知见转《法华》，开众生知见被《法华》转。"

大师言："努力依法修行，即是转经。"

法达一闻，言下大悟，涕泪悲泣，白言："和尚，实未曾转《法华》，七年被《法华》转，已后转《法华》，念念修行佛行。"

大师言："即佛行是佛。"

其时听人无不悟者。①

人类学的基本问题域是人与文化的关系。按一元论视域，究竟是人创造文化还是文化创造人，是一个引发不尽争论的问题。按《六祖坛经》转法华故事所示的"佛知见"——"于相离相，于空离空"，给予我们定位人与文化关系的另一种视域——人出于文化又出离于文化，文化出于人又出离于人。相比一元论视域，这种视域更符合人类学家切己的专业体会：重视文化对人的塑造，但也不忽视人超越文化、创新文化的主观能动性。

3. 切近源

胡塞尔现象学认为，顿悟是这样的一种思维方式：思想者跳出"自我"，成为"超越论的自我"。超越论的自我是自我反思的主体，唯有该主体才能

---

① 杨普文校写：《新版敦煌新本六祖坛经》，北京：宗教文化出版社，2001年，第54—56页。

把自我当做一个对象进行思考，并且能包容他人的自我。

胡塞尔的研究对现代实证科学的哲学基础进行了超越于前人的更深入、更彻底的思考。他找到的一个学术方法是悬搁。也就是说，要从根本上解决现代人的问题，在现代科学内部打转是无效的，必须对现代科学整体进行悬搁处理，存而不论，只有这样才能获得一种跳出来看的外部眼光。只有在跳出来看的观察点上，才有可能澄清这个事实，即现代实证科学造就了扁平化的现代人，并且也才有可能开拓出一种崭新的视阈，即将现代人还原为前实证科学的自然人。

但这里还留有一个问题，即为什么自然人会变成现代人？这个转变的必然性在哪里？胡塞尔将之回溯并定位为一种普遍意识，即世界意识。也就是说，人们普遍相信，除了我们主观世界之外，还存在一个客观世界。我们可以从不同的学科角度去认识它，但是它是唯一的，是超越于我们主观的，我们死了之后，它还在，并且在我们出生之前，它就已经存在了。这是一个根深蒂固的具有普遍性的理念。

这个理念下，学者展开对此世界的专门化、精细化的研究，并且往往与数学相结合，形成了诸多实证学科。所以，胡塞尔认为，要彻底解决现代人的问题，完成悬搁实证科学这一步还不彻底，还必须再进一步悬搁世界意识，即悬搁存在唯一的、客观的世界的信念。悬搁以后，思想所抵达的是一个什么样的境界呢？按胡塞尔的说法，即抵达超越论的现象学境界。

抵达超越论的现象学境界的这个自我，已经实现自我超越，成为超越论的自我。超越论的自我是自我反思的主体，唯有该主体方能把自我当做一个对象进行思考，并且能包容他人的自我。超越论中的自我敞开接纳他人的自我，不是用既有的自我视域去框定他人的自我，而是包容他人的自我。①

---

① 鲍江：《生活世界影视人类学理论》，《电影艺术》2020 年第 1 期。

二、笔者撰写本文的田野渊源

1. 笔者熟悉丽江

笔者在丽江古城长大，18 岁（1986 年）便离开家乡到外地学习、工作，但常回家乡探望亲友。

丽江地处中国西南长江上游 W 形大拐弯处。长江在丽江被云岭山脉阻挡，遂与从青藏高原一路并行由北向南奔流的怒江、澜沧江分向，开启折向东流之旅。云岭主峰玉龙雪山，隔江与哈巴雪山对峙，江水穿行其间，形成世界第一高差的峡谷——虎跳峡，夏季江水奔腾如雷鸣。玉龙雪山北缘是江水，南缘是一片广阔的高山台地，本地人将其称作丽江坝子。丽江坝子犹如一块以山为框的画布，村寨零零星星错落其上，中央有一座小山——狮子山，茶马古道集市重镇——大研镇傍山而起。

作为文化熔炉的丽江，流传广远的诸多大文化在这里交汇，精致而美的诸多小文化在这里交融。历史上，北面传来的藏传佛教文化止步于丽江，南面传来的小乘佛教文化、汉传佛教文化也止步于丽江。今天，来自全国各地乃至世界各地的人或长或短地在丽江坝子游历，此地文化之多样可谓不可尽数，堪称世纪之交全球化在中国小城镇的一个样本。

2. 笔者熟悉《丽江纳西族的文化艺术》及其拍摄者和拍摄过程

笔者曾多次观看该影片，访谈过导演兼合作编剧杨光海、合作编剧詹承绪的夫人王承权、摄影袁尧柱，并出版有专著《你我田野：倾听电影人类学在中国的开创》（简称《你我田野》）①。

着眼于梳理人类学电影在中国的开创性系列作品"中国少数民族社会历史科学纪录电影"（简称"民纪片"），笔者曾经将其中关于纳西族的两部

---

① 鲍江：《你我田野：倾听电影人类学在中国的开创》，北京：民族出版社，2017 年。

影片《丽江纳西族的文化艺术》和《永宁纳西族的阿注婚姻》作为切入点，以"生活史"（人生史）和"生活世界"（人生境界）相结合的理论视角，对影片制作者进行音像访谈记录，致力于尽可能全面而翔实地挖掘影片拍摄者的世界，从而提供一种从他们的"将心比心"的主观性出发来理解他们的作品的可能性。该音像材料整理成专著《你我田野》，于 2017年出版。该书之所以取名为《你我田野》，旨在彰显电影人类学的特色——影片制作者与拍摄对象构成第一重"你我"，笔者与书中的访谈对象构成第二重"你我"。也就是说，电影人类学是一门以你我关系定义自身的学问，有别于文化人类学主倡的"他者与自我"关系。文化人类学的主流观点是讲述他者故事，电影人类学则是讲述你我故事，在这里不存在所谓的他者。

3. 笔者熟悉人类学

1995 年以来，笔者一直专注于人类学影片并进行人类学文本的阅读与创作。笔者本科在云南民族学院就读，1990 年毕业后在一所中学教英语。此后经过几年自学，于 1995 年考取云南省民族研究所民族学专业硕士学位，师从和少英、黄惠琨、蔡家麒、傅于尧、龚箭等老师研习人类学，1998年毕业。1999 年，在云南大学东亚影视人类学研究所参加中德合作第一期影视人类学培训班，2000 年毕业。1999—2003 年，在中央民族大学师从宋蜀华先生攻读人类学博士学位。2003 年至今一直在中国社会科学院社会学研究所任研究员，专职从事人类学研究。

三、《丽江纳西族的文化艺术》：一部另类的民纪片

1. 影片基本信息

该影片拍摄录音完成于 1966 年 5 月，剪辑完成于 1976 年。顾问：秋

浦。编剧：詹承绪、杨光海。导演：杨光海。摄影：袁尧柱。录音：赵德旺。动画：郑成扬。

2. 如何另类？

它是"文化大革命"前拍摄的 15 部民纪片中唯一一部非社会形态主题的作品。

民纪片是新中国成立后不久启动的一项具有开创性的国家学术工程。该课题是学术片模态在中国发展的起点。该课题提出了一个新概念——"社会历史科学纪录影片"。这个新概念由"社会历史科学"与"纪录影片"两个概念复合而成，指向跨学科领域的融合创新，即将纪录影片引入学术工作，实现了社会历史科学领域从学术文本的单模态扩张为包含学术影片和学术文本的多模态。

指导民纪片的社会历史科学范式源自古典人类学的社会进化论。美国人类学开创者摩尔根的《古代社会》受到马克思的高度关注，为此马克思专门做了摘录笔记[1]；马克思去世后，恩格斯完成马克思遗愿，撰写了一部关于社会起源的专著《家庭、私有制和国家的起源》，并于 1884 年出版单行本[2]。这些著作是民纪片参与者的参考书[3]。

社会进化论视域以及课题实践处于少数民族社会变革窗口期，民纪片立足于探索和发现田野个案。与社会起源有关的少数民族田野资料成为民纪片的重点选题方向，在社会进化论视域下古老的田野资料凸显了学术片的拍摄价值。该课题于 1957 年启动，到 1966 年"文化大革命"开始前的 10 年里，课题组一共拍摄了 15 部作品。这些作品主题聚焦于前封建社会形态的少数民族田野资料，唯一的例外是《丽江纳西族的文

---

① 〔德〕马克思：《摩尔根〈古代社会〉一书摘要》，中国科学院历史研究所翻译组译，北京：人民出版社，1965 年。

② 〔德〕恩格斯：《家庭、私有制和国家的起源》，张仲实译，北京：人民出版社，1954 年。

③ 鲍江：《你我田野：倾听电影人类学在中国的开创》，北京：民族出版社，2017 年，第 14 页。

化艺术》，该片以文化艺术为主题①。

3. 另类的根源

（1）杨光海导演的解释。"丽江纳西族和永宁纳西族，但是它的文化背景啊、生活习俗啊都有很大的差别嘛……差距太大，因此就把它分开了。丽江部分，丽江纳西族主要说是拍摄它的文化艺术，因为它已经是那个封建地主经济了，不好搞恢复或者补拍那种，原来的那个已经消失了的东西就不好拍了。所以现在有什么拍什么。那么，丽江纳西族特点最大的呢，那就是文化艺术了，包括建筑啊、寺庙的壁画啊这些是吧。然后，永宁呢，就是突出这个阿注婚姻了。是这样子。"②

明清时期，中央王朝在部分边疆地区实行世袭土司制度。永宁世袭土司以封建领主身份占有并管辖一方的土地和人，与周邻左所、前所、木里等土司并立，互不统摄。永宁土司制度始于明洪武十四年（1381），直到1956年民主改革时被废除。永宁土司的地方治理方式与这个区域其他土司一样，实行以家户为单位，以农为主、牧工商为辅的多元一体经济社会制度，耕地使用权归各家户所有，此外各家户根据自己的条件从事畜牧业、手工业、马帮运输业、商业等。作为一种综合有限经济资源、多元一体经济方式和事关社会存续等诸多维度诉求的制度，永宁地方社会除了土司家按中央王朝要求实行嫁娶的父系继嗣制度外，普通家户多数实行不嫁娶的母系继嗣制度③。

① 15部民纪片包括：《佤族》《黎族》《凉山彝族》《额尔古纳河畔的鄂温克人》《独龙族》《景颇族》《苦聪人》《西藏的农奴制度》《新疆夏合勒克乡农奴制》《西双版纳傣族农奴社会》《大瑶山瑶族》《鄂伦春族》《赫哲族的渔猎生活》《永宁纳西族的阿注婚姻》《丽江纳西族的文化艺术》。《永宁纳西族的阿注婚姻》和《丽江纳西族的文化艺术》的后期剪辑于"文化大革命"结束后完成。参见鲍江：《你我田野：倾听电影人类学在中国的开创》，北京：民族出版社，2017年，第15—18页。
② 鲍江：《你我田野：倾听电影人类学在中国的开创》，北京：民族出版社，2017年，第42页。
③ 詹承绪、王承权、李近春，等：《永宁纳西族的阿注婚姻和母系家庭》，上海：上海人民出版社，2006年。

在社会进化论视域下，有些学者认为，永宁社会的"不嫁娶"和"母系继嗣"现象与古典人类学家想象中的原始社会特征相匹配，于是产生了这样的一种学术野心——立足永宁田野资料与摩尔根、恩格斯等展开关于社会起源的学术对话[①]。

丽江纳西族和永宁纳西族自称为"纳"[②]，属同源异流的两个文化实体[③]，中华人民共和国成立后经 20 世纪 50 年代民族识别将其定名为"纳西族"[④]。明代，丽江地区亦归属土司占有并管辖，丽江木氏土司是云南四大土司之一。清雍正元年（1723），丽江府"改土归流"，被纳入清王朝治理体系。中华人民共和国成立前，丽江纳西族社会处于地主制经济阶段并出现了资本主义萌芽，婚姻继嗣方面实行的是嫁娶的父系继嗣制度。

杨光海导演谈到丽江纳西族与永宁纳西族的文化差异大时认为，出现这种判断的原因如下：其一，对婚姻和继嗣的单一聚焦；其二，对中国整体性与地方整体性的关系重视不够；其三，对地方整体性的内涵挖掘不充分。有些学者为了弥补永宁纳西族社会封建领主制度与他们试图挖掘的"原始社会习俗"之间的时代鸿沟，使用了古典社会进化论中"遗存"的概念，称其为"封建领主制度下的母系社会遗存"，并在修辞学层面给了一个循环论证的解答，即先以田野资料碎片附加遗存概念建构社会进化整体理论，再以社会进化整体理论附加遗存概念说明田野资料碎片。"遗存"这个概念，既能贯通过去与现在，又能贯通整体与部分，堪称社会进化论的通关利器，也是使我们对具体社会的认识离开其本身的致命诱惑。

---

① 这里显然存在对话前提缺失的问题，即对永宁社会具有原始社会特征的演绎悖逆于永宁社会内在于封建王朝这一历史事实。

② 阳平调。"纳"字为汉语西南方言记音。

③ 丽江纳西族自称"纳西"，永宁纳西族自称"纳日"，前者为经过族群融合后形成的具有民族共同体性质的概念，"西"意为人、族；后者为族群性质的概念，"日"意为子。"纳日纳米"（纳子纳女）是另一族名的全称，通用于丽江纳西族和永宁摩梭人中。

④ 20 世纪 80 年代，经外来学者和本地精英合力运作，永宁纳西族附加了"摩梭人"的政治身份。参见鲍江：《你我田野：倾听电影人类学在中国的开创》，北京：民族出版社，2017 年，第 334—340 页。

杨光海的主要合作学者、人类学家詹承绪的田野工作地点是在永宁，不在丽江①；当时他作为北京科学电影制片厂导演，接受的也是为中国社会科学院民族研究所拍摄《永宁纳西族的阿注婚姻》的合同，但不涉及丽江纳西族②，因此杨光海导演有充分的理由不拍摄丽江纳西族。因此，《丽江纳西族的文化艺术》一片得以生成，是一个令人费解的谜团。

（2）笔者的解释。《丽江纳西族的文化艺术》一片得以生成，是杨光海作为文化承载者的主观性及其与丽江相遇的必然结果。

四、杨光海主观性的构成

杨光海于 1932 年 11 月 12 日生于云南大理湾桥乡北阳溪村，2019 年 11 月 27 日在北京密云去世，享年 88 岁。

笔者与杨光海老师最初相识于 2002 年的冬天，为翌年举行的首届"云之南人类学影像展"采访他，与他有过一面之缘，当时他住北京南三环方庄。那之后的 6 年时间里，笔者因忙于田野研究，没有与他联系。笔者与杨光海老师亲密相处并相知始于 2008 年的冬天，之后一直保持联系，直到他去世。

2019 年 11 月 24 日，笔者接到杨光海老师女儿打来的电话，说她父亲病重，希望笔者抽空去探望他。25 日，笔者专程去了密云杨光海老师家里探望，并给他带去了一本 10 月在北京举行的影视人类学国际学术研讨会的手册，他支撑病体题签他的收官之作《夕阳下的一棵绿树》以做留念，落款——杨光海 88 岁老翁。那天，杨光海老师明显消瘦了很多，但言谈之间，他中气十足、声音洪亮、思维清晰，与往常没有两样。笔者宽慰杨光海老师家

① 鲍江：《你我田野：倾听电影人类学在中国的开创》，北京：民族出版社，2017 年，第 266—340 页。
② 鲍江：《你我田野：倾听电影人类学在中国的开创》，北京：民族出版社，2017 年，第 35 页。

人，他能好起来，他以前跟我说过要活 100 岁，要给影视人类学后学做个长寿者的榜样。

27 日上午，很遗憾，或许在杨光海老师意料之中，但在笔者意料之外，笔者接到杨光海老师女儿打来的电话，说是杨光海老师在当天黎明时于密云医院去世了。29 日清晨，笔者在密云殡仪馆参加了杨光海老师遗体告别仪式，有幸作为学生代表致辞，送了他在人世间的最后一程①。

梳理往事，笔者走上影视人类学之路，冥冥之中发端于以杨光海老师为代表的中国第一代影视人类学家的开创性工作。1989 年，杨光海老师携作品赴德国参加国际人类学电影节，引起轰动，中德影视人类学自此结缘②。10 年之后，也就是 1999 年，在云南大学东亚影视人类学研究所的推动下，中德合作举办了第一期影视人类学培训班，笔者有幸成为其中的学员，并由此走上影视人类学之路。多年后，笔者与杨光海老师结成忘年交，一路承蒙他的熏陶、鼓励和帮助。

对于旅居北京的杨光海老师和笔者来说，我们是云南老乡，笔者老家丽江与杨光海老师老家大理是近邻，彼此有一份与生俱来的亲切感。

杨光海的老家北阳溪村，坐落在苍山莲花峰下，莲花峰与五台峰之间的涧流名为阳溪，东流注入洱海，北阳溪村因位于阳溪之北而得名。

杨光海小时候家境贫寒，家里只有两亩③多地，他 7 岁的时候，父亲去世，由母亲一人把他和他哥哥抚养长大。他母亲信佛，也信北阳溪村本

---

① 笔者《杨光海告别仪式致辞》：杨光海老师安详地走了，静静地离开了我们。他临走前，特别嘱咐家人，除了通知近亲、通知他生前就职的机构——中国社会科学院人类学与民族学研究所，不要打扰更多的人。但是，不舍得他的后学，经他家人同意，在"视觉人类学观察"微信公众号上发布了他去世的消息。此消息一出，随即引起了学界和社会的广泛关注，大家纷纷表达对杨老师学术成就的景仰，表达学术薪火相传的心愿。杨光海老师的离开，在 2019 年的这个冬日还是变成了一个重磅学术热点。这个热点，笔者相信，在未来必定会越来越热，杨老师一生执着追求的影视人类学必定会越来越兴旺，杨老师您的开创之功必定会被越来越多的后学追忆。杨光海老师，您一路走好！

② 鲍江：《你我田野：倾听电影人类学在中国的开创》，北京：民族出版社，2017 年，第 107—123 页。

③ 1 亩 ≈ 666.67 平方米。

主段宗牓①。

杨光海童年时期（7—12 岁）接受了一年半私塾启蒙教育和 4 年现代小学教育。

大理白族重视长子，那时候一般人家通常只让长子上学，其他孩子务农。杨光海家情况特殊，因为父亲去世时家里缺乏劳动力，他哥哥协助母亲承担起农活，于是送他在本村初小上学。他学习成绩很好，初小升高小的考试，取得湾桥乡第二名的好成绩。北阳溪村没有高小，读高小需要到盘溪村寄宿。由于家境过于贫寒，家里甚至没有能力给他备置被子，他高小读了一个学期就辍学了。好在有私塾可读，在家人和舅舅家的支持下，他读了一年半的私塾，学习经典古文，练习对对联、写作。

杨光海老师晚年与笔者谈到，那段私塾教育对他帮助很大。那时他已能写信、替人写房产买卖契约、为不识字的诵经老人记录诵经词②。

20 世纪上半叶是现代城市在中国兴起的时期。第二次世界大战期间，国民党政府、大学、科研机构等迁至西南，重庆、昆明等城市借势崛起。

1947 年，杨光海母亲果断把家里仅有的两亩多地中比较好的一块（一亩多地）卖了，卖得六七十万元金圆券作为打发两个孩子从大理去昆明打工谋生的路费。杨光海哥哥先去，在一家服装公司当了裁缝。之后，杨光海搭乘一辆跑滇缅公路的军车，只身去昆明投奔哥哥，怀里抱着一个小包袱，里面包有一点作礼物用的洱海特产弓鱼干。那一年，他 15 岁，赤着双脚、胳肢窝底下夹着一双舍不得穿的鞋进入昆明城。

杨光海原本打算学皮匠，但没有那个缘分，却撞上坐落在昆明城中心区域胜利堂旁边的子雄摄影室招学徒，便成为摄影室 40 多个员工中年纪最小的那一个。杨光海晚年向笔者回忆起在子雄摄影室将近 3 年的学徒生涯，他得到了老板、师傅们的特殊关照，耳濡目染，掌握了照相的基础知识，

---

① 鲍江：《你我田野：倾听电影人类学在中国的开创》，北京：民族出版社，2017 年，第 159—173、183—184 页。

② 鲍江：《你我田野：倾听电影人类学在中国的开创》，北京：民族出版社，2017 年，第 173—182 页。

也接触到胶片电影制作。

少年时期的杨光海很好学。当摄影室学徒之余，他上了文化补习班，并坚持阅读报刊。此外他还尝试写作，有一篇抒发游子孤独感、渴望结交朋友的文章，被《民意日报》刊用。因为那篇文章，才有了"杨光海"这个名字。他本名"杨先海"，是按大理北阳溪村杨氏家族"先"字辈取的名字。那个年代的稿子是手写稿，编辑误把"杨先海"识别为"杨光海"。文章刊发后，读者反响热烈，"杨光海"从此跻身于城市文艺青年行列，同人们反倒不认识"杨先海"①。

1949年底，云南和平解放，解放军进驻昆明城。1950年初，杨光海接待了一个来洗印照片的解放军小战士，萌发了参军的心思并付诸行动。那个战士属于陈赓领导的宣传部队，经他介绍并通过部队领导考核，部队接受了杨光海并承诺送他去学习。报名参军时，因为怕哥哥阻挠，他用了"杨光海"这个名字。此后，他一直使用这个名字。

出身于贫寒家庭、有文字基础、会摄影的解放军小战士杨光海受到部队重视。他参军不久，部队就送他到西南军区军政大学学习，校址在重庆歌乐山下，主修社会发展史和中国革命史。其后，他又被选拔进西南军区司令部机要学校，成为密电码培训学员。杨光海不中意密电码专业，成为中途被筛选淘汰的学员之一，后被分配到西南军区司令部测绘局兵要科专职搞摄影。

1952年，部队缩编改制，测绘局撤销，改编为测量大队，大队驻地在昆明。杨光海转入测量大队，回到昆明。同年，他调入航空测量大队，从昆明到了北京。不久，解放军电影制片厂（1956年更名为八一电影制片厂）筹建，他果断提出调动申请，并如愿调入解放军电影制片厂，并参加了该厂摄影师培训班，毕业后留在解放军电影制片厂②。

---

① 鲍江：《你我田野：倾听电影人类学在中国的开创》，北京：民族出版社，2017年，第173—203页。
② 鲍江：《你我田野：倾听电影人类学在中国的开创》，北京：民族出版社，2017年，第203—212页。

杨光海在民纪片开启的 1957 年即进入该领域。那时，他已在该制片厂工作了 5 年，参与过多部纪录电影的拍摄。1953 年作为摄影助理，参与修筑康藏公路题材的纪录片《战胜怒江天险》的制作；1954 年作为摄影助理，参与康藏、青藏公路题材的彩色纪录片《通向拉萨的幸福道路》的制作；1955 年作为摄影，参与纪录片《伞兵生活》的制作；等等。

杨光海镜头感强，擅长思考。拍《伞兵生活》时，他向导演提出摄影师抱着摄影机与伞兵一起跳伞拍摄的设想，并自告奋勇拍摄这组镜头。导演很欣赏，把这个拍摄方案报给伞兵部队领导，结果伞兵部领导考虑到摄影师安全存在风险，该方案未获批准。杨光海晚年向笔者谈到这个拍摄方案时，依然感到遗憾："我们摄制组的人，两个摄影和我，大家都还是认为可以。当时我还比较灵巧，比他们小，我比他们年龄小，个子也小。后来呢，没有批准。如果批准的话，我能尝试一次跳伞拍摄，呵呵。那大概 1000 多米 2000 米高空跳下来，那是绝对安全的，伞不会出问题。"[1]

为镜头无所畏惧的精神一直贯穿杨光海的影视人类学生涯。他的民纪片处女作——《佤族》里有一个剽牛镜头，一头被剽伤的公牛径直朝观众猛冲过来，吓得人们出了一身冷汗。当时，摄影师杨光海为了镜头效果，不知不觉靠牛太近，牛就朝他冲过来，他躲闪之际忘了关闭摄影机，结果竟然意外捕捉到这一惊险万分的镜头[2]。拍《独龙族》时，为了拍独龙族兄弟过溜索的镜头，他自己溜到江心时，溜梆意外翻转卡在溜索上，他被高挂在汹涌的怒江上空，荡来荡去，所幸得到一位独龙族兄弟的帮助才获救[3]。

杨光海被学界公认为"中国民族志电影奠基人"，2015 年首届"中国民族志纪录片学术展"授予他终身成就奖。民纪片成就了杨光海，杨光海也成就了民纪片。杨光海自 1957 年踏入民纪片领域，此后就再也没有离开

① 鲍江：《你我田野：倾听电影人类学在中国的开创》，北京：民族出版社，2017 年，第 232 页。
② 李琳：《杨光海，中国民族志电影第一人》，《民族画报》2010 年 4 月 21 日。
③ 杨光海口述，牛锐采访整理：《独龙江畔的笑容》，《中国民族报》2016 年 4 月 22 日，第 11 版。

过。最初他以八一电影制片厂电影人身份做民纪片，后以北京科学教育电影制片厂电影人身份做民纪片，再后来民纪片课题因"文化大革命"而中断，"文化大革命"刚结束的 1977 年，他调入中国社会科学院民族研究所创建电影摄制组并任组长继续做民纪片，一直到 1995 年参加完第一次在北京召开的影视人类学国际学术研讨会，他开始了退休生活。退休后，他不再拍片子，而转向文字撰写工作，出版了多部著作①。

民纪片作为国家工程，资金由国家财政专项拨款，民族研究机构作为甲方，电影制片厂作为乙方。"文化大革命"前，民纪片的工作模式是电影人与民族研究专家合作。"文化大革命"结束后，民纪片作为国家工程实际已终止，不再恢复。参与过民纪片的电影人，除了杨光海，都没回到这个领域。参与过民纪片的民族研究专家，只有个别专家回到这个领域。

特别需要提及的是，"文化大革命"结束后，中国社会科学院民族研究所民族学研究室主任詹承绪率先重新拾起民纪片，推动成立了中国影视人类学的第一个实体机构——中国社会科学院民族研究所民族学研究室电影摄制组，并把杨光海从电影厂调入电影摄制组任组长。这是中国影视人类学在学科体制建设方面迈出的第一步，具有承前启后的作用。詹承绪和杨光海是《永宁纳西族的阿注婚姻》和《丽江纳西族的文化艺术》的合作编剧。"文化大革命"前，他们已完成这两部片子的前期拍摄，后期工作还没有完成。"文化大革命"结束后，詹承绪即邀请当时还在八一电影制片厂工作的杨光海合作完成了这两部片子的后期工作②。历经 10 年，他们仍保持对民纪片的执着追求。

中国第一代影视人类学家，也就是做民纪片的那一拨学者和艺术家，多是实践性重于理论性，有学者将他们比喻为"扛着枪直接上战场"。

---

① 杨光海：《夕阳下的一棵绿树》，昆明：云南人民出版社，2017 年，第 3 页。
② 鲍江：《你我田野：倾听电影人类学在中国的开创》，北京：民族出版社，2017 年，第 73 页。

五、杨光海导演与丽江相遇的特殊路径

《永宁纳西族的阿注婚姻》和《丽江纳西族的文化艺术》这两部作品在生产过程中，电影人与民族研究专家的合作方式不一样。《永宁纳西族的阿注婚姻》遵循传统的民纪片工作模式，即民族研究专家提供基于长时间的田野工作研究成果，电影人在此基础上构思影片，并最终呈现民族研究专家的田野研究成果。《丽江纳西族的文化艺术》在这方面属例外，这部片子作为拍摄《永宁纳西族的阿注婚姻》的一个附属产品，没有做长时段的田野工作，影片制作的主要根据是杨光海导演本人查阅的相关资料和短期的实地采风。

《永宁纳西族的阿注婚姻》基于两次长时段的田野工作。一次在1960年，参与学者有宋恩常、朱宝田、吴湖凡等三人；一次在1963年，参与学者有杜玉亭、严汝贤、王承权、詹承绪、刘尧汉、周裕栋、王树五等七人[①]。1964年的那次调查，始于元月，止于当年12月，持续近一年[②]。杨光海导演大约是在11月份抵达永宁与詹承绪会合的，他一方面阅读学者们的调查成果，另一方面在永宁坝子各个村落走访了一圈，在永宁停留了两三周[③]。1964年12月，他与詹承绪一起在丽江地委招待所讨论并完成《永宁纳西族的阿注婚姻》的拍摄提纲，杨光海执笔，詹承绪补充修订[④]。1965年7月，摄

---

① 中国科学院民族研究所云南民族调查组、云南省民族研究所编：《云南省宁蒗彝族自治县永宁纳西族社会及其母权制的调查报告》（宁蒗县纳西族调查材料之一），1963年；中国科学院民族研究所云南民族调查组、云南省历史研究所民族研究室编：《云南省宁蒗彝族自治县永宁纳西族社会及其母权制的调查报告》（宁蒗县纳西族调查材料之三），1964年；中国社会科学院民族研究所、云南省历史研究所编：《云南省宁蒗彝族自治县永宁纳西族社会及其母权制的调查报告》（宁蒗县纳西族调查材料之二），1977年；中国社会科学院民族研究所、云南省历史研究所编：《云南省宁蒗彝族自治县永宁纳西族社会及其母权制的调查报告》（宁蒗县纳西族调查材料之四），1978年。
② 鲍江：《你我田野：倾听电影人类学在中国的开创》，北京：民族出版社，2017年，第271—272页。
③ 鲍江：《你我田野：倾听电影人类学在中国的开创》，北京：民族出版社，2017年，第34—43页。
④ 鲍江：《你我田野：倾听电影人类学在中国的开创》，北京：民族出版社，2017年，第49—54页。

制组从北京到永宁，实地拍摄了约半年，于当年年底完成拍摄①。1976 年，又补拍了一些内容②。

《丽江纳西族的文化艺术》不在八一电影制片厂承接的中国社会科学院民族研究所拍片合同里，与民族研究专家的田野工作也没有关系，是杨光海导演自己主动要拍的一个片子。

1964 年 11 月，杨光海完成永宁采风后，回到丽江，开始着手《丽江纳西族的文化艺术》的采风，并在 12 月初詹承绪从永宁到丽江与他会合之前，完成了《丽江纳西族的文化艺术》的拍摄提纲③。丽江片子的拍摄时间是 1966 年 1—5 月，后来没有补拍④。

1. 杨光海的解释

"我主要的依据，大部分是看到那个，赵银棠的那个《玉龙旧话》，我是根据那个资料，它有什么寺庙，寺庙的历史渊源是什么，这个材料我完全是参考的她那个书……我一直带（这个书）在身边的，哈哈，所以我对丽江的古诗词啊、木土司，都是通过这本书了解的，对我的影响很大的……这本书上有五大寺庙的建筑，歌舞啊，民间传说故事啊，它都写有啊。"⑤

杨光海的民纪片创作分两个阶段：探索阶段和成熟阶段。1957—1960 年为探索阶段，含《佤族》《独龙族》《苦聪人》三部作品；1960—1980 年为成熟阶段，含《鄂伦春族》《永宁纳西族的阿注婚姻》《丽江纳西族的文化艺术》《方排寨苗族》《清水江流域苗族的婚姻》《苗族的节日》《苗族的工艺美术》《苗族的舞蹈》等 8 部作品⑥。总体而言，探索阶段的特点是镜

① 鲍江：《你我田野：倾听电影人类学在中国的开创》，北京：民族出版社，2017 年，第 64—68 页。
② 鲍江：《你我田野：倾听电影人类学在中国的开创》，北京：民族出版社，2017 年，第 73—78 页。
③ 鲍江：《你我田野：倾听电影人类学在中国的开创》，北京：民族出版社，2017 年，第 46—50 页。
④ 鲍江：《你我田野：倾听电影人类学在中国的开创》，北京：民族出版社，2017 年，第 69—78 页。
⑤ 鲍江：《你我田野：倾听电影人类学在中国的开创》，北京：民族出版社，2017 年，第 47 页。
⑥ 1981—1995 年的十多年，随模拟录像技术兴起，杨光海转向录像片制作，主要拍摄专题系列片，如白族专题系列片、哈萨克族专题系列片等。

头配解说词进行叙事，成熟阶段的特点是追求影像叙事与解说词叙事的有机结合。探索阶段，影片创作受民族志文本指引，追求民族志文本结构的完整性效果，追求面面俱到，兼顾自然环境、生产生活、生老病死等内容①。成熟阶段则兼重专题性和生活世界的呈现。

杨光海重视在拍摄前充分研究拍摄对象，做到胸有成竹。在他看来，掌握的相关材料越多越好，特别是县志、民族志，相关自然环境、地理资料图片等都要搜集整理，甚至包括报纸上对他们的新闻报道也在他的关注范围内②。

1964 年，他离开北京出发前往丽江永宁采风时，有一个朋友借给他丽江本地人写丽江的名著《玉龙旧话》，他如获至宝③。

2. 《丽江纳西族的文化艺术》与《玉龙旧话》叙事结构对照

《丽江纳西族的文化艺术》分为建筑、雕塑、壁画、象形文字和东巴经、手工艺品、音乐舞蹈等六个部分④。

《玉龙旧话》主体包括十三目，即摩挲民族（中华人民共和国成立后定名为"纳西族"）、多巴（后约定俗成作"东巴"）神话、摩挲民歌、古代的丽江"摩挲"与土酋、丽江木氏极盛时期、改流前后的宰官及其教化、兴学后初期的玉龙山文献、清末到现在的丽江文化、有贡献于本地教育的过去师资、丽江古文化表解、丽江名胜及边关、丽江喇嘛寺、前人题咏选等⑤。

这两部作品使用了不同的媒介，但它们的叙事结构是一致的，笔者称之为"板块结构叙事"，即在一个主标题下，分别做子题叙事，以此形成一

---

① 鲍江：《你我田野：倾听电影人类学在中国的开创》，北京：民族出版社，2017 年，第 99—101 页。

② 鲍江：《你我田野：倾听电影人类学在中国的开创》，北京：民族出版社，2017 年，第 101 页。

③ 鲍江：《你我田野：倾听电影人类学在中国的开创》，北京：民族出版社，2017 年，第 47 页。

④ 杨光海编：《中国少数民族社会历史科学纪录影片剧本选编》，中国社会科学院民族研究所民族学研究室，1981 年，第 813—845 页。

⑤ 赵银棠：《玉龙旧话》，昆明：云南人民出版社，1984 年。

个整体。板块结构叙事比较松散。它的优点是包容性比较强，缺点是板块间关系脉络比较模糊。

3.《玉龙旧话》作者赵银棠

1904 年，赵银棠生于丽江古城，1993 年去世，享年 89 岁。1911 年，她 7 岁进女学堂，读完初小、高小、女子研究班，然后读了一年女子师范。她 17 岁开始了小学教师生涯，曾在丽江、昆明、开远等地多所小学任教。1929 年，她 23 岁，步行 40 天从丽江到昆明，在昆明做代课教师，教学之余就读于东陆大学文史科预科班，两年后获毕业文凭。1940 年，她 36 岁时，回到丽江，继续从事小学教育工作。《玉龙旧话》成书于丽江，1947 年于昆明付印①。

4. 杨光海与赵银棠

学科领域的开创者通常自学成才，杨光海就是一位自学成才的影视人类学家，他的影视人类学道路是独立闯出来的。尽管他提到阅读过社会进化论方面的经典著作，并提到早年人类学家林耀华对他的启发，但人类学理论对他的影响不深。他崇尚学术，作为文化承载者，其主观性的地基是传统文学②。

以传统文学为地基是杨光海与赵银棠主观性的交集部分。赵银棠在《玉龙旧话》卷首自序里，对动笔之初打算写一部《丽江文化考略》，落笔却成《玉龙旧话》有过生动的描述："在两年前，我曾翻译纳西族的原始神话及民歌一部分。近来读书之暇，不时涉猎本省及本县的书志种种，又常常联想到儿时听闻所得的先辈故事，就起了写成一本《丽江文化考略》的念头。本年暑假间，我便开始工作。每天抽出清晨两小时工夫，独自坐在光碧楼遗

① 和钟华：《玉龙雪山的女儿：20 世纪三代纳西族知识女性》，见李小江主编：《让女人自己说话：民族叙事》，北京：生活·读书·新知三联书店，2003 年，第 281—301 页。
② 鲍江：《你我田野：倾听电影人类学在中国的开创》，北京：民族出版社，2017 年，第 237—247 页。

址的县中大教室前，有时候翻阅陈篇，神往于古代的诗人生活；有时候把握住飘忽的灵感，信手写自我的直觉。对着一片碧绿的田野，对着照耀眉宇的溪光山色，倾耳静听古柏林梢的各种鸟语，使我在率真自如的和悦中，忘记了残暴的人类世界。这样地不间断地陶冶了几十个早晨，所写出来的，绝对不是'文化考略'那类东西，就把它改做'玉龙旧话'，还觉得比较相宜。"[①]

关于丽江纳西族，杨光海在实地采风路上读到赵银棠的著作，影片创作激情被唤起是必然的。

杨光海与赵银棠主观性的非交集部分，是大理与丽江诸多方面的差异。其中，大理无、丽江有的文化艺术事项引起了杨光海的特别关注，如喇嘛寺、象形文字及东巴经、流水垂杨的诗意古城、纳西歌舞、纳西音乐等[②]。

六、关于《丽江纳西族的文化艺术》的结论

（1）它是第一部完整的丽江地方音像志作品，具有永恒的学术价值。

（2）利用解说词进行叙事，它强调阶级斗争，有着鲜明的时代烙印。

（3）分析选题和影像叙事可以发现，它是杨光海与赵银棠两位文化承载者主观性相遇的产物。

七、关于文化承载者主观性概念的结论

（1）这个概念对文化人类学具有理论价值，有助于澄清地方人群民族志范式的有效性及其界限。

---

① 赵银棠：《玉龙旧话》，昆明：云南人民出版社，1984 年。

② 鲍江：《你我田野：倾听电影人类学在中国的开创》，北京：民族出版社，2017 年，第 46—50、69—73、147—154 页。

（2）这个概念对合作田野研究具有方法论价值，体现在相关课题实践的前后两端，在前端它为课题设计提供了更深入彻底的学理支点，在后端它为课题总结提供了具有穿透力的切入点。

（3）这个概念对文本研究和影片研究具有方法论指导价值，使相关研究抵达知其所以然的最深层次。

我在故宫拍工匠：视觉人类学创作的实践反思

梁君健

（清华大学新闻与传播学院）

《我在故宫修文物》于 2016 年初在央视纪录片频道播出，于当年春季通过 B 站等平台在互联网意外走红，尤其是受到大量年轻观众的喜爱。《我在故宫修文物》以工匠为拍摄主体，让传统观念上比较严肃的纪录片在互联网平台受到欢迎。这让我们回到最初制作这部纪录片时的思考：什么是手艺？当代社会为什么需要工匠精神？

一、手艺与现代中国

手艺和工匠精神长期以来被置于民俗和传统文化的框架下，近年来还更多地成为非物质文化遗产的重要组成部分。其实，不论是民俗、传统文化，还是非物质文化遗产，手工技艺和工匠精神都具有稳定的时间向度，是全球范围内关于传统社会的共同的想象方式。一个通常被接受的观点是，对于民俗的兴趣和系统研究是伴随民族国家意识的兴起而出现的产物，新的精英阶层在构建民族文化时，他们寄期望于在民众中去发现这个民族的本质特征①。但是，这一发现过程常常是武断的，民俗被置于"现代与传统"的、非此即彼的二元结构的一端，手艺常常被描述为一种存在于农耕文化、落后社会的行将消失的遗留物，是一个相异于当下我们的他者。

对于当代中国的独特历史进程来说，启蒙与救亡是20世纪中国的两大变奏，相对应的则是建立一个民族国家和现代国家的双重任务。在过去一个世纪的大多数时间内，传统文化、民俗和手工技艺都以某种特殊的方式加入到民族国家的建构中。但是它们又是现代国家的对立面甚至是敌人，在20世纪80年代的很多电影中，充满了导演对于器物、技艺和深层文化的反思。当然，这种对传统文化的反思是中国现代化进程中的必不可少的阶段。现代化的建立尤其是现代思想的发展，需要在清晰的边界和对立概念基础上展开。同样地，民俗和传统的概念也有助于帮助我们更好地认清中国社会的基本结构和文化特征，从而更好地面对当代和全球化的挑战。

因此，这里存在着两种相互矛盾地看待手艺的视角：一方面，人们将历史看做是不断演进的线性过程，因而工业社会和机器文明相对于手工作坊和工匠文化来说，代表了正面的现代价值，如文明、富足、秩序、效率等；另一方面，对传统文化的牧歌式的呈现又代表着一种循环往复的历史观，将当代社会呈现为缺乏人性的、异化的和效率至上的社会工厂，期待工匠精神和传统文化能够将人性和人心重新赋予当代个体。

当然，矛盾并非不可调和，非此即彼的极端化方式已经给人类社会带来诸多问题；这种思维实际上模糊了文化的延续性，以及人类社会的一些固有属性。手工技艺和工匠精神的历史价值与当代价值何在，是融合矛盾

---

① 吴秀杰：《民俗学和人类学相距究竟有多远？》，见朝戈金主编：《中国民俗学》第一辑，桂林：广西师范大学出版社，2012年，第303—313页。

两端的关键。它们如何才能成为民族与世界之间的沟通媒介？这个时代的重大问题是否可以通过手艺落实到个体的生命体验中？

二、手艺与现代世界

20 世纪上半叶，美国的著名管理学家梅奥先后撰写了《工业文明的社会问题》（*The Social Problems of an Industrial Civilization*）和《工业文明的人类问题》（*The Human Problems of an Industrial Civilization*）两本专著，思考工业文明所带来的问题及其解决方案。作者以工业社会和技术发展给个体与群体之间，以及个体之间关系带来的改变来界定他的研究问题和研究起点。他引述了涂尔干发表于 19 世纪末的关于自杀的研究成果，认为自杀现象在现代社会的出现，正是来自个体与群体之间关系断裂之后产生的孤独感。在迪尔凯姆看来，两个指标性的现象标志了现代社会的解体：第一，不快乐的个体数量越来越多；第二，社会组织水平的降低。不同的组织之间不再全心合作，而是互相防范或充满敌意①。

因而，梅奥认为，沟通能力的匮乏及其效果的微弱是目前整个社会问题的症结所在；人类的社会技能，尤其是沟通与合作的能力应当与技术技能的进步匹配和平衡。他指出，人类在工作中的合作，不管是在原始社会还是在现代社会，要想行得通，总是要依赖于非逻辑的社会规约的演进，它规范个人之间的关系，以及个人相互之间的态度；执着于生产活动的简单经济逻辑，去干扰这些规约的发展，结果就会在群体中造成失落感，工人由于长期不被人理解和保持卑微无助的感觉就会产生怨怒②。梅奥借用人类学的研究视角重新发掘了传统文化中的积极要素：在原始社会，工作

① 〔法〕埃米尔·迪尔凯姆：《自杀论：社会学研究》，冯韵文译，北京：商务印书馆，1996 年。
② 〔美〕梅奥：《工业文明的人类问题》，陆小斌译，北京：电子工业出版社，2013 年。

和生活中的人际关系的逻辑，比在现代社会更为系统化；在原始社会中，每一件工具或武器、各种礼仪程式或巫术，以及整个亲属体系，都与公共行为和公共功能相关[①]。

工业文明带来的社会问题在当代中国同样显著，以研究乡土社会而闻名的费孝通实际上在民国时期对这一问题就有过精彩的阐发。"乡土中国"遭遇"机器时代"，是费孝通理解当代中国社会发展的核心线索。他认为，"乡土中国"中旧有的农工互补的经济和伦理格局的瓦解，带来的最重要的理论挑战在于：如何在"机器时代"的企业组织中重建社会团结的微观基础[②]。费孝通曾指导他的学生史国衡对昆明工厂的劳工展开社会学研究。后者发现，在这个新旧交替、文化失调、社会生活变化很大的振荡的时代，每个人大都找不到个人生活的重心，尤其从乡间出来的人，已被这种时代新潮冲得头昏目眩，我们实在应该对他们的生活进行引导。所以办工业，不但是一种物质上的革新，同时也是一种心理和文化上的革新[③]。史国衡在田野中研究了工人离厂现象的不同观点，工人们认为"工资的多少还属次要，最要紧的是得有一种精神上的痛快"[④]。而管理人员只"把工人只看作一个简单而纯粹的经济人"[⑤]。这种情况下，更富有人情味、带有传统作坊性质的小型工厂、私人店铺或制造厂，反而成为工人的首选。

在《〈昆厂劳工〉书后》中，费孝通指出了普遍存在的"因新工业兴起而发生了社会解组的现象"，认为"工业建设不只是盖厂房，装机器；而是一个新社会组织的建立……在这组织中一切参加的人必须有高度的契洽"。"过去传统社会中确曾发生过契洽，每个人都能充分领略人生的意义"，但是"这种传统组织并不能应用新的技术。新技术已因分工的精密，使我们

---

① 〔美〕梅奥：《工业文明的人类问题》，陆小斌译，北京：电子工业出版社，2013年，第126页。
② 闻翔：《"乡土中国"遭遇"机器时代"——重读费孝通关于〈昆厂劳工〉的讨论》，《开放时代》2013年第1期。
③ 史国衡：《昆厂劳工》，重庆：商务印书馆，1946年，第161页。
④ 史国衡：《昆厂劳工》，重庆：商务印书馆，1946年，第135页。
⑤ 史国衡：《昆厂劳工》，重庆：商务印书馆，1946年，第136页。

互相倚赖为生的团体范围扩大到整个人群"。①在《人性和机器——中国手工业的前途》中，费孝通进一步指出，"人是不能单独生活的……个人人格的完整需要靠一个自己可以扩大所及的社区作支持。自从机器把人口反复筛动之后，它集合了许多痛痒不相关的人在一起工作。在他们之间只有工作活动上的联系，而没有道义上的关切"②。

美国的梅奥和中国的费孝通不约而同地在 20 世纪上半叶指出工业文明所带来的社会问题，并从传统社会组织方式和文化观念中找寻应对社会问题的良药。在类似的道路上，日本的民俗学家柳宗悦研究了日本的传统技艺和民俗之美，将中美社会学者的研究延展到了手艺和美学领域。柳宗悦将健康、朴实、谦虚的精神作为民艺之美的前提③。他在《民艺四十年》中曾描述：通过无趣的重复，他们便能够进入超越技术的更高境界。他们可以忘我制作，在制作时虽然谈笑风生，却是安心在制作，同时也忘了在制作什么④。佳作的背后是良好的组合。一些贫苦的工匠，如若不能相依相助，他们的生活就不会安定；他们自发形成了一个生活团体，并为了共同的目的相互支持、相互帮助；真正的工艺就是这样的社会的产物⑤。而在现代工业社会，美与生活被隔离开来，人们不再结合生活来体验、品位美。仅限于从观赏的视角来追求美，而不从使用的视角来追求美，这是近代人犯下的极大的错误。⑥同样地，柳宗悦在《工艺之道》中也提到，工匠在劳动过程中，所得到的是创造的自由；今天的劳动者则不一样，工作

---

① 费孝通：《〈昆厂劳工〉书后》，见史国衡：《昆厂劳工》，重庆：商务印书馆，1946 年，第 233 页。
② 《人性和机器——中国手工业的前途》，见费孝通：《费孝通文集》（第 3 卷），北京：群言出版社，1999 年，第 396 页。
③ 徐艺乙、孙建君：《柳宗悦其人其文——〈民艺论〉中译本前言》，《装饰》2001 年第 4 期。
④ 转引自徐艺乙、孙建君：《柳宗悦其人其文——〈民艺论〉中译本前言》，《装饰》2001 年第 4 期。
⑤ 转引自徐艺乙、孙建君：《柳宗悦其人其文——〈民艺论〉中译本前言》，《装饰》2001 年第 4 期。
⑥ 徐艺乙、孙建君：《柳宗悦其人其文——〈民艺论〉中译本前言》，《装饰》2001 年第 4 期。

是被程序决定的，已经失去了人格的自由①。

柳宗悦将手艺及其美学视作对现代社会展开救赎的文化资源，参照费孝通所提出的传统社会的若干特征，手艺文化对解决当代社会问题呈现出三个方面的价值。

首先，匠人的时间观念比较独特，大概是农业生产的间隙没有什么事情做，因而不惜工本和时间成本。在这种去效率化的观念和日复一日的重复劳作中，时间的价值得到最大的释放。人类的个体有可能通过长期的重复性的劳动，获得某种精神上的顿悟，达成某种个体生命的极致。

其次，传统的作坊空间和师徒制，让个体同时具有技术能力和社会能力，后者包括了如何与他人相处和合作的能力。对于中国的传统手艺人来说，这种社会能力就是我们所说的江湖经验、为人处世和基本伦理。这也是为何传统学徒的时间往往比当代学校教育的时间长出不少的原因，他们通过这种实践将具体的技艺与自己一生的生命实践结合起来了。

最后，工匠群体和手艺文化能够为我们保留独特的知识和观念，具有历史和现实的意义。大多数工匠秉承的是口耳相传的传统，在经验性而非抽象知识中获得对世界和人生的看法，以建构他们的价值观。传统手工艺的从业人员一方面在学习和实践的基础上进行知识的传承，另一方面在继承传统的基础上进行知识创新，并已经形成了一个较为完整的、与传统手工艺相关的知识体系。特定的知识体系，也就是口传文化，日本的民俗学家柳田国男将之看得十分重要。在《民间传承论》和《乡土生活研究法》中，他特别注重对非文字史料的意义的阐发，他所提倡的民俗学是相对于传统以文字资料为基础的史学而言的，因而其首要意义仍然是认识历史的意义，只不过更加关注平民的历史罢了。由此，系统的资料收集成为柳田国男进行民俗学研究的重要方法，进而派生出有形文化、语言艺术和心意现象民俗的三部分类法，成为民俗学对抗传统史学的方法论利器。在对资

① 徐艺乙、孙建君：《柳宗悦其人其文——〈民艺论〉中译本前言》，《装饰》2001 年第 4 期。

料进行分析的努力中，柳氏认为，现在我们看到的和收集到的内容展示出来一个横断面，其中既有远古流传下来的老的习俗，也有一直在变化的新的习俗，随着资料整理和分析的深入，如果能够将各个年代的遗存梳理清楚，那么整个非文字记载的历史也就清楚了。

三、从文献到田野

中国不仅有悠久的匠人传统，而且这种传统还为整体文化提供了知识和价值的来源，形成了关于手艺和观念的重要文献。很多文献都展示出：手艺或者技艺成为中国传统表述的一种思考资源和象征方式，我们可以通过这种方式来思考和表述文化与社会。通过手艺产生了抽象的形而上的学说和价值观，这样的一些工匠精神在政治和社会领域发挥了特定的作用。例如，《大学》以琢玉的工艺流程来比喻大学的学习过程；《庄子》里则用庖丁解牛来倡导顺应自然、泰然任之的生活态度，主张人与自然和谐相处。唐英是清代内务府的官员，后来被雍正和乾隆派去景德镇负责为宫廷生产陶器。在他撰写的《陶务叙略碑记》里面，唐英把烧制陶瓷这种小事拔得很高："事有至微且末，而储为国用，利于民生者，陶之为器是也。上陈俎豆之列，下供饮食之需。"他指出，前朝在当地留下了很多搜刮民脂的不良口碑。因而，陶瓷生产虽然是小事，但做好了能够体现"圣明气象"，做不好则与祸国殃民无异。张九钺是清代康熙至嘉庆早期人，他编纂的《南窑笔记》仅存抄本，1911 年被黄宾虹收入《美术丛书》。全书不分卷，共有札记 35 条，其中记古窑 7 条，明窑 6 条，记胎、釉、彩、青料、窑等 22 条。从这本小书中，我们也能够看到手艺人的世界观。例如讲配釉的时候，他提到并没有固定的文本流传，也无定法，"千变万化，俱成文章，神而明之，存乎其人"。而提及窑火的重要性时，既有人工可以控制的，又有人工不能控制的，"盖坯胎精巧，成于各工，物料人力可致。而釉水色泽，全资窑火"①。如果天气不适合，则常常出现问题；要让火候和釉水恰好，才能够得到十有七八的成品。如果有窑变，则是宝贝、精华。可见，瓷器制作在火的使用上存在很多的不确定性，需要用天象和地理的系统知识来解决。

这些古代文献还体现出手艺人和文人士大夫之间的互动，因而突破了很多史学家所谓的俗民文化与典雅文化之间的隔阂。明代中后期，随着社会经济的发展，传统上劳心与劳力的观念在一定程度上被突破了，形成了匠而优则仕的社会风气，优秀的匠人受到士大夫群体的赞扬和接受。社会精英对于手艺的欣赏和实践一直持续到当代。《刻竹小言》的作者金西厓就兼有新式知识分子和艺人的双重身份。手工艺品倾注了匠人的心血和技术，是课读之外极好的玩物。而文人的参与又提高了手工艺品的品质，也让匠人能够精益求精地创作作品，而不仅是商品。当然，文人和工匠对于手艺的看法有明显的区别。例如，《南窑笔记》的作者张九钺是一名官员，他并没有更多地从手艺的角度关注瓷器和南窑，对瓷器的关注是从"把玩"或者"玩物"的角度出发的。《南窑笔记》前半部分叙述古窑和明清窑的时候多讲鉴赏，后半部分则同时涉及基本的工序，但也是以鉴赏的角度来判断制作效果的。

我们对于手艺和工匠的上述理解固然是从文献角度出发的，但大部分田野研究的感悟和反刍依靠的是经验、时间以及与人的交流，而不单单从文字中得来。在皮影戏的纪录片（《戏末》，2009 年，101 分钟）和研究中，我们不应该仅仅将皮影戏看做一种民间文艺的形态，而应该将之看做个体与社会之间进行交往的渠道。在吕崇德的身上，我们看到的是，在传统生活与当代中国发展遭遇下，他所做出的妥协和不屈精神。吕崇德从小就体会到家道中落的悲凉，1949 年之后又受到来自"地主娃"身份的社会压力。他从小聪明，一生最快乐的时光是在高塘中学度过的，那个时候不仅因为功课好而受到老师表扬，而且同班的男生、女生也愿意和他一起玩儿。从

① 张发颖编：《唐英督陶文档》，北京：学苑出版社，2012 年。

中学毕业回到吕塬村务农，让吕崇德开始真正地感受到生活的压力，在这种无奈和困苦中，他终于下定决心将自己从小对碗碗腔的爱好变成职业，并进入到潘京乐的光艺社，开始了流浪天涯的生活。生活可能会带来种种不公，但生活仍然要继续下去，这可以称为坚强，但我们从吕崇德身上更真切地感受到的是无可奈何之下的韧性。在他们心中，不论什么时代，努力和吃苦总是最靠谱的改变命运的方式。"下苦"是吕崇德常用来形容自己的一个词，不论是"文化大革命"刚结束的时候重操演戏的旧业，还是他和兄弟们为了积累家业一直从事的各种地下和地上的营生。

不过，皮影戏带给吕崇德的远不止混嘴。在这个圈子里，有他的师父们、伙计们，以及通过演戏认识的各种各样的观众。皮影戏带给吕崇德一个崭新的世界，这个世界对于普通的农民来说或许是完全封闭的。在海外的演出中，他受到了各种肤色的人们的欢呼和尊敬，甚至还有外国人跑到他的村子里向他拜师学艺。同样地，他在演出的时候也没少碰钉子、遭白眼、受冷遇。一些村民仍然以看待戏子的旧观念认为他们是低三下四的人，个别官员也把他们视为农民呼来喝去，有时候大老远地跑到县城为某些部门撑完场面之后，留给他们的是五块钱的盒饭和自行解决交通问题的答复。

在这样的情况下，皮影戏带给吕崇德最珍贵的人生财富就体现了出来。这是一种尊严，一种在学艺演戏过程中经过千锤百炼之后的自信和自足。不管你是热脸还是冷眼，吕崇德总能从他的演出过程中得到最大的满足感，而看淡那些世俗名利。正是由于皮影戏带给吕崇德的心理满足感，在1987年学艺社解散之后，他的心中既有轻松，也有不安和焦虑。皮影戏已经不单单是一种营生，而他成了吕崇德心里挥之不去的一些东西，他自己也无法说清。在民营公司的这几年，也让他再次生出了这种不安和焦虑，每个月固定工资换来的是无法按照自己的喜好演出，以及和土地的隔绝。吕崇德的女儿发现，父亲自从去了公司，下地干活时体力越来越差，再也不像以前那样娴熟地完成各种农活了。吕崇德认为，自己农民不像农民，演员不像演员，着急。

吕崇德这种从自己的手艺中产生的自信和自豪感，在当代中国社会中已经少而又少。现代化的单位和公司，以及来自经济和市场的压力，让很多人对自己的工作产生了厌倦感。干一行爱一行变成了干一行毁一行，被毁掉的是自己的生命和心中的平静。吕崇德这样一个中国人，他用他的一生，诠释了手艺和传承所体现的生命价值，这种价值使个体在剧变的世界中有了心灵依靠，支撑起了一种保持尊严的、自足的、简单的生活。

帘师(《一张宣纸》，89分钟，2014年)这个行当打动我们的重要一点，就是程宵春这个人身上体现出来的对自然界的熟知，对包括饮食在内的生活本身的热爱。对自然界里各色飞禽走兽、花鸟鱼虫的兴趣，让程宵春的生活充实而安宁。不上白班的时候，程宵春打完纸帘，常常点一根烟，坐在院子的葡萄藤底下，悠闲地看着院子里的各种蔬菜、花卉和鸡鸭。而这样的自然界，在当今城市人的心灵中，所占的位置已经越来越小。

如同中国大多数传统行业一样，帘师这个行当也有行规，程宵春小时候把织帘社当做幼儿园的时候，那些老头子们已经和他说过多遍，直到今天，程宵春还记得八九不离十。虽然没有当代的各种市场规则，但传统的手工业依靠自己的内部规范而团结有序地和谐共生。现在因为捞纸行业的整体萎缩，全国有规模、技术全面的纸帘生产商就是程鑫土、程宵春父子了。除了行业规范之外，程家织帘社里还有自己的社规：①师傅起床之前，徒弟必须把水头工全部完成，如擦滚筒、生火盆、清洁场地等；②师傅没有歇工之前，徒弟不能坐下；③师傅可以坐着，徒弟只能站着；④除非师傅过世，出师以后，带徒弟必须经过师傅同意；⑤技术一般不教女人；⑥外出之后不得吃喝嫖赌、娶小老婆；⑦纸帘不得贱卖，宁可饿死，也要按照工价计算；⑧端午之前可打夜工，端午到中秋不打夜工，因为白天长了，晚上就收工了，日子短了就补上一点；⑨去槽上补帘不收钱，等于现在的售后服务；⑩若是小便，必沿便桶而下，不得刷刷有响声；⑪吃肉时，只能夹两块，不能夹第三块；⑫在外如随意把技术传出去，回来必斩手。这些规矩有的听起来甚至有些难以理解，但程宵春从小正是生活在这样充满自律的环境中，这些关于师徒之间关系和后辈礼仪类的行规，虽然在程宵春自己学艺的时候并没有太多地用到，但他每次去泾县拜访这些捞纸的老一辈师傅们的时候，我们能够体会到他由心而发的对于这些长辈的恭敬感。

随着程宵春走的地方逐渐增多，程宵春的手艺也随着眼界的开阔而日益地精进。自律的规则不仅仅在师徒之间，也在整个捞纸上下游的大环境中发挥着独特的作用，让学徒们如鱼得水地以整个行业为师，技艺和操守一代一代地传递下来，绵延不绝。程宵春这样一个中国人，他手艺的精进、他生活态度的恬淡，都向我们展示了一个有传承的行业是如何塑造出一个个鲜活的个体生命的，可惜的是，这样的手艺和行业正在走向似乎不可逆转的没落。他从作坊到工厂的身份和工作环境的变化，都让我们看到了，效率优先和工具理性是如何排挤传统的师徒制和精工细作的，人的劳动被剥离社会文化属性，个体愈发苦闷不安，而走上了异化的道路。

四、故宫心传

有了上面的这些经历和体悟之后，2010年央视准备启动故宫纪录片第二期拍摄项目，找到我们，问我们希望承拍哪一集的时候，我们就毫不犹豫地选择了拍摄故宫里的手艺人。现在，他们是修文物的专家，过去，他们的前辈是造这些文物的匠人。最初这一集的暂定名是《故宫心传》，"心传"的含义来自我们对于手艺传承乃至非物质遗产传承的基本认识，强调手艺依靠心口相传，而非仅仅是物质遗留。另外，"心传"也是"薪火相传"的谐音。前期调研从2010年的夏季开始，笔者第一次踏进西三所的三个小院子的时候，有一种恍然回到小时候的感觉，因为笔者小时候也住在一个平房院落，院子里有一棵无花果、一棵石榴树和一棵香椿。上午笔者溜达了一圈，和师傅们一起在食堂吃了午餐，他们慢悠悠地回到各自屋里，不知从哪里拿出了被褥，铺在各自的工作台面上，开始正经地睡午觉。这相当出乎我们的预料，陪我们的文物保护处的年轻人说，午睡是老师傅们的传统，雷打不动。于是我们每天中午就挂着工作证在故宫里四处溜达看看展览，或者找个阴凉处整理笔记。

2010 年 9 月，调研组还专门参加了第八届全国文物修复技术研讨会，广泛地和来自全国各地的文物修复单位甚至是民间的文物修复人员聊天，感受文物修复这个行当的大氛围。在会议间隙，笔者对 14 位文物修复工作者进行了采访，他们中的很多人都和故宫文物修复工作者之间有各种各样的关联，有些是师兄弟，有些去学习和培训过。霍海俊说，大家普遍怀念以前的以作坊制为核心的传承方式，以及"一日为师终身为父"的师徒关系。他不同意师父想留一手的观念，这大概是因为老一辈的师傅大多会做不会说，所以徒弟们的学习大多时候是看着师傅干活而比拼个人悟性。

一年之后，也就是 2011 年的夏天，调研组在完成了访谈和大量资料的查阅工作后，撰写了《故宫心传》的单集文案。该方案以冯忠莲和赵振茂为核心人物，以"清明上河图"和"马踏飞燕"为核心文物，采取了历时性的方式，讲述了从民国到新中国成立半个多世纪的个人发展史和文物修复史。在 2010 年 9 月 25 的前期调研会上，调研组就明确了"物事人非"的调研要点：物，是指每一集里头都有一个物件；事，找到好的故事，提高收视率；人，修文物及和文物有关的人，关注传承和个体命运变化；非，也就是非物质文化遗产，对部分修复技术进行呈现。不过，由于当时制作思路发生了变化，最终央视制作了《故宫 100》，由 100 个单集为 6 分钟的小故事组成，而 10 集的常规片长的纪录片暂时搁置了。

2014 年底，我们借着故宫即将举办九十年院庆系列活动的机会，找到了外部投资，再次启动了这个项目。又一次走进故宫，我们发现一些老师傅已经退休，新的陶瓷部门建立了起来，书画修复也从小院子里挪到了现在的大房子。但给笔者印象最深的是屈峰。5 年前我们与他结识后，和他比较谈得来。那个时候他刚进入故宫没几年，还处在纠结中——无法处理好每天重复性的工作和自己的创作欲望之间的关系，笔者记得他指着当时正在修复的家具告诉我们，这些东西匠气太重、纹饰繁复。而 2014 年再见到他的时候，感觉他的精神状态有了故宫特点，我们感觉到他对这几个小院落的亲切感和发自内心的喜爱，他带着我们四处转悠，向新招进来的年轻人介绍我们，和老爷子们开开玩笑。后来笔者看到了摄影师张华拍摄的屈峰雕刻佛头的素材，一下子就理解了这种变化是怎样从日复一日的重复性的劳动中产生的，而这种重复性的劳动和极度缓慢、自由的时间状态，最终把他推向了一个追求艺术极致和心灵顿悟的拐点。

在 2015 年 3 月开拍前提交给央视的立项报告中，我们陈述了四个方面的选题价值，除了文物修复的历史、过程和技术外，最重要的是近距离展现文物修复专家的内心世界和日常生活，通过对文物修复领域"庙堂"与"江湖"的互动，展现传统中国四大阶层"士农工商"中唯一传承有序的"工"的阶层的传承密码，以及他们的信仰与变革。实际上，在最终的成片中，摄制组主要考虑到使用纪实的方式完成日常生活质感的呈现，以及他们对于自己所从事的工作的态度，但除了钟表修复师王津和钟表收藏家外，"庙堂"和"江湖"的互动呈现得并不多。另外，立项报告还强调高剪辑率和多重线索交织的视听风格，以及亲切感和青春感的整体呈现，这无疑得到了观众的认可。

镜头背后的学术伦理——影视人类学的规定性

刘湘晨

（新疆师范大学）

中国改革开放 40 多年来,伴随着经济呈几何级数增长和影音数字技术的普及, 拍摄行为已成为一种普遍的"身体反应"和被更多人使用的"书写方式"。参与拍摄的人口基数有多大呢? 技术门槛愈低基数愈大,因此拍摄行为几乎涵盖了每一位手机用户。快手、抖音、微视等新媒体快速流行,每天都有上亿人次的发布与点击量。与这种趋势相对应,大学、相关机构与学术平台、读书会等,都会定期或不定期地组织展映与交流活动,并有自己的互动人群。以中国民族博物馆推动的国家级的"中国民族志影像志摄影双年展"和广西民族博物馆主办的"广西民族志影展"及上海音乐学院主办的"华语音乐影像志展映"为代表的多级民族志电影展更成为一种象征和标识——中国民族志影像（影视人类学）最重要的展示平台,汇集了遍布全国各地、各行业、有着各类从业背景的作者与观众,氛围的热烈度不容忽视。

影像的泛意、动机、趋向多样复杂,民族志的影像表达、旨趣与追求相对集中,对异文化和对同文化的观察与书写,本质上是对自身的展示、审视与观照，最终的走向和意味还很难确定。虽然如此，但你不得不肯定：这与经济诉求得到相对满足之后的情况相适应，是大众对自己文化身份的想象与描述，并且表现出更迫切的文化与心理自觉。

看看满屏令人眼花的各类短视频，恍惚与1895年巴黎一家咖啡馆地下室里的情景有些相似，法国卢米埃尔兄弟拍摄的电影《火车进站》和《工厂大门》第一次放映，这是世界电影诞生的元年。没有任何规范与定义，动机令人兴奋而复杂，类型不确定，手法不成形，带有最大的随意性和丰富的想象空间……

有感于表达的呈现能力和所能带给观众的震撼，由此诞生了电影的虚构及一切人为构置的美学和后来庞大的电影工业体系；对现场即时展示的可能与方式逐渐沉淀，成为人类纪实影像史上最经典的美学价值，由此有了与虚构和人为构置完全不同的另一种影像发展的路径和系统，被称作广义的纪录片。124年后，重新观看《火车进站》和《工厂大门》这类影视人类学的"创世"影片，笔者愈发觉得让人惊叹。

在影像的最初年代，人类的第一部影像就展现了那么丰富的语义延展的可能和边界的模糊与不确定：影像是呈现方式，影像是实现手段，影像的表现具有足够的震撼力，影像是一种构想的实现，影像本身是强大的动机，影像也是对应与观照，是一种表达与抒发。同时，影像也蕴含着某种依循和本行业最重要的参照。

譬如，所谓纪录片的第一要义就是纪实，纪实的第一要素是必须面对现场，而不能人为地设置或置换。如今的田野概念，已不排除基于数字技术而实现的虚拟世界的合理性，一切似乎都已改变，现实与想象空间的边界已不存在。但是，人们寻求真相和呈现真相的坚持依然不能突破，必须面对现实场景这个前提条件；否则，人们认定的"真实"将失去最重要、最根本的前提预设。

再譬如，现场的捕捉是有选择的，根本不可能完全出于"随意"。《工厂大门》和《火车进站》两部影片背后，都有庞大而完整的一长串信息链，所截取的片段无疑具有足够的代表性，最重要的是具备足够的戏剧性，且足以"抓住眼球"，这就导致影像后来形成两种发展路径：事实呈现和表达"事实呈现"的震撼力，由此可以确定任何呈现都不是无心的，无一例外地出于某种动机和目的，"作者"的立场、观点、价值偏重和传达方式成为隐含在影像背后的隐秘，足以引起我们的警觉。那么，影像的呈现到底是"事实"立场，还是"作者"立场呢？这些问题和这些问题所涵盖的更多问题，一直在吸引一代一代电影人或影视文化学者进行思考，不同的思考和实践产生了不同的学术主张和作品，同样有很多不同的坚持与争执，汇成世界影像的景观与海洋。

纪实影像系统有与电影叙述相同的魅力，同样能满足表达的诉求，明显的不同是，电影的成本差异使许多从业者不可能轻易操作——这是让一般人很难跨越的一道门槛。跨越资金与种种复杂的"技术"门槛，许多从业者志不在人为构置的表达，依旧坚信纪实性美学所具有的直击现实的能力和所能达到的深度，影像成为与现实直接对应的"镜像"，其核心追求的就是真相和尽可能逼近真相。题材和体裁对表达愿望的满足和意义渐渐淡化，呈现现实、给现实提供参照和批评（审美意义）的价值日益凸显，决定了这种特定影像文本具有不可替代、不可置换的"文献性"，从而汇成纪实影像系统庞大的体系。

影视人类学的发展应涵盖在纪实影像系统的构建之中，明显的事实是，影视人类学的梳理、系统成型和理论阐述是在与纪实影像系统同步发展中逐渐成型的。这个历史应该从罗伯特·弗拉哈迪（Robert Flaherty）的《北方的纳努克》开始，格雷戈里·贝特森（Gregory Bateson）和玛格丽特·米德（Margaret Mead）的《巴厘人的性格》等影片对之进行了发展，这是世界上第一次由人类学家主导的影像行为。后来又出现了约翰·马歇尔（John Marshall）的《猎人》、罗伯特·加德纳（Robert Gardner）的《死鸟》和希拉里·哈里斯（Hilary Harris）的《努尔人》等作品。其中，《努尔人》是世界上第一部采用同步录音技术完成的影片。直到1973年，世界人类学第九届大会通过《关于影视人类学的决议》，由此确立了影视人类学的基本学科概念与体系。中国影视人类学的发轫应在 20 世纪的二三十年代，后在约100 年的时间里以国家推动的大型影像规划为主要脉络，其中，20 世纪 50年代由中国社会科学院主导的以民族识别为目的 27 部民族纪录片为第一个高峰，近十年间由国家文化旅游部门民族民间文艺发展中心推动的"中国节日影像志"和"中国史诗百部工程"两大影像工程的实施为第二个高峰。

虽然艺术形态、艺术手法和艺术追求的自觉性不断变化，不断呈现新样态，但是，国际、国内影视人类学的主流基本上可以概括为异文化写作、民族写作和边缘写作。具有人类学或非人类学背景的作者都在倾尽心力用影像的手段将他们的观察和感受呈现为作品，使得"作品"的样态、手法和风格更加多样，差异悬殊，以致给解读造成极大困惑。如何解释影视人类学亦如如何解释人类学本身一样让人颇感无奈，很难形成所谓公共认定的核心表达方式与相对一致的结论。

总体而言，短短的百年历程，影视人类学在大部分时间被定义为文本的一种辅助手段。这种表达完全是被动性的、从属性的、工具性的，仅限于资料的价值，很难作为一个独立的表述体系存在。其实，作者的在场，所形成的文本显然会经过作者的多重过滤，不知道整个学界何以不顾及这个基本事实。直到今天，学界始终对影像的传达保持着某种质疑与不屑，具体包括以下几种原因。

（1）以文字和词语为基础的文本传达，是单一向度的传达；影像的传达是多向度的（全息状态）的传达，时间的界限被打破，物质的和非物质的、单一的或复合的、明确的或隐含的、语意性的或非语意性的……这种多义性的词语（影像）构成和形式完全是文字文本的异类，可以确定的太少，不可确定的太多，而且还有无限延展的可能。从某种角度讲，影视人类学的多样性，其中很重要的一部分原因是由这种特定文本（影像）本身的复杂性决定的，导致评价体系的认知与影像文本的发展严重不匹配。

（2）题材的重叠，边缘性、民族性写作成为时尚。不可否认，中国幅员辽阔和民族众多是基本国情，但是民族志并不简单地是有关民族的书写，而是对一个群体（族群）进行深度文化观察、描述并解释其内在联系和逻辑性的体系。所以，泛滥的民族写作与民族志的学术认知模糊不清不无相关。

（3）广义的民族性写作类型的不确定。面对一个族群，可以是一般意义上的纪录片，也可以是影视人类学作品，形态上、风格上、手法上、关注上……几乎已很难说得清这两种类型的差异，导致最常见的一个现象就是：一个电影节常会收到由这两种不同学术主张（或压根儿没有明确主张）的作者提供的大量影片，让人难以用明晰的标准评判、取舍。

虽然都有读者（观众）的阅读并能获得相同或不尽相同的经验，但是作者和读者也不能以清晰的标准区分两种文本的差异，加之文本形态的接近与界限的模糊，一般意义上的纪录片与影视人类学作品到底有哪些相似之处和不同，就更难回答了。

实际上，从文本的比较或从风格、手法、形态、编排方式等方面的区别来看，纪录片与影视人类学作品已很难划分清楚。一般纪录片强调故事性，甚至有意在强化一切存在的戏剧性表达，从而达到戏剧性的效果，以实现与观众的共谋；影视人类学不回避故事性，但我们应警惕刻意强化这种戏剧性和戏剧性的表达方式。近几十年更为突出的问题还在于，对蒙太奇的接受情况。一般而言，基于关注对象的发散性思考方式特别是影像系统的推进与连接方式，蒙太奇成为必然。事实上，影像构成的方式和连接方式本身就是蒙太奇。这种基于影像的思维方式和连接方式贯穿于故事片中的情况非常突出，从某种角度讲，对蒙太奇的理解与运用正是中国电影与国际先进电影理念最显著的差异之一。在影视人类学的呈现与表述方面，我国电影面临较大的挑战。影视人类学自诞生以来，至今坚持不渝的价值之一就是它的事实面向的科学性，要接受更多地被界定为艺术思维方式的蒙太奇则很难理解，甚至被认为是对本学科的"反动"与"颠覆"。实际上，人们没有意识到，影像这个系统的构成本身就是以蒙太奇为思维基础和连接方式的，表现出与原本科学性基本特质极为不符的学科转向（这需要另辟专文阐述），造成两种纪录文本呈现出更多的模糊性。

事实上，业界不少同行都做过努力，试图从文本形态、风格、手法、描述方式、构成、材料衔接等视角着眼，试图区分两种影像记录文本。实际上，决定两种影像纪录文本走向的根本因素是镜头，正是基于对镜头层面不同的理解、主张和不同的处置方式，决定了两种影像记录文本的种种差异。

镜头除去纯物理层面的意义，它是赋予影像以语言功能和语言选择的最基本的技术条件，使得其对事项的描述成为可能。怎样描述则取决于作者（持机者）不同的判断和立场。首先，应该肯定的是镜头对事项和过程的这种描述能力，这种描述能力背后是作者（持机者）的体验与判断的流动和不断推进，支撑着镜头的转换，并形成明确或尚不明确的语言，这些语言就成为未来影片的大量素材。而影片就是在大量素材基础上的意义构建。从这个过程中，明显能看出作为构成"镜头"的海量素材，没有哪个或哪一类素材是哪一个片种所不需要的。但是，支撑并隐含在每一个镜头背后的作者（持机者）是有明确或不甚明确的主张的，这种"主张"最终决定了镜头的走向，使其成为"这一类"或不是"这一类"的样态，由此性质被规定。

镜头的走向，实际上说的是"镜头对事项和过程进行描述"的走向。如笔者拍摄的《四季轮回》中治疗帕米尔高原某女士头痛病的系列镜头，一般意义上的纪录片（包括电影）和影视人类学影片都会用到，相对而言，镜头所描述的是一个非正常事件，本身就能引起足够的注意。一般意义的纪录片会强化这个非正常事件的意外性、特殊性和所能带给观众的震撼力。

首先，展示的是帕米尔高原这种独特环境对人的身体的塑造和影响。头疼女士的病情每年秋末发作，背后是塔吉克人自公元前 2000 年由里海迁来帕米尔高原之后的适应反应，这是一种堪称经典的体质人类学的观察视角。再深入一层，该影片用时长较长的一组镜头"引导"观众进行极为仔细的观察：头疼女士的叔叔是一位宗教人士，正对着一碗盐水念着一段经文，然后将这一碗盐水喂给头疼女士喝，最后将碗里所剩不多的几滴盐水再滴在头疼女士的头顶。一碗盐水经过有着宗教身份的叔叔和他念的经文的加持会有祛病消灾的作用，由此使观众进一步观察到塔吉克人的信仰系统。这种构成首先是一个复合系统，某种物质被加持获得消灾、辟邪、祛病的能力，源于人类早期的泛神崇拜，如果放在古代，今天镜头里的"叔叔"很可能就是一位巫师、萨满或祭司，是被神灵附体获得某种超能量的"异人"，今天则被称作阿訇或哈里发。由于生存环境数千年、数万年未曾改变，基于帕米尔高原严酷环境下的生存需求和文化依旧是人们的现实状态，宗教人士的身份加上他念的经文似乎能够使一碗普通的盐水获得超验的神性，喝下去就会起到减轻头痛和治病的作用。实际上，这种方式背后无法掩饰原有泛神崇拜的影响与伊斯兰教本质上的无法调和，却不影响当地文化系统对两者的融合，从而形成一种基于本地需求而构建的容含了多种文化形态和知识的文化体系。这一组镜头，正好清晰地呈现了这种多元文化的构成及其所产生的影响。实际上，哈里法今天念的经文就是萨满过去的咒语，其已经成为考察塔吉克信仰体系构成的范本。后续的镜头是用绳子勒头以减轻头痛感，这几乎是人类共同的经验，不同的是所用的材料，棍子是当地的红柳棍，绳子是牦牛毛捻制的牦牛毛绳，充分体现了当地的地方性系统与经验。

通过上述简单的梳理，我们能明显看出"镜头对事项和过程进行描述"的两种走向：一是戏剧性走向；二是观察—解读走向。前者多在一般纪录片中使用，后者为影视人类学影片所遵循。

所谓戏剧性走向，是指发现最富戏剧性的因素，强化戏剧性的表达，并达到戏剧性的目的。戏剧性的动机决定了诉求的终端是最大可能地实现与观众的共谋共娱，构图、景别、视角、镜头的运行方式无不为此服务，甚至镜头时长的节奏也由此规定，形成系统和共有的以观众为终极诉求目的的美学体系与方法。

所谓观察—解读走向，是指影像仅是途径，影像呈现的仅是事项，背后的观察、判断与叙述共同推进，成为叙述背后隐含的一套人类学民族学的认知体系与解释，镜头不以观众的接受程度来定义、取舍，而是注重信息的完整性，相对缓慢、冗长，诉求的终端不在观众，而在于影像文本和附着于影像文本之后的人类学民族学解释性文本的完成，由此形成不同于一般纪录片的原则和主张。

两相比较，一般意义上的纪录片，不否定价值的存在和文化阐释，但是这是由通过被观众普遍接受的一个故事化过程来完成的，作者往往是对事项走向掌握某种权力的强势存在；影视人类学的作品，实际上是通过对系列材料进行梳理和判断的学术过程来对某种文化进行阐释的，动机、手法和过程秉持科学精神，十分警惕作者的存在及其意志的滥溢，最终实现的价值是它的文献性，这就为后来的观影者提供了第一手有关某种文化的样本和凭据。

这里涉及如何理解影视人类学影像文本的两个关键词"科学性"与"文献性"。实际上，所谓科学性与文献性，是影视人类学从诞生之初到今天一直坚持的经典价值，是对影视人类学体系和文本身份最基本的约定。

由于在镜头层面所体现的主张，影视人类学影像在完成文化事项描述时所坚持的观察角度与解析方式，首先决定了影视人类学文本作者的身份：你是谁？你何以存在？你的在场意味着什么、将解决什么样的问题？

很明显，强调不强调、显示不显示，一般纪录片的作者更强调作者的"导演"身份，这是对事项呈现和怎样呈现拥有绝对权力的强势所在。影视人类学作者的在场，一个明显的事实是，你如何掩饰也不能否定自身的在场和自身背景的全部参与，这决定了影视人类学作者在场时无时无刻不在警惕：一方面，最大可能地降低作者在场和身份参与的影响，以免造成呈现的误差与曲解。另一方面，作者不回避自己的"所见"未必是"真实所在"本身，但是以最大可能坚持寻找作者"所见"与"真实所在"的吻合和所可能有的最接近的状态与距离，坚持将作者"所见"尽可能地完整呈现。从这个意义上说，影视人类学文本作者的第一身份至今未变，他或她首先是"报告人"，借由作者的"所见"将读者（研究者或观众）与田野联系起来。即使过去几十年、几百年，影像重置现场的能力也不会衰减，让"观者"能够跨过任意的时间长河重新体验作者当年面对田野的经历，在影像的阅读中"身临其境",让每一个人拥有同作者在场一样的田野与思考。

　　同样的道理,作者对田野的呈现决定了影视人类学家面对田野的基本态度,任何对田野呈现的随意与任性都是不允许的,最大可能地降低作者在场对事实描述的影响或改变,注重田野的事实价值重于任何可能的人为建构,观察与解释只是对事实背后内在逻辑的一种探寻、认识与呈现,这就是影视人类学学术文本延续至今未改变的科学性原则。

　　影像和影像传达的表现力会对读者形成诸多的影响,所以影视人类学学术文本的基本价值依旧是影像与所面对田野的对照,以及与"事实"和对"事实的阐释"的对照。很显然,这个对照首先必须由作者来完成整个学术建构过程,另外,其重要价值是为读者的阅读和以后更广泛的研究提供重要的凭据。这意味着高度的责任感,也意味着对事实呈现一系列方法论意义上的严谨,体现为影视人类学最大可能的文献性价值。

超越道德恐慌——跨境难民的纪实影像解读

谭佳英

（仲凯农业学院）

2016 年，分别拍摄于意大利、中国和保加利亚的三部纪录片，共同聚焦了"黑暗时代"的重要课题——战争引发的跨境难民问题。三部纪录片探讨了相似的问题：在政治冲突时期，作为一个边境村镇意味着什么？对待异文化的难民，隔离是否是唯一的出路？这三份影像档案，尤其是中国边境的难民故事，同时也是对欧洲媒体所极力渲染的"道德恐慌"的回应与反击。

汉娜·阿伦特曾用"黑暗时代"来指称 20 世纪以来的"混乱和饥饿、屠杀和屠杀者……政治灾难和道德灾难"等现代社会灾难[1]；这一概念后来被谢里·奥特纳借用，在《黑暗人类学及其他：80 年代以来的理论流派》一文中，他总结了 20 世纪 80 年代以来的文化人类学理论流变，并用"黑暗人类学"（dark anthropology）概括了对"社会生活中的残酷维度"以及"这些维度以抑郁与绝望形式体现出的主观经验"的学术关注[2]。奥特纳

---

① Arendt H. *Men in Dark Times*. San Diego: A Harvest Book, Harcourt, Brace & Company, 1983.

② Ortner S B. Dark anthropology and its others: Theory since the eighties. *Hau Journal of Ethnographic Theory*, 2016, 6 (1): 47-73.

的总结得到学界的高度认同，美国人类学协会主席沃特森在美国人类学协会 2017 年年终主席演讲中，也重点反思"黑暗时代中，人类学家应如何自处"以及"如何打破这一宿命"等问题①。整体来说，人类社会中的"黑暗"面，以及其中的社会人群的主体性努力，引发了越来越多的学术关注与反思。

本文关注"黑暗时代"最重要的话题——战争难民问题。在 2016 年，全球战争难民数量攀升到历史新高；到 2018 年，战争难民人数上升到 6850 万人，且"在 10 位难民中，就有 9 位逃到邻国避难"②，战争难民所衍生出的跨国移民危机辐射到众多和平国家，成为一个亟待研究与讨论的社会议题③。

战争难民对于难民收容国居民带来的影响，一度被认为只有"道德恐慌"。齐格蒙特·鲍曼从欧洲居民的立场出发，将难民称为"门口的陌生人"，他全力批评大众媒体及政治团体一直在制造的"道德恐慌"：陌生人之所以导致人们的焦虑不安，完全是因为他们是"陌生"的——并因此是难以预测的④，大量雷同的媒体报道，甚至导致民众出现了"难民悲剧疲劳"。而本文注意到，最近数年，有一批纪录片的导演不约而同地来到难民收容国的国境线上——这是难民将战火中的母国抛在身后、与收容国的居民发生交集的第一现场——以此去记录难民的状态与收容国居民的反应，并为大众提供了超越"道德恐慌"的影像视角。

① Waterston A. Presidential address: Four stories, a lament, and an affirmation. *American Anthropologist*, 2018, 120(2): 258-265.

② 《联合国难民署高专菲利普·格兰迪在世界难民日发表致辞》，2018 年 6 月 20 日，https://www.unhcr.org/cn/11731-难民署高专菲利普·格兰迪在世界难民日发表致辞.html，2018 年 8 月 20 日。

③ 王紫桐：《欧洲难民危机研究》，吉林大学硕士学位论文，2018 年。

④ 〔英〕齐格蒙特·鲍曼：《门口的陌生人》，姚伟，等译，北京：中国人民大学出版社，2018 年，第 10 页。

超越道德恐慌：难民问题的影像视角

将镜头对准跨国难民的，不仅有家庭票房电视网（HBO）、英国广播公司（BBC）等欧美老牌电视公司，而且还有独立的影像工作者甚至难民自己。本文从 10 多部相关主题纪录片中甄选出三部纪录片予以展开：《海上火焰》《德昂》与《好邮差》，三部影片都完成于 2016 年。其中，《海上火焰》与《德昂》分别关注非洲与缅甸的战争难民的逃亡故事，从不同的角度反映了战争移民的状态和边境地区的社会反应；而《好邮差》则拍摄于保加利亚与土耳其接壤的一个村庄，聚焦于民间社会的现实困境及其对于跨境难民的不同心态。

这三部纪录片遵循事件发生的内在脉络展开叙事，没有采取调查者出镜介入或插入画外旁白的新闻调查式的拍摄方式，这种呈现手法尊重了被拍摄者的立场和其主观表达的能力。在此基础上，每一部都能较为客观地旁观难民与难民收容地之间的互动关系，进而引发观者去感受地方社会的肌理。

在不同的国家和地区，每一个被难民所青睐的跨境村落都有其独特的地缘特征，而不同国家和地区的救援应对方式也有很大不同。因此，本文将出自不同导演之手、拍摄于不同国度的同一难民主题的纪录片进行组合式的观看，吸纳不同视角所表达的观点，在一定程度上打破个体阐释的偏见与局限，并重建一个全球难民的现场图景。

《海上火焰》：死亡海域与疏离之岛

意大利纪录片《海上火焰》①的拍摄地兰佩杜萨岛（Lampedusa），是

---

① 《海上火焰》的导演是吉安弗兰科·罗西（Gianfranco Rosi，意大利），片长 114 分钟，在第 66 届柏林国际电影节上获得金熊奖，并获得 2017 年奥斯卡最佳纪录片提名。

意大利最南端、深入地中海的一个离岛，面积 20 平方千米，人口 6000 人。这座小岛距离非洲大陆是如此之近，甚至岛民在家中可以听见北非战场的炮火声。

这里是 21 世纪欧洲难民危机和道德崩溃的肇始之地。自 2011 年以来，非洲难民为了逃离战火，通过蛇头安排横渡大海，经此岛进入欧洲。然而偷渡过程中海难事故频发，即使偷渡船顺利抵达，死亡率也居高不下。在拍摄《海上火焰》之前，欧洲世界的新闻与电视节目已经持续多年片面扭曲地报道难民危机、制造"道德恐慌"，而此片向大众提供的是来自草根视角的观点与表达：救助难民的医生、船员乃至普通岛民的态度，其中最重要的是来自难民群体的主位叙事。

《海上火焰》片长 114 分钟，该片从上帝视角展开了两条叙事线索。

一条线索，是兰佩杜萨岛的原住民、12 岁男孩萨缪尔（Samuele）的日常生活，他每天和小伙伴在岛上四处晃荡，自由轻快，但也有一些小烦恼：他讨厌英语课却必须要坚持学习，他注定要成为渔民却还有些晕船。此外，他有一只眼睛弱视，而且还担心自己的身体健康。对一个平凡男孩的日常细节的烦琐铺陈，只有在与难民的窒息、哭喊、泣诉和死亡并列起来观看时才具有意义。

另一条线索，是围绕同一座岛上的每日搜救与难民被救援后的生活展开的。兰佩杜萨岛的难民救助工作由意大利政府组织的海岸警卫队承担。海岸警卫队捕捉到难民船的求救信号后，即出动搭载直升机的搜救船和专业救护人员出海追踪处理；幸存者被带上海岸、拍照登记之后，被集中安置在城郊难民营，在那里可以申请正式庇护。在等候安置的时间里，难民们以国籍组队，一起踢足球；还在神职人员的带领下，一起做祷告。影片最残酷的画面在影片接近结尾的地方体现，在一次普通的出海救援行动中，海警将一个又一个在底层船舱中脱水而死的年轻黑人拖上救援船，裹尸袋被拉上拉链，袋上的勒绳清晰地勾勒出瘦削的尸体轮廓。而这个时候，岛上的孩子们带着手电筒，偷偷溜出家门去观鸟。

逃亡的主位叙事

难民安置营地中，神职人员会带着他们集体做祷告。影片第 50 分钟，在拥挤的难民营内，一个尼日利亚人带着狂迷的神情，用几近说唱（rap）的节奏，随着众人吟唱的节奏，大声讲述他们从尼日利亚向北逃亡的旅程：先是进入撒哈拉沙漠，再北上逃往利比亚，最后跨越地中海抵达兰佩杜萨岛。这一段长达 3 分钟、富有音乐节律的个人独白，颇近似于人类学田野调查中的深入访谈：

这是我的证词：我们不再生活在尼日利亚了，许多人濒死，还有人被炸得面目全非，我们被炸弹袭击，因此逃离了尼日利亚。我们跑到沙漠，跑进了撒哈拉大沙漠，然后又甩掉了很多人，在撒哈拉沙漠许多人濒死，烧杀掠夺，我们待不住，因此逃往利比亚。那是一座伊斯兰国的城市，因此利比亚也不是我们待的地方，我们仰天长啸，何处是我家?山峦不是栖身之地，人们又嫌贫爱富，我们漂流到大海，在海上许多同伴去世了，他们消失在波浪的顶端，一艘船载着 90 名乘客，只有 30 个人能够幸存，剩下的尘归尘、土归土。今天我们活着，大海亦不是逝去的地方，大海更不是路。今天，我们都活在世上，那是生活的风险。不要冒险，因为生活本身就是场冒险，我们在撒哈拉大沙漠待了几周的时间，许多人因饥饿而死，许多人喝自己的尿，这一切的一切都是为了生存，我们用自己（的）尿来延续生命，因为这都是生命的旅程，我们在沙漠里的时候，水源都枯竭了，我们开始喝自己的尿……

难民安置点的房间光线昏暗，人数众多，讲述者的面部在镜头里变形。无名的尼日利亚人补充了逃生的细节：他在撒哈拉沙漠中靠喝尿活了下来，在利比亚又因为肤色而被投入监狱，逃出监狱后渡海求生，最终抵达地中海上的天堂小岛。他自陈一路逃亡的心态就是"该冒险的时候就要冒险，人生就是一场赌博",一面感谢上帝,一面赞赏自己的顽强。

一场夜灯下的足球赛,球员们自报国籍:索马里、苏丹、利比亚、叙利亚、厄立特里亚等,这一幕影射了非洲大陆的战火蔓延之广。北非难民几乎都以个体为单位,而且以年轻人居多。个人经历或许有所不同,但是逃难中都要面临生死博弈,他们的心态都是类似的。

影片中紧接着画面一转,岛上的小男孩 Samuele 正呆坐在一艘白色的小艇上——北非难民重金偷渡,是为了活下去;Samuele 坐船,只是为了克服晕船。

逃亡的他者证言

跟难民产生直接接触最多的是海警和医生。岛上的医生接受了访谈,他对难民的苦难触动最深,因为这些苦难是直接作用在身体上的。医生着重展示了一张难民的烧伤照片:待在偷渡船的底舱里几天几夜后,从船舱里走出的部分难民会出现不可思议的烧伤,烧伤是由底舱的燃料喷溅造成的,而燃料与海水的混合物具有强烈的化学毒性。

偷渡船上不只是烧伤,还有死亡,包括在船上难产而死的母婴,脐带都还没来得及剪;作为医生最为厌恶却无法回避的工作,是验尸和从尸体上取样,取样的方式是切根手指或者肋骨,有时候要把小孩的耳朵切下来。目睹了形形色色的患者与尸体,医生表示这并不是一份可以自我麻痹的工作:"这种事让你很窝火,让你的身体都像是被掏空了,你白天想着他们,晚上做梦也梦见他们,我经常被这些噩梦折磨。很多次,很多次。"尽管处理这些记忆非常艰难,医生依然表示:"如果你还是人,你就要伸出你的援手。"

医生还关注到偷渡船上的等级序列,顶层甲板就算是"头等舱",因为乘客可以坐在外面,收费也最高,人均 1500 美元;二层甲板在中间，收费 1000 美元。最为可怕的是底舱，无法想象底舱可以容纳那么多人，尽管拥挤不堪，底舱也需要收费 800 美元。船票的价格与存活的概率直接挂钩。

《海上火焰》中的他者证言与态度，体现了意大利民间社会对于难民的关切、同情与接纳，提供了一种与难民恐慌所不同的、充满人性关怀的态度。

从道德恐慌走向道德狂欢？

《海上火焰》用战争难民与和平居民两条线索，勾画了一幅天堂小岛的全景图。以男童 Samuele 的生活勾勒出这座小岛原生的、自由轻快的氛围，与移民的苦难沉重形成强烈对比。但由于这种对比太过均衡与完美，以致此片招致很多批评——鲜少有纪录片的影片结构能够被预先规划得如此完备，导演的匠心反而被视为一种做作，甚至被推定为有目的的摆拍。

本文对《海上火焰》的这种布局持肯定态度。一位有经验的导演在拍摄之初，特别是在进行了一定的前期调查的基础上，是很容易认识到这两种生存状态的强烈对比，并做出这样的拍摄布局的；当然与最后拍摄的内容能否完美呼应，不可否认也有运气（甚至安排）的成分。而在影像语言上，《海上火焰》一方面用大广角展现难民潮的汹涌，另一方面使用长镜头，像"墙壁上的苍蝇"一样记录出镜者，既富有同情之心又保有了一定的客观疏离。

《海上火焰》作为一部标本式地介绍兰佩杜萨岛的社会状态的纪录作品，它的作用是且仅是普及关于欧洲一个局部角落的非洲难民的地方性知识。而在怎样应对战争难民这个问题上，和平国家既不应制造"道德恐慌"，也不应被道德绑架。

《德昂》: 中缅跨境民族的避风港

《德昂》①拍摄于云南省临沧市镇康县南伞镇，这里与缅甸掸邦北部果敢自治区有长达 35 千米的国境线；德昂还是全国第二大的德昂族聚居地②，德昂族是山地少数民族，跨中、缅边境而居，通婚互市、频繁互动。

缅甸自 1948 年独立以来，国内的宗教、族群矛盾时常会引发军事冲突。2015 年 2 月，掸邦的果敢同盟军突然发动"光复果敢"的战役，与政府军发生激烈交火，克钦独立军为了策应同盟军亦加入战局；战事不断升级，数万难民越过缅甸东北的国界线逃至中国。3 月，云南地方基层政府与一些民间慈善组织合力提供临时安置点，接纳果敢难民。《德昂》一片的拍摄正是在这一段时间进行的，影片主要追踪的是德昂族的一个分支"黑德昂"。该片拍摄了 20 余天，积累素材 60 多个小时，后期制作中最困难的是语言翻译问题③。

由于德昂族是跨境民族，云南地区的接纳度比较高。缅甸一侧的德昂族在成为战争难民之前，已经形成了族群身份认同与一套成熟的跨境交往规范④，因此云南对待难民的态度非常开放——首先政府层面安排了完全开放、任由来去的集中安置点，临时窝棚的用电可以得到保障。片中的难民，有的在临时安置点搭上窝棚暂居，有的离开窝棚去借住或租住附近村民的房子，还有人乘车前往县城投奔亲友。而中国民众依然与难民们保持来往：当地的厢货司机经常为难民服务，难民们也受雇于当地的农户，帮

① 《德昂》是中国纪录片导演王兵的作品，片长 148 分钟，入选第 66 届柏林国际电影节论坛单元。
② 来自镇康县人民政府：《南伞镇》，2021 年 1 月 27 日，http://www.ynzk.gov.cn/zhenkan/mlbckfzk/xzgk93/144131/index.html，2018 年 10 月 12 日。
③ 连小楠文字整理：《我与〈德昂〉——〈德昂〉执行制片人王滴访谈》，《电影》2016 年第 4 期。
④ 段颖：《区域网络、族群关系与交往规范——基于中国西南与东南亚田野经验的讨论》，《广西民族大学学报（哲学社会科学版）》2016 年第 4 期。

忙干一些农活。由于云南地区所接纳的依然是他们作为跨境民族的身份，因此难民就像水一样迅速融入当地社会。

逃亡女性的主位叙事

德昂难民以女性与儿童居多，并以村落为地缘单位聚在一起。在暂时安定下来后，他们会团坐在一起分享逃亡中的经历。

年轻的母亲们在逃难的旅程中成为家庭的领袖。每个母亲通常都带着 3 个以上孩子，引着祖母，还要背着被子和粮食等基本生活物资。影片里有一个长达 5 分 30 秒的长镜头，是一个女人在帐篷中讲述她的逃亡经历，为了躲避中国的国防岗哨，她不得不带着家人冒险翻越一座险峻的山头：

我们面对着那座山，沿着路一直走下去，上山的路很崎岖，但我们最后还是爬上了山顶……在悬崖边我们发现了一条捷径，一条蜿蜒的小路，士兵们不让我们通过。所以我们不得不走另一条很长的路……我们一路走到山脚才放慢了脚步，告诉孩子们小心点，不要跑掉，一开始很安静，哪里都看不到，然后我听到炮声，我不知道该去哪里……（中国士兵们）说我们会安全的，因为他们在这里，不用害怕。

最羞耻的逃难记忆，在到达中国境内、安置下来之后成为缓解压力的即兴谈资。影片里另有一个母亲，在篝火夜谈中对着女性难友强忍着笑讲述道：

小西（音）在裤子里拉屎了，但我不敢给他换衣服，文（音）的妈妈说不要打开手电筒，所以我把大便和他的裤子卷成一个球扔掉了！太尴尬了，我们都不敢小便，所以就憋住了。真尴尬，我尿裤子了，裤子都湿了，所以我把它们扔掉了……

在座的女人和孩子们都完全理解这种尴尬，在一起边听边笑。至于家庭中的男性，有的是加入了果敢军，与政府军对峙；有的是在外面打工，正寻找机会与家人碰头。片中的人们还讨论和鄙夷了一位丢下家人独自逃跑的祖父。无论如何，德昂女性在举家逃亡中都展现出了令人叹服的坚强与韧性，这可能也是现代德昂社会中女性家庭身份的体现。

避风港的另一面

《德昂》与《海上火焰》中的难民与地方社会的关系构成了鲜明的对比，前者水乳交融，后者泾渭分明。《德昂》片中有一个细节值得关注，那就是为数不少的难民都在通过为云南村民砍甘蔗维持生计。

为什么当地人要将这项工作委托给缅甸难民呢？王兵导演的另一部纪录片《苦钱》可以提供一些信息。《苦钱》是《德昂》的姊妹篇，两部作品拍摄了同一个地区并完成于同一年。"苦钱"是云南方言，本意就是"挣钱"，背后蕴含着挣钱需要付出痛苦与辛劳的内涵。《苦钱》中，一个云南村落家庭中 17 岁的女儿，连户口都还没有，就要前往富裕的江浙地区打工。她一路乘坐巴士、转乘动车、又打了的士，才辗转来到目的地；在服装厂打工的过程殊为不易，逼仄的环境，加班、熬夜、醉酒的同事，都是年轻的云南姑娘必须面对的挑战。

结合《苦钱》，我们得以窥视到南伞镇这个难民避风港的另一面——这个边境小镇由于青年人进城务工，年龄结构不合理，自有劳动力已不足以应对正常的农业活动。难民潮只是一个临时性事件，而南伞镇的常态是，它本就不得不长期依靠境外人口流入来获得农业劳动力。一出一入之间，国境线上的农业生计得以维持微妙的平衡。

《好邮差》：村庄里的政治剧

《好邮差》①拍摄于戈雅德沃特村（Golyam Dervent），保加利亚与土耳其的国界线正好穿过这个村落，村民们扫个墓还要带上护照。处于欧洲东南边缘上的这个小村，在历史上一直是西方对抗东方、基督教对抗伊斯兰教的"大门口"：在罗马帝国与奥斯曼帝国时期，小村就因其特殊的战略位置而成为保加利亚抵抗侵略的桥头堡；2011 年初，叙利亚内战爆发后，大量叙利亚难民穿越土耳其、北上欧洲，该村再一次成为中东难民潮中的欧盟前哨。

《好邮差》以本地居民如何处理难民危机为核心话题，一次村委会主任选举体现了 38 位居民对待中东流亡者的不同态度。

"门外的脚步声"与村民的态度

《好邮差》的叙事重点落在村中的居民身上。片中的主人公——热爱家园的邮差伊凡，常常向边防警察报告难民入境的消息与踪迹，但边境巡逻似乎不足以阻止每一个希望到达保加利亚首都索非亚甚至更远地区的路人。

排斥、畏惧与渴望，几种相互掺杂的复杂情绪弥漫在这个边境村落。一位老年女性表示害怕听到"门外的脚步声"，但她依然会尽力从物质上帮助难民：

一个男的来到家门口，脚上鲜血直流，我拿来白兰地和棉花为他（的）

---

① 《好邮差》是保加利亚导演托尼斯拉夫·赫里斯托夫（Tonislav Hristov）的作品，片长 80 分钟，入围 2016 阿姆斯特丹国际纪录片电影节竞赛单元及 2017 年圣丹斯电影节世界纪录片单元。

脚上伤口消毒，把丈夫的袜子送给他当作绷带，后来又来了五个小孩子，看到他们在哭，就问他们怎么了，他们说是肚子饿了，于是我就拿出面包和奶酪，分给孩子们每人一块；他们又说要喝水，我就把水瓶里（的水）分给他们。

村民在移民问题上出现了巨大分歧，有人抱着善意，有人无动于衷，有人坚决要把他们赶走。大多数人都意识到难民不会危害到当地社会：他们只是路过，不会留下来；更进一步地，还有人在思考如何更好地利用难民的资源：他们不差钱，而我们都没有工作，应该给他们机会。

影片的最后，邮差伊凡在朋友的劝说下加入了协助偷渡的队伍，开车将难民从国界线送到首都索非亚，以赚取灰色收入；为了掩护自己的偷渡行为，他学会了撒谎：边防警察吗？今天没有发现难民。

村落危机与伊凡的政治愿景

难民眼中的"天堂"，在该片中暴露出自身的现实问题。老人们除了收集柴火和维护墓地外，已经没有公共活动可参加；更为严重的是，村里已经很多年没有小孩出生了，小学里空无一人。用伊凡的话说，在这里他感觉活着很空虚，寂寞得叫人活不下去。

在村民的回忆中，半个世纪前，每天约有 500 人一起劳动，几块钱就可以买很大一块猪肉，"从前村里有电影院，还有歌手来村里唱歌跳舞，广场上聚集好多人，热热闹闹的"，而到了今天，只剩下 38 个居民，"我们注定要毁掉这个村庄"，曾对难民施以援手的那位老妇人说。

邮差伊凡决定竞选村长，他呼吁收容难民以让这个奄奄一息的村庄恢复生机。他逐一向村民宣传自己的政治主张：接纳难民，让他们的孩子在这里上小学，让他们纳税并在村里废弃的宅基地定居。

伊凡的竞争对手包括现任村长维莎——一个对难民漠不关心的吉卜赛女性，以及一个直接反对接纳难民、同时声称要恢复共产主义的中年男性。最终"毫无作为"的维莎成功续任；充满活力的流亡者鱼贯而入又匆匆流走，伊凡最后做了一名协助偷渡的黑车司机。

小村庄的政治寓言

小村庄的"政治剧"深刻刻画了保加利亚边境村落面对外来者时复杂而微妙的情感，探讨了难民危机在最基层社区引发的争议。

伊凡号召就地安置难民、复兴村庄，这样一个颇具建设性的提议最终却失败了，并不是毫无来由的。影片提示我们，整个保加利亚对于难民潮都有浓烈的抵触情绪，这体现在老电视机上滚动播放的难民潮的混乱场面，千篇一律传达着"这些叙利亚人比吉卜赛人还低劣，大多数难民是坏人，企图杀死保加利亚人"的政治态度。反复出现的骚动画面不无遗憾地解释了伊凡的失败结局。

一些影评文章将戈雅德沃特村视作西方政治的一个缩影，对之进行了饱含同情的群像描写："对于戈雅德沃特村的微观而重要的政治剖析，可以与近期英国集体投票退出欧盟的意识形态冲突，甚至与美国极右翼支持特朗普的意识形态冲突等量齐观。"①由此可以看出，边境村落的一场选举，从某种意义上来说，何尝不是全球政治的一个浓缩景观？而选举的结果，就像一则深刻的政治寓言：道德的恐慌战胜了同情与希望，一个村落宁愿选择自我封闭与衰亡，也拒绝与异文化的难民共处。

---

① Guy Lodge. IDFA Film Review: "The Good Postman", https://variety.com/2016/film/reviews/the-good-postman-review-1201925025/.

结语

本文通过对跨境难民主题的三部影像民族志的解读，展示了一种立体的影像民族志的阅读方法。

长期以来的影像记录者都倾向于关注流亡者角度的叙事，本文所关注的三部纪录片都脱离了这一窠臼，聚焦于国境线上的历史现场——欧洲大陆的海上入口兰佩杜萨岛、中缅边境的云南南伞镇，以及欧洲大陆的陆路入口戈雅德沃特村。这些影片都不约而同地思考和回应了以下的社会话题：在跨国政治冲突时期，作为一个边境村镇意味着什么？对待异文化的难民是否只有隔离一途？向难民开放能否为地方社会带来经济利益和文化利益？三部纪录片展示了不同的现实可能。

对苦难的展示必然导向对幸福、伦理乃至行动主义的探讨。三部纪录片展示了和平居民日常的幸福及与难民的互动，其间既有可言说的苦难故事，也有不可言说的感受、情绪与态度，这些都有效地超越了道德恐慌所能代表的文化与情感维度。在与难民之间文化差异较大的国家，通常由边防警察等国家暴力机构介入、统一处理、集中管制；但是，与难民之间文化相近的国度则依托民间自有的社会关系应对难民流入，如《德昂》一片中的跨境民族，即依靠历史上既有的地缘、血缘关系，灵活地消融了生存危机。

天堂是相对的。当难民抛弃家园、跨越边界线时，边境村庄也正在被当地人抛弃，和平村庄中的年轻人正竞相流往更为繁荣的地区。本文讨论的三部影像民族志或多或少地揭示了这一点：当后殖民主义、权力、新自由主义等跨越国境，叠加作用在全球的政治经济秩序之上时，"天堂"亦时刻反转成为另一处"死地"。而无论是云南南伞镇，还是戈雅德沃特村，都在竭力将难民危机反转为一场有助于当地生计的机遇，展现了难民危机的另一种认知维度。

由市场和文化驱动的乡村影像

陈学礼

（云南大学西南边疆少数民族研究中心）

本文讨论的乡村影像，主要指约从 10 年前兴起的，为单个家庭量身定做的婚礼录像、葬礼录像、乔迁新居录像、生日录像，以及服务于普通大众的山歌小调和舞蹈录像、民间歌手专辑、斗牛录像等，而非 20 世纪 60 年代末期兴起的，由外人提供设备、资金和技术支持的参与式影像、社区影像。这种类型的乡村影像的生产者独立拥有自己的拍摄剪辑设备，根据在地居民的需求生产影像。由于 VCD 和 DVD 播放设备的逐渐普及，在地居民观看此类乡村影像没有时空的限制。因此，此类乡村影像自从诞生开始就表现出旺盛的生命力，其可持续性是由外人提供设备、资金和技术支持的参与式影像不可企及的。本文在剖析此类乡村影像的市场和文化驱动的同时，也对那种由外人提供设备、资金和技术支持的参与式影像、社区影像面临的问题做了一些反思和回应。

一、本文讨论的乡村影像

一旦提到乡村影像，就必然会涉及社区影像、村民影像、村民-社区影像、参与式影像等一系列概念。另外，以活动影像的形式呈现的乡村影像、以静照影像的形式呈现的乡村影像，都应该纳入讨论范畴。这种类型的乡村影像通常由外人发起，以项目的形式开展。确定项目实施地点之后，为项目实施地的居民提供拍摄剪辑设备，以及拍摄和剪辑方面的技术培训，从而保证乡村影像的顺利生产。据文献检索，目前可知中国最早的乡村影像，应该是加州大学洛杉矶分校李湉教授等负责的"云南农村妇女生育卫生与发展"项目。1992—1993 年，"云南农村妇女生育卫生与发展"项目的实施成员利用"照片之声"的理念，邀请云南省陆良县、澄江县的 62 名农村妇女参与项目，并拍摄了 40 000 多张照片，用于项目实施的需求评估。2000 年，云南省社会科学院的郭净研究员，把摄像机带到云南的迪庆藏族自治州，邀请当地村民拍摄纪录片，以达到"学习我们自己的传统"的目的。2005 年前后，吴文光在北京草场地工作站组织实施了"村民影像计划"。2006 年，云南省健康与发展研究会的唐松源，在昆曼公路沿线的少数民族村寨内开展"照片之声"项目，让照片和拍照行为在昆曼公路沿线艾滋病防治项目中发挥作用。2007 年始，北京山水自然保护中心下设的"乡村之眼——自然与文化影像纪录"项目，在青海、四川、云南、广西等地培养了一大批当地村民，用摄像机记录村寨的文化、环境与历史变迁。2010 年，云南大学西南边疆少数民族研究中心下设的 8 个少数民族田野调查基地，开启了"乡村影像志"项目。2011 年，广西民族博物馆组织了首次乡村影像培训，以影像记录的方式开展"文化记忆工程"建设。2012 年，笔者在石林彝族自治县的小圭山村，开展了"影像中的青少年性健康教育"项目，邀请了 6 名初中生，拍摄了 3 部与撒尼青少年性健康教育相关的纪录片。这种由在地村民使用拍摄和剪辑设备生产纪录片的方式，受到社会越来越多的重视。不过，这种以项目为驱动的乡村影像，其局限性也显而易见。首先，项目的开始是乡村影像生产的开始，项目的结束也是乡村影像生产的结束，这种类型的乡村影像的可持续性无法得到保障。一旦项目撤走，或者因为项目实施者收回了用于拍摄和剪辑的设备，或者因为项目实施者不再为在地居民提供乡村影像生产的资金和技术支持，乡村影像的生产就宣告停止。其次，乡村影像的实施，往往需要服务于项目的初衷和目的。尽管乡村影像项目的实施者不断强调，应该从在地居民的角度出发，记录在地居民眼中的世界，反映在地居民看问题的角度。不过，最终的乡村影像成果需要尽可能地符合项目的设计和需求，或者通过乡村影像的成果和生产过程解决现实的问题。有些学者，一方面标榜自己实施乡村影像项目的目的在于让在地居民通过影像的手段发出自己的声音，另一方面却巧妙地利用在地居民发出声音的途径发出自己的声音。这种类型的乡村影像往往在影像生产地之外的环境中展映和传播，使不同的文化相互沟通和理解的同时，也存在作为城市人消费对象的可能和危险。所以，此种类型的乡村影像，在本质上还是无法彻底突破表达外人观点的局限。于是，新的问题接踵而至：到底有没有纯粹意义上的乡村影像？

最近 10 多年的时间里，在中国农村悄然出现一批制作乡村影像的个人、工作室和影视公司。他们专门为在地居民制作两种类型的乡村影像。第一种是为特定家庭或个人量身定做的影像，如婚礼录像、乔迁新居录像、生日录像、葬礼录像等。第二种是流通于市场，向普通大众出售的影像，包括山歌小调录像、舞蹈表演录像、民间歌手专辑、广场舞录像、斗牛斗鸡录像等。这两种乡村影像的生产者使用自己购买的摄像机拍摄，在自己的剪辑设备上完成剪辑，制作成 VCD 和 DVD 光盘。有的乡村影像生产者把影像的拍摄和剪辑作为自己的全职工作，有的一边从事农业生产一边从事乡村影像的生产。

第一种类型的乡村影像往往由特定的家庭提出要求，邀请或雇佣制作者拍摄和剪辑。发出邀请的家庭和影像制作者之间需要达成口头或书面协议，以达到约束影像制作者的目的。这种类型的乡村影像往往保存在特定的家庭中，并不流通进入市场，也不会在更大范围内传播。所以，在 VCD 或 DVD 光盘的封面上，往往会留下影像制作者个人的姓名、联系方式、或者工作室、影视公司的联系方式、所在地址等信息。如果其他家庭需要制作类似的影像，可以从光盘上获得联系方式。当然，从已经制作过类似影像的家庭那里，也可以获得影像生产者的联系方式。有的工作室还建立了自己的网页，在获得被拍摄家庭许可的情况下，把工作室曾经拍摄的葬礼、婚礼上传到网络上，广而告之的同时，也证明自己具备影像制作的实力。

第二种类型的乡村影像广泛流通于市场上，只要愿意购买的家庭都能拥有。不论是乡村集市，还是小城镇的店铺，抑或是大城市城郊接合部的音像店，都能找到第二种类型的乡村影像。此类乡村影像的制作者并不和消费者发生面对面的交流和协商。通过正式出版的渠道，此类乡村影像就可以流入市场，消费者可以直接从设在固定地点的店铺购买，或者在乡村集市的流动摊位上购买。当然，某些山歌对唱现场的录像、舞蹈表演现场的录像，并不正式出版，只经过简单的剪辑，就刻录成光盘，随即流入市场。这种并未正式出版的光盘，出售的价格较低，只有正式出版光盘的一半甚至 1/4，投入成本低、收益也低。售卖此类乡村影像的人，往往在自己的店铺或摊位前架设播放设备，以便消费者播放观看，并做出是否购买的决定。

上述的两类乡村影像，正是本文试图讨论的对象。具体来说，本文将以云南省陆良县的葬礼录像，云南省石林彝族自治县的舞蹈录像、斗牛录像作为研究对象。这些乡村影像都是在地居民使用自己的拍摄和剪辑设备，按照在地居民的需求生产出的符合在地居民喜好的影像。这种乡村影像的可持续生产和传播所依赖的不是外部力量的支持，而是当地市场和文化的驱动。

二、乡村影像产生的条件

这种乡村影像在过去 10 多年里不断涌现并获得持续发展，与在地居民 VCD 和 DVD 播放设备的普及、影像拍摄和剪辑设备的可及性，以及供求关系网络的初步形成有着密切的关系。

首先，在地居民 VCD 和 DVD 播放设备的普及。20 世纪末以前，陆良县和石林县的农村家庭，很少拥有 VCD 和 DVD 播放机。一方面，因为当时 VCD 和 DVD 播放机的价格并不便宜。只有在婚礼当中，VCD 和 DVD 播放机才会被作为女儿出嫁时的陪嫁物品。因此，VCD 和 DVD 播放机并未被作为一个家庭的必需消费品而存在。另一方面，虽然可以在市场上能买到 VCD 和 DVD 播放机，也能买到一些 VCD 和 DVD 光盘，但是这些光盘的内容并不是当地人喜爱的。欧美大片、香港警匪片虽然拥有一群年轻的观众，但并不是中老年在地居民喜爱的对象。最近 10 余年来，不仅 VCD 和 DVD 播放机的价格便宜了很多，而且市场上出现了大量的拍摄山歌小调、舞蹈表演等内容的光盘。购买 VCD 和 DVD 播放机的同时，很多家庭还更换了屏幕更大、质量更好的电视机，还配备了较好的音响设备。大部分的家庭拥有这些硬件，使得此类乡村影像拥有更大的市场。

其次，影像拍摄和剪辑设备的可及性。价格相对便宜的摄像机的出现，让此类乡村影像的诞生成为可能。21 世纪初，大约 10 000 元的摄像机不是每个家庭都能拥有的物件。但是对于专门生产乡村影像，并从中获利维持生计的人来说，这个价格是可以接受的。如今数字高清摄像机的广泛普及，拍摄和剪辑设备的购买成本大大降低，使得更多的人加入到乡村影像的生产行列中来。另外，为乡村影像制作者配备剪辑设备的人同时附带剪辑软件，并会对其进行简单的使用技术培训，使得乡村影像生产所需的设备、技术都已经不再是绕不过去的障碍。过去只有广播电视台、高等院校或研究机构的高端技术人才使用价格昂贵的设备才能完成的工作，如今的门槛已经降到普通人也能接受的程度了。

最后，供求关系网络的初步形成。此类乡村影像的出现，以及可持续状况的形成，还得益于已经基本成型的供求关系网络。有一批人专门为不同的家庭量身定做婚礼、葬礼、生日录像，也有越来越多的家庭愿意花钱请人拍摄制作这样的录像。越来越多的人希望从市场上买到山歌对唱、歌舞表演的光盘，也有专门生产这种影像的个人、工作室或影视公司。另外，大批量刻录光盘或者正式出版光碟所需的成本越来越低，售卖价格也逐渐趋于合理。值得注意的是，这种相对稳定的供求关系网络的形成，除了表面可见的市场驱动因素外，还因为在地居民拥有了更多的闲暇时间，以及乡村影像的生产和消费已经逐渐成为在地文化不可分割的一个部分。

毋庸置疑，此类乡村影像拥有的活力及其形成的可持续发展的局面，是以项目为依托的乡村影像不可比拟的。

三、乡村影像的内在驱动

与那些由外人提供设备、资金、技术支持，由在地居民生产的乡村影像相比，本文讨论的乡村影像具有三个非常显著的特征。其一，乡村影像的生产者是独立的个体，不受外来人的约束，拍摄的影像不必受制于项目设计初衷和实施目的。乡村影像的生产者考虑的是主人家的要求，是在地居民的喜好。尽管乡村影像的生产者并不是绝对独立自由的，但是他们服务的对象是在地居民，而不是外来人，也不是由外来人带着资金和设备来实施的项目。其二，乡村影像的生产者独立拥有自己的拍摄和剪辑设备，拍摄和剪辑设备的使用时间、空间上不会受到任何的限制。不排除乡村影像的拍摄和剪辑方式会受到主流媒体的影响，或者受制于在地居民的观看方式，但是，乡村影像的生产者逐渐形成了属于自己的风格和形式。其三，只要乡村影像的生产者能够维持自己的营生，此类乡村影像就不会停滞、不会消亡。另外，即便其中某个独立个体停止乡村影像的生产，也不会影响整个乡村影像的生产和销售网络。一旦有需求，新的乡村影像生产者会适时加入到这个生产体系中。

有人需求乡村影像，就有人生产乡村影像以满足这种需求，似乎是此类乡村影像可持续发展的内在动力。其实不然，供求关系网络的形成仅仅是一个表象而已。此类乡村影像可持续发展的真正内在驱动在于，乡村影像本身和乡村影像的生产过程已经成为在地居民日常生活中不可缺少的内容。在云南省的陆良县，请人制作葬礼录像虽然只是最近 10 余年才悄然兴起的事情，但是如今已经成为每个葬礼的必备环节，如同 20 世纪 90 年代中期以前逝者的照片悄然进入葬礼一样。20 世纪 90 年代中期以前，只需要制作逝者的灵主牌子，任何与灵主牌子相关的仪式，逝者的长孙都需要在现场手捧灵主牌子。20 世纪 90 年代中后期，老人离世之后，必须用老人在世的一张照片去扫描扩印，装入相框，置于灵堂前，出殡队伍之中由逝者的孙辈抱着相框。逝者的照片进入葬礼，关乎的是东家的颜面。而葬礼录像的制作，关乎的是逝者后辈的颜面。在葬礼录像未成为葬礼必备环节之前，逝者的后辈中，谁做纸制佣人，谁做纸制马，谁做纸制挑钱，谁请念经做法的先生，谁请狮子队，谁请舞蹈表演队，都已经是约定俗成的惯例。如今，邀请舞蹈表演队的后辈，同时需要出钱请人制作葬礼录像。如果逝者的后辈不这样做的话，就会被人看不起，自己也会觉得没面子。所以，葬礼录像不仅仅是如何拍摄、如何剪辑的问题，而是融入了陆良县整个葬礼文化中。某种程度上，葬礼是做给活着的人看的，所以拍摄葬礼录像过程的意义远远胜于葬礼录像的光盘本身。不可否认的是，葬礼录像能够部分地记录葬礼的过程，但是葬礼过程的记录并不是重点，重点在于旁观葬礼的在地居民能够在葬礼中看到有人扛着摄像机在拍摄葬礼。所以，葬礼录像的制作并不是一项纯粹的技术活，也不仅仅体现供和求的关系，而是关系到逝者后辈的颜面，已经作为一个新的要素扎根于在地的葬礼习俗之中。

在石林彝族自治县，观看舞蹈表演的录像和斗牛的录像，也完全成为在地居民日常生活中不可或缺的内容。居住在石林县境内的撒尼人能歌善舞，几乎每个撒尼村寨都有数量不等的民间文艺队。民间文艺队或者参加政府和民间组织的舞蹈比赛，或者被邀请为葬礼、乔迁新居的人家表演歌舞。当然，撒尼人也特别喜爱看舞蹈表演的录像，不论是自己文艺队表演的节目，还是其他文艺队表演的节目，都能引起撒尼人极大的兴趣和热情。同样地，观看斗牛比赛也是撒尼人非常热衷的一项活动。不论是由村寨组织的斗牛比赛，还是由商业运作的斗牛场举办的斗牛比赛，都能吸引数量众多的观众。最近 10 余年来，在石林彝族自治县县城的大小音像店内、各乡镇的集市上，都可以买到各式各样的舞蹈表演的光盘、斗牛比赛的光盘。某些音像店和售卖光盘的摊位旁边，还专门摆放 DVD 播放机，供顾客现场挑选所需的光盘。这些购买回家的光盘，在茶余饭后、农闲期间、婚丧嫁娶重大活动时，主人家都会拿出来播放。另外，撒尼人观看这些光盘时，并不限于观看，往往加入现场的评论和讨论，因为他们不仅知道某个文艺队来自哪个村寨，甚至还认识文艺队的某个演员。观看斗牛比赛的光盘时，他们的评论会延伸得更远，不仅认识某头斗牛的名字，而且知道斗牛在历届参与的赛事中所取得的成绩。对于撒尼人来说，现场观看歌舞表演、斗牛比赛的感觉，和借助摄影师的眼睛观看歌舞表演、斗牛比赛的感觉是不一样的。光盘中的特写镜头、中近景镜头等，让观看者的视觉得到了延伸。另外，这些特写镜头、中近景镜头所展现的主角，可能是他自己，也可能是他认识的人，或者是他认识的牛。

当乡村影像本身，以及乡村影像的生产过程成为在地居民日常生活和文化中的一个要素时，乡村影像的可持续性就得到了保障。

四、作为工具的影像记录手段

我们在讨论陆良县葬礼录像时指出，最终光盘的内容如何固然重要，但更重要的是参加葬礼的人和旁观葬礼的人可以看见一个拿摄像机的人在葬礼中进行现场拍摄。这是乡村影像充满活力、具有可持续性的一个原因。除此之外还有两个重要的原因：一是影像记录的手段真正成为此类乡村影像的生产者用来叙事、表达观念的工具；二是影像记录的手段真正成为服务于当地居民的工具。

在陆良县葬礼录像的生产过程中，乡村影像的生产者已经具备足够的驾驭能力，他们借助影像去表达在地居民的观念，以及自己对在地居民文化世界的理解。在此，先以笔者外公的葬礼录像中的两个片段作为案例，分析此类乡村影像是如何表达在地居民的观念的。

场景一

镜头一：从置于棺材前面的一张照片开始，慢慢"拉"到用各种彩纸扎成的孝堂正面（正在表演的文艺队播放光盘里的歌曲）。

镜头二：棺材全景，一匹红布盖在棺材上面，为了拍摄而打的灯熄灭，画面变暗（正在表演的文艺队播放光盘里的歌曲）。

镜头三：棺材全景，使用特效，画面从棺材中部一点，突然发射出四散开来的光芒，白云和逝者上半身的照片由小变大，停止一段时间，迅速由大变小，退到一个点，消失在棺材中部一点（正在表演的文艺队播放光盘里的歌曲）。

镜头四：静静地放置在桌子上的棺材（正在表演的文艺队播放光盘里的歌曲）。

镜头五：孝堂门外，逝者的后人正跪在地上。（正在表演的文艺队播放光盘里的歌曲）。

场景二

镜头一：下葬完毕，用茶水清洗竖立在坟前的墓碑（配上葬礼音乐）。

镜头二：放鞭炮，使用特效，画面从中间分开，露出棺材一端的正面（鞭炮声，有东西在空中快速穿行发出的声音）。

镜头三：棺材正面写有"奠"字的盖板慢慢升起，露出逝者的照片并停留片刻，音乐声止，盖板迅速落下（配上葬礼音乐）。

镜头四：使用特效，放鞭炮的画面犹如两扇窗户，把棺材的画面盖住，两只用特效做成的蓝紫色蝴蝶在坟前飞来飞去（鞭炮声）。

在这两个场景中，影像的制作者使用了一般意义上的纪录片或者学院派民族志电影都不屑于采取的特效，以表达陆良文化中的灵魂观念。在陆良人的观念中，直到下葬之后，逝者的灵魂才会离开其生活的空间。逝者的棺木停放在家中时，逝者的灵魂会不时从棺木中出来，看看为自己守孝的后辈。由特效制造出的照片从棺木中飞出来又飞进去的场景，所表现的就是这种灵魂观念。下葬之后，使用特效制作出来的缓缓关上的两扇窗户，表示从此之后，阴阳相隔、不再往来，希望逝者不要再离开自己的阴宅。不过，下葬之后的第三天晚上，还要举行一次"撒净"（陆良话音）仪式。负责仪式的男人们在家中燃放鞭炮，奋力往火盆中抛撒松香粉末、在地上拖动铁链等，试图把葬礼期间藏身在家中的鬼灵都撵出家门，再赶出村寨。几乎所有葬礼都包含影像生产者和在地居民认为的重要环节，于是，让过世的老人端坐在白云上，使用各种可能的特效，穿插世界各地的风景名胜区，逐渐形成了固定的剪辑结构和模式。其中既包括纪实的部分，也包括影像生产者添加进去的内容。

乡村影像的生产者所做的各种尝试，都是为了满足观看者的口味和喜好，而观看者都是在地的居民。不论是为特定家庭量身定做的乡村影像，还是经过市场流通进入不同家庭的乡村影像，最终都要回到在地居民的日常生活当中。此类乡村影像的生产目的非常纯粹，生产者从未想过把自己拍摄的录像拿到电影节上去放映，从未想过让自己拍摄的影像担负所谓的跨文化交流的责任。在地居民喜欢看、在地居民评价好，是乡村影像生产者努力的方向。于是，已经为学院派纪实影像生产者墨守的纪录片拍摄和剪辑常识，并不能约束这类乡村影像的表现手法和表现形式。即便乡村影像的摄影师用从不变换景别和机位的一个镜头，完整地拍摄一个舞蹈表演，只要在地居民喜欢看，也是一种可能。在婚礼和葬礼录像中，一种近乎流水线操作的模式，摄影师自我设限，规定只拍摄某些场景，在剪辑的时候仅对某些纪实场景进行替换，或者对某些字幕文本的内容进行替换。不过，这样的乡村影像在不同的家庭内部播放时，因为其中纪实场景的存在，家庭成员都觉得这是独一无二的，仅仅属于这个家庭。

可以这样说，此类乡村影像真正融入在地居民的文化之中，真正做到了服务于在地居民。另外，如何服务于在地居民还有其他的可能。比如，广西南丹里湖的白裤瑶青年小兵，用剧情片的方式，拍摄了一部关于防止电信诈骗的电影。最近一些年，越来越多的白裤瑶青年到大城市谋求工作，一些电信诈骗犯盗窃他们家人的联系信息后，通过联系他们的爸爸妈妈、爷爷奶奶，实施诈骗。影片并不是一个纯粹的、干净的剧情片，而是把拍摄的过程、拍摄到的场景放在一起，通过在村子里放映，既帮助村里的父老乡亲建立防止电信诈骗的意识，也让父老乡亲看到小兵和他的朋友一起用影像的手段宣传防止电信诈骗知识的过程。这是在一个公益影像的项目资助下完成的片子，但是影片的制作所受的限制较少，影片服务于在地社区的效用却发挥到了极致。

一旦乡村影像的生产者能够熟练使用影像的手段表达在地的观念，或者让乡村影像真正服务于在地居民的生活、在地社区的发展、在地环境的保护，乡村影像就能表现出旺盛的生命力。

五、结语

为了更进一步理解本文讨论的乡村影像，有必要再次回到由外人提供资金、设备、技术培训支持的村民-社区影像、参与式影像、社区影像、乡村影像等。这种类型的乡村影像的生产，通常以项目的形式开展，时间长短由项目周期决定，项目资助方往往提供用于拍摄和剪辑的设备，或者创造拍摄和剪辑的条件。而且，这类乡村影像往往有资金的支持，选择适合项目设计初衷的实施地点，在某种标准下挑选参加项目的人员，为保证拍摄和剪辑的质量往往为在地居民提供拍摄和剪辑技术的培训，最终生产的影像往往作为项目结项的成果，这些影像需要发挥社区行动的推动作用，这些影像也可能被送到电影节展映作为对外交流的载体，这些影像的生产者也可能到外地参加影展或交流，他们可能因为拍摄的影片脱颖而出在影展中获奖，等等。

从上述的种种可能性中，我们可以看出，由外人提供资金、设备、技术培训支持，由在地居民生产的影像存在着两种可能。其一，在地居民从自己的立场和角度出发，按照自己思考问题的方式，把影像记录作为一种工具，表达在地居民的观念，或者服务于在地社区的发展。其二，虽然影像的生产过程都由在地居民完成，但是一旦要求最终的影像必须符合项目的需求和目标，问题就接踵而至。比如，在地居民并不能遵照自己内心的意愿来使用摄像机和剪辑设备，在地居民借助摄像机拍摄的内容往往是外来者试图看到的内容，在地居民通过影像发出的声音往往是外来者试图发出的声音，在地居民拥有的用影像表达的权力是项目实施者赋予和施舍的权利，等等。不论是哪一种情况，一旦这类影像要进入传播和流通领域，由在地居民生产的乡村影像就必须具有影片的特征和样貌，不论在影像叙事的手法上，还是在影片的结构上，都必须是一个能够让观众从头至尾看完的片子，而且这些预设的观众是影像生产者所处文化之外的人。这种乡村影像最终又被迫承担跨文化交流的功能，从而更加趋近于由外人生产的民族志电影或者纪录片，最终服务的对象还是外人，而不是在地居民。

　　如果乡村影像受市场和文化驱动，那么其目标观众则是特定家庭的成员，或者具有某些共同爱好和行为习惯的在地居民。另外，在观看这类乡村影像过程中，观众能够把制作者没有记录下来的某些信息补充进去，因为那些未曾被记录下来的场景是观众曾经经历过的场景，或者曾经看到过的场景。此种类型的乡村影像，从生产之初，就是为了满足在地居民的需要。此类乡村影像的制作者从未试图把自己拍摄的影像投递到某个电影节上，从未试图通过自己拍摄的影像把在地的文化习俗介绍给另一种文化中的人，从未试图让自己拍摄的影像作为不同文化之间交流和对话的媒介，从未试图让自己的影像承担起发声的功能。但是，这种类型的乡村影像的制作者确确实实从在地居民的视角出发，生产出了服务于在地居民的影像。对于这类乡村影像的制作者来说，最为重要的制约因素在于，在地居民是否喜欢自己生产出来的乡村影像作品。

音乐影像与主体乡愁：影视人类学视野中的中国西部音乐纪录电影[*]

朱靖江　　高冬娟

（中央民族大学民族学与社会学学院）

　　音乐创作既是一种人类行为，也是一种文化事实。近年来，随着视频媒介技术的快速发展和民间非物质文化遗产保护工作的备受重视，中国纪录片系统出现了一批以表现西部音乐和民间艺术为内容的长篇纪录电影，这些影像一方面深入艺术家的内心世界去探究艺术的能动性创造，另一方面则产生将特定艺术与时代变化和大众审美联系在一起讨论的影响力，众多影像的视听表述在对"人与艺术的相处之道"的关照中，编织出了一幅多元艺术领域多面向的影视人类学研究地图。综观这些电影的关注度和完成质量，其中以《大河唱》（2019 年）、《书匠》（2019 年）、《黄河尕谣》（2018 年）三部影片的表现最为抢眼，尽管这三部纪录电影有着独树一帜的艺术风格和内容选择，但同时兼具某些共同的文化性表达和社会性传递，其不仅将音乐和歌唱的力量放在了标题当中，而且把黄河作为

---

* 本文由中央民族大学硕士研究生自主科研项目及 2019 年度中南民族大学民族学田野调查项目"非遗影像化实践中的文化书写——以贵州省国家级非遗抢救性记录例"（项目编号：TYDC1919）资助

西部社会文化的意象来表达，以西部民间艺术家与音乐的关系、与土地的关系、与时代社会的关系作为整部影片的文化基底，唱出了一曲曲余音绕梁的人与时代变迁的悲欢离合。

一、观看音乐：影像中的音乐表达与文化表证

音乐除了产生声音外，还包含着一系列复杂社会文化语境中的功能属性和意义表证，人类通过音乐关联起特定生活空间中的动态行为（如手势、动作、舞蹈等），在音乐的节奏韵律中实践仪式化的自然隐喻和生命历程，以音乐为桥梁、纽带书写关于所处自然环境和文化背景的自我表达，于音乐和画面的集体感召中唤醒抽象的向往和具象的情感。显然，这种"人类有组织的声音"所涉及的除音乐文本之外的社会生活语境既无法通过五线谱上的音符呈现，也无法只用一部录音机记录，于是，为了充分满足人们对音乐现象中有声文化的需求，以动态视觉方式"观看音乐"成为电影发明之后的重要文化实践。

20世纪60年代，中国第一部音乐电影《刘三姐》（1960年）首次将少数民族的民间歌唱形式搬上银幕，不仅通过将传说中的刘三姐以具象化的人物故事演绎出来，而且通过民间音乐的歌唱形式反映出独属于那个时代的民族社会风貌，音乐不再只是影像的辅助工具，而成为"旧瓶装新酒"的时代的生动写照。改革开放后，恢复电影制作后产出的第一部学院电影《黄土地》（陈凯歌，1984年）最先聚焦于西部民间艺术与土地、人情、时代之间的关联性，在片中人物进行民歌收集和重新改编成革命歌曲的过程中，陕北乐队演奏的民歌和民间音乐不仅成为电影内容的重要组成部分，还成为陕北社会文化中真实生活场景和民间仪式实践的高保真艺术表达，由此，黄土地上的音乐不仅与中国的革命历程紧密联系在一起，而且与中国传统乡土社会的文化生存语境连接。鉴于整

个 80 年代的文化努力就在于全心全意建构起一幅中国历史的画像①，黄土地和黄河的形象显然就成为这幅画像的"物化"，它们与弥漫在土地与河流中的音乐艺术共同构成了中国人乡土社会情结的重要文化表征。

伴随 90 年代中国社会经济的快速发展，南方取代北方成为文学和影像的"新未来"②，个体化的文化消费主义叙述取代了民族历史的宏大叙事，黄土高原上的苍劲音乐被全球化的摩登时尚和自由摇滚裹挟，文化表征在历史中国的空间体现中发生逆转，音乐则在每个离乡背井的个体内心埋下了乡愁的记忆。发生于此阶段的社会文化现代化转型，加速了中国城市文明与乡土社会的割裂，生活于这一时代的民间老艺人和出生于这一代的新艺人只在短暂的 20 余年间感受到了乡土最后的一点人情社会和质朴气息，之后迎接他们的除了是对传统艺术的艰难守护和飘摇传承外，便是对这段岁月的忠诚怀旧和美好想象，而这些人物经历和时代情感恰恰成就了今日西部民间音乐纪录电影的鲜活故事主题，无论是《大河唱》中把黄河唱进血液里的民间艺人群体、《书匠》中在现实文化语境中命若琴弦的陕北说书艺人群体，还是《黄河尕谣》中孤身闯荡江湖的黄河民谣艺人张尕怂，他们与音乐的故事都成为记录时代变迁中人类与音乐关系最鲜明的历史印记。

二、影像黄河：共时性的文化空间

古今中外的大江大河蕴藏着深厚的历史文化，集中体现着各民族在文化方面的雄心大志③，黄河作为中国文学和艺术的钟爱意象，因神话传说

---

① 《黄土地》在传统的社会文化背景下展示了作为民间艺术的"安塞腰鼓"和作为民俗文化的"祈雨仪式"。

② Dai J H, Chen J T H. Imagined nostalgia. *Boundary* 2, 2000, 24(3): 143-161.

③ 〔法〕居伊·奥立维·福尔，〔美〕杰弗里·Z. 鲁宾主编：《文化与谈判——解决争端》，联合国教科文组织翻译组译，北京：社会科学文献出版社，2001 年，第 65 页。

的历史化与制度民俗的心灵化①明晰了其作为文化载体的象征意义，并得以承载 5000 年中华文明历史错综复杂的文化观念。黄河的自然属性与诸多随时代流动的文化主体的情感反复融合和沉淀，在诗歌、音乐舞蹈和影像的具象化呈现中逐渐形成了以黄河为核心意象的中国乡土社会"意象景观带"，寄托着人类与自然诗意相处的文化追思。

与作为词汇的"黄河"相比，影像赋予"黄河"一词以文化色彩和空间意义，影像中的"黄河"不仅是客体本身的再现，而且能够让人们以此为出发点超越既定内容，使诸如"文化""民族""乡土""社会"等概念固定下来，即使影像所展现的只是"黄河"意象的某个方面，但却总是使人联想到某种概貌②，这便是影像建构出的黄河文化空间。

作为中国首部巨幕音乐纪录电影，《大河唱》应该算是迄今中国院线纪录片当中最为自觉地遵循人类学影像创作方法与文化价值观的一部。③其以影视人类学田野记录的方式进行视听创作，从源头无人区出发，沿黄河全境，兵分七路跟拍西北籍当代艺术家苏阳和影响其创作的四组黄河沿岸民间艺人④，最后通过平行叙事的方式呈现出一个民族音乐家和影响他的四个音乐母体（皮影、秦腔、花儿、陕北说书）之间的深层艺术关联，一方面这些艺人的音乐艺术和个体命运是"黄河"这个文化空间所赋予和形塑出来的，另一方面影像对音乐艺术的溯源和人物生活的真实记录又构成了一个新的完整的黄河文化空间，这个空间既是摇滚音乐人苏阳、道情皮影艺人魏宗富、秦腔班主张进来、陕北说书人刘世凯和花儿歌手马风山五个主体共同形成的整体文化意涵的生存土壤，也是中国传统民间音乐艺术在传承创新和情怀追忆路上的情感共鸣。

① 王立：《心灵的图景——文学意象的主题史研究》，上海：学林出版社，1999 年，第 214 页。

② 〔法〕让·米特里：《影像作为符号》，见李恒基、杨远婴主编：《外国电影理论文选》（修订本），北京：生活·读书·新知三联书店，2006 年，第 338 页。

③ 朱靖江：《〈大河唱〉：影视人类学与西北民间音乐》，《中国电影报》2019 年 7 月 3 日，第 2 版。

④ 《首部巨幕音乐纪录电影〈大河唱〉：为每一粒流沙歌唱》，2018 年 5 月 25 日，https://www.douban.com/note/ 670946680/。

在《黄河尕谣》中，出生于白银乡间的牧羊少年张尕怂虽然从小口吃，但受到父辈熏陶自幼喜爱民歌。2012 年他开始去城市闯荡，没想到凭借黄河民谣走上了演艺之路，但一路走来跌跌撞撞甚至时常陷入怀疑和挣扎之中，直到爷爷的去世才让他感知到黄河边的小村庄才是他的安心安生之所。在线性叙事的结构中，作为文化空间的黄河既是文化主体探索未知的出发点，也是看遍浮华终平静的回归处，而联结外部世界与纯粹内心的便是一趟趟归家途中的黄河水，是大片玉米地中的自由穿行，是滋养出黄河民谣的三弦说书和羊咩狗吠。

《书匠》则采用了纪实与虚构相融合的影像风格，以顺藤摸瓜式的追寻呈现出陕北说书艺人群体的生存现状，既确保了民俗信息的正确性，也通过建立在日常生活惯例之上的叙事线索讲述了一个完整的故事。在影片中，黄河作为一个文化空间已然不是一个稳定的意象，而是从文化主体内部生长起来的杂糅空间。正如曹伯植一直试图组织起来的盲艺人宣传队在夕阳的余晖里自说自话，明眼艺人的大集会则鲜明张扬地附和着大众审美，表面上看这似乎是传统文化人亡艺绝的迭代更新，实质上则是两种不同价值体系的时代交锋，记录从传统神话体系中生长出来的盲人书匠如何在现代社会价值体系中挣扎、妥协与和解。由此，传统说唱艺术的式微和明眼艺人创新说书的崛起构成了这个时代语境下共时性的黄河文化空间，既期盼枯木逢春又不得不避俗趋新。

三、音乐乡愁：流动的主体和凝固的诗意

在经历了 20 世纪 90 年代的快速工业化和城镇化之后，黄河流域被离弃的乡土时空使得"乡土中国"作为一种生存场域日渐瓦解，但其文化意义反而因现代社会快节奏、强竞争的反差，成为一种田园牧歌式的

象征①，这不仅成为当代影像工作者进行记录创作的动力源泉，也成为身处其中的文化主体进行自我表达和乡愁阐释的诗性空间。

（一）主体流动形成的"无场所性"乡愁

乡愁源于特定场所性的经验情感，常常于"无场所性"的文化均质化批判中找寻逝去的人文精神。面对长烟漫漫、工厂林立的黄河故乡，因"泥土味"获得选秀青睐的民谣歌手张尕怂沉默不语，他曾迷醉在城市的喧嚣里，想象着自己火遍中国，他也曾在午夜醉酒号啕，但仍无法疏解内心的彷徨，直到回到小时候的老房子，在倾颓的几块土墙上找寻自己的真实名字时，主体的焦虑才渐渐化解，但是就如他几乎已经忘记自己的真名一样，黄河在此时在某种意义上突然变成了一个"无场所性"的概念存在，因为均质化、标准化的工业城市空间使得场所的认同感因任何场所都只能给予人们不痛不痒的经验而变弱②。《黄河尕谣》中的张尕怂在爷爷意外离世后发现自己身上正在失去"农村味儿"，《书匠》中的张成祥在与明眼艺人同台斗艺的挫败中感受到"三皇"留世技艺的悲凉落寞③，《大河唱》中的魏宗富也在每况愈下的皮影演出中发出"皮影要灭亡"的哀叹，那些举家搬迁进入城镇的人，在离开黄河岸边后往往仍处于不安定氛围中，那种"人与场所之间的情感纽带"（the affective bond between people and place）④在工业化现实中发生着不可逆的断裂，却在影像的叙事中勾连起每一个主体想表达的怀旧乡愁。

---

① 朱靖江：《归去来兮："乡土中国"的影像民俗志表达》，《广西民族大学学报（哲学社会科学版）》2019 年第 41 卷第 1 期。

② 张曦：《影视人类学与怀旧·乡愁》，《民族艺林》2016 年第 1 期。

③ 高冬娟：《明眼人的三弦 盲艺人的"三皇"》，《延安日报》2019 年 7 月 21 日，第 1 版。

④ Tuan Y F. *Topophilia: A Study of Environmental Perception, Attitudes, and Values.* New York: Columbia Univeristy Press: Prentice-Hall, 1990: 4-5.

（二）场景时差构筑的多维乡愁

乡愁是凝固在影像中的过往文化，它的功能不是强调记忆，而是强调相当遥远的失落与当代生活的对比，并定义其独特性[1]。换句话说，正是影像中的诸多社会场景与当下社会场景存在的时差[2]，才引发了不同主体之间不同意义的乡愁。

在这三部影片中，乡愁的表达是多维度[3]的，除了拥有特定时空文化记忆的文化主体"对于自身生命经历中过去时光的情感上的憧憬"的真实怀旧，还存在着观影受众以及一些电影创作者"对非自身亲身经历的过去的情感渴望"的模拟怀旧，这两种乡愁与中国社会转型的现实交织在一起，最后构成了"体现出的对于共同文化、共同世代等的憧憬之情"的集体怀旧。《书匠》由成长于陕北本土的导演曹建标执导，黄河在影片中既是盲人书匠沿岸串村的营生路线，也是传统音乐艺术面临现实挑战的隐喻，更是导演自身"引以为荣，每次回去都要去拍一下"[4]的故乡记忆，而这种乡愁记忆在《书匠》（陕北知青专场）的放映现场得到了集体记忆的全面唤醒，影像中的琵琶三弦一拨动，20世纪60年代的陕北知青便在共同追忆和"古今对比"中进行了一次全面的生命记忆重建；无独有偶，《大河唱》放映现场的音乐燃起了每个西北观众的思乡之情[5]，观众起身在一起唱和的律动中将乡愁放大变美，在影像传达出的真挚情感和真实人物的生活细节中完成了一次集体的归乡旅程。

① Botstein L. Memory and nostalgia as music-historical categories. *The Musical Quarterly*, 2000, 84(4): 531-536.
② 张曦：《影视人类学与怀旧·乡愁》，《民族艺林》2016年第1期。
③ Baker S M, Kennedy P F. Death by nostalgia: A diagnosis of context-specific cases. *Advances in Consumer Research*, 1994, 21(1): 169-174.
④ 内容来自对《书匠》导演曹建标的访谈。
⑤ 梁君健：《〈大河唱〉：显现中国人的情感和诗性》，2019年7月4日，http://media.people.com.cn/n1/2019/0704/c40606-31212284.html。

（三）音乐影像同构的凝固诗意

　　乡愁是凝固在影像中的诗意文化，德彪西曾将音乐视为"有节奏的时间"①，因为它能够唤起与人类体验相关的情感，而这种体验是诗人和画家都难以企及的。在这三部纪录电影中，音乐都是文化主体的原创表达，影像剪辑中故意处理的声音延续将音乐的浪漫延续到了生活和命运的缝隙里，主体的情感经验便在音乐中流露出来，但乡愁情感却凝固为可见的旋律和画面。《黄河尕谣》中，张尕怂创作的民谣音乐有着花儿与说书滋养出的炽热浪漫，他的音乐同他一样活泼可爱，只要张嘴唱歌，口吃就不见了踪影，他在爷爷的遗像面前唱出心里的思念，在酒吧的舞台上唱着对爱情的憧憬，所有的情至深处都化作音乐，带着泥土的味道，如黄河水一样肆意流淌。《大河唱》中的音乐多元而统一，影像聚焦于人物如何将自己对现实世界的观察和理解通过词曲和演唱传达与表现出来，丰富的音乐形式在大西北的山野百花齐放，每个人物的真实生活场景在与音乐艺术的荣辱与共中满含诗意，最终于质朴的乡土情感中实现九九归一。《书匠》的诗意则远不止盲人书匠的博闻强识和信手拈来，还在于为后人留下诗意的时光记忆：

　　以前的人们对于季节的变化是非常敏感的，他们的文化是诗性的文化，很多繁琐的仪式虽然没有用但是很有诗意，可是随着乡村的消失，这些东西就没了，我们现在用影像保存下来，他们就能感受到曾经人与大自然的关系是截然不同的一种文化，现在这种文化离我们越来越远了。②

　　这些诗意被凝固在影像里，成为一代人的乡愁和另一代人的怀旧文本，尽管文化主体的流动不断生产出对特定空间文化的回忆和想象，"无场所性"的现实也在批判着文化的均质性，但影像中的乡愁终究是凝固的过去，即使

---

① 转引自 Botstein L. Memory and nostalgia as music-historical categories. *The Musical Quarterly*, 2000, 84(4): 531-536.
② 内容来自对电影《书匠》导演曹建标的访谈。

人们可以超越影像延伸出更多的情感表达路径，却始终是以这些凝固的影像作为出发点的。

四、互为主体性：纪录电影背后的人类学意涵

在人类学音乐观的视野下，民族音乐纪录片展现出了将声音场延伸到音乐文本诞生、发展、传承和最终生存的社会文化语境的可能性[①]；在影视人类学的视野下，作为影像民族志的民族音乐纪录电影不仅具备对社会文化深层意义进行"深描"的表述能力，而且通过对"互为主体性"学术立场的强调直接呈现出社会/文化群体的"主位"观点[②]，以期达成更趋近于真实的文化共识。

（一）互为主体性的"真实共构"

《大河唱》有着典型的影视人类学创作基底：4 名人类学家进行了 3 个多月的前期调研，采用观察式的拍摄记录方法，历经整整两年的时间，收获逾 1600 小时的影像素材，核心创作者们积累了超过 50 万字的各类笔记。相比于人类学的文字著作往往会明白告诉我们什么东西是怎么回事，影片却期待我们自己去发现[③]。这些充满田野省思的忠实记录反而编织出了纪录影片背后期待去发现的"意义之网"，它们使得网状叙事的影像拥有了海纳百川的学术厚度和主体阐释空间；而如此长时间的驻留式观察相处不仅形成了《大河唱》自然真实的影像风格，传达出每个个体对于自身文化和

---

① D'Amico L. People and sounds: Filming African music between visual anthropology and television documentary. *Trans : Transcultural Music Review*, 2007, 11.

② 朱靖江：《以影像民族志方式表述人类学者的田野经验与理论见解》，《中国社会科学报》2012 年 11 月 2 日，第 A08 版。

③ 梁君健：《〈大河唱〉：显现中国人的情感和诗性》，2019 年 7 月 4 日，http://media.people.com.cn/ n1/2019/0704/c40606-31212284.html。

社会环境变化的观点态度，同时还体现出一种影视人类学意义上的"真实共构"，即拍摄者与被拍摄对象始终保持一种平等的视角和合作的意愿，在互为主体性的文化表述中共同完成影像记录。毫无疑问，这种"真实共构"既体现在《黄河尕谣》导演张楠与张尕怂的互动式拍摄中，也体现在《书匠》中的真实场景与虚构线索的结构性叙述中，正是因为主体之间的相互尊重和彼此合作才给予了每一个人物和每一部影片不可剥夺的尊严。

（二）互为主体性的人类学"分享"

作为哲学概念的"互为主体性"改变了人们长期把自我当主体、把他人当客体的"自我中心主义"倾向①，更加强调人与人在交往活动中生成的自我共同体（我们）意识，这一概念在以马林诺夫斯基为代表的现代人类学研究中反复出现，在交换行为和交往系统理论中得到了不断深入的诠释，并在影像民族志的田野记录和分享互惠中获得了持久的生命力。事实上，早在弗拉哈迪拍摄《北方的纳努克》将冲洗的胶片放给纳努克看时，便发明了参与观察方法与反馈法，之后法国导演让·鲁什将其发展为"分享人类学"，如今在《大河唱》中得到了又一次践行：《大河唱》全国公映的当天，影片的两位导演柯永权和杨植淳开着一辆贴有"送戏下乡"的面包车，亲自跑到甘肃和宁夏的山沟里，为他们的拍摄对象——皮影戏班子、秦腔剧团的艺人放映这部电影，平常用来演皮影戏的"亮子"（幕布）成了临时的银幕，山村之中充满笑语欢声②。这样的相处之道才是影视人类学的核心要义，大卫·麦克道戈认为，"没有任何一部民族志电影只是对另一个社会的简单纪录：它总是摄制者和另一个社会相会的纪录"③。的确，《大

---

① 陈金美：《论主体性与客体性、主体间性的关系》，《求索》1997 年第 5 期。
② 朱靖江：《〈大河唱〉：影视人类学与西北民间音乐》，《中国电影报》2019 年 7 月 3 日，第 2 版。
③ 〔澳〕大卫·麦克道戈：《跨越观察法的电影》，王庆玲、蔡家麒译，见〔美〕保罗·霍金斯主编：《影视人类学原理》，昆明：云南大学出版社，2001 年，第 133 页。

河唱》的拍摄一方面让从未去过农村的导演杨植淳第一次感受到了被土地包裹的踏实，让他的拍摄对象魏宗富有了上北京给清华附小的孩子们表演皮影的机会，另一方面则让操着方言的皮影艺人在游颐和园的经历中感受到跨文化的"格格不入"，促使有着清华学生身份的杨植淳反思中国农村和城市这两个"难以相互理解"的世界①。

（三）互为主体性的整体性观照

如前文所述，互为主体性的相互观照既确定了对于自身而言的自我存在，同时也确认了他人的自我存在②，正如《书匠》的拍摄让导演曹建标看到了神话和现代科学两种不同价值体系下真实存在的时代民俗，"穿羊皮袄配牛仔裤"并不会让人觉得文化错位，因为"这就是这个时代"③，这促使他不会为展示民俗而刻意避开或者删去这些真实。《大河唱》同样让生于南方小城的导演柯永权在顺流而下的对黄河的拍摄中理解了母亲河的意义，力图用影像重新建立对这条河的认识，那就是"每一个人的身边，都有一条大河"④，它用音乐把对更迭和不变的时间敏感埋在了每个人心里。

除此之外，互为主体性的价值还在于主体性的社会性和整体性，《黄河尕谣》在历时性的故事叙述中展现了张尕怂个人生活的方方面面，无论是音乐创作过程中的欢笑泪水，还是从出走到迷茫再到娶妻生子的完整生命历程，整个人物的整体性是饱满的，人物背后的黄河乡愁和社会变迁也是立体的。相比之下，《书匠》呈现的是一个艺人群体在时代交替下的生存际遇，《大河唱》的网状叙事则具备呈现更广义的乡土社会关系和艺术关联性

① 杨植淳：《〈大河唱〉创作手记：从皮影到人生，只有一根烟的距离》，2019 年 6 月 25 日，https://xw.qq.com/amphtml/20190625A0SOWB/20190625A0SOWB00。

② 郭湛：《论主体间性或交互主体性》，《中国人民大学学报》2001 年第 3 期。

③ 内容来自对《书匠》导演曹建标的访谈。

④ 柯永权：《这部高分纪录片，拍的不是音乐，而是中国》，2019 年 6 月 20 日，https://www.bjnews.com.cn/culture/2019/06/20/593489.html。

的潜力，二者都以勾勒群像的叙事方式展现出不同群体在时代语境下的整体性面貌，使西部民间音乐艺术的文化横切面得到了较为全面的记录。而从总体上来看，三部电影所呈现的文化空间的纵横交错以及个体与群体的整体性观照，最终为形成一种兼具学理和实践价值的西部民俗社会与民间艺术的"全息"文化志[①]贡献出诸多面向的真实影像。

五、结语

音乐是文化建构的产物，是可被观看的社会影像，也是互为主体性的情感交互过程。《大河唱》《书匠》《黄河尕谣》三部电影对中国西部音乐艺术的多角度记录不仅呈现出当代中国民间艺术的生存、发展和传承现状，而且展示出人与艺术创作的能动性自由和结构性冲突。在这三部影片中，"黄河"被作为一个具有多义性的文化和社会概念嵌入影像肌理，弥漫于西北土地上的音乐艺术则被作为乡土社会的意象和乡愁怀旧的载体，构筑起影像中的主体自我与影像外流动的主体们集体归乡的共鸣生态。在这三部影片中，无论是以小见大的个体命运深描，还是由表及里的群体社会观察，影片的拍摄者与拍摄对象所进行的长时段、多维度的参与观察式拍摄和主体反馈，都对影视人类学所强调的"互为主体性""分享"等主体相处之道做了最好的注解，扎实的社会调研笔记和自然真实法影像呈现集中体现了影像民族志的创作方法、主位文化的表述视角对于民间艺术影像记录的重要意义和学理性价值。

---

① 朱靖江：《归去来兮："乡土中国"的影像民俗志表达》，《广西民族大学学报（哲学社会科学版）》2019 年第 41 卷第 1 期。

舞蹈类纪录片的历史趋势分析

康世伟　刘广宇

（西南交通大学，四川师范大学）

一、引言

人类自有史料记载以来，一直以各种方式探索身体。身体交流极具象征的形式——舞蹈，使其主体与世界之间的共存变得具有象征性，正如伯德洛所言，"交流的身体实际上是有关从舞蹈到疾病这一系列不同的人类经验中的表达、共享和相互确认"[①]。"从尼采开始，这种意识哲学，连同它的漫长传统，就崩溃了"[②]，在哲学身体转向和媒介革命爆发的时代，影像中的身体反而殊胜，舞蹈类纪录片也在此背景下诞生，其作为一种特殊的、艺术化的、涉身的人文记录的影像表达，牵涉多元化哲学和美学理论，应得到相当的人文关注。

最早的舞蹈类纪录片，只是以记录舞蹈本身为目的，在缺乏人文理念

[①] 西蒙·威廉姆斯、吉廉·伯德洛：《身体的"控制"——身体技术、相互肉身性和社会行为的呈现》，朱虹译，见汪民安、陈永国编：《后身体：文化、权力和生命政治学》，长春：吉林人民出版社，2003 年，第 421 页。

[②] 汪民安：《身体、空间与后现代性》，南京：江苏人民出版社，2005 年，第 3 页。

支撑的情况下，早期的舞蹈类纪录片的"人味儿"并不浓重，但自 20 世纪 60 年代起，舞蹈类纪录片的讲述内容和表达方式悄悄发生着变化，全世界范围内的不同导演，正以全新视角、独特口吻，讲述着一个个舞者不同的生命传奇。从以前单纯的对舞蹈的单向记录转向为对舞者生命历程的多元讲述，从过去对舞蹈本身的文化研究到关注舞者人群生存与精神状态的探讨，舞蹈与个人经历、生活、文化、政治等进行了充分交融与表意。

二、从现实主义到写实主义：个人叙事转型

纯记录模式的舞蹈类纪录片往往是帮助一些舞团或舞蹈家记录他们在台上的表演，以留存文献供后人观看。一方面，这些纪录片并未运用专业的镜头语言来拍摄；另一方面，他们没有以"讲故事"的手法来编导。所以，在 20 世纪 60 年代之前，以舞蹈为内容的纪录片更多留下的是舞蹈的印象，而非人物。60 年代后，随着技术的革新，"纪录片在制作过程中开始使用可以同期录音的轻便式手持摄影机。有了这种灵活机动的设备，电影制作者就可以跟随社会演员拍下他的日常活动"[①]。舞蹈类纪录片逐步成型，其现实主义特征愈发明显，第一个趋势就是注重影片中"人"的表达。70 年代纪录短片《美国现代舞先驱：伊莎多拉·邓肯是谁》，此片通过旁白与照片的方式讲述了美国著名现代舞创始人邓肯的生平，她是世界上第一位披头赤脚在舞台上表演的艺术家，对身体重力运用的革新，使她成为舞蹈艺术的革命者。

雅克布森是芭蕾编舞大师，从 1975 年的《关于芭蕾：芭蕾大师雅克布森》到 2018 年的《雅克布森的艺术》，关于他的纪录片共有五部。1975 年版的时长为 63 分钟，内容仅限于对大师作品的解读，并未对舞蹈家本人生

---

① 〔美〕尼科尔斯：《纪录片导论》（第 2 版），陈犀禾、刘宇清译，北京：中国电影出版社，2015 年，第 30 页。

活有任何描述。而在 2018 年播出的 44 分钟的电视版中，除运用旁白手法，并对雅克布森进行了采访外，还有斯坦尼康拍摄的电影般精致的原景重现画面，从他的生平到艺术，塑造的人物形象更为全面。法国导演伊涅斯科制作的纪录片《尤金娜·洛帕金娜，俄罗斯之星》同样继承了这种风格，讲述俄罗斯芭蕾舞艺术家洛帕金娜与马林斯基剧院的艺术合作之路，呈现了俄法两国最高芭蕾殿堂的荣耀。片中，我们看到尤金娜不仅会芭蕾，还会现代舞、探戈，甚至霹雳舞，影片呈现了更加客观而镜像化的人物轮廓，这样的纪录片注重对人物生平及总体特征的粗线条描绘，将舞蹈作为身体行动的重要能指，倾注以人为核心的理念，具有典型的现实主义倾向。

比起俄罗斯厚重的风格，英国纪录片《弗雷德·阿斯泰尔的爱》则显得生动有趣，弗雷德不仅在舞台上以踢踏舞走红，更以在电影荧幕上的舞蹈表演而闻名。主人公弗雷德让舞蹈电影发生了革命性的变化，因为他甚至去导演和剪辑自己的影片，所以他不仅是舞者，还是自己歌舞片的创作者。弗雷德以舞蹈构筑电影，以此表达爱，爱成为影片探索的主题。同样，德法公共电视台制作的纪录长片《萧菲·纪莲：舞台人生》也运用了同样的手法，以素描的方式勾勒出普通中年女性的形象——萧菲·纪莲，然而这部影片受到关注是因它能深入表现舞者的日常生活，这样一种转变的重要性在于，舞蹈类纪录片从以塑造大师名家脸谱化、符号化形象为主的现实主义风格，转向以描绘普通舞者日常生活的写实主义风格，在人物的描绘上，写实主义显然更在意细节。而早在 1994 年瑞典纪录片《舞者》中就表现出这种倾向，影片对一名普通女孩学习芭蕾的经历进行了不厌其烦的"琐碎"记录，产生了浓重的故事化效果，使该片的艺术风格在 20 世纪 90 年代舞蹈类纪录片中独树一帜。一方面，它体现了现实主义类纪录片的人文色彩；另一方面，影片"直接讨论现实世界，而不用寓言的方式"①，

---

① 〔美〕尼科尔斯：《纪录片导论》（第 2 版），陈犀禾、刘宇清译，北京：中国电影出版社，2015年，第 7 页。

在缺乏镜头修辞的情况下，以质朴素描式的镜头向写实主义更迈进一步。

28 分钟的英国纪录片《将死的天鹅》更凸显了这种个人叙事的写实化风格。一名在皇家芭蕾舞团工作了 23 年的舞者，因膝盖受伤，只能遗憾退役，镜头走进她在职业生涯的最后两个月，带着忧伤与不舍排练自己的谢幕演出，以悲壮的姿态为自己的芭蕾生涯画上句号。这是一个关于"失败者"尴尬处境的影片，身体和她的生命轨迹发生了意指关系，舞蹈在纪实性镜头中摇身变为主体命运的能指，让日常生活、身体变故与她的芭蕾生涯产生微妙的化学反应，充分表达了写实主义风格的内涵精髓，即个人命运与舞蹈主题的充分表意和融合，比起现实主义"挑剔的"正面歌颂，写实主义这种对充满酸甜苦辣生活无保留、无倾向的记录更为观众所接受。中国纪录片《影像中的舞 舞中的人》叙述了北京舞蹈学院五名教师的故事，表现了退休舞蹈教师的内心纠结，以及毕业生在现实与梦想之间的艰难抉择。影片对人物生活碎片化的描写和内在情绪的细腻雕刻替代了现实主义风格中对舞蹈家符号化、脸谱化、形式化的粗放展示，舞蹈类纪录片在写实主义的道路上继续前行，使观众不仅看到成功的舞者，也窥探难堪的、失败的、狼狈的舞者。舞蹈类纪录片的写实化，具象化了对舞者轮廓的色彩化描摹，拓宽了观众观察的视野和维度。

三、从轮廓到内核：生活化倾向

如果舞蹈是舞者的外在轮廓，那么生活便是其切实内核。在向写实主义充分转型后，纪录片在舞蹈选择上更接地气，开始"脱贵"，2005 年前后，出现了大量具有"世俗"气质的舞蹈纪录片。中国纪录短片《行云流水》便记录了一群在湖北黄石的地下嘻哈舞蹈爱好者的日常生活，从男女恋爱到街头抽烟、从早上拉面到晚上烧烤，即便当众吐痰、骂街，摄影机也毫不避讳，画面相当有烟火气，极具底层生活质感。嘻哈舞蹈这种耗时又没收入的爱好，导致了他们慵懒的生活方式，同时改变着舞者的命运。获得亚美电影节评审团大奖的《成名之路》让舞蹈与命运"面面相觑"，美国百老汇首次和与中国合作，训练并挑选中国学生演出爵士舞剧《成名之路》，并带他们去美国演出。该片片名极具象征效应，大多数学生想通过这次演出，真正走上他们事业的成名之路，为此学生们明争暗斗争取演出机会。此时，舞蹈已超越了简单对命运的能指，而成为在欲望面前识别人性的炼金石。这种生活化趋势，不仅仅是简单地记录舞者的日常生活，更使舞蹈与舞者个人命运发生戏剧性的关联和深层互动，通过舞蹈戳穿了人性的阴暗面，《成名之路》在这点上很成功。

独立制片人将镜头对准普通舞者时，体制内导演也跃跃欲试，2010 年以来，央视连续推出几部极具生活气质的舞蹈纪录片。鹿敏导演的《不如跳舞》，用朴实的影像耐心地记录了三个跳广场舞的底层百姓的故事。女主人公经济困难、拿低保、照顾有病的公婆，还得当保姆挣钱，沉重的负担让她每天去跳广场舞以纾解身心之疲乏，广场舞和百姓的精神世界发生了有趣的互动。同时，由于贫困，主人公三番五次到政府维权以索要下岗赔偿金的镜头也罕见地在央视播出。纪录片写实生活化前进的步伐，离不开媒体的支持。同样，央视纪录片《爱上肚皮舞》讲述了一群中年大妈跳肚皮舞减肥的故事，他们在比赛中不断失利，但生活还得继续，这就是现实本身，不带任何想象与粉饰。同时，在影片中，肚皮舞和大妈生活之间发生了一种象征性的关系，把这种关系表现得最淋漓尽致的却是《无声的舞蹈梦》。北京一个名为"心灵呼唤"的残疾人艺术团，是由 6 名听障女孩组合成的一个团体，该团体名叫"小龙女"，2014 年她们参加了《出彩中国人》，然而就在比赛前两天，成员点点走失，其余五名女孩带着点点的梦想完成表演，成功晋级。在警方努力下，点点被找回，并排练了全新的舞蹈，参加了复赛的角逐，这支舞蹈根据点点丢失又被找到的经历而编排，听障女孩用舞蹈讲述自己经历的故事，"生活化的舞蹈"与"生活的舞蹈化"在此时得到独一无二的升华：一方面，听障女孩的舞蹈体现出其精神的超验性；另一方面，身体作为她们唯一的表达途径，舞蹈与生活水乳交融的事实落锤，大锤砸破了肉体与精神的二元对立，捅穿了生活与身体间虚伪的分裂，舞者的生活和身体即刻集结为一元"身体意识"，最终尘埃落定为"世界之肉"。舞蹈类纪录片的生活化倾向，不是抽象的艰深，而是当下的必然。

四、背后的延伸：历史文化附着

舞蹈类纪录片在重塑个体叙事的同时，另一种趋势也在蔓延。如果说对台前舞者的描述是此类纪录片的正面展开，那么对舞蹈及其历史文化的铺陈，则是它背后的延伸。2006 年的美国纪录片《戏梦芭蕾》，讲述了芭蕾舞文化的迁徙历程。第二次世界大战期间，俄罗斯东部的大量难民逃亡西欧，后来西欧战火愈演愈烈，他们又从西欧辗转到美国避难，其中不乏舞蹈家和编舞家，从而使芭蕾文化传到了美国。同样的逻辑，反向的叙事，1982 年奥斯卡提名纪录片《吉赛尔的肖像》也颇具深厚的历史根源，《吉赛尔》是法国作曲家阿道夫·亚当创作的芭蕾舞剧，1841 年在巴黎首演，影片采访四位曾演出过吉赛尔这一形象的女演员，通过她们对步伐甚至跌倒等细节的回忆，以历史的维度讲述了芭蕾舞的文化变迁。2003 年，我国纪录片《跳舞时代》又以独特的视角使舞蹈与历史文化发生耦合。1933 年，在台湾，流行歌舞进入黄金时代，《跳舞时代》讲述了在日本殖民统治下台湾流行音乐舞蹈的发展历程。舞蹈类纪录片在历史方向的延伸上，让观众不仅看到个体形象，而且由于背景的拓展，使观众对人物及其所处历史环境的理解更为全面，叙事的超越意味着这些被时代包裹的舞者形象更丰满。

关于民族舞蹈传统与传承的纪录片是从人类学研究者开始的，而不是导演。印度纪录片《眼镜蛇般的吉卜赛人》在继承影像人类学传统的同时，更注重舞蹈与民族文化的融合，舞蹈不仅是文化传统，还关乎他们的生计，同样，《卡塔克舞》也对印度的民族舞蹈文化传统与现代社会的割裂保持了警惕。在新浪潮电影的影响下，部分舞蹈类民族志影片被灌输以诗意化的形态，《一路平安》讲述了吉卜赛人从亚洲、欧洲再到非洲，漫长迁徙的文化苦旅，影片无对白，通过隐喻般的画面和饱含民族风貌的歌舞来展现吉卜赛人的历史，从乡村到城市，除了歌舞，都透着悲哀和乡愁。1995 年，爱尔兰纪录片《河之舞 传奇之旅》运用反身模式，讲述了在资金短缺、舞者伤病的困难下，舞团历经艰辛把爱尔兰传统文化——踢踏舞带去美国的故事。无独有偶，日本纪录片《行家本色系列 京都舞伎特集》讲述了两名在京都学习舞伎的年轻女子，经过 10 个月的艰苦训练，最终"持证上岗"的故事。影片在深挖个人故事的同时，也全方位地表现了舞伎这种日本传统文化是如何在当代社会生根、发芽的。影片《行者》似乎更有发言权，导演陈芯宜跟拍台湾编舞家林丽珍 10 年，记录她的生活和工作，林丽珍从传统民族文化中汲取灵感，创造出了属于她自己的舞蹈语系。她作为编舞家，将身体与物、身体与民俗、身体与自然之间的关系融会贯通，"就像布跟身体，先有那一块布以后，我的身体开始运作，跟着身体的线条在运作"（林丽珍语），人体的各个感官在她对民族文化的理解中被运用，各种感官向外界敞开，协同作用，每时每刻都能与变化的情境进行丰富的交流互动，身体的存在也因此具有深度和广度。[1]当身体以舞蹈的形式与世界发生交流，文化便伺机穿透舞者的身体及灵魂，身体在此意义上成为文化的傀儡，也正因为此傀儡，舞蹈中的身体因而才具有了先验性、绝对性的文化价值，就这样，民俗与舞蹈"恋爱"时，身体意外地"出轨"了。

从传统到当代，文化系统经历剧变，在后现代主义这面大旗的庇护下，意义被撕裂、传统被分化，零碎的意象留给大众娱乐消遣。舞蹈家皮娜·鲍什以极具批判精神的舞蹈作品独树一帜，关于她的纪录片也层出不穷，其中《皮娜的遗产》和《皮娜鲍什》两部最受瞩目。无论是以她追随者的视

---

① 〔法〕莫里斯·梅洛-庞蒂：《知觉现象学》，姜志辉译，北京：商务印书馆，2001 年，第 257 页。

角讲述舞者如何延续皮娜舞蹈中的后现代主义精神,还是著名导演文德斯与这位"德国现代舞第一夫人"的传奇姻缘,拍摄者都将镜头投射至充满工业景观的城市乌帕塔,立体地诠释了皮娜独特的现代舞美学,以哲学般的画面对准皮娜背后的后工业时代的文化风景,以景寓情。这是纪录片从舞者的个人生活、经历等浅层叙事深挖到精神内在表达的重要里程碑,它印刻的是皮娜精神,而不是外貌。音乐剧起源于英国,发展于美国,BBC纪录片《音乐剧之声》,主持人在伦敦和纽约探寻音乐剧及舞蹈的历史,并以当代文化的维度重新审视音乐剧。梁一是台湾地区20世纪60年代名噪一时的"阿飞舞王",多年前到上海创办了第一所爵士舞学校。他毕生的梦想是能够到美国表演,但因年事已高,只能寄希望于学生。由于文化差异,他与大陆学生发生激烈的冲突,影片以独特的格局、传神的画面,将故事中的静态文化主题转化为动态戏剧冲突,在文化延伸的同时兼顾了情境张力和观赏性。金马奖最佳纪录片《街舞狂潮》讲述了一群为街舞而发狂的台湾地区的青少年,他们内心充满反叛,游历欧洲后回到台湾传播街舞文化。影片中人物充满活力,镜头和剪辑都充斥着时尚文化的青春气息。作为文化延展性质的纪录片,在推动个体叙事的同时,顺理成章地将街头文化融入社会背景陈述之中:舞者不再是舞蹈中的舞者,而是历史的舞者、文化的舞者,舞者不再孤独,他们与世界文明浑然天成。

五、多元化的拓展:"性"切入

文化的多元导致了文明的积聚,而在弗洛伊德看来,文明的进步带来了对性的压抑。性,在中世纪前是不可谈论之禁忌,然而在现代社会中,"在文化的要求之下只能对本能施以'明显'的压制,但最终却以失败告终"[①]。

---

① 〔奥〕弗洛伊德著,车文博主编:《弗洛伊德文集 3 性学三论与论潜意识》,长春:长春出版社,2004年,第87页。

以"性"为切入点的舞蹈纪录片的出现也非偶然，与舞相关之人，对切身化、情境化、可逆化的身体之知觉必然更胜一筹，身体既是舞蹈的载体，也是性主体的对象，性感作为性的一种视觉表达，"就是要引发观看，它要在公共空间中经受目光的洗礼，它要自我追逐，性感决不羞羞答答地躲藏。……性感一定是表现主义的"①。法国纪录片《疯马秀》中，有一群在巴黎穿着情趣内衣、跳脱衣舞展示性感的姑娘，她们的舞蹈极具性暗示，大方而不羞涩、色情而不下流，观众男女老少皆有，编舞者考虑如何以专业的灯光、布景让这些女孩秀出更完美的臀部和胸部，配以挑逗性歌词的音乐，唤起观众的情欲体验，而纪录片的镜头也半遮半露，以"脱衣舞"式的身体叙事动力学来推动影片的发展，形式耦合内容、升级"性感"。中国导演梁迈关注同性恋题材多年，他的《非常舞蹈》讲述了一名四川同性恋男孩，多年北漂，在追逐自己的现代舞梦想的过程中，肉体和精神所经历的独特生命历程。导演对于主人公刻画得入木三分，以细腻大胆的镜头在性与舞蹈之间建立起一座桥梁。普卢默认为，同性恋"在公众场合公开身份，被更多的人知道，成为自我无法控制的公开的信息"②。主人公的父母还不知道自己儿子是"同志"，采访中，母亲希望儿子早点结婚、抱孙子。于家于性，这种不可言说之事更易引起家庭的误解，"尤其是在中国这样一个深受传统文化影响的国度，社会认同有可能明显影响到同性恋者的自我认同进程，甚至导致认同障碍"③。这种认知障碍源于男性支配主义的观念，"这种观念把社会上的权势男子的气质特征理想化……抑制他们的情感，阻碍他们与其他男人的关系"④。然而康奈尔的男性多元气质研究却突破了这种局限，中国纪录片《足尖》便体现了这种多元的男性气质，一个五大三粗的男孩、肌肉结实，

---

① 汪民安：《身体、空间与后现代性》，南京：江苏人民出版社，2005年，第44页。

② 魏伟：《城里的"飘飘"：成都本地同性恋身份的形成和变迁》，《社会》2007年第1期。

③ 刘靖、王伊欢：《同性恋者身份认同研究综述》，《中国农业大学学报（社会科学版）》2011年第1期。

④ Gardiner J K. Introduction. *In Masculinity Studies and Feminist Theory: New Directions.* New York: Columbia University Press, 2002, pp. 5—6.

却是一名芭蕾舞学生。同样的话题，美国公共电视网出品的纪录片《为野性而生——美国芭蕾舞团的四名男性领舞者》的开篇，一名男舞者就说"在芭蕾舞团工作最大的感受就是整天跟女性打交道"，然后他尴尬地笑了。影片介绍了四名美国顶尖芭蕾舞男舞者的成长经历，男舞者都不同程度地体现出了多元化气质，他们并不是同性恋，却有着不同于传统男性的气质。1997年，英国上映了一部火爆的低成本电影《光猪六壮士》。多年后，一组由男性癌症患者组成的演员重现了影片里的镜头，在伦敦帕拉丁剧场约 2000 名观众面前跳脱衣舞，为的是唤起观众对男性癌症患者的关注。这就是英国纪录片《真正的光猪六壮士》。不得不说，男人跳脱衣舞是对世俗的一种调侃和反叛，但他们的目的却又是高尚而善良的，对于舞蹈类纪录片来说，这是一次勇敢的尝试，在性别化方向上拓展了新的情境。

六、隐喻的格局：政治升华

当舞蹈纪录片进入多元化发展的路径，实际它已从简单的艺术类纪实片走入社会学影像多元叙事的大家庭，在百花齐放的格局中，政治升华的倾向则提供了一种新的可能性。

纪录片《广场上的舞蹈》讲述了从"文化大革命"时期到今天广场上的舞蹈跨越半个世纪的变化，并跟拍三个跳过忠字舞的老人完成自己人生最后心愿的故事。影片已被加拿大国家广播公司收购，笔者为影片导演，通过观察当下流行的广场舞人群的身体特征，并追溯其渊源——"文化大革命"。发现忠字舞和广场舞在身体范式与动作特征上具有同构性。众所周知，跳忠字舞的群体是生在新中国、长在红旗下的一代人，他们接受过严格意义上的社会主义教育，有着清晰且强烈的政治意向，这样的意识体现在他们年轻时懵懂而狂热地追逐，忠字舞是当时的年轻人向领袖表达忠诚的舞蹈。然而，今天的广场舞已成为人民群众增进身心健康的法宝，形成了一种特殊的后现代氛围。瑞典和以色列联合制作的纪录片《舞痴先生》也讲述了一个舞蹈被政治所"裹挟"的故事，以色列编舞大师欧根·纳哈林被《纽约时报》评价为"世界上最重要的编舞人之一"，在他编排的舞蹈中，大部分隐藏着政治批判意味。1998年5月，以色列建国50周年，欧根的舞团受邀参加庆典演出，但由于表演服装过于暴露，受到宗教人士的投诉，演出前的几个小时，欧根被叫到总统家里。总统要求他更换演出服装，欧根出于职业操守和"自由理念"的考量，拒绝上台演出。作为政治冲突的顶级形式——战争，是最残酷的形态，2007年的纪录片《乌干达天空下》即是舞蹈与这种形态的直接关系者，他们的家园在政府与反对派的战争中被摧毁，三个乌干达孩子沦为孤儿，居住在难民营。他们变得自卑而压抑，心灵受到严重创伤，但是音乐和舞蹈振奋了他们的精神，孩子们受邀参加一年一度的国家舞蹈节比赛，最终战区里的孩子们拿到了国家舞蹈最高奖项，带着荣誉回到了自己的部落，舞蹈抚慰了战争带给这些孩子的心灵创伤，让他们有足够的勇气和自信生活下去。这样，舞蹈和战争之间发生了一种的巧妙的联系。影片情节跌宕起伏，最终让观众喜极而泣。政治议题由此成为舞蹈类纪录片的一种升华，为观众解读和建构纪录片人物提供了更有深度的社会学逻辑支撑和广阔的情感维度，最终使纪录片所描述的故事成为一种立体构造。

七、结语

在全球纪录片蓬勃发展的今天，舞蹈类纪录片占有特殊的地位，它以身体艺术的方式印证了各种涉身理论，并且从个人叙事、生活化、文

---

① 〔法〕米歇尔·福柯：《规训与惩罚》（修订译本），刘北成、杨远婴译，北京：生活·读书·新知三联书店，2012年，第216页。

化历史、性别化和政治化五个方面展现出舞蹈类纪录片多元化发展的趋势。这也是纪录片在追求真实之后想要实现的另一种更高向度的审美追求，舞蹈类纪录片并不只是记录一段舞蹈，它背后暗含着对世界、身体及哲学的进一步辩证思考，是一种有故事性的身体哲学视觉阅读文本，具有较重要的文献价值。

后　记

　　人的观看及其视觉表达，从来都是一种受制于各种因素的文化行为。我们"看"到的是社会及教育让我们学习观看的东西，我们的"专业"使我们对一些事物视而不见。跨界观看的目的是通过看别人怎么看，来反观自己怎么看。人类学家费孝通所提"我看人看我"，包含了我看人、人看我、我看人怎么看我等多种维度，而无论是用肉眼看还是用"机器眼"去看，则有可能使我们在跨媒介的实践中眼界大开。

　　"大视野"视觉文化国际论坛是一个跨学科探讨视觉文化问题的大型学术论坛，计划一年一次，每次不同的主题。2019 年度论坛主题为"跨界的观看"，由广州美术学院、中国（广州）国际纪录片节组委会常务办公室联合主办，广州美术学院视觉文化研究中心、中国人类学民族学研究会民族影视与影视人类学专委会、广州美术学院跨媒体艺术学院、广州图书馆联合承办。

　　在此次论坛中，我们聚焦视觉文化研究的多学科理论与方法、视觉文化遗产研究、视觉文化与数字技术等议题，同时为民族志影视展播、中国（广州）国际纪录片节纪录片展映及新媒体技术演示及其讨论提供平台，由来自国内外艺术学、人类学、社会学、传播学、建筑学、文化遗产学、美术馆学、博物馆学、图书馆学等领域，在跨学科"观看"和跨媒介实践与传播方面学养深厚的 100 多位学者专家，针对当代艺术学、视觉文化与人类学、影视民族志等跨学科交叉领域的理论与实践问题进行研讨，并播放和讨论了中国（广州）国际纪录片节和中国人类学民族学研究会民族影视与影视人类学专委会推荐的 10 余部纪录片作品。论坛收到 50 多篇论文和多篇发言提纲，本书选取其中 33 篇，由广州美术学院资助出版。广东省高校人文社科重点研究基地广州美术学院视觉文化研究中心负责书稿的整理工作，中心成员均不同程度地参加了论坛筹办、组稿等工作。

广东省高校人文社科重点研究基地广州美术学院视觉文化研究中心

2020 年 10 月